Schöningh

RUTAS Uno

Lehrwerk für Spanisch als spätbeginnende Fremdsprache

Herausgegeben und
erarbeitet von
Hella Klink und Birgit Willenbrink

unter Mitarbeit von
Maria Jesús Beltrán

Im Lernmittel wird in Form von Symbolen auf eine CD verwiesen; diese enthält ausschließlich optionale Unterrichtsmaterialien. Die CD unterliegt nicht dem staatlichen Zulassungsverfahren.

www.schoeningh-schulbuch.de
Schöningh Verlag, Jühenplatz 1–3, 33098 Paderborn

Druck A 6 5 4 / Jahr 2018 17 16
Alle Drucke der Serie A sind im Unterricht parallel verwendbar.
Die letzte Zahl bezeichnet das Jahr dieses Druckes.

Umschlaggestaltung: Franz-Josef Domke, Hannover
Druck und Bindung: westermann druck GmbH, Braunschweig

ISBN 978-3-14-011003-7

Vorwort

Das einbändige Lehrwerk RUTAS Uno ist für den spätbeginnenden Spanischunterricht der Klasse 10 bzw. 11 konzipiert. RUTAS Uno ist durchgängig kompetenzorientiert, kommunikativ und ausgerichtet an den Kompetenzstufen A1 und A2 des Gemeinsamen Europäischen Referenzrahmens. Die Progression von RUTAS Uno berücksichtigt Sprachlernerfahrungen und Weltwissen der Jugendlichen sowie ihre Fähigkeiten zu selbstständigem, problemlösendem und kooperativem Arbeiten.

RUTAS Uno gliedert sich in 14 thematisch zusammenhängende **Module**, die jeweils von einem *advance organizer* mit einem kompakten Überblick über Inhalte, Kompetenzen, Strategien und grammatische Schwerpunkte eingeleitet werden. Eine Doppelseite mit der für das jeweilige Modul relevanten **Grammatik** schließt dieses ab.
Die in drei bis vier Unterkapitel gegliederten Module haben jeweils einen eigenen **thematischen Zuschnitt** und berücksichtigen die für die **Zielgruppe der Jugendlichen** relevanten Themenfelder. **Interkulturelle Kompetenzen** erwerben Schülerinnen und Schüler im Zusammenhang mit Orientierungswissen zur persönlichen Lebensgestaltung, zu Schule, Ausbildung und Beruf und zur spanischsprachigen Welt. In Modul 14 finden sich Zusatzangebote für **projektorientiertes und selbstständiges Arbeiten** sowie für die **mündliche Prüfung**.

RUTAS Uno deckt ein breites Spektrum an **authentischen Texten** ab. Neben jugendspezifischen Formaten wie Forums- und Blogbeiträgen und Auszügen aus Frage-Antwort-Webseiten finden sich Texte aus Internet und Druckmedien. Diskontinuierliche Texte wie Statistik, Wetterkarte, Fahr- und Stundenplan sowie Auszüge aus Film und Fernsehen ergänzen das Angebot.

Die **Grundfertigkeiten** des Hörens, Sprechens, Schreibens und Lesens werden gleichrangig durch abwechslungsreiche Sprech-, Hör-, Lese-, Schreibaufträge und Übungen geschult. Ebenso berücksichtigt werden das kommunikative Übersetzen bzw. das **Sprachmitteln** und die Simulationen von Gesprächen in privaten und beruflichen Zusammenhängen sowie die **Methodenschulung** und **Entwicklung von Strategien**. Strukturierungs- und Arbeitshilfen („sistema de apoyo") unterstützen den Lernprozess.

Das **Layout** der in der Regel zwölf Seiten umfassenden **Module** erlaubt eine schnelle Übersicht: In der schmalen **Randspalte** finden sich die übergreifende Aufgabenstellung, Piktogramme zur Unterrichtsmethode, knappe grammatische Erklärungen, *placas informativas* mit landeskundlichen oder textbezogenen Erläuterungen, Übersetzungshilfen oder Hinweise auf Strategieaufbau und Grammatikseiten. Die **Hauptspalte** ist den Texten bzw. anderen Materialien, den konkreten Aufgabenstellungen, Fotos, Grafiken, Übungen und den *sistemas de apoyo* vorbehalten. Übungen und *actividades* stehen aus Gründen der Übersichtlichkeit jeweils direkt bei der Textvorlage.

Das Kapitel **Evaluation** nimmt insbesondere die **Selbstevaluation und -bewertung** in den Blick. Mit Hilfe eines Selbsteinschätzungsbogens, der anhand der Kompetenzstufen des Europäischen Referenzrahmens konzipiert und konkret auf RUTAS Uno bezogen ist, können die Lernenden ihren individuellen Lernfortschritt ermitteln.

Tabellen mit den **regelmäßigen und unregelmäßigen Verben** gewährleisten eine schnelle Orientierung und ermöglichen eine gezielte Rekapitulation der Konjugationen.

Der **Wortschatz** ist in drei Darbietungsformen angelegt: 1. modulbezogen und dargeboten in Kollokationen nach Themenfeldern, 2. modulbezogen und chronologisch, 3. als alphabetischer Gesamtwortschatz.

Ein **Index** zum schnellen Nachschlagen erleichtert das Auffinden von grammatischen Phänomenen.

Índice

1 ¡Hola, buenos días!

Hola, me llamo María, ¿y tú?

Kompetenzen:

Miteinander sprechen:
- sich in einem Kennenlern-Dialog vorstellen
- Alter und Telefonnummern angeben

→ Zahlen 1–20

Hör- und Leseverstehen:
- Hör- und Leseerwartungen nutzen
- Verstehensinseln finden durch sprachliches Vorwissen und Kenntnisse über Begrüßungssituationen

→ Verstehensstrategien
- Aussprache entnehmen

Sprechen:
- spanische Aussprachemuster mithilfe von Modellen anwenden

Was du schon alles kannst! Wörter verstehen und schreiben

palabras internacionales

sustantivos | adjetivos

Kompetenzen:

Sprachen lernen und verstehen:
- Bedeutungen erschließen
  - aus dem deutsch-spanischen Vergleich
  - anhand von Internationalismen

→ Verstehensstrategien
- Regelmäßigkeiten und Besonderheiten in der Aussprache und Schreibung erkennen

→ Aussprache

→ Orthografie
- Wörter nach Sachzusammenhängen ordnen
- Regelmäßigkeiten in der Wortbildung erkennen und nutzen

¡Hola, buenos días!

Ein Gedicht

Gloria Fuertes: Doña Pito Piturra

Kompetenzen:

Sprechen:
- spanische Intonationsmuster für ein Gedicht imitieren

Sprachen lernen:
- Singular- und Pluralbildung im Zusammenhang mit dem Genus bei Nomen und Adjektiven erkennen

→ Konkordanz

kreatives Schreiben:
- anhand von Modellen eine eigene Gedichtstrophe verfassen

1 Hola, me llamo María, ¿y tú?

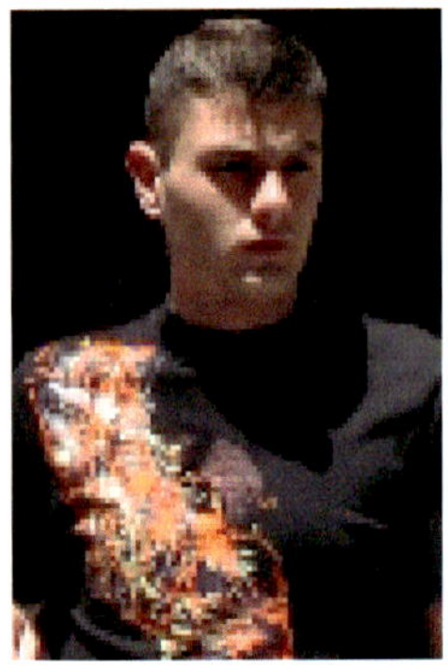

Español

–Hola, me llamo María.
¿Tú cómo te llamas?
–Juan. ¿De dónde eres?
–De Madrid. ¿ Y tú?
–De Barcelona.
–¿Cuántos años tienes?
–Catorce.
–¡Adiós!
–¡Nos vemos!

Las lenguas abren nuevos horizontes, © Comunidades Europeas 2009, Oficina de Publicaciones de las Comunidades Europeas, Luxemburg 2009

Aufgaben *zum Anwenden von Verstehensstrategien*

1. Lese- und Hörerwartungen an einen Kennenlern-Dialog (z. B. während eines Schüleraustauschs in Spanien) formulieren:
- Themen
- Floskeln
- Fragen und Antworten
- Anzahl der Redebeiträge

… zum Hören, Lesen und Verstehen

2. Einen Kennenlern-Dialog aus der Broschüre der Europäischen Union *Las lenguas abren nuevos horizontes* („Die Sprachen eröffnen neue Horizonte") hören:
a) Inwiefern findest du deine Erwartungen bestätigt?
b) Was verstehst du aus welchen Gründen?

… zum Verstehen und Sprechen

0 cero
1 uno
2 dos
3 tres
4 cuatro
5 cinco
6 seis
7 siete
8 ocho
9 nueve
10 diez

3. Zahlen hören und verstehen:
a) Höre zu, wie die Zahlen von 1 bis 20 ausgesprochen werden. Sprich sie leise nach und merke dir die Aussprache.
b) Bildet Gruppen und fragt euch gegenseitig nach den Zahlen.
Hinweis: Wenn du dich nicht mehr an die Zahlen erinnerst, suche nach der entsprechenden Seitenzahl im Buch.

4. Erste Versuche auf Spanisch:
a) Höre dir den Kennenlern-Dialog ein weiteres Mal an, lies ihn gleichzeitig und sprich die Sätze leise mit.
b) Bildet kleine Gruppen, begrüßt euch gegenseitig auf Spanisch, stellt euch einzelne Fragen und beantwortet sie.
Da euer Spanischkurs wahrscheinlich neu zusammengesetzt ist und ihr euch noch nicht alle kennt, ist es gut, wenn ihr miteinander Kennenlern-Dialoge führt.
Hört euch ggf. noch einmal den Dialog von der CD an.

5. Telefonnummern verstehen und angeben:
a) Höre zu, welche Telefonnummer die Person hat. Schreibe die Nummer in dein Heft.
b) Sagt euch gegenseitig eure Telefonnummern auf Spanisch.

2 Was du schon alles kannst!

España	cacao	Kalender	Makkaroni
restaurante	interpretar	Tasse	Kurs
guitarra	calendario	Rose	Kompetenz
geografía	clase	Restaurant	interpretieren
rosa	macarrones	Kaffee	Spanien
taza	competencia	Kakao	Tourist
café	turista	Klasse	Tomate
tomate	curso	Geografie	Gitarre

CD

Strategien entwickeln und anwenden

1. Wörter verstehen und erschließen:

a) Hör dir die spanischen Wörter an und schreibe möglichst viele deutsche Entsprechungen in dein Heft.

PAREJA

b) Was fällt dir bei den spanischen Wörtern auf? Tausche dich mit deiner Nachbarin oder deinem Nachbarn aus und notiert eure Ergebnisse, z. B. Endungen, ungewohnte Laute, ungewohnter Klang.

c) Lies die spanischen Wörter und ordne ihnen die deutsche Bedeutung zu. Welche Auffälligkeiten bestätigen sich? Notiere die entsprechenden Wörter.

CD

2. Aussprache und Rechtschreibung vergleichen:

a) Höre noch einmal genau zu und konzentriere dich auf die Aussprache. Notiere dir weitere Auffälligkeiten. Sprich die Wörter leise nach.

PAREJA

b) Untersucht zu zweit systematisch
- den Zusammenhang zwischen Aussprache und Schreibweise,
- Auffälligkeiten in der Aussprache einzelner Konsonanten,
- die Unterschiede in der Aussprache bestimmter Laute gegenüber dem Deutschen.

ESCRIBE

3. Wörter in einen Zusammenhang bringen:

a) Ordne die Wörter in der Liste oben nach unterschiedlichen Kategorien, z. B. Schule / Essen / Sonstiges.

PAREJA

b) Arbeitet zu zweit: Fügt weitere, euch bekannte spanische Wörter und Namen hinzu (z. B. aus der Kategorie Sport: *la ola*, Rafael Nadal) und notiert sie.
Überprüft die Schreibweise ggf. im Wörterbuch.

3 Wörter verstehen und schreiben

palabras internacionales

- **sustantivos**
  - turismo, nacionalismo, capitalismo, realismo
  - información, realización, nación, estación
  - capacidad, realidad, variedad, cantidad
- **adjetivos**
  - internacional, fatal, racional, social
  - simpático, antipático, católico, pasivo
  - firme, ignorante, presente, paciente

Strategien anwenden und entwickeln

1. Lies die Listen mit Nomen und Adjektiven. Erkläre, weshalb du eine Vielzahl vollständig oder teilweise verstehst. Denk dabei an deine Muttersprache oder andere, dir bekannte Sprachen.

CD

2. Höre dir mehrmals an, wie die Wörter gesprochen werden, und sprich sie leise mit.

Wörter aufgrund von Analogien bilden

3. Wie kannst du die folgenden Wörter ‚hispanisieren'? Sprich aus, wie sie deiner Meinung nach auf Spanisch lauten.
Hinweis: Die unteren Kästen des Organigramms oben sind bei der Lösung hilfreich.

Kooperation	Materialismus	aktiv	irreal
Konzentration	Idealismus	charakteristisch	pikant
Region	Universität	national	kreativ
Ration	Inspiration	fundamental	konstruktiv
Tradition	Solidarität	relativ	konstant

ESCRIBE

4. Notiere die Wörter auf Spanisch. Achte dabei besonders auf die Endung und die Schreibweise des deutschen [k] (z. B. ch bei charakteristisch) im Spanischen. Überprüft, ggf. mit dem Wörterbuch, gegenseitig die Schreibweise.

5. Erstelle Wortlisten mit orthografischen Gemeinsamkeiten.
a) Suche mit deiner Nachbarin oder deinem Nachbarn Übereinstimmungen in der Schreibweise und besprecht sie miteinander.
b) Stelle vorläufige Regeln für die Schreibweise auf.

4 Ein Gedicht

Gloria Fuertes: Doña Pito Piturra

Doña Pito Piturra
tiene unos guantes,
Doña Pito Piturra
muy elegantes.

Doña Pito Piturra
tiene un sombrero,
Doña Pito Piturra
con un plumero.
[...]

Doña Pito Piturra
tiene toquillas,
Doña Pito Piturra
con tres polillas.
[...]

Doña Pito Piturra
tiene unos guantes,
Doña Pito Piturra
[...]

http://www.cervantesvirtual.com/bib_autor/Fuertes/010191.shtml [15/07/2009]

Frau Pito Piturra
hat ein Paar Handschuhe,
Frau Pito Piturra,
(u. zw.) sehr elegante.

muy *sehr*
sombrero *Hut*

con *mit*
plumero *Federbusch*

toquilla *Schultertuch*

polillas *Motten*

Aufgaben *zu dem Gedicht*

1. Höre zu, wie das Gedicht vorgetragen wird, und achte auf die Satzmelodie.

2. Lies dir das Gedicht leise vor und versuche, die Satzmelodie zu imitieren. Welche Kleidungsstücke trägt Doña Pito Piturra und welche Besonderheiten weisen diese auf? (z. B.: Wie sind die Handschuhe?)

3. Im Gedicht finden sich drei maskuline Nomen und drei feminine Nomen. Schreibe sie im Singular und im Plural in eine Liste.

→ *Grammatik S. 17 ↗ 1; 2*

4. Lies das Gedicht ein weiteres Mal und vergewissere dich bei deiner Lehrerin oder deinem Lehrer, ob deine Aussprache richtig ist.

5. Lerne eine Strophe auswendig und trage die Strophe frei vor.
Hinweis: Wenn du beim Auswendiglernen in der Klasse oder in deinem Zimmer herumläufst, unterstützt dies das Lernen.

6. Schreibe eine neue Strophe zu dem Gedicht und trage sie vor. Suche dazu passende Wörter, die du schon kennengelernt hast.
Beispiel: Doña Pito Piturra / tiene tomates / Doña Pito Piturra / muy picantes.

5 Aufgaben und Übungen zur Rechtschreibung und Grammatik

Aufgaben *zur Orthografie*

ESCRIBE

→ *Orthografie S. 16/17 ↗ 1*

1. Im Spanischen werden die Wörter weitgehend so geschrieben wie gesprochen. Lies die folgenden Wörter laut vor. Welche Buchstaben fehlen? Schreibe in dein Heft.

Philosophie:

?	I	L	O	S	O	?	Í	A

Alphabet:

A	L	?	A	B	E	?	O

Theologie:

T	?	O	L	O	?	Í	A

Theater:

?	E	A	T	R	O

Rhythmus:

?	I	?	M	O

2. Zwei gleiche Konsonanten hintereinander im Spanischen? Nein, danke! Denke bei der folgenden Übung an diese Regel!

a) Wie schreibt man die Wörter auf Spanisch?
Die folgenden Wörter enden auf -a:
Allianz – Programm – Batterie – Lotterie – Grammatik – Masse – Ratte
Die folgenden Wörter enden auf -o:
Nummer – Prozess – Russe – Kilogramm

b) Lies die Wörter deiner Nachbarin oder deinem Nachbarn vor. Besprecht eventuelle Probleme miteinander.

CD

c) Hör zu und vergleiche, ob du alle Wörter richtig gebildet hast.

3. Manche Laute werden gleich ausgesprochen, aber anders geschrieben.

CD

a) Höre zu und entdecke Ausspracheregeln.
Schreibe jeweils die Wörter mit demselben Laut in denselben Kasten *(caja)* in dein Heft:
capacidad – chocolate – cinco – diez – macarrones – paciente – Zara – generoso – Chile – zorro – Argentina – Barcelona – Gijón – Gerona – Los Ángeles – San Francisco – California – máquina – cosa – religión – cartón – cuarto – ¿cuánto? – ¿cuándo? – ¿qué? – queso

→ *Lautschrift S. 16 ↗ 1*

Hinweis: Manche Wörter passen in zwei Kästen.

1) la caja de la [θ] **Beispiel: cinco**	2) la caja de la [x]	3) la caja de la [k]	4) la caja de la [tsch]

b) Höre noch einmal zu und prüfe mithilfe der CD, ob du alle Wörter richtig zugeordnet hast.

c) Lest euch die Wörter gegenseitig vor.

4. Höre genau zu, wie rr und r ausgesprochen werden. Vergleiche die Schreibweise und stelle eine Regel auf.
rosa – Perú – macarrones – Gerona – Los Pirineos – religión – Zara – Enrique – Carlos – cigarrillo

5. In jeder der folgenden Gruppen a) bis d) ist ein Wort, das nicht dazugehört; welches? Lest euch die Wörter gegenseitig vor und gleicht sie mit der CD ab.
a) *queso – cosa – gracias – casa*
b) *macarrones – rosa – Rafael – turista*
c) *lenguas – personaje – Argentina – Gijón*
d) *gracias – tango – gato – Jerónimo*

6. Höre zu, wie die folgenden Wörter ausgesprochen werden.
a) Welche Silbe wird jeweils betont?
nacionalismo – café – competencia – Madrid – Barcelona – capacidad – Los Ángeles – San Francisco – técnica – presente – gramática
b) Bilde Gruppen nach der Betonung auf der letzten, vorletzten oder drittletzten Silbe. Erkläre die Betonung mithilfe der Regel.

→ *Orthografie S. 17 oben*

7. Vergleiche Aussprache und Schreibweise der folgenden Wörter auf Deutsch und auf Spanisch. Leite daraus eine Regel ab für eine im Spanischen nicht mögliche Kombination von Konsonanten am Wortanfang.
estilo – estructura – estrés – estrategia – espionaje – esfera – espiral – España – estudiar – estudios

Aufgaben
... zur Akzentsetzung

8. Bei den folgenden Wörtern ist die betonte Silbe unterstrichen.
lengua – entender – perdon – gracias – helado – adios – calendario – taza – rosa – cafe – interpretar – turista – internacional – turismo – nacionalismo – nacion – estacion – capacidad – simpatico – catolico
a) Entscheide, welche Wörter einen Akzent haben müssen, und notiere sie.
b) Vergleicht eure Listen in Partnerarbeit.
c) Erläutert euch gegenseitig die Gründe für die Schreibweise.
d) Bilde den Plural der Nomen. Erkläre, ob der Akzent erhalten bleibt oder fortfällt.

... zu Strategien der Bedeutungserschließung

9. Um welches Buch handelt es sich jeweils? Nenne den deutschen Titel. Erkläre, welche Strategie du beim Verstehen anwendest.
El rey Arturo y los caballeros de la mesa redonda
El nombre de la rosa
La lista de Schindler
Penas del joven Werther
El amuleto de Samarkanda
Harry Potter y la piedra filosofal
Harry Potter y la cámara secreta

Orthografie und Aussprache

1. Laute und ihre Schreibung

Schreibweise	Aussprache	Beispiel	Lautbeschreibung
b	[b]	Barcelona	Butter (etwas weicher als im Deutschen)
v		Valencia	
$c^{e,i}$	[θ]	nación	gelispeltes s (vgl. Englisch: stimmloses th)
$z^{a,e,i,o,u}$		Zara	
$c^{a,o,u}$	[k]	marca	Mar**k**e
$qu^{e,i}$		paquete	Pa**k**et
$g^{e,i}$	[χ]	geografía	Kra**ch**
$j^{a,e,i,o,u}$		personaje	
$g^{a,o,u}$	[g]	guante	**G**erät (weiches g)
y	[i] im Auslaut [j] im Wort	Paraguay coyote	**J**ugend
ch	[tsch]	chocolate Chile	**Tsch**üss (ohne die Lippen nach vorne zu stülpen!)
ll	[j]	Mallorca	**J**ugend
ñ		España	Ta**nj**a
rr intervokalisch	[rr]	guerrillero	stark gerolltes r (ähnlich wie im Sauerland oder in Franken) brrrr!!!!
r im Anlaut		Rigoberta	
r intervokalisch	[r]	La Florida	einfach gerolltes r (wie ein leicht gelispeltes d)
h	stumm	himno ahora	['imno] [a'ora]

2. Das Alphabet

A a	**J** jota	**R** erre
B be	**K** ca	**S** ese
C ce	**L** ele	**T** te
D de	**M** eme	**U** u
E e	**N** ene	**V** uve
F efe	**Ñ** eñe	**W** uve doble
G ge	**O** o	**X** equis
H hache	**P** pe	**Y** ye (i griega)
i i	**Q** cu	**Z** ceta / zeta

Merke: Es gibt im Spanischen vier Buchstaben, die im Deutschen so nicht existieren:
ñ (Ñ), rr (nur intervokalisch), ll (Ll), ch (Ch)

Merke:
- Die Buchstaben sind im Spanischen feminin: ***la** erre, **la** consonante, **la** vocal*
- Das h wird nie ausgesprochen.
- Es gibt keine Umlaute (ä, ö, ü); Beispiel: *esfera* (Sphäre).

Die Schreibweise richtet sich immer nach der Aussprache, d.h., dass sich die Schreibweise z.B. bei der Flexion anpasst. Beispiel: *chica* (Mädchen), *chiquita* (Mädchen, Verkleinerungsform)
Es gibt im Spanischen **keine** kurzen oder langen Vokale zur Bedeutungsunterscheidung.

Im Spanischen gibt es im Gegensatz zum Deutschen

- **keine** Doppelvokale und Doppelkonsonanten; Beispiele: *interesante* (interessant); *diferencia* (Differenz).
  Hinweis: Sollten einmal in einem Wort zwei gleiche Vokale oder Konsonanten hintereinander stehen, dann gehören sie jeweils zu einer anderen Silbe; Beispiele: *reaccionar* (reagieren), *leer* (lesen).
- **kein** -sp oder -st im Anlaut; Beispiele: ***es**tructura* (**S**truktur), ***es**piar* (**sp**ionieren).
- **kein** ph, th, rh; Beispiele: *terapia* (Therapie), *filosofía* (Philosophie), *ritmo* (Rhythmus).
- **keine** englische oder französische Schreibweise; Beispiele: *gol (goal), fútbol (football), salón (salon)*

Die Diphthonge (Zwielaute):

- Ein Diphthong entsteht im Spanischen, wenn zwei Vokale zusammen in einer Silbe vorkommen und einer dieser Vokale *u* oder *i* ist. **Beispiele:** tiene, guantes, internacional.
- Die Zusammensetzungen mit *a*, *e* und *o* bilden keine Diphthonge, sondern diese drei Vokale bilden jeweils eigenständige Silben; **Beispiel:** re-a-li-dad.

Betonung und Akzentsetzung

- Wörter, die auf **Vokal**, **s** und **n** enden, werden auf der vorletzten Silbe betont: *guante, tango, mujeres*
- Wörter, die auf **Konsonant** (außer s und n) enden, werden auf der letzten Silbe betont: *realidad, racional*
- Wenn die Aussprache von den ersten beiden Regeln abweicht, trägt die betonte Silbe einen Akzent (*tilde; acento gráfico*): *fútbol, Los Ángeles*
- Der Akzent kann auch zur Bedeutungsunterscheidung dienen: *té* (m) Tee; *te* dir/dich

Merke: Bei manchen Nomen ist die Akzentsetzung im Singular und im Plural unterschiedlich. Das kommt daher, dass der Akzent gemäß den ersten beiden Regeln gesetzt werden muss; **Beispiele:** nación – naciones; joven – jóvenes

Großschreibung und Kleinschreibung

- Im Spanischen werden alle Wörter bis auf Eigennamen kleingeschrieben.
- Nach einem Punkt wird großgeschrieben.
- Nach einem Doppelpunkt wird großgeschrieben, wenn ein vollständiger Satz folgt.

Grammatik und Strukturen

1. Das grammatische Geschlecht

Die Nomen sind im Spanischen feminin oder maskulin.
- Nomen, die auf -o enden, sind zumeist maskulin (**Ausnahme**: *una mano* Hand).
- Nomen, die auf -a enden, sind zumeist feminin (**Ausnahme**: Wörter aus dem Altgriechischen, z. B. *el tema, el problema*).
- Alle Nomen auf -ad und -ión sind feminin (**Ausnahme:** *un camión* Lastwagen).
- Bei einigen Nomen (z. B. *guante*) ist nicht zu erkennen, welches Geschlecht sie haben.

1.1 Das Genus bei Personen

Maskulinum	Femininum	
chic**o** *Junge*	chic**a** *Mädchen*	Wenn das Nomen, das eine Person bezeichnet, auf -o endet, endet die weibliche Form auf -a.
tí**o** *Onkel*	tí**a** *Tante*	
señor	señor**a**	Wenn das Nomen auf einen Konsonanten endet, endet die weibliche Form auf -a.
autor	autor**a**	
turista	turista	Wörter auf -ista und -e können sowohl feminin als auch maskulin sein: **Beispiel:** ***el*** *cantante David Bisbal,* ***la*** *cantante Shakira*
cantante	cantante	
padre	madre	Nomen, die weibliche oder männliche Personen bezeichnen, haben das natürliche Geschlecht.
hombre *Mann*	mujer *Frau*	

1.2 Der Artikel

Artikel	Maskulinum Singular	Femininum Singular	Maskulinum Plural	Femininum Plural	
bestimmt	**el** calendario	**la** lengua	**los** calendarios	**las** lenguas	**Merke:** Wie im Deutschen steht das Nomen im Plural oft ohne Artikel bzw. mit Mengenangaben (viele, wenige, einige…).
unbestimmt	**un** calendario	**una** lengua	(unos) calenda-rios	(unas) lenguas	

2. Die Bildung des Plurals

rosa café nación universidad	rosa**s** café**s** nacion**es** universidad**es**	Wörter, die auf – Vokal enden, bilden den Plural in der Regel auf -s; – Konsonant enden, bilden den Plural in der Regel auf -es. **Merke:** Wörter mit betontem -ú oder -í enden im Plural zumeist auf -es. **Beispiel**: *marroquí → marroquíes.*

2 Ser joven en el siglo XXI

Estudiantes de todo el mundo en Madrid

Kompetenzen:

Hör- und Leseverstehen:
- einfachen, kurzen Texten Informationen über Studierende entnehmen

→ Verstehensstrategien

Sprechen:
- sich über bekannte Personen unterhalten

→ Verneinung
- eigene Freunde mit Basisinformationen vorstellen

→ Präsentationsstrategien

Sprachen lernen:
- Regeln zu Aussprache und Schreibung vertiefen und anwenden
- Regeln der Adjektivangleichung erstellen

Repaso: Los estudiantes de español

Kompetenzen:

Schreiben und Sprechen:
- einfache beschreibende Auskünfte über Studierende geben

→ Angabe von Nationalitäten
→ Altersangaben
→ Verbkonjugation
→ Angleichung bei Adjektiven

- einen Dialog unter Studierenden vervollständigen

→ Angleichung bei Verben und Adjektiven

Ser joven en el siglo XXI

Estudiantes de un instituto alemán

Kompetenzen:

Sprechen:
- sich gegenseitig über eigene, persönliche Daten befragen
- einzelne Kursmitglieder und den eigenen Spanischkurs vorstellen
- Steckbriefe für die Vorbereitung einer Präsentation verwenden

→ Präsentationsstrategien
→ Verbkonjugation

Schreiben:
- Steckbriefe verfassen

1 Estudiantes de todo el mundo en Madrid

Los números
20 veinte
21 veintiuno
22 veintidós

... es más guapo que...
... ist schöner als (er sieht besser aus als ...)

Megumi

Megumi es japonesa. Tiene 20 años [...]. Es muy simpática. Y ella cree que Beckham es más guapo que Raúl.

Serge

Es de Holanda. Tiene 27 años. Es un estudiante nuevo.

Hiroko

Hiroko es una chica de Japón. [...] Habla español muy bien, y sabe muchas cosas. Es muy simpática, amable, inteligente y guapa.

Brandom

Brandom es de Estados Unidos. [...] Es chistoso, alto, guapo, simpático [...]. Ahora estudia en Madrid.

Melanie

Es francesa, activa, amable y guapa. Sabe muchas cosas. Y tiene un novio que estudia en la Universidad de Alcalá.

http://www.abrilescuela.com/spanish/index.html [14/03/2009]

CD

Actividades *en torno ... a las estrategias de comprensión auditiva y lectora*
Aufgaben *zu Hör- und Lesestrategien*

1. Escucha las presentaciones y lee los textos. • *Höre die Präsentationen an und lies die Texte.*

a) ¿Qué entiendes? Contesta en alemán. • *Was verstehst du? Antworte auf deutsch.*

b) Ten en cuenta las estrategias de comprensión. • *Mach dir die Verstehensstrategien bewusst.*
Piensa en los nombres propios, en la similitud con otras lenguas, en el contexto, en las fotos, en la "adivinanza inteligente". • *Denk an die Eigennamen, an die Ähnlichkeit mit anderen Sprachen, an den Kontext, an die Fotos, an „intelligentes Raten".*

2. Lee atentamente las presentaciones y prepara una tabla con la información. • *Lies die Präsentationen aufmerksam durch und bereite eine Tabelle mit den Informationen vor.*

ESCRIBE

¿Cómo se llama? *Wie heißt sie / er?*	**¿Es chica o chico?** *Ist es eine junge Frau (Mädchen) oder ein junger Mann (Junge)?*	**¿Cuántos años tiene?** *Wie alt ist sie / er?*	**¿De dónde es? / ¿Qué es?** *Woher kommt sie / er ? Was ist sie / er?*	**¿Cómo es?** *Wie ist sie / er?*
Megumi	Es una chica.	Tiene 20 años.	Es de Japón. / Es japonesa.	Es muy simpática.

3. ¿Es correcto? • *Ist es richtig?*

→ *Gramática p. 27 ↗ 5*

Corrige las frases según el modelo y utiliza la negación. • *Verbessere die Sätze wie im Beispiel und verwende die Verneinung.*

Ejemplo: Megumi es un chico. No, Megumi no es un chico; es una chica.

a) Serge tiene 23 años.
b) Melanie es japonesa.
c) Hiroko es antipática.
d) Brandom estudia en Zaragoza.
e) El novio de Melanie estudia en Madrid.
f) Serge es de Portugal.

4. ¿Cómo se escribe Brandom? • *Wie schreibt man Brandom?*

a) Escucha cómo se deletrea la palabra. • *Höre zu, wie man ein Wort buchstabiert.*
b) Deletrea los nombres siguientes: • *Buchstabiere die folgenden Namen:* Megumi – Melanie – Serge – Hiroko
c) Deletrea tu nombre. • *Buchstabiere deinen Namen.*

... a la pronunciación
... zur Aussprache

CD

Hinweis: Da es keinen Umlaut im Spanischen gibt, musst du z. B. beim ü sagen: *u con puntitos.*

5. Preguntaos mutuamente sobre los estudiantes. • *Stellt euch gegenseitig Fragen zu den Studierenden.*

Ejemplo: ¿Cuántos años tiene Serge? – Tiene... años.

CADENA DE PREGUNTAS

6. Lee con atención otra vez los textos y examina los sustantivos y los adjetivos. ¿Qué observas? • *Lies noch einmal die Texte und achte auf die Substantive und Adjektive. Was beobachtest du?*

→ *Gramática p. 27 ↗ 6*

a) Formula una regla para la formación del femenino y masculino, y del plural de los adjetivos. La tabla te puede ayudar. • *Formuliere eine Regel für die Bildung des Femininums, des Maskulinums und des Plurals der Adjektive. Die Tabelle unten kann dir helfen.*
b) Ordena los adjetivos siguientes sistemáticamente en una tabla. • *Ordne die folgenden Adjektive nach dem Modell in einer Tabelle an.*
alemana – chistoso – franceses – muchas – inteligente – inglés – nuevo – guapa – holandés – alto – joven – activo

	masculino sg.	**femenino sg.**	**masculino pl.**	**femenino pl.**
1	japonés	japonesa	japoneses	japonesas
2	simpático	simpática	simpáticos	simpáticas
3	amable		amables	

TRABAJO INDIVIDUAL

… a la recapitulación
… zur Wiederholung

7. Inserta los adjetivos. • *Füge die Adjektive ein.*

Ejemplo: La frances<u>a</u> Melanie es muy simpátic<u>a</u>.

japonés – activo – guapo – alto – inteligente – amable – holandés – chistoso – francés

a) Megumi e Hiroko son dos chicas ___
b) Serge es un estudiante ___
c) Hiroko y Melanie son dos estudiantes ___
d) Brandom es ___, ___ y ___
e) Melanie no es alemana, es ___
f) Además, Melanie es ___ y ___

… a la producción
… zur Produktion

TRABAJO INDIVIDUAL

8. Relaciona las informaciones sobre los estudiantes. • *Verbinde die Informationen zu den Studierenden zu sinnvollen Sätzen.*

Ejemplo: La escuela tiene muchos estudiantes.

La escuela tiene	Japón.
Son chicas y chicos de	Estados Unidos y Holanda.
Megumi e Hiroko, p. ej. son de	español muy bien.
Los dos chicos son de	ahora en Madrid.
Brandom es alto,	tiene 27 años.
Estudia	Serge.
Megumi tiene 20 años y Serge	chistoso y guapo.
El novio de Melanie	muchos estudiantes.
El chico holandés se llama	Europa, Asia y América.
Hiroko habla	estudia en Alcalá de Henares.

HABLA UN MINUTO

9. Habla de tu amiga o amigo. • *Sprich über deine Freundin oder deinen Freund.*

a) Prepara primero una tabla y escribe las informaciones importantes e interesantes. • *Bereite zunächst eine Tabelle vor und trage die wichtigsten Informationen ein.*

Mi amiga / Mi amigo se llama…
Es de (Alemania, Turquía…)
Es… y…
Tiene…
[No] tiene novio / novia. / El novio / la novia de… se llama…

b) Practica varias veces la presentación con tu compañera o compañero. Fíjate en los aspectos siguientes: • *Übe die Präsentation mehrere Male mit deiner Nachbarin oder deinem Nachbarn. Achte auf die folgenden Aspekte:*
- informaciones completas • *vollständige Informationen*
- pronunciación correcta • *richtige Aussprache*
- concordancia de sustantivo y adjetivo / sustantivo y verbo • *Übereinstimmung zwischen Nomen und Adjektiv / Nomen und Verb*
- vocabulario correcto y variado • *richtiger und vielfältiger Wortschatz*

c) Presenta a tu amiga o amigo a todo el curso. • *Stelle deine Freundin oder deinen Freund dem ganzen Kurs vor.*

Habla libremente sin miedo a los errores; empiezas a estudiar español y los errores son normales. • *Sprich frei ohne Angst vor Fehlern; du fängst erst an, Spanisch zu lernen, und Fehler sind etwas Normales.*

Hinweis:
Die Konjunktion *y* (und) wird vor Wörtern, die mit *i-* oder *hi-* beginnen, zu *e*. **Beispiel:** *importante e interesante.*

Estrategias de presentación
Präsentationsstrategien

2 Repaso

Los estudiantes de español

1. ¿De qué país son los estudiantes? Contesta según el modelo. • *Woher kommen die Studierenden? Antworte wie im Beispiel.*

Ejemplo: Hiroko es de Japón, o sea, es japonesa. • *Hiroko ist aus Japan, d. h., sie ist Japanerin.*

a) Brandom ___
b) Serge ___
c) Melanie ___
d) Megumi ___

País	Nacionalidad
Marruecos	marroquí
Turquía	turco / turca
Polonia	polaco / polaca
Alemania	alemán / alemana
España	español / española

País	Nacionalidad
Suiza	suizo / suiza
EEUU	estadounidense
Rusia	ruso / rusa
Italia	italiano / italiana
Bélgica	belga

2. ¿Cómo es y cómo son? Añade el verbo y una característica (o más). • *Wie ist er/sie bzw. sind sie? Füge das Verb hinzu und eine Eigenschaft (oder mehrere).*

→ *Gramática p. 26 ↗ 1.2; 27 ↗ 6*

a) Hiroko y Brandom ___
b) El futbolista Beckham ___
c) El futbolista Raúl ___
d) Brandom ___
e) Serge ___
f) Melanie ___
g) Hiroko y Melanie ___

3. Lee el diálogo entre Megumi, Serge y Stefan e inserta las formas correctas de los verbos y adjetivos. • *Lies den Dialog zwischen Megumi, Serge und Stefan und füge die richtigen Verb- und Adjektivformen ein.*

→ *Gramática p. 26 ↗ 1; 27 ↗ 6*

Megumi: –Hola, Serge, ___ (*llamarse*) Megumi. ___ (*Estudiar*) lengua y cultura ___ (*español* pl.). Mira, Serge, ___ (*ser* 1ª pl.) ocho estudiantes. Dos de las chicas ___ (*ser*) ___ (*francés*). Yo ___ (*ser*) ___ (*japonés*). Mis amigas ___ (*estudiar*) también la lengua ___ (*español*). El chico ___ (*alto y chistoso*) ___ (*llamarse*) Brandom, ___ (*ser*) un estudiante ___ (*estadounidense*).

Serge: –___ (*Ser*) de Holanda. Mi familia y yo ___ (*ser* 1ª pl.) de Ámsterdam. ___ (*Estudiar*) español y holandés. Mi novia ___ (*ser*) ___ (*alemán*). No ___ (*hablar*) holandés, pero yo ___ (*hablar*) alemán.

Megumi: –Serge, la chica ___ (*francés*) ___ (*ser*) Melanie. ¿No ___ (*ser*) muy ___ (*guapo*)? La otra chica ___ (*ser*) ___ (*japonés*) como yo. ___ (*Llamarse*) Hiroko y ___ (*ser*) muy ___ (*inteligente*).

Serge: –Y el chico ___ (*alto y simpático*), ¿quién ___ (*ser*)?

Megumi: –___ (*Ser*) Stefan. ¡Hola Stefan! ___ (*Ser*) Serge. ___ (*Ser*) (*nuevo*), ___ (*ser*) ___ (*holandés*).

Stefan: ¡Hola Serge, hola Megumi! ¿Qué tal? ¿Vamos a tomar algo?

llamarse – heißen (s. nennen)

me llamo	nos llamamos
te llamas	os llamáis
se llama	se llaman

Mira, Serge… *schau mal, Serge*
yo *ich*

¿Qué tal? ¿Vamos a tomar algo? *Wie geht's? Gehen wir was trinken?*

3 Estudiantes de un instituto alemán

Los números

11 once
12 doce
13 trece
14 catorce
15 quince
16 dieciséis
17 diecisiete
18 dieciocho
19 diecinueve

¡Hola! Es una foto del curso básico de español de Hückelhoven, una pequeña ciudad cerca de Aachen. Somos un grupo pequeño: nueve chicas y dos chicos con una profesora guapa y simpática que no se ve en la foto. Tenemos entre 16 y 18 años. Yo me llamo Johanna y soy alemana como todos en el curso. No vivo en Hückelhoven. Vivo en Wegberg. Tengo 17 años.

Actividades *en torno … a la comprensión*
Aufgaben *zum Verständnis*

→ *Gramática p. 27 ↗ 4*

PAREJA

Merke: a + el → al
(p. 26 ↗ 3)

1. Trabajo en pareja: Hablad sobre el curso. • *Partnerarbeit: Sprecht über den Kurs.*

a) ¿Cuántas personas hay en el curso?
b) ¿Cuántas chicas hay?
c) ¿Cuántos chicos hay?
d) ¿Cuál es la nacionalidad de Johanna?
e) ¿Cómo son?
f) ¿Cuántos años tienen?
g) ¿Cómo se llama la chica que presenta al curso?
h) ¿Dónde vive?

→ *el alfabeto p. 16 ↗ 2*

2. ¡Qué difíciles son los nombres alemanes! • *Wie schwierig sind doch die deutschen Namen!*

a) Por favor, deletrea la palabra. • *Bitte buchstabiere das Wort.*
Hückelhoven – Wegberg – Aachen – Johanna
b) Deletrea tu nombre y el de tu ciudad. • *Buchstabiere deinen Namen und den deiner Stadt.*

3. Inserta el verbo correcto en el texto. • *Füge das richtige Verb ein: ser (7); tener (3); estudiar (2); hablar; saber; creer*

→ *Gramática p. 26 ↗ 1*

TRABAJO INDIVIDUAL

Hiroko, Melanie y Megumi ___ estudiantes. Brandom ___ el compañero de Estados Unidos de las tres chicas. Megumi ___ que Beckham ___ más guapo que Raúl. Una de las estudiantes, la francesa Melanie ___ un novio que ___ en la universidad de Alcalá. Melanie ___ español muy bien y ___ muchas cosas. Serge de Holanda ___ un estudiante nuevo. Los estudiantes ___ de todo el mundo.
La alemana Johanna ___ una chica. ___ español en un instituto alemán. ___ una profesora de español joven y guapa. Johanna ___ 8 compañeras y dos compañeros. En total ___ 11 personas.

4. Y tú, ¿quién eres? • *Und du, wer bist du?*

a) Entrevista a una compañera o a un compañero. • *Befrage eine Mitschülerin oder einen Mitschüler.*
Puedes hacer las siguientes preguntas: • *Du kannst folgende Fragen stellen:*

¿Cómo te llamas? – *Me llamo…*	¿Qué nacionalidad tienes? – *Soy…*
¿Cuántos años tienes?	¿Cómo eres?
¿De dónde eres?	¿Cuántas chicas hay en tu clase?
¿Dónde vives?	¿Hay también chicos?

b) Prepara una ficha personal escrita de tu compañera o compañero. Presenta a la persona al curso, pero sin leer. • *Bereite einen schriftlichen Steckbrief deiner Mitschülerin bzw. deines Mitschülers vor. Stelle die Person dem Kurs vor, aber lies nicht ab!*
Puedes empezar así: Quiero presentar a… • *Du kannst so anfangen: Ich möchte … vorstellen:*

5. Presenta a tu curso de español. El sistema de apoyo te ayuda. Recuerda conjugar los verbos. • *Stell deinen Kurs vor. Die sprachlichen Hilfen unterstützen dich dabei. Denke daran, die Verben zu konjugieren.*

HABLA UN MINUTO

Sistema de apoyo

Ser
Ser } un grupo de / un curso de } ___ estudiantes / ___ jóvenes / ___ personas } del colegio… / del instituto…

Estudiar / Aprender } español / castellano } en la ciudad de… / en…

En el curso [no] hay muchas nacionalidades, por ejemplo: …

Mis compañeras / Mis amigas / Las chicas de la clase / Mis compañeros / Mis amigos / Los chicos de la clase } [no] ser } chistosos / chistosas / inteligentes / …

Grammatik und Strukturen • Gramática y estructuras

1. Das Verb • *el verbo*

1.1 Die regelmäßigen Verben im Präsens • *los verbos regulares en presente*

	-ar	-er	-ir
	habl**ar** *sprechen*	cre**er** *glauben*	viv**ir** *leben, wohnen*
1 sg	habl**o**	cre**o**	viv**o**
2 sg	habl**as**	cre**es**	viv**es**
3 sg	habl**a**	cre**e**	viv**e**
1 pl	habl**amos**	cre**emos**	viv**imos**
2 pl	habl**áis**	cre**éis**	viv**ís**
3 pl	habl**an**	cre**en**	viv**en**

Hinweis: Beachte Betonung und Akzentsetzung bei der 2. Person Plural!

- ➤ Es gibt drei regelmäßige Konjugationen: auf *-ar*, *-er* und *-ir*. Die Personalendung wird an den Stamm gehängt.
- ➤ Die Endungen geben an, um welche Person es sich handelt. Ein Personalpronomen ist normalerweise nicht notwendig.

Beispiele:
hablas *du sprichst*
creen *sie glauben*
vivo *ich lebe*

1.2 Häufige Verben • *verbos frecuentes*

	ser *sein*	ver *sehen*	tener *haben*
1 sg	soy	veo	tengo
2 sg	eres	ves	tienes
3 sg	es	ve	tiene
1 pl	somos	vemos	tenemos
2 pl	sois	veis	tenéis
3 pl	son	ven	tienen

Beispiele:
Es de Japón. *Sie ist aus Japan.*
Somos amigas. *Wir sind Freundinnen.*
Veis una foto. *Ihr seht ein Foto.*
Tengo 17 años. *Ich bin 17 (Jahre alt).*
→ weitere Verben s. S. 185ff.

1.3 Das Verb "hay" • *„es gibt"*

Hay un estudiante nuevo en el grupo. *Es gibt einen neuen Schüler in der Gruppe. / In der Gruppe ist ein neuer Schüler.*
En mi clase **hay dos** chicas argentinas. *In meinem Kurs gibt es (sind) zwei argentinische Mädchen.*
Hay muchas personas en la foto. *Es gibt (sind) viele Personen auf dem Foto.*

"hay" (es gibt) ist eine unpersönliche und unveränderliche Form von *haber*.

Gebrauch von *hay*:

hay + { unbestimmter Artikel / Mengenangabe / Zahlwort / Nomen im Plural }

2. Unbestimmte Mengenangaben • *expresión de la intensidad*

muy und *mucho*

Melanie es muy simpática. *Melanie ist sehr nett.*
Habla español muy bien. *Sie spricht sehr gut Spanisch.*
Sabe muchas cosas. *Sie weiß viele Dinge.*
La escuela tiene muchos estudiantes. *Die Schule hat viele (Schülerinnen und) Schüler/Studierende.*

Muy (sehr) steht immer zusammen mit einem Adjektiv oder einem Adverb und nie allein.
Das unbestimmte Zahladjektiv *mucho / mucha / muchos / muchas* (viel, viele) wird wie ein Adjektiv gebraucht.
Merke: Trabaja mucho. *Er arbeitet viel.*

3. Die Verschmelzung von Artikel und Präposition • *la contracción del artículo*

a + el = al	Presenta **al** estudiante holandés. *Sie stellt den holländischen Studenten vor.*
de + el = del	Es una foto **del** curso básico. *Es ist ein Foto des Grundkurses.*

Die Verschmelzung von Artikel und Präposition zu einem Wort gibt es nur bei **el**, dem bestimmten maskulinen Artikel Singular, mit den Präpositionen ***a*** und ***de***.

4. Fragen • *preguntas*

4.1 Fragen mit Fragepronomen • *pronombres interrogativos*	
¿**Quién** estudia en Madrid? ***Wer** studiert in Madrid?* ¿**Quiénes** son los estudiantes? ***Wer** sind die Studierenden?* ¿**Cómo** se llama la estudiante? ***Wie** heißt die Studentin?* ¿**Dónde** vive la familia? ***Wo** lebt die Familie?* ¿**De dónde** es el estudiante? ***Woher** ist der Student?* ¿**Cuántos** chicos son? ***Wie viele** Jungen sind es?* ¿**Cuántas** personas son? ***Wie viele** Personen sind es?* ¿**Cuánto** dinero tienes? ***Wie viel** Geld hast du?* ¿**A quién / quiénes** saluda? ***Wen** grüßt sie?* ¿**De quién / quiénes** hablas? ***Von wem** redest du?* ¿**Qué** sabe Melanie? ***Was** weiß Melanie?*	Alle Fragepronomen tragen einen Akzent. **Merke:** – Das Fragepronomen *wer?* hat eine Singular- und eine Pluralform *(quién / quiénes)*. – Das Fragepronomen *¿cuánto?* ist veränderlich und richtet sich in Genus und Numerus nach dem Nomen. – Präpositionen werden den Fragepronomen vorangestellt.
4.2 Fragen ohne Fragepronomen • *preguntas sin pronombre interrogativo*	
¿La familia vive en Valencia? *Lebt die Familie in Valencia?* ¿Serge es francés? *Ist Serge Franzose?* ¿Es chica o chico? *Ist es ein Mädchen oder ein Junge?*	Wie im Deutschen kann ein Aussagesatz durch die Intonation zum Fragesatz werden. Die Intonation ist steigend.

5. Die Verneinung • *la negación*

5.1 Die einfache Verneinung • *la negación simple*	
No estudia en Jaén. *Er studiert **nicht** in Jaén.* ¿**No** se llama Carlos? *Heißt er nicht Carlos?*	Die Verneinungspartikel „no" steht unmittelbar vor dem konjugierten Verb und ggf. vor dem Reflexivpronomen.
5.2 Die verneinende Antwort mit *no, no…* • *la respuesta con no, no…*	
¿Serge estudia en Jaén? **No, no** estudia en Jaén. *Studiert Serge in Jaén? **Nein**, er studiert **nicht** in Jaén.*	„**No**" ist ein selbstständiges Wort und bedeutet „Nein". **Merke:** Auch wenn die Aussage verneint ist, muss die Verneinungspartikel „no" eingefügt werden, weil sonst der Sinn verändert wird. **Beispiel: No**, estudia en Elche. ***Nein**, er studiert in Elche.*

6. Das Adjektiv • *el adjetivo*

6.1 Das Adjektivattribut • *el adjetivo como atributo*	
una chica simpátic**a** *ein nettes Mädchen* un chico simpátic**o** *ein netter Junge* (unos) chicos simpátic**os** *nette Jungen* (unas) chicas simpátic**as** *nette Mädchen* una chica intelig**ente** *ein kluges Mädchen* un chico ama**ble** *ein liebenswürdiger Junge* chicas y chicos guap**os** *gut aussehende Jungen und Mädchen*	Adjektive • richten sich in Genus und Numerus nach dem Nomen. • auf *-o* (sowie *-án, -ón, -dor*) bilden die feminine Form auf *-a*. • mit anderen Endungen haben eine einzige Form im Maskulinum und im Femininum. • werden normalerweise nachgestellt. Adjektive, die sich auf ein feminines <u>und</u> ein maskulines Nomen beziehen, stehen in der maskulinen Form.
6.2 Die Nationalitätenadjektive • *los adjetivos de la nacionalidad*	
Es **un** estudiante holand**é**s. *Er ist ein holländischer Student.* Son los chic**os** turc**os** del curso. *Sie sind die türkischen Jungen des Kurses.* Hiroko es **una** estudiante japones**a**. *Hiroko ist eine japanische Studentin.* Son las chic**as** japones**as**. *Sie sind die japanischen Mädchen.*	• Viele Nationalitätenadjektive enden im Maskulinum auf Konsonant (häufig *-és*) und im Femininum auf *-a*. • Der maskuline Plural ist *-es* und der feminine *-as*. **Merke:** Im Plural Maskulinum entfällt der Akzent, weil die zweitletzte Silbe regelgerecht betont wird. **Beispiele:** *alemán / alemanes; francés / franceses* • Nationalitätenadjektive und -nomen sind identisch.

3 Ir al instituto en España y en Alemania

Mandar saludos por Internet desde *La Gaceta extremeña de educación*

Kompetenzen:

Hör- und Leseverstehen:
- einfachen Forumsbeiträgen spanischer Schülerinnen und Schüler wesentliche Informationen über Freunde, Familie und Schule entnehmen

Schreiben:
- einen Gruß für ein Forum verfassen
- → Objekt bei Personen
- → Possessivpronomen

Sprechen:
- sich über Forumsgrüße austauschen
- → Vokabellernstrategien

Sprachen lernen:
- Regeln für Formen und Verwendung der Possessivpronomen erkennen

Horarios escolares

CURSO 2010/11 I.E.S. "NAVARRO VILLOSLADA" BACH. 1º A

	LUNES	MARTES	MIERCOLES	JUEVES	VIERNES	
8h30	IN	IN	IN	CN B/G	EF	8h30
9h25	FQ	LE	EF	FQ	FQ	9h25
10h20 – 11h15	RE	MAT	FIL	LE	IN	10h20 – 11h15
RECREO						
11h45	CN B/G	ALE	CN B/G	MAT	ALE	11h45
12h40	MAT	FQ	MAT	FIL	FIL	12h40
13h35 – 14h30	FIL	CN B/G	RE	ALE	LE	13h35 – 14h30

Kompetenzen:

Interkulturelles Orientierungswissen:
- Stundenpläne spanischer Schülerinnen und Schüler kennenlernen

Sprechen:
- sich über Stundenpläne austauschen und diese kommentieren
- spanische Stundenpläne vorstellen
- → Uhrzeiten
- → Ordinalzahlen
- → doppelte Verneinung

Sprachmitteln:
- Stundenpläne erklären
- Austauschschüler in Schulgespräche einbeziehen
- → Strategien des Sprachmittelns

Sprachen lernen:
- das zweisprachige Wörterbuch zur Wortschatzerweiterung einsetzen
- → Vokabellernstrategien

Ir al instituto en España y en Alemania

Los sistemas escolares en comparación

Edad	Sistema español
3–5 años	2° Ciclo de educación infantil
6–11 años	Educación primaria: 1°–6°
12–15 años	Educación secundaria obligatoria: 1°–4°
16–17 años	Bachillerato: 1°–2° **Selectividad: prueba de acceso a la universidad**

Kompetenzen:

Interkulturelles Orientierungswissen:
- Grundzüge des spanischen Schulsystems kennenlernen

Sprachmitteln:
- sich gegenseitig über das spanische Schulsystem befragen
- das deutsche Schulsystem vorstellen
- → Präsentationsstrategien
- das spanische und das deutsche Schulsystem vergleichen

1 Mandar saludos por Internet desde *La Gaceta extremeña de educación*

Placa informativa

Der **Familienname** (*apellidos*) in Spanien setzt sich zusammen aus dem ersten Nachnamen des Vaters und dem ersten Nachnamen der Mutter. Somit haben Mutter, Vater und Kinder in der spanischen Familie jeweils verschiedene Doppelnamen (ohne Bindestrich).

CP = Colegio Público *öffentliche Schule*
Nª Sra = Nuestra Señora de la Antigua *bezieht sich auf die Muttergottes*

Placa informativa

Colegio: Privatschule mit allen Schulformen. Sie kann öffentlichen Schulen wie in Deutschland gleichgestellt sein.
escuela: Grundschule
instituto: Gymnasium und Gesamtschule / Sekundarstufen I und II

Gracia, Nerea, Miguel y Mariola saludan a sus amigos

La Gaceta **Anuncios gratis**

Hola, soy Gracia León Sanguino. Quiero saludar a mis amigos y maestros [...], y a toda mi familia.

Hola, soy Nerea de Nogales. Quiero saludar a mi familia y a todas mis amigas y amigos [...]. También quiero saludar a unas amigas muy especiales, a Lara y Estre [...]. Adiós

Hola, me llamo Miguel Antúnez y quiero mandar un saludo a todos los profesores y alumnos del C.P. *Gabriel de Gévora*, y, en especial, a mis amigos y a mi prima Mirella.

Hola, soy Mariola Moreno Oliva de 4° A del C.P. *Nª Sra. de la Antigua*, de Mérida. Doy un saludo a mi colegio y a todas las niñas, niños, maestros y a mi tutora Maribel.

http://www.educarex.es/lagaceta/antiguos/html/882004/paginas/anuncios22.html; [05/10/2009]

Actividades *en torno*
... a la comprensión
Aufgaben *zum Verständnis*

1. Saludos por Internet: preguntas sobre los anuncios • *Grüße über Internet: Fragen zu den Beiträgen*

a) ¿Cómo se llaman las chicas con los dos apellidos?
b) ¿A quiénes quiere saludar la primera chica?
c) ¿De dónde es Nerea?
d) ¿A quiénes quiere saludar?
e) ¿Cómo se llaman las amigas especiales?
f) ¿Cómo se llama el chico que manda saludos?
g) ¿Cómo se llama el colegio público del chico?
h) ¿A qué grupos de personas del colegio manda saludos?
i) ¿Cómo se llama la prima del chico?
j) ¿En qué ciudad vive Mariola?
k) ¿Cómo se llama la tutora de Mariola?

→ *Gramática p. 27 ↗ 4*

... a los pronombres posesivos
... zu den Possessivpronomen

2. Los pronombres posesivos • *die Possessivpronomen*

a) Busca los pronombres posesivos singular y plural de la primera persona en los anuncios. • *Suche in den Beiträgen die Possessivpronomen der ersten Person im Singular und Plural.*
b) Explica cómo funcionan los pronombres posesivos. • *Erkläre, wie die Possessivpronomen funktionieren.*

3. ¿A quiénes saluda o manda un saludo? Completa las frases con los complementos. • *Wen grüßen sie oder wem senden sie einen Gruß? Vervollständige die Sätze mit einem Objekt.*

a) Gracia saluda ___ ___ ___
b) Nerea saluda ___ ___ ___
c) Miguel manda un saludo ___ ___ ___ ___
d) Mariola da un saludo ___ ___ ___ ___ ___

→ *Gramática p. 38 ↗ 1.2; 2*

Merke:
a + el = al
de + el = del
Aber:
a la / a las / a los
de la / de las / de los

4. Pregunta a tu compañera o compañero. • *Frage deine Mitschülerin oder deinen Mitschüler wie in den Beispielen.*

Ejemplos:
¿A quién saludan Nerea o Miguel o Gracia? Nerea saluda a su familia.
¿Cómo se llama tu profesora de español?

CADENA DE PREGUNTAS

5. Y tú ¿a quién saludas? • *Und du, wen grüßt du?*

a) Escribe un anuncio con tus saludos. • *Schreibe einen Beitrag mit deinen Grüßen.*
b) Repartid los anuncios por el curso. Cada persona tiene que tener y presentar un anuncio. • *Verteilt die Beiträge im Kurs. Jede Person muss einen Beitrag bekommen und vorstellen.*

Ejemplo: Johanna saluda a su novio Benjamín.

ESCRIBE

… a la producción escrita y oral

6. Miguel habla de su familia. Inserta los pronombres posesivos. • *Miguel spricht über seine Familie. Setze die Possessivpronomen ein.*

En ___ (1ª persona) familia somos cinco personas: ___ madre, ___ padre, ___ dos hermanas y yo. ___ (1ª pl) abuela se llama Emilia; ___ marido, ___ abuelo, se llama Juanito.
– Abuela, ¿cuántos hermanos tenéis tú y el abuelo?
– ___ familias son muy grandes. Tenemos nueve hermanos y hermanas.
– Sí, entiendo, ___ (2ª persona) familias son muy grandes y por eso tenemos muchos primos y primas. ___ prima Mirella es muy simpática y ___ primos Iván y Juan Carlos también.
Iván, Juan Carlos y yo somos compañeros de clase y ___ (1ª pl) colegio es el CP Fray Luis de León. Iñaki y David son ___ amigos y los cinco formamos ___ pandilla. ___ prima Carmen va a otro colegio. ___ nombre es Colegio Juan Pablo XXIII. ___ amigas se llaman Carolina y Susana.

→ *Gramática p. 38 ↗ 1.2*

Hinweis:
Die wörtliche Rede wird im Spanischen eingeleitet mit einem Gedankenstrich (*guión*, m).

entiendo *ich verstehe*

pandilla *Clique*
ir al colegio *zur Schule gehen*

7. Recapitula el vocabulario. • *Rekapituliere den Wortschatz.*

a) familia (~ 10 palabras) b) colegio (~ 10 palabras)

8. Añade un verbo o más de uno. • *Füge ein Verb hinzu oder mehrere.*

a) ___ al colegio
b) ___ saludos
c) ___ hermanos
d) ___ una familia grande
e) ___ un anuncio
f) ___ a una amiga especial
g) ___ francesa
h) ___ en la universidad
i) ___ a la compañera o al compañero
j) ___ por ejemplo, la palabra Köln: ka, o con puntitos, ele, ene
k) ___ primos y primas

… al vocabulario

2 Horarios escolares

2.1 Un horario típico de un estudiante español de primero de bachillerato

I.E.S. Instituto de Enseñanza Secundaria
BACH. (bachillerato) *Klassen, die zum Abitur führen*

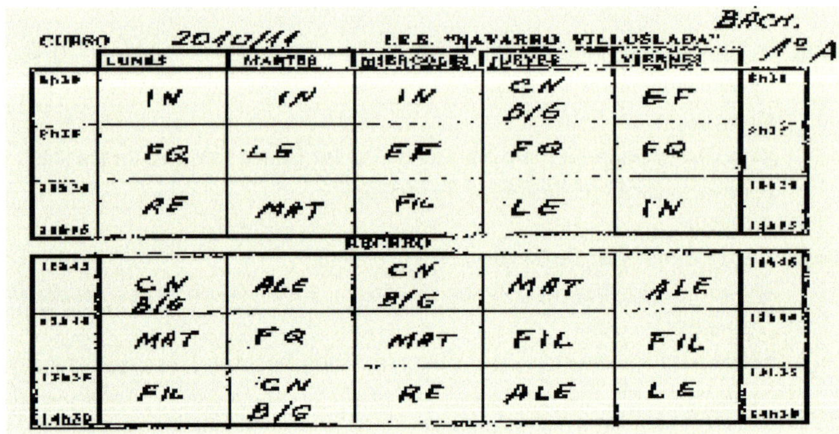

CURSO 2010/11 I.E.S. "NAVARRO VILLOSLADA" BACH. 1º A

LUNES	MARTES	MIÉRCOLES	JUEVES	VIERNES
IN	IN	IN	CN B/G	EF
FQ	LE	EF	FQ	FQ
RE	MAT	FIL	LE	IN
RECREO				
CN B/G	ALE	CN B/G	MAT	ALE
MAT	FQ	MAT	FIL	FIL
FIL	CN B/G	RE	ALE	LE

Las abreviaciones:

ALE: alemán
B/G: biología / geología
CN: ciencias naturales
EF: educación física
FIL: filosofía
FQ: física y química
IN: inglés
LE: lengua española
MAT: matemáticas
RE: religión

Actividades *en torno … a la comprensión y expresión oral*
→ *Gramática p. 38/39*
↗ *3; 4; 5*

1. Examina con atención el horario del alumno pamplonés (qué asignaturas y cuántas horas de clase tiene, de qué hora a qué hora son las clases). • *Beschäftige dich aufmerksam mit dem Stundenplan des Schülers aus Pamplona (welche Fächer er hat, wie viele Stunden, von wann bis wann er Unterricht hat).*

2. Las distintas asignaturas y el número de clases • *die unterschiedlichen Fächer und die Anzahl der Unterrichtsstunden*

a) ¿Qué asignaturas cursa el estudiante?
b) ¿Cuántas horas de alemán tiene?
c) ¿Qué otra lengua extranjera estudia?
d) ¿Cuáles son las asignaturas de ciencias naturales?
e) ¿Cómo se llama la asignatura de deporte?
f) ¿Cuántas clases de historia cursa?
g) ¿Cuántas horas de clase de lengua materna tiene?
h) ¿Qué corresponde en el horario a nuestra asignatura "Deutsch"?
i) ¿Qué asignaturas tiene el estudiante pamplonés que tú no tienes?
j) ¿Qué asignaturas tienes tú que el estudiante pamplonés no tiene?

cursar una asignatura *ein Fach haben*

Los días de la semana • *die Wochentage*
lunes m *Montag*
martes
miércoles
jueves
viernes
sábado
domingo

PAREJA

3. Trabajo en pareja: Una persona lee las asignaturas que tiene el estudiante los lunes, la otra las del martes, etc. Hay que prestar mucha atención a la pronunciación, p. ej. la $g^{e,i}$. • *Partnerarbeit: Eine Person liest die Fächer vor, die der Schüler montags hat, die andere die von Dienstag usw. Achtet auf die Aussprache, z. B. das g vor e und i.*

La hora

¿Qué hora es?		¿A qué hora comienza…?
 	**Es la una.** **Es la una menos** veinte.	La clase empieza **a la una.** La clase de español empieza **a la una menos veinte.**
	**Son las** ocho **y media.**	La clase de música termina **a las ocho y media.**
	**Son las** doce **y cuarto.**	La clase de geografía empieza **a las doce y cuarto.**
	**Son las** tres **menos cuarto.**	Las clases terminan **a las tres menos cuarto.**

comenzar -ie-, **empezar** -ie- *anfangen, beginnen*

terminar *enden*

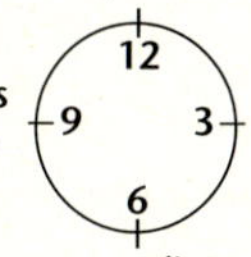

1. Examina la tabla y explica cómo se indica
a) la hora,
b) la hora del comienzo y del final p. ej. de una clase.
• *Befasse dich mit der Tabelle und erkläre, wie man a) die Uhrzeit sowie b) die Zeit für Beginn und Ende z. B. einer Unterrichtsstunde angibt.*

2. Las clases en el I.E.S. "Navarro Villoslada" • *die Unterrichtsstunden in der Schule „Navarro Villoslada"*
Haz preguntas según el modelo. • *Stelle Fragen nach dem Muster.*
- ¿Cuándo comienzan y terminan las clases? • *Wann beginnt und endet der Unterricht?*
- ¿Cuántos minutos dura una clase, cuántas clases tiene en total, cuántas clases tiene de cada asignatura? • *Wie viele Minuten dauert eine Unterrichtsstunde, wie viele Stunden hat der Schüler insgesamt, wie viele Stunden hat er in jedem Fach?*
- ¿Cuándo comienza / termina la clase de…? *Wann beginnt/endet die …-Stunde?*

Días, horas y minutos
• *Tage, Stunden und Minuten*
Un día tiene 24 horas.
Una hora tiene 60 minutos.
Un minuto tiene 60 segundos.

3. Prepara una presentación de un minuto sobre el horario del estudiante. El sistema de apoyo te puede ayudar. • *Bereite eine einminütige Präsentation über den Stundenplan des Schülers vor. Die sprachlichen Hilfen unterstützen dich dabei.*

Sistema de apoyo

Todos los días / Cada día / De lunes a viernes } las clases } empiezan / comienzan / terminan } al mismo tiempo / a la misma hora / tarde /temprano } o sea, a las… / a las…
duran } … horas / desde las… hasta las…

Una clase dura } casi una… / … minutos } Antes de la… / Entre la… y la… / Después de… horas de clase } tienen… hora de / hay… minutos de } recreo / pueden descansar…

El / la estudiante } cursa / estudia } ciencias naturales / lenguas extranjeras / …

Un estudiante español en tu instituto

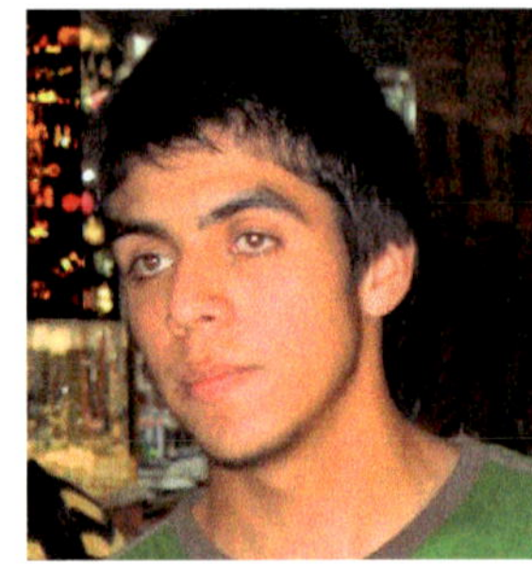

Actividades *en torno*
… a la expresión oral
Aufgaben *zum Sprechen*

1. Miguel es estudiante de segundo de bachillerato. El lunes es su primer día en tu instituto. Miguel se presenta al curso de español. Prepara una ficha con sus datos y preséntala. Puedes empezar así: Quiero presentarme… • *Miguel ist Schüler der Klasse 12. Der Montag ist sein erster Tag in deiner Schule. Miguel stellt sich dem Spanischkurs vor. Bereite einen Steckbrief mit seinen Daten vor und stelle ihn vor. Du kannst so anfangen: Ich möchte mich vorstellen…*
Miguel Orozco Vázquez
Instituto Fray Luis de León
León (Castilla)
17 años
no saber alemán
ser…

Actividades *en torno*
… a la mediación lingüística
Aufgaben *zum Sprachmitteln*

Estrategias de mediación lingüística
Sprachmittlung

2. Miguel steht mit dir und deiner Mitschülerin Kathrin auf dem Schulhof. Ihr möchtet, dass er teilhat an eurem Gespräch. Fasse die wichtigsten Informationen für ihn auf Spanisch zusammen.
a) Prüfe zunächst, welche Information wichtig ist.
b) Wie kannst du die Wörter, die du noch nicht kennst, erklären oder umschreiben? Denk daran, dass andere Sprachen oder Fremdwörter im Deutschen dir helfen können.
Manche Wörter kennst du aus den Arbeitsanweisungen.

„Ich habe noch zwei Stunden. Gehen wir danach zusammen in die Mensa?"
„Ist gut, ich habe jetzt Musik und danach eine Freistunde."
„Gut, dann sehen wir uns um eins in der Mensa. Ich hab danach noch zwei Stunden Sport und AG."
„Ja gut, gegen eins. Frag Miguel doch, ob er mit uns in die Mensa geht. Ach, und frag noch, ob er heute Nachmittag mit ins Schwimmbad kommt. Bis dann!"
„In Ordnung, ich frag ihn, bis dann!"

Pronombres demostrativos
• *Demonstrativpronomen*
este, esta, estos, estas + verbo *dieser/der hier, diese/die hier, dieses/das hier*

salón m **de actos** *Aula*
despacho *Büro*
patio m *Schulhof*
servicios *Toiletten*
pista polideportiva *Sportplatz*

3. Vas con Miguel al comedor y en el camino le enseñas las instalaciones y servicios del instituto. Utiliza los pronombres demostrativos: este, esta, estos, estas. • *Du gehst mit Miguel zur Mensa und zeigst ihm auf dem Weg die verschiedenen Räume. Verwende die Demonstrativpronomen.*
Ejemplo: Mira, Miguel, esta es la sala de profesores, este es el gimnasio y estos son los laboratorios. Estas son las aulas de los pequeños.
biblioteca – salón de actos – cafetería – secretaría – despacho de la directora del instituto – patio – servicios – sala de ordenadores – pista polideportiva

2.2 Un horario típico de una estudiante alemana del décimo curso

Stundenplan Jahrgang 10 – Schuljahr 2010/2011

Zeit	Montag	Dienstag	Mittwoch	Donnerstag	Freitag	Samstag
7.50 - 8.35	/	/	Englisch	Latein	Deutsch	
8.40 - 9.25	Geschichte	/	"	"	"	
9.45 - 10.30	Psychologie	Latein	Musik	Biologie	Englisch	
10.35 - 11.20	"	Philosophie	"	"	Biologie	
11.40 - 12.25	Spanisch	Mathe	Philosophie	Geschichte	Mathe	
12.30 - 13.15	"	"	"	"	Spanisch	
13.30 - 14.15	/	Psychologie	Spanisch	Deutsch		
14.15 - 15.00	/	"	"			
15.00 - 15.45	Sport					
15.45 - 16.30	"					

Placa informativa

Das Wort „Klasse" hat im Spanischen unterschiedliche Übersetzungen:
- Klasse 10: **décimo curso**
- Deutsch(unterricht): **clase de alemán**
- Klasse (vor der die Lehrerin steht): **clase**
- Klasse(nraum): **el aula f**

Actividades *en torno … a la mediación lingüística*

1. Quieres explicar el horario a un estudiante español que no sabe alemán. • *Du möchtest den Stundenplan einem spanischen Schüler erklären, der kein Deutsch kann.*

a) Habla con tu compañera o compañero sobre el horario. Reflexionad sobre cómo lo podéis explicar. • *Sprich mit deiner Nachbarin oder deinem Nachbarn über den Stundenplan. Überlegt, wie ihr ihn dem spanischen Schüler erklären könnt.*

Trabaja con las palabras nuevas, la siguiente lista de vocabulario y el diccionario. • *Arbeite mit dem neuen Wortschatz, der folgenden Wortliste und dem Wörterbuch.*

→ *Gramática p. 39 ↗ 5*

PAREJA

Vocabulario temático "escuela"

Fach	materia / asignatura	otras palabras	
Sozialwissen-schaften	ciencias sociales	*Freistunde*	hora libre
Geschichte	historia	*Grundkurs*	curso básico
Kunst	arte	*Leistungskurs*	curso intensivo
Musik	música	*Mensa*	comedor
Französisch	francés	*Sekundarstufe II*	bachillerato
Russisch	ruso	*Tutor / Tutorin*	tutor / tutora
Italienisch	italiano	*1./2./3. Fremd-sprache*	1ª / 2ª / 3ª lengua extranjera
Latein	latín	*Arbeitsgemein-schaft*	materia optativa
Pädagogik	pedagogía	*Sekundarstufe I*	ESO (Educación Secundaria Obligatoria)
katholische / evangelische Religión	religión católica / protestante	*obligatorisch*	obligatorio,a
Psychologie	sicología		
Geografie	geografía		

PAREJA

b) Practicad en pareja la explicación del horario alemán. Utilizad palabras y expresiones de la siguiente tabla. Ayudan en momentos difíciles. • *Übt paarweise die Erklärung des deutschen Stundenplans. Verwendet die Wörter bzw. Ausdrücke aus der folgenden Tabelle. Sie können in schwierigen Situationen helfen.*

Giros útiles • *nützliche Wendungen*

Expresiones para reformular algo Ausdrücke, die dabei helfen, etwas umzuformulieren	**Palabras para los instantes de silencio** Wörter, die Sprechpausen überbrücken	**Expresiones para pedir ayuda o asegurarse** Ausdrücke zum Nachfragen oder zur Selbstvergewisserung	**Palabras para llamar la atención** Wörter, die die Aufmerksamkeit erhöhen
… o sea… … quiero decir que… … es decir que…	… a ver… … bueno… … pues…	¿Cómo se dice…? ¿Entiende(s)? ¿Es correcta la palabra?	Mira,… Fíjate…

a veces *manchmal*

Puedes empezar así: • *So kannst du beginnen:*
Mira, en mi colegio… / A veces tenemos una 'Freistunde', o sea… / Nuestras asignaturas son…

Actividades *en torno*
… al empleo del pronombre indefinido y la doble negación

2. El fenómeno de la doble negación • *die doppelte Verneinung*

a) Fíjate en las frases de la tabla y explica cómo funciona. • *Konzentriere dich auf die Sätze im Kasten und erkläre die Funktionsweise.*

No tiene **ninguna** clase de arte.	Er hat keine Stunde Kunst.
No tiene **ningún** curso de arte.	Er hat keinen Kurs in Kunst.
No sale **nunca** después de las dos y media del instituto.	Er kommt niemals nach halb drei aus der Schule.
No conoce a **nadie** en Alemania.	Er kennt niemanden in Deutschland.
No sabe **nada** del sistema alemán.	Er weiß nichts über das deutsche Schulsystem.

➔ *Gramática p. 39 ↗ 6*

b) Habla sobre los horarios y emplea en la respuesta la doble negación. • *Sprich über die Stundenpläne und verwende die doppelte Verneinung.*

A) ¿Tiene el estudiante siempre clase hasta las 4?
B) ¿A quién conoces en Pamplona?
C) ¿Sabes algo del Instituto pamplonés?
D) ¿Tiene siempre clases hasta las cinco?
E) ¿Tiene el estudiante clase de arte?

conocer (-zc-) *wissen, kennen*

conozco	conocemos
conoces	conocéis
conoce	conocen

c) Habla sobre la chica alemana y utiliza la doble negación. • *Sprich über die deutsche Schülerin und verwende die doppelte Verneinung.*

… al vocabulario

Estrategias de vocabulario
Strategien der Wortschatzarbeit

3. Recapitula el vocabulario temático y ordénalo según las categorías dadas. Las palabras se pueden repetir. • *Rekapituliere den thematischen Wortschatz nach den angegebenen Kategorien. Die Wörter dürfen sich wiederholen.*

aprender y estudiar			
horario	asignaturas	alumnado	profesorado

3 Los sistemas escolares en comparación

El sistema español

Edad	Sistema español
3–5 años	2° Ciclo de educación infantil
6–11 años	Educación primaria: 1°–6°
12–15 años	Educación secundaria obligatoria: 1°–4°
16–17 años	Bachillerato: 1°–2° **Selectividad: prueba de acceso a la universidad**

1. Explica el sistema escolar español: • *Erkläre das spanische Schulsystem:*
Tiene ___ etapas: el segundo ciclo de ___ ___, la ___ ___, la ___ ___ ___, el ___. Los niños tienen ___ años cuando entran en el ___ ___ ___ ___ ___. La educación primaria comprende ___ años. A partir de los ___ años empieza la educación secundaria ___. El bachillerato dura ___ años. Los estudiantes tienen ___ años cuando empiezan y 17 cuando terminan. Para poder ir a la universidad tienen que hacer una prueba: la ___.

Actividades *en torno … a la comprensión del gráfico*

prueba f examen m

2. Entrevistaos sobre el sistema escolar español. • *Fragt euch gegenseitig nach dem spanischen Schulsystem.*
Aspectos a considerar: • *zu berücksichtigende Aspekte:*
- la edad de los niños al terminar el ciclo de educación infantil
- los años que dura la educación primaria
- la edad de los jóvenes de la educación secundaria obligatoria
- hasta qué edad es obligatoria la etapa escolar
- los años de bachillerato que tiene el alumnado español

Actividades *en torno … a la interacción*

PAREJA

3. El sistema escolar en Alemania • *Das deutsche Schulsystem*
a) Prepara un gráfico del sistema escolar en tu Estado federal. • *Stelle das Schulsystem deines Bundeslandes grafisch dar.*
b) Explica el sistema a un estudiante español sin conocimientos de alemán. Utiliza el vocabulario nuevo. • *Erkläre es einem spanischen Studenten ohne Deutschkenntnisse. Verwende dabei den neuen Wortschatz.*

Estado m **federal** *Bundesland*

Estrategias de presentación

4. Los sistemas escolares en comparación • *Die Schulsysteme im Vergleich*
Explicaos los sistemas escolares y comparad los sistemas. • *Erklärt euch die Schulsysteme und vergleicht sie.*

PAREJA

Expresión	Ejemplo	
más <> menos	dos años más / menos que…	*2 Jahre mehr/weniger als…*
comparado con	~ Alemania, España tiene…	*Verglichen mit … hat Spanien …*
comparar	Si se comparan los…	*Wenn man die … vergleicht …*
en cambio	En Alemania, en cambio,…	*In Deutschland dagegen …*
sin embargo	En España, sin embargo,…	*In Spanien jedoch …*
también	Aquí tenemos también…	*Hier haben wir auch …*

… a la mediación lingüística y a la interacción

Grammatik und Strukturen • Gramática y estructuras

1. Das Pronomen • *el pronombre*

1.1 Das Personalpronomen als Subjekt • *el pronombre personal como sujeto*

Singular 1. yo *ich* 2. tú *du* 3. él / ella *er/sie/es* usted *Sie* **Plural** 1. nosotros / nosotras *wir* 2. vosotros / vosotras *ihr* 3. ellos / ellas *sie* ustedes *Sie*	Das Personalpronomen wird nur zur besonderen Betonung verwendet oder bei Unklarheiten. **Beispiele:** – ¿Cómo te llamas? –¿Yo? –Sí, ¡tú! *„Wie heißt du?" „Ich?" „Ja, du!"* – ¿Te llamas Rafa? –No, yo me llamo Dani y él se llama Rafa. *„Heißt du Rafa?" „Nein, ich heiße Dani, und er, er heißt Rafa."* **Merke:** Anders als im Deutschen gibt es im Spanischen eine Singular- und eine Pluralform für die Anrede „Sie" sowie eine feminine und eine maskuline Form für „wir" und „ihr". **Beispiele:** –¿Cómo se llama usted, señora? *Wie heißen Sie, Señora?* – ¿A dónde van ustedes? *Wohin gehen Sie?* (mehrere Personen)

1.2 Das Possessivpronomen • *el pronombre posesivo*

1ª persona	2ª persona
mi amigo / amig**a** *mein Freund/meine Freundin* **mis** amigo**s** / amiga**s** *meine Freunde/Freundinnen* **nuestro** amigo *unser Freund* **nuestra** amiga *unsere Freundin* **nuestros** amigos *unsere Freunde* **nuestras** amigas *unsere Freundinnen*	**tu** amigo / amig**a** *dein Freund/deine Freundin* **tus** amigo**s** / amiga**s** *deine Freunde/Freundinnen* **vuestro** amigo *euer Freund* **vuestra** amiga *eure Freundin* **vuestros** amigos *eure Freunde* **vuestras** amigas *eure Freundinnen*
3ª persona	**Merke:**
su amigo *sein/ihr/Ihr Freund* **su** amiga *seine/ihre/Ihre Freundin* **sus** amigos *seine/ihre/Ihre Freunde* **sus** amigas *seine/ihre/Ihre Freundinnen*	• Das Possessivpronomen steht vor dem Nomen. • Es wird wie ein Adjektiv behandelt, d. h., es richtet sich in Person und Zahl nach dem folgenden Nomen.

2. Das Objekt • *el complemento*

Das Objekt bei Personen	Merke:
Saluda **a su familia**. *Er grüßt seine Familie.* Presenta **al curso**. *Er/Sie stellt die Klasse vor.* Quiero presentar **a Johanna**. *Ich möchte Johanna vorstellen.* Saludan **a sus amigas**. *Sie grüßen ihre Freundinnen.*	Die Präposition *a* steht immer dann beim Objekt, wenn es eine bestimmte Person bzw. Personengruppe bezeichnet.

3. Angabe von Tageszeiten • *las partes del día*

por la mañana *morgens, vormittags* por la tarde *nachmittags* por la noche *abends* a mediodía *mittags* a medianoche *um Mitternacht*	➤ In Spanien gilt je nach Region als Mittagszeit der Zeitraum zwischen ca. 13 und 17 Uhr. ➤ *Por la noche* wird in der Regel gesagt, wenn es dunkel ist bzw. nach dem Abendessen.

4. Angaben im Zusammenhang mit den Wochentagen • *uso de los días de la semana*

los lunes *montags, jeden Montag* el fin de semana / el domingo *am kommenden Wochenende, am Sonntag*	todos los sábados *jeden Samstag* todo el sábado *den ganzen Samstag* ¿Qué día es hoy? *Welcher Tag ist heute?*

5. Die Ordinalzahlen • *los números ordinales*

1º primer/o 1ª primera 2º segundo 2ª segunda 3º tercer/o 3ª tercera 4º cuarto 4ª cuarta 5º quinto 5ª quinta	6º sexto 6ª sexta 7º séptimo 7ª séptima 8º octavo 8ª octava 9º noveno 9ª novena 10º décimo 10ª décima	• Die Ordinalzahlen werden wie Adjektive bzw. wie Nomen behandelt. **Beispiele:** *la quinta clase / el quinto verso* • Ab elftens werden normalerweise die Kardinalzahlen (z. B. *once*) gebraucht. **Merke:** Bei den maskulinen Singularformen *primero* und *tercero* fällt das *o* fort, wenn die Ordinalzahl vor dem Nomen steht.

6. Die doppelte Verneinung • *la negación doble*

No tiene **ninguna** clase. *Sie/Er hat keine Stunde.*	**no** + Verb + **ninguna**	a) Steht *nadie, nada* oder *ningún / ninguno,a* hinter dem Prädikat, muss vor ihm die zusätzliche Verneinung *no* stehen. b) Vor maskulinen Nomen im Singular steht: *algún* und *ningún*. c) *Nunca* und *nadie* stehen häufig vor dem Prädikat. d) *Ninguno,a* werden nicht im Plural benutzt.
No tiene **ningún** curso de arte. *Er hat keinen Kurs in Kunst.*	**no** + Verb + **ningún**	
Ninguna estudiante tiene clase de arte. *Keine Schülerin hat Kunstunterricht.*	**ninguna** / **ningún** + Nomen	
No sale **nunca** después de las dos del instituto. *Sie geht nie nach zwei Uhr aus der Schule.* **Nunca** sale después de la una. *Nie geht sie nach ein Uhr.*	**no** + Verb + **nunca** **nunca** + Verb	
No sale **nadie** a las dos. *Niemand geht um zwei Uhr.* **Nadie** sale a las dos. *Niemand geht um zwei Uhr.*	**no** + Verb + **nadie** **nadie** + Verb	
No sabe **nada** del sistema escolar en Alemania. *Er weiß nichts über das deutsche Schulsystem.*	**no… nada**	

7. Indefinitpronomen • *pronombres indefinidos*

7.1 alguien – nadie; alguno,a – ninguno,a; algo – nada • *jemand – niemand; jemand – keine(r); etwas – nichts*

¿Conoces a alguien del instituto? *Kennst du jemanden aus der Schule?*	**alguien** *jemand*	➔ **para personas** *bei Personen*	**Merke:** Stehen die verneinten Pronomen hinter dem finiten Verb, muss vor dem Verb zusätzlich *no* stehen. Zu *algún* und *ningún* siehe 6. b).
A nadie. No conozco a nadie. *Niemanden. Ich kenne niemanden.*	**nadie** *niemand* **no… nadie**		
Algún estudiante quiere ir a Argentina. *(Irgend)ein Schüler will nach Argentinien gehen.* ¿Alguno del curso de español? *Einer aus dem Spanischkurs?*	**algún** + Nomen (Sg. mask.) **alguno,a** / **algunos,as** *irgendein/e/s, einige, ein paar*	➔ **para personas y cosas** *bei Personen und Sachen*	
Patricia no tiene ninguna clase hoy. *Patricia hat heute keinen Unterricht.*	(no) **ningún** + Nomen (Sg. mask.), **ninguno**,a *kein/e/s*		
¿Sabes algo de ella? *Weißt du etwas von ihr?*	**algo** *etwas*	➔ **para cosas** *bei Sachen*	
No sé nada. *Ich weiß nichts.*	**nada** / **no… nada** *nichts*		

7.2 todo, toda, todos, todas; otro, otra, otros, otras • *ganz / alle, alles*

otro, otra, otros, otras	Tienen otra clase de alemán los lunes. *Sie haben montags noch eine Stunde Deutsch.* Una es rubia, la otra morena. *Eine ist blond, die andere dunkelhaarig.*	Vor *otro* steht nie der unbestimmte Artikel.
todo, toda, todos, todas	todo el día; todos los días *den ganzen Tag; jeden Tag* toda la mañana *den ganzen Morgen / Vormittag* todas las mañanas *jeden Morgen / Vormittag*	Bei *todo* steht immer ein Artikel vor dem Nomen.

4 La rutina diaria

Una mañana normal y corriente

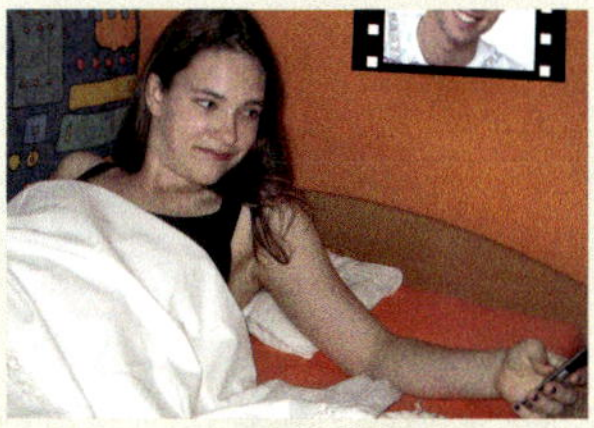

competencias:

interacción oral:
- entrevistarse sobre actividades matinales
- → verbos reflexivos
- → la hora

presentación oral:
- resumir y presentar datos sobre las actividades matinales de un grupo del curso

La rutina diaria desde distintas perspectivas

competencias:

conocimientos interculturales:
- conocer las comidas y la rutina diaria españolas

leer:
- comprender un mensaje de un foro y un poema cortos sobre la rutina diaria

escribir:
- redactar un breve mensaje para un foro sobre la rutina diaria propia
- → verbos reflexivos
- → la hora
- → estrategias para estructurar la cronología

producción creativa:
- continuar un poema

La rutina diaria

Romper la rutina diaria

competencias:

conocimientos interculturales:
- conocer los datos de una encuesta sobre las actividades de ocio de la juventud española

leer:
- comprender los datos de una estadística sobre la juventud española

interacción oral:
- entrevistarse sobre las actividades de ocio favoritas

presentación oral:
- comentar los datos de una estadística
- → indicar el porcentaje
- presentar las actividades de ocio favoritas de la juventud española en comparación con las de la juventud alemana

1 Una mañana normal y corriente

Son las siete menos diez de la mañana. Suena el móvil.

Son las siete menos siete.

Son las siete y veinte.

Actividades *en torno*
… a la comprensión

aseo *Körperpflege*

1. Hablar sobre las actividades matinales de la chica:
¿Cómo se llama la chica de la fotonovela?
¿A qué hora se despierta?
¿Quién llama al móvil de la chica?
¿Qué hace después de la llamada?
¿Cuánto tiempo necesita para el aseo?
¿Qué actividades realiza en el baño?
¿Qué hace después?
¿Qué se pone?
¿A qué hora ve a Rafael?

… al ejercicio gramatical

un dado

GRUPO

→ Gramática p. 48 ↗ 1; 1.4

2. Familiarízate con los verbos reflexivos. Ya conoces el verbo 'llamarse' y sabes cómo se conjuga.
a) Prepara una lista con todos los verbos reflexivos nuevos.
b) Practicad en grupo la conjugación de los verbos reflexivos tirando dados:
1 = 1ª persona singular; 2 = 2ª persona singular; 6 = 3ª persona plural, etc.
Ejemplo: 5: <u>Respuesta:</u> os ducháis

… a la práctica de la interacción oral

GRUPO

preferir -ie- *vorziehen*

leche f *Milch*
zumo m *Saft*
pan m *Brot*
mantequilla f *Butter*
cereales m pl *Müsli*

3. ¿Y vosotros? ¿Qué hacéis por la mañana? Formad grupos y realizad trabajos en etapas.

1ª etapa: Una persona hace las preguntas y las otras escriben las respuestas en una tabla.
a) ¿A qué hora te despiertas normalmente?
b) ¿A qué hora te levantas?
c) ¿Te duchas por la mañana o por la noche? ¿A qué hora?
d) ¿Te peinas o prefieres no hacerlo?
e) ¿Qué más haces por la mañana antes de desayunar?
f) ¿Cómo es tu desayuno? ¿Tomas café, té, chocolate, leche o zumo?
g) ¿Tomas pan, mantequilla y mermelada o cereales?
h) ¿A qué hora vas al instituto?

2ª etapa: Dos personas cuentan cómo los miembros del grupo pasan la mañana.
Ejemplo: A se despierta a las siete y B (se despierta) a las siete y media… / C se despierta a las seis y media y yo (me despierto) a las seis… Nos duchamos todos por la mañana.
Ejemplo:

→ **Actividades** ↓	A	B	C	D
a) Se despierta a	las 7:00	las 6:00	las 6:30	6:00
b) Se ducha por	la mañana	la mañana	la mañana	la mañana
c)…	…	…	…	…

3ª etapa: La cuarta persona presenta las actividades a todo el curso.
Ejemplo: Nos despertamos todos entre las seis y las siete… / dos de nuestro grupo se despiertan a las seis, los otros a las seis y media y las siete…

2 La rutina diaria desde distintas perspectivas

Foro: ¿Cómo pasas el día?

Usuario Mega-I (de España)
Pues yo me despierto a las 6:30 y me levanto a las 7.
A las 7:15 desayuno y a las 7:30 voy a la parada y tomo el autobús.
A las 8:20 llego al colegio y empiezo a las 8:30.
Como allí a las 14:00 sólo lunes y jueves; martes y viernes me voy a mi casa y los miércoles llego muy tarde (salgo a las 3 casi.)
Lunes y jueves llego sobre las 6 más o menos, meriendo, hago los deberes, me enchufo al ordenador o a la nintendo ds xD.
Ceno, me lavo los dientes y a dormir prontito que mañana hay que madrugar…
http://witch.foros.ws/viewtopic.php?t=492 [21/01/2009]; texto ligeramente adaptado

merendar -ie- *die* merienda *einnehmen*

prontito *Verkleinerungsform von* pronto *früh*

Actividades *en torno … a la comprensión*

GRUPO

1. Fíjate en la rutina diaria del usuario Mega-I.
a) Formad grupos y averiguad lo que hace cada día:
Grupo 1: lunes; **2:** martes; **3:** miércoles; **4:** jueves; **5:** viernes
Ejemplo: Los lunes se despierta a las seis y media. Se levanta…
b) Intercambiad los resultados y comparadlos con vuestra rutina diaria.

… a la producción escrita

2. ¿Cómo es un día normal en tu vida? Escribe una entrada para el foro. Utiliza las estructuras útiles (p. 38 ↗ 3, 4 y p. 49 ↗ 4).

Una poesía

CD

rutina
día uno
levantarse ducharse comer clases comer dormir estudiar comer dormir
día dos
levantarse ducharse comer clases comer dormir estudiar comer dormir
día tres
levantarse ducharse comer clases comer dormir estudiar comer dormir
día cuatro
levantarse ducharse comer clases comer dormir estudiar comer dormir
día cinco
http://mylittlesecret.spaces.live.com/blog/cns!6C30D188D2281B50!158.entry [14/05/2009]

Placa informativa

Las comidas
In Spanien gibt es zwei Hauptmahlzeiten: *comida* (Mittagessen) und *cena* (Abendessen).
Weitere Mahlzeiten sind der *almuerzo* (etwa: Pausenbrot) und die *merienda*. Sie entspricht etwa dem Kaffeetrinken, aber es werden auch *tapas* gegessen.

Actividades *en torno … a la poesía*

1. Escucha y lee la poesía de autoría anónima. ¿Qué expresa?

2. Añade de uno a tres versos: días 5, 6, 7.

3. Presenta y explica tus versos al curso. Puedes trabajar con el diccionario o preguntar las palabras necesarias a tu profesor/a.
Puedes empezar así: Presento mis versos / Éstos son mis versos
Puedes explicar tu verso así: El poema puede terminar así, porque…

Vocabulario útil
tristeza (*Trauer*), monotonía, melancolía, frustración, alegría (*Freude*), felicidad f (*Glück*)

3 Romper la rutina diaria

bailar

usar el ordenador

hacer compras

leer una revista

exposición de joyas en un museo

Las actividades de ocio: una encuesta

¿Qué haces en tu tiempo libre?	
1.	Hacer deporte
2.	Bailar
3.	Escuchar música
4.	Oír la radio
5.	Ir al cine
6.	Ir al teatro
7.	Ir a conciertos
8.	Ir a museos / exposiciones
9.	Leer libros
10.	Leer periódicos / revistas
11.	Ver la televisión
12.	Usar el ordenador
13.	Jugar con videojuegos / consola
14.	Realizar acciones de voluntariado
15.	Hacer compras
16.	Salir / reunirse con amigos / amigas
17.	Descansar

una cama para descansar

hacer música

1. Lee la encuesta sobre las actividades de ocio. Las fotos te ayudan a comprender el vocabulario.

2. ¿Cuáles son tus tres actividades de ocio favoritas?
Puedes empezar así: Mis tres actividades de ocio favoritas son: primero…, segundo…, tercero…

3. Formad grupos de 5 o 6 estudiantes y haced entrevistas:
Ejemplo: Pregunta: ¿Qué haces en tu tiempo libre? Respuesta: Hago deporte…

4. Presenta los resultados de la encuesta. El sistema de apoyo puede ayudar.

Sistema de apoyo

Somos un grupo de ▭ estudiantes
▭ personas / Casi todos / Sólo ▭ } escuchan… / … / …
La actividad de ocio favorita de casi todos es…
Sólo una / dos… persona(s)…
Nadie…

La juventud española y sus actividades de ocio

Actividades que practica la población joven (chicas y chicos de 15–19 años) durante su tiempo libre (base: 1.306 personas):

Escu-char música	Salir con amigos	Ir al cine	Usar el ordena-dor	Leer libros	Viajar	Hacer deporte	Ir de excur-sión	Ir al teatro
95,2%	94,6%	79,6%	69,8%	52,0%	51,5%	63,1%	52,8%	14,0%

http://www.injuve.mtas.es/injuve/contenido.downloadatt.action?id=622982490 [24/07/2009]

Indicar el porcentaje:
el / **un** cincuenta y uno coma cinco por ciento (51,5%)

1. ¿Correcto o falso? Explica por qué una afirmación es correcta o no. Utiliza las ayudas lingüísticas debajo de la tabla.

Actividades *en torno … a la encuesta*

ESCRIBE

¿Es así?
a) Es una encuesta entre la población de entre 20 y 25 años.
b) La participación en la entrevista es de 1.500 personas.
c) El ordenador ocupa el primer rango entre las actividades.
d) La actividad que practican poco es ir al teatro.
e) El deporte en el tiempo de ocio es importante para la mitad.
f) La actividad que menos practican es viajar.
g) Salir con amigos es una de las dos actividades favoritas.
h) Más de la mitad de las personas lee libros en su tiempo de ocio.
i) Las actividades leer libros, viajar e ir de excursión son casi igual de importantes en el tiempo de ocio.
j) La actividad menos importante es escuchar música.
k) Salir con los amigos es casi tan frecuente como escuchar música.

Sistema de apoyo

Sí, efectivamente es así:…
Pues sí, es correcto, porque…
De la estadística se puede deducir que…
Creo que…, porque…

No, no es correcto, porque…
No es así sino (que)…
La cifra / el porcentaje (no) es correcta,o

2. Compara los resultados de la encuesta en tu curso con la estadística. Confecciona una tabla.

Actividades *en torno … a la estadística*

	mi clase (grupo)	la juventud española	yo
1.	¿?	¿?	¿?
2.	¿?	¿?	¿?
3.	¿?	¿?	¿?

b) Presenta los resultados.
Puedes empezar así:
Quiero comparar los resultados de las encuestas sobre… entre los españoles y los miembros de mi curso.
Los resultados (no) son idénticos / son casi idénticos / son diferentes, porque…

1 min HABLA UN MINUTO

Grammatik und Strukturen • Gramática y estructuras

1. Das Verb • *el verbo*

1.1 Diphthongierende Verben • *verbos con diptongo*

pensar *denken*	encender *anzünden*	preferir *vorziehen*	querer *wollen*	contar *erzählen*	dormir *schlafen*
pienso	enciendo	prefiero	quiero	cuento	duermo
piensas	enciendes	prefieres	quieres	cuentas	duermes
piensa	enciende	prefiere	quiere	cuenta	duerme
pensamos	encendemos	preferimos	queremos	contamos	dormimos
pensáis	encendéis	preferís	queréis	contáis	dormís
piensan	encienden	prefieren	quieren	cuentan	duermen

Bei dieser Gruppe von Verben wird der Stammvokal **-e-** oder **-o-** in den stammbetonten Formen (1., 2., 3. Pers. Sing., 3. Pers. Plural) zum Diphthong: **e > ie, o > ue**

Weitere diphthongierende Verben: despertarse (*wach werden*), acostarse (*schlafen gehen*), merendar (*Kaffee trinken*), jugar (*spielen*), volver (*zurückkommen*)

1.2 Wechsel des Stammvokals bei Verben auf -ir • *alternancia vocálica (verbos en -ir)*

pedir *bitten*	repetir *wiederholen*	vestirse *sich anziehen*
pido	repito	me visto
pides	repites	te vistes
pide	repite	se viste
pedimos	repetimos	nos vestimos
pedís	repetís	os vestís
piden	repiten	se visten

Der Stammvokal **-e-** wird in den stammbetonten Formen (1., 2., 3. Ps. Sg. und 3. Ps. Pl.) zu **-i-**.
Orthografische Veränderungen gemäß Regel (S. 16): Verben auf

- *-guir* verlieren das *-u-* in der 1. Pers. Sing.; Beispiel: *seguir* (folgen): *sigo, sigues, sigue…*
- *-gir* ändern das *-g-* in *-j-* in der 1. Pers. Sing.; Beispiel: *elegir* (wählen, auswählen): *elijo, eliges, elige*

1.3 Einige unregelmäßige Verben • *algunos verbos irregulares*

hacer *machen, tun*		ir *gehen*		saber *wissen, können*		ponerse *anziehen* poner *legen*		decir *sagen*	
hago	hacemos	voy	vamos	sé	sabemos	(me) pongo	(nos) ponemos	digo	decimos
haces	hacéis	vas	vais	sabes	sabéis	(te) pones	(os) ponéis	dices	decís
hace	hacen	va	van	sabe	saben	(se) pone	(se) ponen	dice	dicen

1.4 Die reflexiven Verben • *los verbos reflexivos*

lavarse *s. waschen*	
1. Sg. **me** lavo	1. Pl. **nos** lavamos
2. Sg. **te** lavas	2. Pl. **os** laváis
3. Sg. **se** lava	3. Pl. **se** lavan

Bei den reflexiv gebrauchten Verben bezieht sich das Pronomen (*me, te, se, nos, os, se*) immer auf das Subjekt.
Merke: Die meisten reflexiven Verben können auch als transitive Verben gebraucht werden.
Beispiel: *Me lavo.* Ich wasche mich. *Lavo el coche.* Ich wasche das Auto.

2. Gebrauch des Infinitivs • *usos del infinitivo*

Al terminar el desayuno, llama a Rafa. *Als sie zu Ende gefrühstückt hat, ruft sie Rafa an.*	***al*** + **Infinitiv** drückt die Gleichzeitigkeit aus. (Im Deutschen steht kein Infinitiv, sondern ein Nomen.)
Antes de vestirse se ducha. *Vor dem Anziehen duscht sie sich.*	***antes de*** + **Infinitiv** drückt die Vorzeitigkeit aus.
Después de ducharse se viste. *Nach dem Duschen zieht sie sich an.*	***después de*** + **Infinitiv** drückt die Nachzeitigkeit aus.
Acabo de despertarme. *Ich bin gerade* aufgewacht.	***acabar de*** + **Infinitiv** (*gerade etwas getan haben*) bezeichnet eine gerade abgeschlossene Handlung.
Hay que madrugar. *Man muss früh aufstehen.*	***hay que*** (*man muss*) + **Infinitiv** bezeichnet eine allgemeine Verpflichtung oder Notwendigkeit.
Tienen que hacer la prueba de selectividad. *Sie müssen die Auswahlprüfung bestehen.*	***tener que*** + **Infinitiv** (*müssen*) wird benutzt, wenn eine bestimmte Person etwas tun muss.

3. Die Präpositionen • *las preposiciones*

3.1 Die Personalpronomen mit Präposition • *los pronombres personales con preposiciones*

Präposition	Pronomen		
a de en para por sin	**mí** **ti** él / ella / usted usted nosotros / nosotras vosotros / vosotras ellos / ellas / ustedes	Piensa **en mí.** *Er denkt an mich.* **Para nosotros** el español es la tercera lengua. *Für uns ist Spanisch die 3. Sprache.* –¿Vas **conmigo**? – No, voy **con ella.** *„Gehst du mit mir?" „Nein, ich gehe mit ihr."*	Das Personalpronomen hinter einer Präposition ist in der 1. Pers. Sg. *mí* und in der 2. Pers. Sg. *ti.* Die anderen Pronomen sind identisch mit den Subjektpronomen (*él, ella, usted, nosotros,-as, vosotros,-as, ellos, ellas, ustedes*). **Merke:** *conmigo* mit mir; *contigo* mit dir; *consigo* mit sich *entre tú y yo* zwischen dir (dich) und mir (mich)

3.2 Häufige Präpositionen • *preposiciones frecuentes*

a *an, in, nach, zu, auf* **con** *mit* **de** *von (auch deutscher Genitiv)* **desde** *seit* **hasta** *bis*	**desde… hasta…** *von … bis …* **en** *in, an, auf* **entre** *zwischen, unter* **durante** *während (zeitlich)* **para** *für, nach, um zu*	**por** *wegen, durch, für, aus, über* **según** *nach, gemäß* (según el modelo *nach dem Muster/Modell*) **sin** *ohne* **sobre** *über, auf*

3.2.1 Bedeutungsvarianten häufiger Präpositionen

en +	Ortsangabe	Vivo en Madrid. *Ich wohne/lebe in Madrid.*	**para +**	Zweck	una entrada para el foro *ein Beitrag fürs Forum*
	Zeitraum	en media hora *in einer halben Stunde*		Absicht (um zu)	para desayunar *um zu frühstücken*
	Transportmittel	Vamos en autobús. *Wir fahren mit dem Omnibus.*		Ziel, Bewegung auf	el autobús para Madrid *der Omnibus nach Madrid*
	Mittel	Explica la palabra en español. *Erkläre das Wort auf Spanisch.*		persönliche Meinung	para mí… *für mich …*
a +	Zielangabe	Voy al centro. *Ich gehe in die (Innen-)Stadt.*	**por +**	Ursache/Motiv	Gracias por la información. *Danke für die Informationen.*
	Objekt bei Personen	Manda el saludo al amigo. *Sie sendet dem Freund den Gruß.*		Medium/ Hilfsmittel	mandar una carta por correo *einen Brief per Post schicken*
	Uhrzeit	Empiezo a las 8. *Ich beginne um 8 Uhr.*		ungefähre Zeitangabe	por la mañana / tarde *morgens / nachmittags*
	Entfernung	Se encuentra a 2 km de Jaén. *Es liegt 2 km von Jaén entfernt.*		ungefähre Ortsangabe	dar un paseo por el parque *durch den Park spazieren*

3.2.2 Zusammengesetzte Präpositionen

antes de *vor*	antes de la comida / de comer	*vor dem Essen*	*antes / después de* + Nomen oder Infinitiv (zeitlich)
después de *nach*	después de la cena / de cenar	*nach dem Abendessen*	

4. Textstrukturierende Adverbien • *estructuras útiles*

Adverbien, um Informationen und Handlungen in ihrer Abfolge zu strukturieren	**Möglichkeiten, um die Häufigkeit einer Handlung auszudrücken**
primero *zuerst* ahora *jetzt* luego / después / a continuación *dann, danach* más tarde *später* al final *am Ende, zum Schluss*	a menudo <> a veces *oft <> manchmal* de vez en cuando *manchmal, ab und zu* muchas veces *sehr oft* (casi) nunca <> siempre *(fast) nie <> immer* todos los días *jeden Tag*

5 Hacer prácticas

Prácticas: ofertas, requisitos y búsqueda

¿Qué prácticas se pueden hacer?

competencias:

leer:
- informarse en un sitio web sobre prácticas en España

escribir:
- hacer una encuesta sobre el interés en hacer prácticas

interacción y presentación oral:
- llevar a cabo la encuesta
- presentar los resultados de la encuesta

Requisitos para realizar las prácticas hoteleras
Servicios generales hoteleros

competencias:

conocimientos:
- conocer requisitos para realizar prácticas hoteleras
- conocer servicios generales hoteleros
- conocer la estructura y el contenido de un currículum vitae

→ estrategias de comprensión lectora

interacción oral:
- explicar los requisitos más importantes

→ verbos modales
→ pasiva refleja
- simular una entrevista personal (juego de roles)

escribir:
- redactar un currículum vitae

Hacer prácticas

Breve guía de prácticas

Prácticas de recepción

competencias:

competencias interculturales:
- conocer y respetar formas de cortesía en situaciones de prácticas simuladas

→ imperativo usted

interacción oral:
- informar sobre un hotel (juego de roles)
- dar direcciones y explicar el camino con ayuda de un plano y de Internet

→ imperativos tú y usted
→ complemento indirecto
- planear una excursión en autobús

leer:
- comprender un horario de autobuses

→ estrategias de comprensión lectora (texto discontinuo)

Prácticas de camarero

competencias:

conocimientos interculturales:
- conocer platos típicos en un restaurante
- conocer bebidas típicas
- conocer costumbres en torno a la comida

mediación lingüística:
- die Zutaten von Gerichten erfragen und erklären
- eine Bestellung auf Deutsch ins Spanische übertragen

interacción oral:
- pedir y servir en el bar de un hotel (juego de roles)

→ imperativos tú y usted

1 Prácticas: ofertas, requisitos y búsqueda

1.1 ¿Qué prácticas se pueden hacer?

hacer *machen, tun*

hago	hacemos
haces	hacéis
hace	hacen

elegir -i- *wählen*

elijo	elegimos
eliges	elegís
elige	eligen

200 doscientos

CD

¿Cómo hacer prácticas en España?

Cada año los estudiantes buscan prácticas [...] sobre todo en España.
España es uno de los países que los estudiantes eligen porque quieren aprender y hablar el español: la tercera lengua del mundo.
Stage-Spain te ayuda a encontrar prácticas o trabajo en España, prácticas en los mejores hoteles o centros turísticos de España. Estamos en

- Costa Maresme
- Costa Barcelona
- Costa Alicante
- Costa Valencia
- Costa del Sol
- Costa Almería
- Costa Islas Canarias
- Costa Islas Baleares

Trabajamos con más de 200 hoteles y organismos de turismo; te ayudamos a encontrar en diferentes departamentos en el área del turismo:

- prácticas de animación
- prácticas de bar
- prácticas de recepción
- prácticas de restaurante

http://www.stagespain.com; http://www.animafestexperience.com/; http://www.praktikum-spanien.com

Actividades *en torno*
... a la comprensión

1. La información sobre prácticas en España.
¿Cuál es la alternativa correcta? (1, 2 o 3 posibilidades)

a) ¿Qué crees? Stage-Spain	es una organización privada.
	es una organización estatal.
	tiene interés en la juventud.
b) Hay muchos estudiantes que	buscan prácticas en Francia.
	quieren aprender francés.
	quieren hablar español.
c) Los estudiantes	eligen Inglaterra.
	quieren hacer las prácticas en Alemania.
	prefieren España.
d) Los estudiantes buscan las prácticas	cada mes.
	cada año.
	sólo en julio y agosto.
e) La organización ayuda a	encontrar prácticas.
	encontrar trabajo.
	practicar el inglés.
f) Los hoteles con que trabajan	se encuentran en toda España.
	se encuentran en las costas.
	están situados en los Pirineos.
g) Las prácticas son de	animación.
	bar.
	recepción.

2. ¿Qué palabra(s) va(n) con el verbo a la izquierda?

... al léxico

TRABAJO INDIVIDUAL

a) buscar	g) España
b) elegir	h) encontrar prácticas
c) hablar	i) hoteles y centros turísticos
d) ayudar a	j) aprender y hablar
e) trabajar con	k) español
f) querer	l) prácticas

3. Una encuesta sobre las prácticas:

ESCRIBE

I. Motivación para hacer prácticas:	
a) aprender el idioma	?
b) trabajar con gente	?
c) conocer el mundo del trabajo	?
d) hacer algo sin los padres	?
II. Lugares de interés para hacer prácticas:	
a) las costas españolas	?
b) las grandes ciudades	?
c) las islas Baleares o Canarias	?
d) otros lugares	?
III. Prácticas en el área turística:	
a) de recepción en un hotel	?
b) de animación	?
c) de bar	?
d) de restaurante	?

a) Lee la encuesta y apunta tus respuestas.
b) Comparad los resultados en pareja. **Ejemplo**: Mi motivación para... es... / Para mí los lugares de interés son...
c) Confeccionad una estadística de los resultados de todo el curso.
d) Presenta los resultados. Utiliza las estructuras siguientes: Nadie / Todos / Sólo pocos / Algunos quiere(n)... / Para la mayoría es interesante...

Actividades *en torno*
... a la producción oral

PAREJA · HABLA UN MINUTO

➔ *Gramática p. 39 ↗ 6, 7*

1.2 Requisitos para realizar las prácticas hoteleras

Saber	tratar a los niños responder a todas las preguntas de la clientela informar sobre las instalaciones hoteleras explicar el camino hablar español
Ser	puntual amable, cortés y atento respetuoso
Conocer	los precios de las habitaciones, del restaurante y del bar los horarios de trenes, autobuses y de los museos los lugares de interés turístico

atento,a *aufmerksam*
clientela f *Kundschaft*
cortés *höflich*
explicar *erklären*
horario m **de trenes** m *Zugfahrplan*
lugar m *Ort*
precio m *Preis*
puntual *pünktlich*
tratar a los niños *mit Kindern umgehen*

Actividades *en torno*
… a la comprensión

→ *Gramática p. 61 ↗ 2*

1. ¿Qué requisitos se necesitan para hacer prácticas en un hotel?
a) Lee la lista de requisitos y ordénalos según su importancia.
b) Presenta los cinco requisitos más importantes. Utiliza distintas expresiones para indicar la obligación:
Ejemplos: **Hay que** ser cortés
Se tiene que saber español
Es necesario respetar a los clientes

… a la interacción

JUEGO DE ROLES

2. Quieres hacer prácticas en España y hablas con una persona responsable de la organización Stage-Spain.
a) Completa las partes del diálogo con las informaciones necesarias.
b) Practica la entrevista con tu compañera o tu compañero.
c) Presentad el diálogo a la clase sin leerlo.

Tú: –Hola, buenos días. Me llamo… / tengo… años / soy de…
La responsable: Buenos días, soy Adriana. ¿Quieres hacer prácticas? Mira, cada año los estudiantes…
Tú: –Quiero aprender…
Adriana: –Muy bien: Te podemos ayudar a encontrar…
Tú: –¿En qué regiones puedo hacer las prácticas?
Adriana: –Estamos en…
Tú: –¡Muy interesante! ¿Qué tipo de prácticas puedo hacer?
Adriana: –Puedes hacer prácticas de…
Tú: –¿Y qué requisitos se necesitan?
Adriana: –Pues mira, hay que saber tratar a… / ser… / conocer…
Tú: –¡Muy bien! Gracias por la información. Adiós.

currículum vitae *Lebenslauf*

GRUPO

Estrategias de comprensión

3. El currículum vitae
a) Hablad en grupos sobre la lista siguiente. Seguramente la comprendéis porque sabéis qué es un currículum vitae.

A. Datos personales

Nombre y apellidos	Lugar y fecha de nacimiento
Dirección	Permiso de conducir
Código Postal y Ciudad	Estado civil
Teléfonos (fax, correo electrónico)	Nacionalidad
Número del DNI o pasaporte	

B. Formación y estudios:
p. ej. Enseñanza secundaria obligatoria / bachillerato
Formación complementaria:
Ejemplos:
Idiomas (nivel básico, medio, superior, certificados como p. ej. el Diploma Básico de Español…)
Prácticas obligatorias escolares: / Conocimientos de informática (p. ej. a nivel de usuario / dominio de los programas Word, Excel, Access, diseño de páginas Web, etc.) /

C. Habilidades, trabajos voluntarios, viajes, deportes, tiempo libre
Saber arreglar bicicletas, ayudante en la cafetería del centro escolar, acompañante de personas mayores, canguro,…

D. Lugar, fecha y firma

DNI Documento Nacional de Identidad

arreglar bicicletas *Fahrräder reparieren*
hacer de canguro *babysitten*

… a la producción escrita

ESCRIBE

b) Escribe tu currículum vitae en formato cronológico.

1.3 Servicios generales hoteleros

Actividades *en torno … a la comprensión*

TRABAJO INDIVIDUAL

1. Lee la lista de los servicios generales. Ordénala según las categorías siguientes:

hotel	habitaciones	otras informaciones de interés
156 plazas	teléfono	distancia ferrocarril

ESCRIBE

2. Inserta las informaciones sobre el hotel.

Nuestro hotel tiene ___ habitaciones ___. Disponemos de un ___ grande donde pueden tomar las comidas más deliciosas. En nuestro ___ le servimos un buen café o un vaso de vino. En el hotel también hay una ___ donde puede hacer compras. Todas las habitaciones disponen de un ___ con bebidas frescas. Además tienen ___ para hacer llamadas. Como hace mucho calor en verano todas las habitaciones están equipadas con ___. Cada habitación tiene una ___ para guardar su dinero y objetos de valor. El ___ les lleva a los pisos más altos. Puede aparcar su coche en el ___. Nuestro hotel acepta ___, por ejemplo, VISA o MASTERCARD. La ___ al aeropuerto es de 25 kilómetros y a la ___ de ___.

CD *… a la comprensión auditiva*

3. Escucha el CD y comprueba si tu texto es correcto.

2 Breve guía de prácticas

2.1 Prácticas de recepción

Informar a una persona sobre el hotel

Buenos días. Hotel Europa recepción. Habla con Claudia. ¿En qué puedo servirle?

Buenos días. ¿Puede darme algunas informaciones sobre el hotel?

Por supuesto, señora, ¿qué desea saber?

—¿Cuántas habitaciones tiene el hotel?
—¿Dispone de un bar?
—¿Tiene restaurante?
—¿Cómo están equipadas las habitaciones?
—¿A cuántos kilómetros está el aeropuerto?
—¿Se aceptan tarjetas de crédito?
—¿Hay un ascensor?
—¿Tienen piscina?

Actividades *en torno … a la comprensión auditiva y a la interacción*

1. Prepara, a partir de la lista con los servicios hoteleros, las respuestas a las preguntas.

CD

2. Escucha el CD y compara tus respuestas. Fíjate en la manera de subrayar lo que dice, los elementos de cortesía y la manera de dirigirse a la cliente.

JUEGO DE ROLES

3. Practicad en pareja el diálogo completo y presentadlo al curso.

Explicar el camino a una persona

Buenos días, señor. ¿En qué puedo servirle?

Buenos días, quiero ir al Parador de Turismo. ¿Me puede indicar el camino?

Por supuesto, señor. Mire, nuestro hotel...

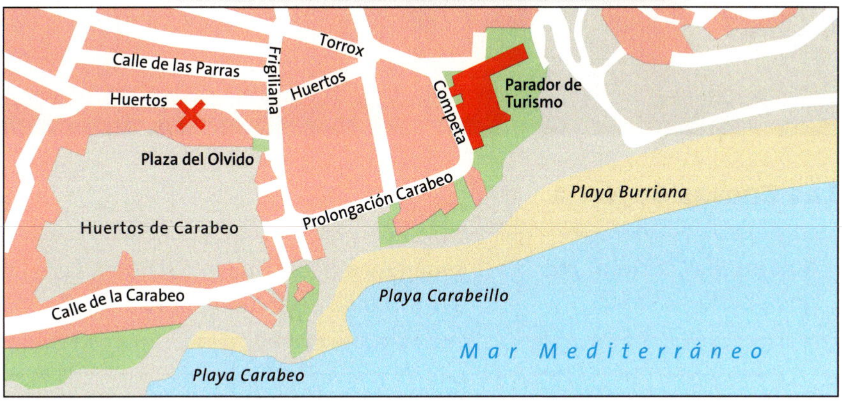

1. Estudia el plano de la ciudad andaluza de Nerja.
   a) Busca la calle Huertos y el Parador de Turismo.
   b) Ordena las indicaciones siguientes:
      —Siga otra vez todo recto hasta el Parador de Turismo.
      —Mire: al salir del hotel tiene que ir a la derecha.
      —Cruce la Plaza del Olvido y vaya todo recto hasta llegar a Frigiliana. En Prolongación Carabeo, gire a la izquierda.
      —Nuestro hotel está aquí en Huertos.
   c) Compara con tu compañera o compañero las soluciones.

Actividades *en torno … a un texto discontinuo*

Sistema de apoyo:
girar a la derecha ↱
↰ girar a la izquierda
ir todo recto ↑

cruzar *überqueren*
llegar a *gelangen zu*
aquí *hier*

2. Escucha la explicación del recepcionista y compara las soluciones.

CD

3. Para explicar el camino el recepcionista utiliza el imperativo de usted.
   a) Apunta los imperativos y los infinitivos en una tabla. Explica cómo se forma el imperativo.
   b) Transforma los siguientes avisos en el imperativo directo:
      Tienes que ser cortés, amable y simpática.
      Hay que explicar el camino en español *(imperativo de tú y de usted)*.
      Tenéis que buscar la información en Internet.
      Hay que respetar a los clientes.
      Ustedes tienen que responder a los deseos de la clientela.
      Usted tiene que informar de manera completa a los clientes.

→ *Gramática p. 60 ↗ 1*

TRABAJO INDIVIDUAL

4. Trabajo en grupos: Buscad en Internet el plano de Nerja. Buscad en el plano la estación de autobuses y un hotel. Explicad el camino de la estación de autobuses a los otros grupos sin decir el nombre del hotel. Los otros grupos lo tienen que adivinar.

GRUPO *… a la búsqueda de información en Internet*

Ayudar a preparar una excursión

Merke:
Wenn man eine Frau oder einen Mann direkt anspricht, hat *señora* bzw. *señor* keinen Artikel.

Las Cuevas de Nerja

Buenos días, señora, ¿en qué puedo servirle?

Queremos hacer una excursión a las Cuevas. ¿Nos puede decir a qué hora abren?

Claro que sí. En verano las cuevas se pueden visitar desde las diez hasta las siete y media.

¿Se puede ir andando o ha que tomar el autobús?

Para ir andando está lejos. Es mejor tomar el autobús.

Queremos salir sobre las 10. ¿Puede decirme a qué hora sale?

desde… hasta *von … bis*
andando *zu Fuß*
estar lejos *weit sein*
mejor *besser*

1. ¿Qué alternativas tiene la señora?

trayecto *Strecke*

estación de autobuses *Busbahnhof*

Horario Bus									
TRAYECTO	**HORARIO DE SALIDA**								**€ Aprox.**
Nerja –	08.30	09.40L	10.40	11.30	12.25	13.10	13.30	14.55	
Cuevas	15.55	16.40	17.30	20.00	21.45				0,90
Cuevas –	08.50	10.00	11.00	12.00 L	12.45	13.30	14.45	16.15	
Nerja	17.00	18.00	18.35	19.30	21.05				0,90

Estación de Autobuses Avda. Pescia – Tel.: 902 42 22 42.

B: Domingos y Festivos
F: Lunes a Viernes, No en Fiesta
D: Directo
S: No en Sábados
L: Lunes a Sábados, No en Fiesta

La Oficina de Turismo de Nerja no se responsabiliza de posibles cambios.

http://www.nerja.es/turismo/index.php?apdo=bus [extracto]

Actividades *en torno … a la lectura de un texto discontinuo y a la interacción*

PAREJA

2. Trabajo en pareja: Una persona informa a la señora sobre el horario, la otra hace más preguntas, p. ej. sobre el horario de la vuelta, sobre los precios para toda la familia, sobre el camino a la estación de autobuses.

3. Escuchad el diálogo y tomad notas de las expresiones útiles para hablar de una manera cortés y amable con los clientes.

2.2 Prácticas de camarero

Menú del día: 1er y 2° plato, postre, pan, agua: 8,50 €

castellano	alemán
1er plato	**1. Gang**
Menestra de verduras	Gemüseeintopf
Tortilla francesa	Omelette
Tortilla española	Spanisches Omelette
2° plato	**2. Gang**
Escalope de cerdo	Schweineschnitzel
Pollo a la plancha	Gegrilltes Huhn
Trucha a la Navarra	Forelle nach navarreser Art
Postre	**Nachtisch**
Flan casero	Pudding nach Art des Hauses
Fruta del tiempo	Obst (nach Saison)
Helado	Eis

Bebidas calientes

Café con leche	2,10 €
Café solo	1,90 €
Cappuccino	2,10 €
Cortado	1,90 €

café con leche *Milchkaffee*
café cortado *Espresso mit ganz wenig heißer Milch*
café solo *Espresso*
trucha f *Forelle*

1. Experiencia de un joven que hace prácticas de camarero.

a) Lee cómo el joven soluciona un problema: Dos alemanes que no hablan español hacen preguntas al camarero sobre los platos que no sabe contestar. Por eso pregunta al cocinero.

– Oye, Paco, ¿qué diferencia hay entre la tortilla francesa y la española?
– Mira, la francesa se prepara solo con huevos y la española lleva huevos, cebolla, sal y patatas.
– ¿Y la trucha a la Navarra?
– Es una trucha frita con jamón dentro. Es un plato muy rico.

b) Explica a los jóvenes lo que quieren saber.

Actividades *en torno … a la mediación*

MEDIACIÓN

huevo m *Ei*
cebolla f *Zwiebel*
sal f *Salz*
patata f *Kartoffel*
frito,a *gebraten*
jamón m *Schinken*

2. Prepara el pedido de los alemanes para la cocina.
Ich möchte erst den Gemüseeintopf und mein Bruder Omelette. Danach essen wir beide Huhn und als Nachtisch Eis.

3. Simulad un diálogo entre un camarero y dos mujeres mayores. Servíos del sistema de apoyo. Hay que tratarse de usted.

a) Practicad el diálogo.

b) Presentaos el juego de roles sin leerlo.

… a la interacción

JUEGO DE ROLES

Buenos días / Buenas tardes / noches } ¿Qué desean / quieren tomar las señoras? / ¿Qué van a tomar?

Buenos días… Tráiganos el menú, por favor. Muy bien, ahora mismo. ¿Me recomienda el…? Sí, señora, es un plato muy rico y sabroso. Mire, entonces voy / vamos a tomar de primero … / de segundo… Veamos: de primero va(n) a tomar… y de segundo… ¿Y de postre? Vamos a tomar… / Todavía no sabemos si vamos a tomar postre. ¿Y para beber? / ¿Qué van a beber?

Traiga /Tráiganos } una botella de agua mineral sin gas / con gas. / dos vasos de vino tinto.

¿Nada más? No, gracias, eso es todo. / No, gracias, nada más. ¿Van a tomar postre? No, gracias. ¿Van a tomar café? Sí, para mí un café solo y un cortado para la señora. Muy bien. La nota por favor. Aquí tiene. Tenga usted. Muchas gracias, señoras.

Grammatik und Strukturen • Gramática y estructuras

1. Der bejahte Imperativ • *el imperativo en la forma afirmativa*

1.1 Der Du-Imperativ der regelmäßigen Konjugationen • *el imperativo de los verbos regulares*

	hablar	**leer**	**escribir**	Bildung: Verben auf
2. Sg.	habla *sprich!*	lee *lies!*	escribe *schreib!*	**-ar:** Stamm + Endung: a/ad **-er:** Stamm + Endung: e/ed **-ir:** Stamm + Endung: e/id
2. Pl.	habla**d** *sprecht!*	lee**d** *lest!*	escribi**d** *schreibt!*	

1.2 Der Du-Imperativ der unregelmäßigen Verben • *el imperativo de los verbos irregulares*

	hacer *machen*	poner *legen*	tener *haben*	ser *sein*	decir *sagen*	ir *gehen*	salir *hinausgehen*	venir *kommen*
2. Sg.	**haz**	**pon**	**ten**	**sé**	**di**	**ve**	**sal**	**ven**
2. Pl.	haced	poned	tened	sed	decid	id	salid	venid

1.3 Die Bildung des bejahten Imperativs der Höflichkeitsform und der 1. Person Plural

3. Sg.	habl**e** *sprechen Sie!*	le**a** *lesen Sie!*	escrib**a** *schreiben Sie!*
3. Pl.	habl**en** *sprechen Sie!*	le**an** *lesen Sie!*	escrib**an** *schreiben Sie!*
1. Pl.	habl**emos** *sprechen wir!*	le**amos** *lesen wir!*	escrib**amos** *schreiben wir!*

3. Sg.	haga	ponga	tenga	sea	diga	vaya	salga	venga
3. Pl.	hagan	pongan	tengan	sean	digan	vayan	salgan	vengan
1. Pl.	hagamos	ponga-mos	tengamos	seamos	digamos	vayamos (vamos)	salgamos	vengamos

Beachte:

1. Bei den regelmäßigen Konjugationen ist der Du-Imperativ identisch mit der 3. Ps. Sg.
2. Der Imperativ der Höflichkeit (3. Ps. Singular und Plural) sowie der 1. Ps. Plural wird abgeleitet von der 1. Ps. Singular Indikativ. In der Konjugation auf -ar wird das **a** der Endung zum **e**; in den Konjugationen auf -er und -ir wird das **e** bzw. das **i** zum **a**. **Beispiel:** *tener*: 1. Ps. Sg. *tengo*; Imperativ der Höflichkeitsform: *tenga*.
3. Die Regeln der Diphthongierung und der Änderung des Stammvokals bleiben erhalten. **Beispiel:** *pensar* → *piensa*.
4. Der Imperativ der 2. Ps. Pl. wird in Lateinamerika durch den Imperativ der 3. Ps. Plural ersetzt.
5. Beim Imperativ der Höflichkeitsform wird häufig das Pronomen (*usted / ustedes*) hinzugefügt.
6. Beim Imperativ stehen nur dann Ausrufungszeichen, wenn der Aufforderung besonderer Nachdruck verliehen werden soll: *¡Come!* Iss (endlich)!
7. Ähnlich wie im Deutschen verwendet man je nach Situation auch Ersatzformen oder Umschreibungen. **Beispiel:** *Sé cortés y amable. Hay que / Se tiene que ser cortés.* Sei höflich! Man muss höflich sein.
8. Orthografische Veränderungen, um die Schrift dem konsonantischen Lautbild anzupassen:

c → qu: practicar – practi**que**(n)	**z → c:** cruzar – cru**ce**(n)	**g → j:** coger – co**ja**(n)
gui → ga: seguir – si**ga**(n)	**g → gue:** llegar – lle**gue**(n)	**gu → gü:** averi**gua**r – averi**güe**(n)

1.4 Der Imperativ der reflexiven Verben • *el imperativo de los verbos reflexivos*

	lavarse ***sich waschen***	
2. Sg	láva**te**	wasch dich!
2. Pl.	lava**os**	wascht euch!
3. Sg.	láve**se**	waschen Sie sich!
3. Pl.	láven**se**	
1. Pl.	lavémo**nos**	waschen wir uns!

Bei den reflexiven Verben
– wird das Pronomen an den **bejahten** Imperativ angehängt.
– entfällt im Plural des Du-Imperativs das -d der Endung.
– entfällt beim Wir-Imperativ das -s der Endung.
Denke an die Akzentsetzung wegen der Änderung der Betonung!

2. Das reflexive Passiv • *construcciones impersonales*

Se puede ir en autobús. *Man kann mit dem Bus fahren.*	Ein Subjekt ist unbestimmt, wenn der Träger eines Geschehens nicht genannt wird. Im Deutschen wird das Pronomen „man" verwendet, im Spanischen das Reflexivpronomen „se" mit der dritten Person Singular oder Plural des Verbs, je nachdem, ob das Bezugsnomen im Singular oder im Plural steht.
En el hotel se trabaja mucho. *Im Hotel arbeitet man viel.*	
Las cuevas se pueden visitar cada día. *Die Höhlen kann man jeden Tag besuchen.*	

3. Das Dativpronomen *le / les* • *el pronombre personal de objeto indirecto*

¿**Le puedo** servir la comida, señora? *Kann ich Ihnen das Essen servieren, gnädige Frau?* ¿**Puedo darle** la llave, señor? *Kann ich Ihnen den Schlüssel geben, mein Herr?* ¿**Les explico** el camino? *Erkläre ich Ihnen den Weg? / Soll ich Ihnen den Weg erklären?*	Das Dativpronomen der 3. Person ist für Sachen und Personen gleich. Die Dativpronomen der 1. und 2. Person Singular (me / te) und Plural (nos / os) sind identisch mit den Akkusativpronomen. **Merke:** Das Pronomen steht vor dem konjugierten Verb oder es wird an den Infinitiv angehängt.

4. Die Fragepronomen *cuál, cuáles* und *qué* • *los interrogativos cuál, cuáles y qué*

¿**Cuál** es tu motivación para hacer prácticas? *Was ist deine Motivation für das Praktikum?*	Mit den Fragepronomen wird nach einer Person oder Sache aus einer bestimmten Anzahl von Personen oder Sachen gefragt. *cuál, cuáles* + Verb bzw. *de* + Artikel + Nomen *qué* + Nomen **Merke:** *cuál / cuáles* steht nie direkt vor dem Nomen.
¿**Cuáles** son los requisitos? *Welche Voraussetzungen braucht man?*	
¿**Cuál** de las prácticas es interesante? *Welches der Praktika ist interessant?*	
¿**Qué** prácticas te interesan? *Welche Praktika interessieren dich?*	

5. Die Demonstrativpronomen • *los adjetivos y pronombres demostrativos: este, esta, estos, estas; ese, esa, esos, esas*

Este es Miguel y **esta** es Miriam. *Das ist Miguel und das ist Miriam.* Este chico es Miguel, esta chica es Miriam. *Der Junge (hier) ist Miguel, das Mädchen ist Miriam.*	**Ese** café tiene poca leche. *In dem Kaffee da ist wenig Milch.* **Esa** playa ahí es grande. *Der Strand da ist groß.*	**Este, esta, estos, estas** stehen allein, wenn sie ein Nomen ersetzen bzw. im Gespräch direkt auf Personen oder Sachen gezeigt wird. Sie können auch vor einem Nomen stehen und richten sich dann in Genus und Numerus nach diesem. Man verwendet • ***este*** (das <u>hier</u>), wenn eine Person oder Sache räumlich nahe beim Sprechenden ist. • ***ese*** (das <u>da</u>), wenn eine Person oder Sache etwas weiter entfernt ist. Im Deutschen wird die Entfernung vorwiegend mit dem Adverb ausgedrückt. Zur Präzisierung kann man auch im Spanischen das Adverb einfügen: *este / esta aquí (hier)* *ese / esa ahí (da)* **Esto** / **eso** sind Formen für das Neutrum. **Beispiel:** *Esto me interesa más que eso.* Das hier interessiert mich mehr als das da. **Merke:** *por eso* deshalb; *eso es* so ist es; *en eso* in dem Moment; *a eso de las nueve* gegen 9 Uhr
Estos son mis profesores del instituto. *Das sind meine Lehrer.* Estos señores son mis profesores. *Diese Herren sind meine Lehrer.* **Estas** son mis amigas. *Das sind meine Freundinnen.*	**Esos** coches son alemanes. *Die Autos (da) sind deutsch.* **Esas** bebidas ahí no son alcohólicas. *Die Getränke da sind nicht alkoholisch.*	

6 La América castellanohablante

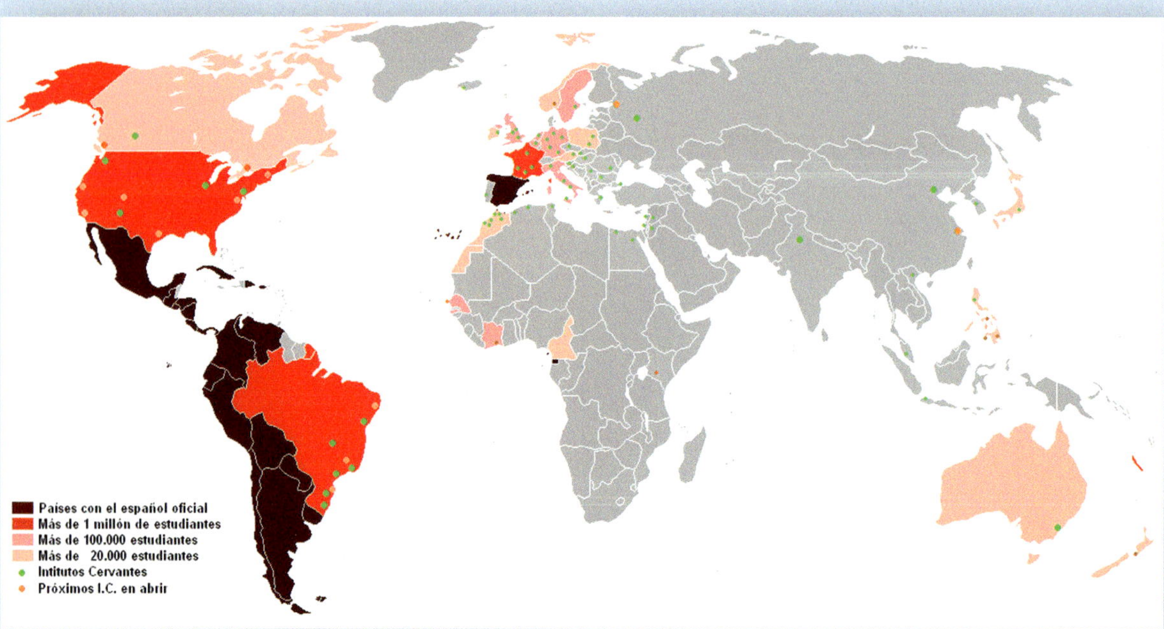

Los países de habla española

Arturito

El hemisferio sur es diferente

competencias:

leer:
- comprender el intercambio de un foro en Internet sobre el tiempo en el hemisferio sur
- → **estrategias de comprensión de lectura**

comprensión auditiva:
- comprender una previsión del tiempo para Buenos Aires
- → **estrategias de comprensión auditiva**

interacción oral / expresión escrita:
- entrevistarse sobre los datos meteorológicos y el tiempo en varias ciudades
- participar en un foro sobre el tiempo en Navidad
- → **el tiempo**

Por ejemplo, Argentina

competencias:

conocimientos interculturales / Internet:
- adquirir conocimientos básicos sobre países de habla española con ayuda de Internet

cooperación / presentación oral:
- presentar países de habla española
- → **estrategias de presentación**
- → **cifras redondeadas**

expresión escrita / interacción oral:
- comparar los países de habla española con Alemania
- presentar información particular sobre algunos países americanos
- → **conectores**
- → **pronombres relativos**
- → **estrategias de aprendizaje**

La América castellanohablante

La lengua española en el mundo

competencias:

conocimientos interculturales:
- informarse sobre el español en el mundo
- → **estrategias de comprensión de lectura**

interacción oral:
- entrevistarse sobre la importancia y el estudio del español en el mundo
- → **cifras**
- → **pasiva refleja**
- explicar e intercambiar motivos para estudiar español
- → ***me gusta***
- → ***porque y para***

aprendizaje del idioma:
- identificar expresiones impersonales (p. ej.: *me gusta*)

producción escrita:
- expresar los motivos personales para estudiar español en un mensaje corto para un foro
- → ***me gusta***

1 Los países de habla española

1.1 El hemisferio sur es diferente

Arturito

Pregunta resuelta:

¿En qué estación del año estamos en Sudamérica?
¿De qué fecha a qué fecha son las estaciones en Sudamérica?

Cori

El 21 de diciembre comienza el verano, el 21 de marzo comienza el otoño, el 21 de junio comienza el invierno, el 21 de septiembre comienza la primavera. Éstas son las cuatro estaciones del año en Sudamérica. [...] Recibe mis saludos afectuosos.

http://mx.answers.yahoo.com/question/index?qid=20080325060207AA8oBRK [29/08/2009]

Actividades *en torno*
... a las estrategias de comprensión de lectura

1. Comprender un texto de manera global

a) Lee la pregunta de Arturito y la respuesta de Cori y deduce de los números, de las palabras internacionales entendidas y de los nombres propios de qué trata.
b) Si crees que tienes algún problema, apúntalo.

... a la comprensión

2. Compara las fechas de las estaciones del año en los hemisferios sur y norte.
Ejemplo: En Sudamérica la primavera empieza el 21 de septiembre y termina el 21 de diciembre. En Alemania, en cambio,...

parte meteorológico *Wetterbericht*

3. Comprender un parte meteorológico

a) Observa atentamente el gráfico con el vocabulario temático "tiempo" antes de la audición:

Sistema de apoyo: el tiempo

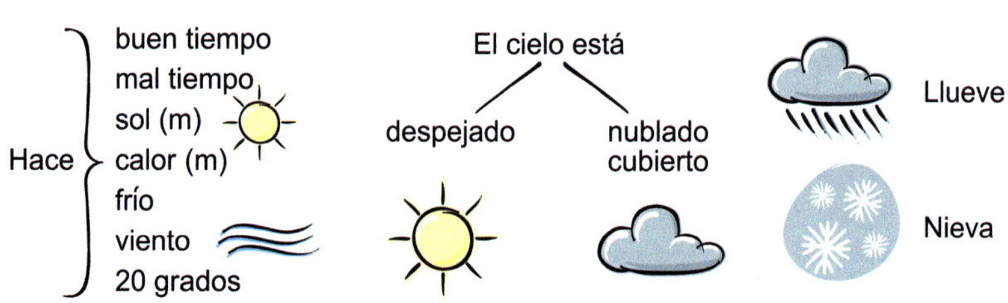

Nochebuena *Heiligabend*

CD

b) Escucha qué tiempo hace en la Nochebuena en Buenos Aires y contesta a las preguntas.

¿Cuántos grados hace durante el día?	23°	28°	32°
¿Cuántos grados hace durante la noche?	20°	18°	24°
¿Hace viento?	sí	no	
¿Hace frío?	sí	no	
¿Cómo está el cielo?	nublado	despejado	cubierto
¿Llueve?	sí	no	

4. En Internet se hace la pregunta siguiente: ¿Qué tiempo hace en la Nochebuena en tu región? Escribe una respuesta con los datos interesantes. Puedes empezar así: Vivo en... Normalmente en la Nochebuena hace...

ESCRIBE **Actividades** *en torno ... a la producción escrita*

5. ¿Qué tiempo hace hoy en tu ciudad? Apunta cinco o seis observaciones.

6. El tiempo en algunas capitales de Latinoamérica

a) ¿Qué tiempo hace en las distintas ciudades el 27 de agosto de 2009?

Ejemplo: En Bogotá hace sólo 19 grados. Hace sol y no hace mucho frío. El cielo está un poco nublado.

CADENA DE PREGUNTAS

→ *Gramática p. 72 ↗ 3*

Bogotá 19°	Santiago de Chile 23°	Lima 18°	La Habana 30°
Quito 21°	Asunción 31°	Caracas 28°	La Paz 14°

b) ¿De qué país es la capital? Da la información geográfica y utiliza el sistema de apoyo.

Sistema de apoyo

... es la capital de...
El país está situado en América del Norte / del Sur / Central / en el Caribe.
Limita al norte / sur / este / oeste con...

Temperaturas máximas y mínimas en el mes de octubre

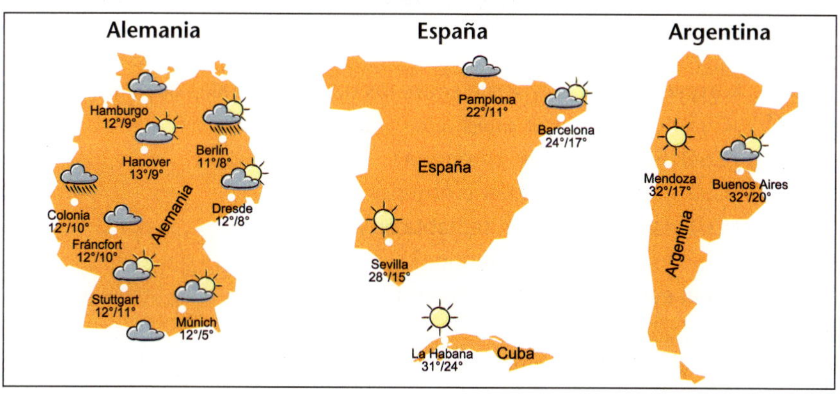

1. Un concurso sobre las temperaturas máximas y mínimas: Dividid el curso en dos grupos. Cada estudiante tiene que preparar una afirmación sobre la temperatura máxima o mínima de uno de los lugares indicados.

... a la interacción

Ejemplo:

Pregunta: En mi ciudad la temperatura máxima **es de** 12 grados y la temperatura mínima **es de** 10 grados. ¿Qué ciudad es?

Respuesta: En Colonia y en Fráncfort la temperatura máxima **es de** 12 grados y la mínima **(es) de** 10 grados.

Aviso: Sólo podéis usar la estructura indicada y hay que hablar libremente sin leer. La profesora o el profesor decide si todo es correcto.

1.2 Por ejemplo, Argentina

Argentina

Nombre completo:
República Argentina

Capital:
Buenos Aires

Superficie:
3.761.274 km²

Población (est. 2009):
40.134.425

est. = **estimado** *geschätzt*

Idioma:
español

Moneda:
peso argentino

Gentilicio:
argentino,a

Actividades *en torno*
… a la comprensión

PAREJA

1. Entrevistaos mutuamente sobre los datos generales de Argentina:
a) ¿Cuántos kilómetros cuadrados abarca la superficie?
b) ¿Cuál es la capital de Argentina?
c) ¿Cuántos habitantes tiene Argentina?
d) ¿Cuál es el idioma que se habla en Argentina?
e) ¿Cuál es la moneda argentina?
f) ¿Cuál es el gentilicio de Argentina?

… a la ampliación de los conocimientos

adquisición f *Erwerb*

GRUPO

2. Adquisición e intercambio de conocimientos básicos sobre los otros países de habla española

Fase de preparativos:
a) Dividid el curso en grupos de tres o cuatro personas. Cada grupo busca en Internet la información básica de 2 o 3 países.
b) Cada miembro del grupo prepara una ficha. Al final el grupo comprueba si todo es correcto. Puedes redondear las cifras:

Sistema de apoyo

50.369 habitantes: unos 50.000 de… / más de 50.000
440.000: casi medio millón / aproximadamente / como medio millón

c) Cada persona tiene que prepararse para hablar durante uno o dos minutos sobre su país. Pega la ficha en la pizarra o en la pared.

Fase de presentación:
Presenta tu país al curso sin leer.
Utiliza los verbos siguientes: *encontrarse en, ser, ser de, estar situado,a en, estar ubicado,a en, hablar, hacer, abarcar, limitar con.*
Puedes empezar así: Quiero presentar… Se encuentra en…

HABLA UN MINUTO

→ *Gramática p. 72 ↗ 2*

Los oyentes sistematizan la información en una tabla:

	Sudamérica	Centroamérica	Norteamérica
país	¿?	¿?	¿?
ubicación geográfica	¿?	¿?	¿?
capital	¿?	¿?	¿?
superficie	¿?	¿?	¿?
población	¿?	¿?	¿?
idioma(s)	¿?	¿?	¿?
gentilicio	¿?	¿?	¿?
otra información	¿?	¿?	¿?

Placa informativa

Los nombres de los países son femeninos o masculinos. En el caso del Perú y de El Salvador lleva con frecuencia el artículo. En caso de llevar un atributo, el artículo es obligatorio.

3. Haced un concurso sobre los países de habla española.
Dividid el curso en dos partes y preparad preguntas sobre los países de habla española.
- **10 preguntas fáciles** de un punto sobre la situación geográfica, países con que limita, capital.
- **10 preguntas intermedias** de dos puntos: población y superficie (cifras redondeadas).
- **10 preguntas difíciles** de tres puntos: gentilicio / otra información.

Reglas:
- Sólo se puede ver el mapa grande o una transparencia con el mapa.
- No se puede consultar ni el cuaderno, ni la ficha, ni el libro.
- La pregunta tiene que ser gramaticalmente correcta.
- La respuesta puede ser una palabra.
- La o el profesor/a decide si todo es correcto y apunta los puntos en la pizarra.

… a la recapitulación de los conocimientos nuevos y a la interacción

4. Comparado con Alemania…
Relaciona las frases con los conectores siguientes: *en cambio, sin embargo.* (A veces hay más de una posibilidad.)
a) La superficie de Alemania es de más o menos 350.000 km^2. La superficie de Argentina es de 3.800.000 km^2.
b) La ciudad de Münster es pequeña. Buenos Aires es muy grande.
c) En Alemania viven más de 80.000.000 de personas. En Argentina viven como 40.000.000.
d) Francia es el país más grande de la Unión Europea. Es mucho más pequeño que Chile, Argentina o el Perú.
e) La superficie de Alemania es más pequeña que la de Chile. La población es más numerosa.

TRABAJO INDIVIDUAL

… a la sintaxis

Alemania
superficie: 356.854
población: 82.500.000

→ *Gramática p. 72 ↗ 1*

Pronombres relativos:
lo que (*das, was*) → bezieht sich auf einen ganzen Satz
que (*der, die, das*) → bezieht sich auf ein Satzglied

→ *Gramática p. 73 ↗ 6*

Gabriela Mistral

Gabriel García Márquez

5. Especificar una información con el pronombre relativo: **lo que** o **que**

Ejemplos:

En Sudamérica en casi todos los países se habla español. Esto hace fácil la comprensión. → En Sudamérica en casi todos los países se habla español **lo que** hace fácil la comprensión.

En Sudamérica se habla ante todo castellano. Sudamérica forma parte del gran continente americano. → En Sudamérica, **que** forma parte del gran continente americano, se habla ante todo castellano.

a) En los Estados Unidos de América (EEUU) viven muchos hispanohablantes. Estos hablan inglés y castellano.
b) Durante el verano hace mucho calor en Paraguay. No siempre es agradable.
c) Argentina, Uruguay y Paraguay son las llamadas repúblicas del Rio de la Plata. Están situadas al lado de los ríos Uruguay y Paraná.
d) El Perú y Ecuador son los llamados países andinos. Están situados al oeste del continente.
e) México es uno de los tres países de Norteamérica. No lo sabe todo el mundo.
f) Gabriela Mistral es una escritora famosa de Chile. Es una de las ganadoras del Premio Nobel de Literatura.
g) El escritor Gabriel García Márquez también tiene el Premio Nobel de Literatura. Es de Colombia.
h) El poeta Pablo Neruda es chileno. También es ganador del Premio Nobel.

Estrategias de aprendizaje de vocabulario

6. ¿Recuerdas las palabras y estructuras?

a) ¿Qué estación del año empieza el 21 de marzo en Europa y Sudamérica?
b) ¿Cuáles son los meses del invierno en Alemania y en Argentina?
c) ¿Qué tiempo hace? 12°  ; 25° 
d) Apunta diez expresiones relacionadas con el tiempo.
e)

lo contrario de	**sinónimo o significado parecido**	**cifra redondeada**	**gentilicio de**
empezar calor norte oeste despejado	lengua (2) nublado estar situado empezar	16.679 500.000 90.308 1.900.798 88.100	Venezuela Costa Rica Panamá Ecuador Nicaragua
	palabras de la misma raíz		
estudiar información observar	(sustantivo) (verbo) (sustantivo)	geografía situación preparativos	(adjetivo) (adjetivo) (verbo)

f) ¿Cuál es el término general?

este, oeste, sur, norte	Costa Rica, Perú, Argentina	Lima, Quito, Tegucigalpa	El mundo se divide en el sur y norte.

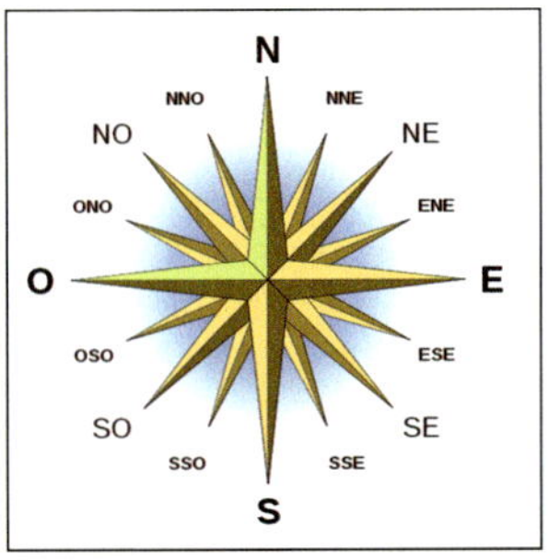

2 La lengua española en el mundo

Seis datos interesantes

CD

- El español es lengua oficial en 21 países.
- Casi 400 millones de personas hablan español.
- En Estados Unidos de América es la lengua materna de 40 millones de habitantes.
- El español es la cuarta lengua más hablada del mundo.
- Más de 14 millones de personas aprenden español en todo el mundo.
- Y unos 180.000 estudiantes visitan España cada año con la intención de practicar español.

Fuente de los datos: http://www.casamerica.es/es/casa-de-america-virtual/literatura/articulos-y-noticias/el-espanol-entre-6-900-lenguas-vivas [12/02/2009]

21 veintiún (+ sustantivo masculino)
400 cuatrocientos,as
40 cuarenta
180.000 ciento ochenta mil

1. Practica la lectura de los datos interesantes.
a) Escucha el texto y léelo al mismo tiempo en silencio.
b) Lee el texto en voz baja.
c) En pareja: Presentaos el texto y comentad la lectura.

Actividad *en torno … a la comprensión*

PAREJA *Estrategias de comprensión de lectura*

2. Hablar sobre la importancia del español:
a) ¿En cuántos países es lengua oficial el español?
b) ¿Cuántas personas hablan español en todo el mundo?
c) ¿Cuántos habitantes que tienen como lengua materna el español viven en Estados Unidos de América?
d) ¿Qué lugar ocupa el español entre las lenguas más habladas?
e) ¿Cuántas personas estudian español?
f) ¿En qué países americanos se habla español?
g) ¿Para qué visitan muchos estudiantes extranjeros España cada año?

El español es el segundo idioma que más se estudia en el mundo

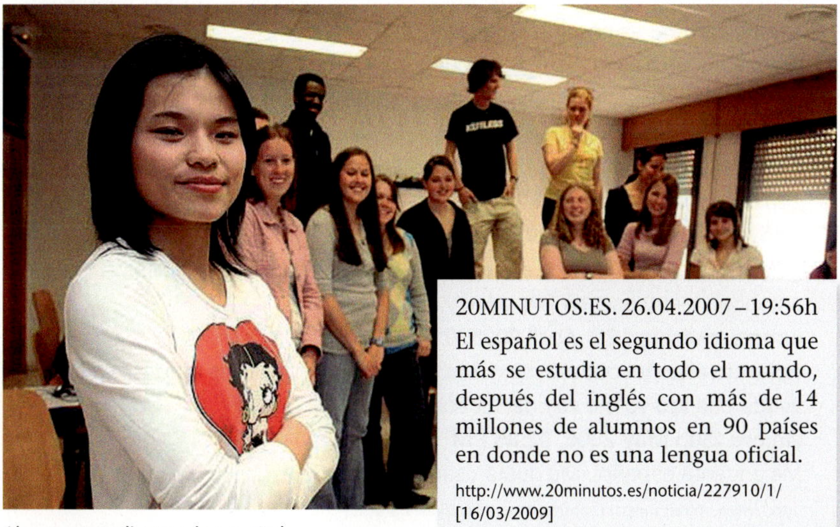
Algunos estudiantes de español

20MINUTOS.ES. 26.04.2007 – 19:56h
El español es el segundo idioma que más se estudia en todo el mundo, después del inglés con más de 14 millones de alumnos en 90 países en donde no es una lengua oficial.
http://www.20minutos.es/noticia/227910/1/ [16/03/2009]

idioma m lengua
90 noventa

Actividades *en torno*
… a la comprensión

1. Habla sobre la foto y el artículo.
a) **La foto:** ¿Qué son? ¿Cuántas personas son? ¿Cómo son? ¿Son todas de Europa? ¿Qué estudian? ¿Dónde estudian?
Puedes empezar así: Es una fotografía de… /… son de /
b) **La información del artículo**: ¿Cuáles son los dos idiomas que más estudiantes estudian en todo el mundo?
¿Cuántos millones de estudiantes estudian español?
¿En cuántos países del mundo las personas estudian español?

→ *Gramática p. 61 ↗ 2*

2. La pasiva refleja como posibilidad de expresión impersonal
Ejemplo: El español es el 2º idioma que más se estudia. *Spanisch ist die Sprache, die am zweithäufigsten gelernt wird / die man am zweithäufigsten lernt.*
Transforma las frases y emplea la pasiva refleja:
a) En Argentina la gente vive bien.
b) Los estudiantes estudian inglés y español.
c) En Alemania la gente habla muchos dialectos.
d) En España los colegios enseñan también francés.
e) El alumnado alemán estudia también chino y ruso.
f) Muchos alumnos leen libros en inglés.
g) Mucha gente aprende español.
h) En la foto veo un grupo de estudiantes contentos.

→ *Gramática p. 73 ↗ 4*

¿Por qué queréis aprender español?

Spanish Forum > Learning Spanish
spanglish 9th March 2006, 09:37 AM
Porque me encanta España y quiero hablar con todo el mundo en español!
Ben 18th March 2006, 04:54 PM
El idioma es una puerta a otro mundo: hablar con la gente, encontrar los detalles de la cultura y el corazón del país.
Marina 6th April 2006, 07:01 PM
Aprender otro idioma te abre las puertas de otra cultura. Si además tienes la oportunidad de vivir en otro país o convivir con gente […] el enriquecimiento cultural es enorme.
lifeinperu 19th May 2006, 03:53 PM
Porque ahora vivo en Perú. ¡¡¡¡Y quiero sobrevivir!!!!!
lumpsuckerpig 21st June 2006, 01:24 PM
El idioma es muy útil cuando estoy de vacaciones porque yo puedo hablar con la gente un poco.
Andy E 14th July 2006, 09:31 AM
¿Tienes una meta para tu español? Mi meta es bastante sencilla… Hablar, entender, leer y escribir bien. Andy
lumpsuckerpig 12th April 2006, 01:39 PM
Aprendo español porque me gusta el idioma. El idioma es muy "sexy" y me ayuda cuando yo me voy de vacaciones a España.
viajero 29th May 2006, 02:35 PM
Me encanta español. Me gusta usarlo en el trabajo. […]
http://www.notesfromspain.com/forums/archive/index.php/t-31.html [19/08/2009]

me encanta *mich begeistert (ich finde Spanien toll)*

encontrar -ue- *finden*

corazón m *Herz*

oportunidad f *Gelegenheit*
vivir *leben (wohnen)*
convivir *zusammenleben*
enriquecimiento cultural *kulturelle Bereicherung*
sobrevivir *überleben*

meta *Ziel*
bastante *ziemlich*
sencillo,a *leicht*

me (te, le) gusta *mir (dir, ihm/ihr) gefällt*
ayudar *helfen*
ir de vacaciones *in Ferien fahren*

Actividades *en torno … a la comprensión*

ESCRIBE

1. ¿Por qué estudia español? Completa la frase con la respuesta del usuario.
a) Su meta es: ___
b) Él o ella quiere ___ en Perú.
c) Para ella aprender otro idioma te ___
d) Él o ella quiere hablar español con ___
e) Para él o ella el idioma abre ___
f) Ella cree que el enriquecimiento ___
g) A él o ella España le ___
h) Ella o él escribe que en las vacaciones ___
i) Ella o él opina que el idioma es muy ___
j) A él o ella le gusta poder hablar ___
k) Él opina que el idioma es la puerta a ___
l) Él usa el español en ___

→ *Gramática p. 73 ↗ 4*

2. ¿Qué les gusta a las personas?: expresar los gustos e intereses.
a) Estudia el gráfico y explica cómo se construyen las expresiones. Compara con el alemán.
b) Relaciona las columnas de la tabla siguiente.
Ejemplo: Me fascina España. **¡Ojo! A** Ana **le** fascina España.

(Yo)	fascinar	España
La estudiante	entusiasmar	viajar
El chico	gustar	las lenguas
(Nosotras)	interesar	hablar otras lenguas
(Tú)	fascinar	los libros sobre el Perú
La profesora	encantar	dar clase de español
Los jóvenes	interesar	ver otros continentes
Los profesores	gustar	la cultura del otro país
La madre	interesar	buenas notas en español
(Ellos)	gustar	estudiar español

Placa informativa

Para poner la fecha se pueden utilizar las siguientes formas:
- Sábado, 10 de abril de 2010
- 04 febrero, 2010
- 02/09/2009

ESCRIBE *… a la producción escrita*

3. Expresar la opinión en un foro: Escribe una entrada de unas tres frases para el foro: ¿Por qué estudias español?

GRUPO

4. Intercambiar motivos interesantes o divertidos para estudiar español:
a) Prepara una lista y apunta diez motivos importantes. Utiliza distintas posibilidades para expresarte:

Estudio español	porque	+ *frase subordinada*
	para	+ *infinitivo*
El motivo por el que estudio español es el siguiente		+ *frase completa*

CADENA DE PREGUNTAS

b) Explicaos por qué estudiáis español. Formad grupos de cinco o seis personas. Cada persona tiene que recordar los motivos de las otras y decirlos.

Grammatik und Strukturen • Gramática y estructuras

1. Die Zahlen • *los números*

1.1 Die Zahlen von 20 bis 900		
20 veinte 30 treinta 40 cuarenta 50 cincuenta 60 sesenta 70 setenta 80 ochenta 90 noventa 100 **cien**	101 **ciento uno/una**, etc. 200 doscientos,as 300 trescientos,as 400 cuatrocientos,as 500 **quinientos,as** 600 seiscientos,as 700 **sete**cientos,as 800 ochocientos,as 900 **nove**cientos,as	**Merke:** Ab 200 ist die Endung abhängig vom Genus des Nomens, auf das sich die Zahl bezieht: -cient**os** / -cient**as** **Beispiele:** *trescient**os** colegi**os*** 300 Schulen *cuatrocient**as** págin**as*** 400 Seiten

1.2 Tausende und Millionen • *miles y millones*	
1000 mil; 2000 dos mil; 3000 tres mil 20.000 veinte mil 200.500 doscientos mil quinientos 1.000.000 un millón 1.250.000 un millón doscientos cincuenta mil 3.000.000 tres millones mil millones = un millardo un billón = un millón de millones	Das Lesen der Zahlen erfolgt in der Reihenfolge der geschriebenen Ziffern. **Merke:** *Mil* ist unveränderlich. **Beispiele:** ***mil** personas, cinco **mil** kilómetros, setecientas **mil** estrellas* **Merke:** *cientos **de**, miles **de**, millones **de*** **Beispiele:** *Hablan español unos cuatrocientos millones **de** personas.* Ca. 400 Millionen Menschen sprechen Spanisch. *miles de personas* Tausende von Personen

2. Ortsangaben • *expresar la existencia de algo en un lugar*

¿Dónde **está** (situada) la capital de Argentina? Chile está (situado) **en el oeste**. Sucre **está lejos** del mar. La isla de Cuba **se encuentra en** el mar Caribe. Paraguay **limita al norte** con Bolivia.	– *estar* + Ort/Gegend – *estar* (situado,a) + *en el* + *norte / sur / este / oeste / centro / noreste / sureste / suroeste / noroeste* – *estar ubicado,a en* – *encontrarse en* + art. – *estar lejos de… <> cerca de…*

3. Das Wetter • *el tiempo*

¿Qué tiempo **hace** en Quito? *Wie ist das Wetter in Quito?* En Venezuela casi siempre **hace buen tiempo**. *In Venezuela ist fast immer gutes Wetter.* En Bogotá **hace** siempre **mucho calor**. *In Bogotá ist es immer sehr heiß.* En Machu Picchu **hace** hoy **mal tiempo**, **llueve** y **hace viento**. *Heute ist in Machu Picchu schlechtes Wetter, es regnet und ist windig.* Hoy **hace 29 grados** en Córdoba. El cielo **está despejado**, no **está cubierto**. *Heute sind 29 Grad in Córdoba. Der Himmel ist klar, er ist nicht bedeckt.* La temperatura mínima **es de** 10 grados. *Die niedrigste Temperatur beträgt 10 Grad.*	**1.** Im Zusammenhang mit Angaben zum Wetter ist das unpersönlich gebrauchte *hace* das am meisten gebrauchte Verb. *Hace* ist unveränderlich in diesem Kontext. **hace** + { buen / mal tiempo; calor / frío; sol, viento; … grados } **2. estar** + cubierto, nublado, despejado (Partizip Perfekt) **Merke:** Llueve. *Es regnet.* Nieva. *Es schneit.*

4. Unpersönlich gebrauchte Verben zum Ausdruck des Gefallens/Missfallens/ Interesses u. a. • *usos de los verbos gustar, encantar, interesar, abrir (en la tercera persona)*

Me gusta el idioma. *Mir gefällt die Sprache.*
El idioma **me gusta**. *Die Sprache gefällt mir.*

Estudio español
… porque **me encanta** España…
… *weil mich Spanien begeistert …*
… porque los bailes como el tango y la salsa **me interesan**.
… *weil Tänze wie Tango oder Salsa mich interessieren.*

A la chica le gusta el idioma.
El idioma le gusta a la chica.
Dem Mädchen gefällt die Sprache.
Die Sprache gefällt dem Mädchen.

redundantes, nicht obligatorisches Pronomen zur Hervorhebung	obligatorisches Pronomen	Verb in der 3. Person Sg. oder Pl.	Subjekt
(a mí) (a ti) (a él / ella / usted) (a nosotros/-as) (a vosotros/-as) (a ellos /ellas / ustedes)	me te **le** nos os **les**	**gusta(n)** **interesa(n)** **encanta(n)** **abre(n)**	+ **infinitivo** + **sustantivo (sg. o pl.)**

Merke:
- Die Pronomen *me, te, le, nos, os, les* sind obligatorisch.
- Das Subjekt steht am Satzanfang oder Satzende.
- Das Objekt, also die Person, der etwas gefällt, steht immer im Dativ mit der Präposition „a".
- In der (elliptischen) Frage, bei Unklarheiten und bei Hervorhebung der Person, der etwas gefällt, verwendet man zusätzlich das redundante Pronomen:
  *–No me gusta. ¿A ti? –Sí, **a mí me** gusta y **a ella le** gusta también, pero **a él** no.*

5. Absichten äußern • *expresar intenciones*

Estudio español *Ich lerne Spanisch,* – **porque** quiero chatear en español *weil ich auf Spanisch chatten will,* – **para** (poder) entender canciones en español *um Lieder auf Spanisch zu verstehen / verstehen zu können.*	Um die Gründe zu erläutern, die jemanden dazu bewegen, etwas zu tun, können die folgenden Strukturen verwendet werden: *porque quiero* + Infinitiv *porque* + Satz mit konjugiertem Verb *para* + Infinitiv *para poder* + Infinitiv

6. Relativsätze mit *que* (der, die, das) und *lo que* (was) • *oraciones de relativo con que y lo que*

El español es el segundo **idioma que** más se estudia en el mundo. *Spanisch ist die am zweithäufigsten gelernte Sprache in der Welt. / Spanisch ist die Sprache in der Welt, die am zweithäufigsten gelernt wird.* Quieres explicar algo a una **española que** no sabe alemán. *Du möchtest einer Spanierin, **die** kein Deutsch kann, etwas erklären.* Localiza en el mapa los países **en (los) que** se habla español. *Suche auf der Karte die Länder, **in denen** Spanisch gesprochen wird.* Completa **lo que** la persona escribe en su respuesta. *Ergänze, **was** die Person in ihrer Antwort schreibt.*	• Das Relativpronomen **que** bezieht sich auf Sachen und Personen, Singular und Plural. Es ist unveränderlich. • Steht bei *que* eine der Präpositionen *a, de, en, por, para,* kann der bestimmte Artikel hinzugefügt werden. • Bei längeren Präpositionen wie z. B. *delante de* muss der Artikel hinzugefügt werden. **Beispiel:** *La casa delante de la que hay una estatua es el ayuntamiento.* Das Haus, vor dem sich eine Statue befindet, ist das Rathaus. • *lo que* (was) bezieht sich auf einen ganzen Satz.

7 España: tierra y gente

Conocer España

Datos básicos de España
España y las comunidades autónomas

competencias:

leer:
- comprender fichas y mapas con datos básicos
- → **estrategias lectoras (textos discontinuos)**

escribir:
- redactar textos informativos sobre España
- → **cantidades aproximadas**

interacción oral:
- comparar datos básicos de España y Alemania
- explicar la situación geográfica de las comunidades
- → **el verbo *estar***

presentación oral:
- informar sobre la situación geográfica de España
- informar sobre tu estado federal en Alemania

Geografía de España
Las lenguas españolas

competencias:

conocimientos interculturales:
- conocer la geografía de España
- → **estrategias de comprensión de lectura**
- → **los verbos *hay* y *estar***
- conocer las lenguas oficiales en España
- conocer otras regiones bilingües en Europa

expresión oral:
- hablar sobre las lenguas en Europa

España: tierra y gente

España: primer país turístico en Europa

La diversidad paisajística de España
Una actividad turística especial

competencias:

conocimientos:
- conocer datos sobre la España turística
- → **estrategias de lectura y comprensión**
- → **posición del adjetivo**

interacción oral:
- entrevistarse sobre la España turística
- comprar ropa para la Noche de los Museos

presentación oral:
- presentar la España turística con un organigrama
- → **estrategias de presentación**

La otra cara del turismo

competencias:

tratamiento de medios / expresión oral:
- describir fotos sobre los problemas en las playas españolas
- → **el verbo *estar***

interacción oral:
- debatir sobre los efectos positivos y negativos del turismo
- → **estrategias de intercambio de argumentos**

1 Conocer España

1.1 Datos básicos de España

- Área: 504.750 km^2
- Población: 46.157.822 (2008)
- Lenguas: lengua oficial: español (también denominado castellano); catalán, gallego, valenciano y vasco (son también lenguas oficiales de las comunidades autónomas de Cataluña, Galicia, Valencia y el País Vasco, respectivamente)
- Religión: 99% católica*
- Capital: Madrid
- Forma de Gobierno: Monarquía Constitucional
- Jefe del Estado: rey Juan Carlos I
- Presidente del Gobierno: Mariano Rajoy

***Anotación:**
Según una encuesta del CIS (Centro de Investigaciones Sociológicas) de 2008 un 76,7 % se declara católico.

Datos de interés para los visitantes:
- Turismo: 57,4 millones de visitantes (2008)
- Moneda: euro

http://www.red2000.com/spain/primer/1data.html [05/09/2013]

Juan Carlos I

Mariano Rajoy

Actividades *en torno*
… a la comprensión

1. Escucha cómo se presentan los datos de España y apunta la información nueva para ti.

… a la producción escrita

2. Redacta un texto informativo con el título: Información general de España. Utiliza el sistema de apoyo:

Sistema de apoyo

La superficie / El área / El territorio } de España } es de / comprende } … kilómetros cuadrados

La población española es de / En España viven } … personas / habitantes

La lengua oficial de toda España es / En España se habla } …

Además del…, en las comunidades de… se hablan…

La forma de Gobierno es…

1.2 España y las comunidades autónomas

Las 17 comunidades autónomas por orden alfabético:

1. Aragón
2. Andalucía
3. Asturias
4. Cantabria
5. Castilla y León
6. Castilla – La Mancha
7. Cataluña
8. Comunidad Valenciana
9. Extremadura
10. Galicia
11. Islas Baleares
12. Islas Canarias
13. La Rioja
14. Madrid
15. Murcia
16. Navarra
17. País Vasco

Dos ciudades autónomas en el norte de África: Ceuta y Melilla

Actividades *en torno*

... a la comprensión del texto discontinuo

1. Observa el mapa con atención y compara con el de Alemania, p. ej.
- la división política,
- la situación geográfica en general,
- el territorio fuera de la península.

2. Fíjate en la situación geográfica de las comunidades autónomas. Haced una cadena y preguntad.
Ejemplo: ¿Dónde está la comunidad autónoma de Aragón? Está (situada) en el norte de España. Limita con Cataluña, Valencia, Castilla – La Mancha, La Rioja y Navarra. Está lejos del mar.

CADENA DE PREGUNTAS

→ *Gramática p. 72 ↗ 2*

Sistema de apoyo

está situado,a / está / se ubica / se encuentra } en el } norte / oeste – centro – este / sur

limita con...

está } lejos / cerca } de la frontera con... / del mar

... a la información geográfica

3. Información geográfica sobre España:
a) Relaciona los fragmentos de las dos columnas.
b) Ordena las informaciones y preséntalas en forma de un texto coherente.

ESCRIBE

HABLA UN MINUTO

1. La capital Madrid está situada	A. en el Océano Atlántico
2. España tiene 17	B. se encuentran en el norte de África.
3. Las Islas Canarias están	C. en el centro del país.

4. España ocupa el territorio de casi toda	D. forman la Península Ibérica.
5. Portugal y España	E. al norte.
6. Las Baleares son un grupo de	F. muy corta.
7. Las ciudades españolas de Ceuta y Melilla	G. con el Océano Atlántico y el mar Mediterráneo.
8. La comunidad autónoma de Andalucía limita	H. comunidades autónomas.
9. Francia limita con España	I. islas en el Mediterráneo.
10. La distancia entre África y España es	J. la península.

... a la formación de preguntas

ESCRIBE

→ *Gramática p. 27 ↗ 4.1*

4. Formula las preguntas a las respuestas dadas: A)–L)

a) Apúntalas.

Ejemplo: ■ en el Océano Atlántico. ¿Dónde se encuentran (están situadas) las Islas Canarias?

A) ■ 17
B) ■ territorio africano
C) ■ islas
D) ■ con el Mar Mediterráneo y el Océano Atlántico
E) ■ en el centro de España
F) ■ con Portugal y Francia
G) ■ muy corta
H) ■ la Península Ibérica
I) ■ las Islas Baleares
J) ■ 2 ciudades autónomas
K) ■ Andalucía
L) ■ País Vasco, Navarra, Aragón, Cataluña

CADENA DE PREGUNTAS

b) Haced una cadena con las preguntas sin mirar las soluciones. También podéis preparar el juego "memoria" y jugarlo en grupos.

→ *Mediación lingüística*

HABLA UN MINUTO

la UE la Unión Europea
miembro m **fundador** *Gründungsmitglied*

Nombres útiles

el Rin *der Rhein*
el Danubio *die Donau*
el Meno *der Main*
los Alpes *die Alpen*
el Mar del Norte *die Nordsee*
el Mar Báltico *die Ostsee*

5. Prepárate para hablar un minuto sobre tu estado federal en Alemania: (situación geográfica, habitantes, capital, informaciones interesantes.)

Aviso: Para saber cómo se llama tu 'Land' en español consulta p. ej. wikipedia.

Estados miembros de la UE
Alemania

Año de entrada en la UE: miembro fundador
Sistema político: república federal
Capital: Berlín
Superficie total: 356 854 km²
Número de habitantes: 82,5 millones
Moneda: euro
Lengua oficial de la UE hablada en el país: alemán

http://europa.eu/abc/european_countries/eu_members/germany/index_es.htm

1.3 Geografía de España

reino m *Königreich*

el segundo país de mayor tamaño *das zweitgrößte Land*

asimismo *ebenso*

El Reino de España (505.988 km²) [...] está situado en la Península Ibérica, en el suroeste del continente europeo. [...] Es el segundo país de mayor tamaño de la Unión Europea. El territorio de España abarca la mayor parte de la Península Ibérica, que comparte con Portugal; el territorio español incluye asimismo las Islas Baleares en el Mediterráneo, las Islas Canarias en el Océano Atlántico, las ciudades norteafricanas de Ceuta y Melilla y diversas pequeñas islas e islotes.

España es un país montañoso con una altitud media de 600 m, sólo superada en Europa por Suiza. [...]
Los principales ríos de la Península descienden con lentitud de este a oeste para desembocar en el océano Atlántico; el río Ebro desemboca en el mar Mediterráneo. El único río navegable es el Guadalquivir, hasta Sevilla.

http://www.camara.com.bo/index.php?option=com_content&view=article&id=130:datos-generales-de-espana&catid=48:espana&Itemid=111 [24/10/2009]

la reina Sofía y el rey Juan Carlos de España

Actividades *en torno*

... a las estrategias de lectura

conocer -zc- *kennen*
conozco *ich kenne*

1. Aplicar estrategias de lectura:

a) Apunta los nombres propios que conoces de los datos básicos. Agrúpalos en distintas categorías. Añade los sustantivos relacionados con los nombres.
b) Marca las palabras desconocidas, pero, según tu opinión importantes, con un signo de interrogación: **Ejemplo:** ¿río? Mira el contexto en que aparece. Seguramente sabes lo que significa.
c) Fíjate en los detalles como los números y las abreviaciones.
d) ¿Cuál es la información nueva?

CD

2. Inserta la información correspondiente (una o más palabras) y utiliza las palabras nuevas.
España es un ___, o sea, tiene rey y reina. Está situada en el ___ del ___ europeo. Detrás de Francia es el país de ___. España ___ el territorio peninsular y también ___. La superficie es de ___. Ceuta y Melilla son ___. España es después de Suiza ___. La altitud ___ es de 600 ___. El río Ebro ___ en el Mar ___. El río Guadalquivir es ___ y ___ en el Océano Atlántico.

PAREJA

3. ¿Hay o estar? Explica y aplica la regla.

complemento de lugar: ¿Dónde?	**+ hay +**	**complemento directo: persona o cosa**
En la Costa del Sol	hay	mucho turismo. una ciudad preciosa. ciudades famosas. veinte o más campos de golf. italianos, alemanes, rusos.

Sujeto: persona o cosa	**+ estar +**	**complemento de lugar: ¿Dónde?**
Marbella / El hotel	está	en la Costa del Sol.
Los turistas	están	en la playa.
La playa	está	cerca / lejos / a ... kilómetros.

ESCRIBE

a) España ___ en la Península Ibérica.
b) En España ___ muchas ciudades grandes, por ejemplo, Barcelona.
c) Madrid, la capital, ___ en el centro.
d) La ciudad de Alicante ___ en la costa mediterránea.
e) Barcelona ___ en el noreste.
f) En la Costa del Sol ___ muchos centros turísticos.
g) La mayoría de los turistas ___ en las costas.
h) Ante todo, en julio y agosto ___ mucho turismo.
i) Las playas más bonitas ___ en el norte.
j) En julio y agosto muchos madrileños ___ en las montañas.

CD

1.4 Las lenguas españolas

si bien *obwohl*
origen *Herkunft*
cuyo *dessen*

La lengua oficial en todo el territorio nacional es el castellano (internacionalmente conocido como "español"), si bien [...], existen distintos idiomas que son oficiales en determinadas Comunidades Autónomas, como el catalán (en Cataluña e Islas Baleares), el gallego (en Galicia), el valenciano (Comunidad Valenciana) o el vasco (País Vasco y Navarra). Todas estas lenguas tienen su origen en el latín, a excepción del vasco, sobre cuyo origen existen diversas teorías.

http://turismadrid.free.fr/espana.htm [20/06/2009]

Actividades *en torno*
... a la comprensión

1. Habla sobre las lenguas españolas.
a) ¿Cómo se llama la lengua oficial española?
b) ¿En cuántas comunidades autónomas hay, además del castellano, otro idioma oficial, o sea, un idioma cooficial?
c) ¿Cuáles son estas comunidades?
d) ¿Dónde están situadas?
e) ¿Qué lengua es la 'madre' de tres de las lenguas españolas?
f) ¿Cuál es la lengua que no forma parte de la misma familia? (Son 4.)

... a los conocimientos generales

2. España es uno de los países europeos en que se habla más de un idioma. ¿Qué sabes sobre las lenguas de los otros países europeos?
a) En Alemania también hay zonas bilingües. En ellas se habla alemán, pero también una de las tres lenguas minoritarias oficiales: son danés, frisio y sorbo. ¿Dónde se encuentran estas zonas?
b) ¿Qué país vecino de Alemania tiene las tres lenguas oficiales siguientes: alemán, neerlandés y francés?
c) ¿Qué lengua se habla en Irlanda, además del inglés?
d) ¿Qué idiomas se hablan en Francia además del francés?
e) Las lenguas españolas, a excepción del vasco, tienen la misma 'madre'. Hablamos de las lenguas románicas. ¿Cuáles de las lenguas siguientes también forman parte de las lenguas románicas? (Son 4.)
italiano – alemán – inglés – rumano – francés – danés – polaco – checo – ruso – portugués

lenguas eslavas *slawische Sprachen*

f) Entre las lenguas europeas las germánicas y las eslavas forman familias importantes. Nombra algunas de estas familias.

... al vocabulario

3. Busca para las definiciones y explicaciones siguientes las palabras correspondientes.
Ejemplo: a) Se llaman lenguas cooficiales las que se hablan en algunas comunidades españolas.
a) Lengua que se habla en algunas comunidades españolas y que no es la lengua de todo el país: ___
b) Zonas donde se hablan dos idiomas: ___
c) Personas que visitan un país para pasar, p. ej. las vacaciones: ___
d) Área que comprende un país: ___
e) Territorio rodeado de agua por todas partes: ___
f) Un país con muchas montañas: ___
g) Ciudad en que normalmente están los ministerios y el gobierno: ___
h) Forma de gobierno con un rey o una reina que representan al país: ___

2 España: primer país turístico en Europa

2.1 La diversidad paisajística de España

Las playas españolas en el Mediterráneo atraen a miles de turistas cada año. Pero cada vez más los viajeros buscan el encanto de la [...] España del interior, lejos de las playas. España tiene una gran variedad de paisajes, bosques, valles, montañas, ciudades y pueblos medievales.
Sevilla es una ciudad muy hermosa, su catedral es la construcción gótica más grande del mundo.
La Costa del Sol es muy turística, tiene pueblos muy pintorescos y playas fabulosas. Madrid, la capital, es una ciudad cosmopolita, llena de teatros, cines, óperas y galerías de arte, además del muy famoso Museo del Prado.
Barcelona es uno de los puertos mediterráneos más importantes, en la ciudad vieja, el *Barri Gótic*, se encuentra el impresionante museo Picasso. Por último las Islas Canarias y las Baleares ofrecen a los visitantes todas las opciones turísticas imaginables: desde los clubs de Ibiza, y las playas baleares, hasta la belleza salvaje y volcánica del archipiélago canario.

http://destinia.com/guide/el-mundo/europa/espana/1-30004-30200/17/es [29/05/2009]

atraer *anziehen*
encanto m *Zauber*
Barri Gótic cat. – Barrio Gótico *gotisches Viertel*
salvaje *wild*

1. Lee el texto. Explica las palabras siguientes sin consultar el diccionario: *interior – variedad – medieval – hermoso – fabuloso – cosmopolita – ópera – galería de arte – puerto – impresionante – por último – opción – volcánico – archipiélago*
Puedes empezar así: Comprendo la palabra por el contexto / porque es como en alemán (francés, inglés, turco...) / por ser un internacionalismo.

2. Entrevistaos sobre la España turística.
PAREJA
a) ¿Dónde están las playas más atractivas de España?; b) ¿A cuántos turistas atraen cada año?; c) ¿Qué buscan los turistas en la vieja España?; d) ¿Qué paisajes tiene España?; e) ¿Qué tipo de pueblos se pueden encontrar en España?; f) ¿Qué monumento sevillano se menciona?; g) ¿Cómo es la Costa del Sol? h) ¿Cómo es Madrid? i) ¿Qué museo madrileño es muy famoso? j) ¿Qué museo barcelonés es muy famoso? k) ¿Qué ofrecen las Canarias y las Baleares? l) ¿Cuál es el origen del archipiélago canario?

3. ¿Qué buscan los turistas?
a) Completa el mapa conceptual con la información del texto.

Los turistas buscan
- los atractivos de ciudades como
  - Sevilla
  - Madrid
  - Barcelona
- el encanto del interior de España
- el ambiente extraordinario de las islas
- buen tiempo: sol y calor

b) Habla un minuto, a partir del organigrama, sobre la España turística. Termina con una información sobre tu lugar favorito.

Actividades *en torno ... a las estrategias de lectura y comprensión*

1 min
HABLA UN MINUTO

2.2 Una actividad turística especial

una noche en blanco una noche sin dormir

viajará 3ª ps. sg. futuro

tejido m *Faser*

acudir asistir

Rastro de Madrid *berühmter Flohmarkt*

Una noche en blanco en el Museo del Traje en Madrid

La Noche de los Museos es una celebración internacional que promueve la apertura nocturna de estas instituciones.

Este año, todo el Museo del Traje viajará a los años 60 para trasladar a los visitantes el ambiente de esta década: personajes con vestidos pop, minifaldas y originales tejidos sintéticos comentarán con los visitantes la moda. [...] Se invita al público a acudir vestido de los años 60.

http://www.plusesmas.com/ocio_fuera_de_casa/agenda/noche_de_los_museos_en_el_museo_deltraje_madrid/261.html [15/09/2010]

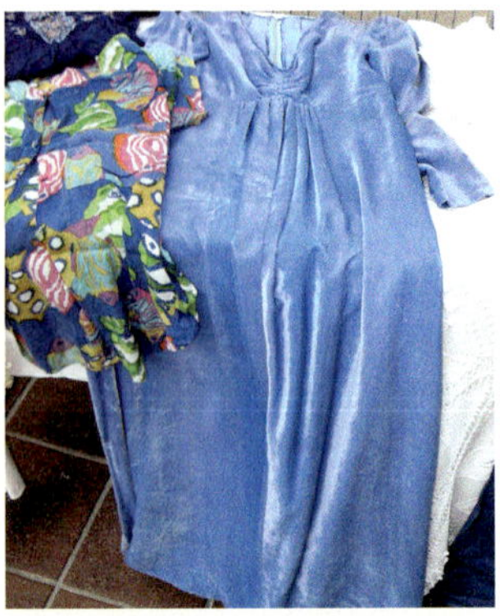

Blusa estampada, vestido largo de terciopelo

1. ¿Comprendes el texto?

a) La noche de los museos	se celebra solo en España.
	se celebra también en otros países.
b) Actualmente	el tema es la moda de la década de los cincuenta.
	la colección de ropa data de los años sesenta.
c) Los vestidos son, p. ej.,	pantalones vaqueros y blusas estampadas.
	vestidos pop y minifaldas.
d) El museo ruega al público	llevar vestidos de los años sesenta.
	vestirse de manera original.

Vaqueros

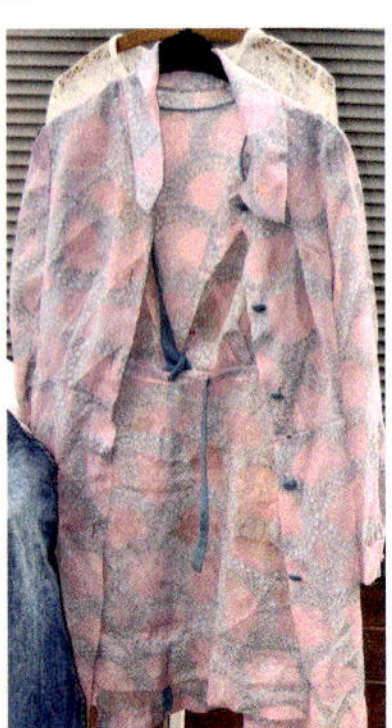

Conjunto de bata y camisón

2. Prepárate para una visita al Museo del Traje. En la noche de este año el viaje va a la década de los 70.
Para participar necesitas ropa de la época. Por eso vas al Rastro de Madrid.
a) Mira las fotos, lee la conversación y relaciona las partes correctas.

Hola, buenos días.	Gracias y hasta otro día.
Sí, me encantan, son geniales y tienen un toque nostálgico.	Sí, el conjunto es una auténtica rareza. Te gusta, ¿no? Te lo dejo todo por 50 €.
¿Tienen otros jerséis parecidos?	No, lo siento mucho, solo hay uno.
Y estas blusas, ¿qué material es?	La blanca es de un tejido sintético.
¿Y la blusa blanca?	Las estampadas son de algodón 100%.
Y el vestido azul ¿es de terciopelo?	Te doy el vestido por 35 €.
Me encanta, ¿me lo puedo probar?	Sí, el probador está allí.
¿Qué te parece? ¿Me queda bien?	Buenos días, ¿te gustan las prendas?
¿Cuánto cuesta?	¿El vestido largo? Sí, es de terciopelo.
¿35 €? Pues... Ah, ¿qué es esto, un conjunto de camisón y bata?	Tienes razón, es la moda original de los sesenta y setenta.
Toma, 50 €, gracias y adiós.	Te queda muy bien, es tu talla.

b) Preparad y practicad, a partir del modelo, un diálogo de compra.

c) Convertid el aula en un mercadillo como el Rastro con clientes y vendedores. Simulad distintas situaciones: p. ej. comprar algo / no comprar nada porque no te gusta o es muy caro / comprar algo para una amiga, etc.

Jersey de punto

Actividades *en torno … a la interacción* JUEGO DE ROLES

2.3 La otra cara del turismo

Un problema ecológico grave: la contaminación de las playas

Alquitrán y vertidos
Teer und Abfallstoffe

Excesiva población
Überfüllung

Construcción
Bauarbeiten

Basura inorgánica
Anorganische Abfälle

Actividades *en torno*

… a la descripción de las fotos

1. Mira los iconos al margen y las fotos.
a) Descubre a qué problema ecológico en la playa se refiere.
b) Relaciona los elementos contaminadores con lo que ves en las fotos.

2. Observa las cuatro fotos y fíjate en el aspecto que tienen las playas. Habla sobre estas playas y las playas en general. ¿Qué ves y qué sabes? Utiliza las palabras nuevas y las del margen, además de las estructuras siguientes.

Las playas { están contaminadas **por** + sustantivo / están llenas **de** + sustantivo / están sucias, **porque** + frase subordinada

Ayudas lingüísticas: En las fotos aparecen (se ven / se distinguen) cuatro playas con diferentes (distintas / diversas) desventajas: La playa de la primera (segunda…) está llena de… Las últimas dos fotos muestran los efectos de… Los hombres de la cuarta foto…

Vocabulario útil:
vertidos tóxicos *giftige Abfallstoffe*
fuel m *Öl von Schiffen*
construcción f **de hoteles** *Hotelbau*
cloaca *Abwasserkanal*
excrementos de los perros *Hundekot*
crema solar *Sonnencreme*
botellas de plástico *Plastikflaschen*
limpiar *reinigen*

… a la interacción en un debate

3. Realizad un debate sobre la pregunta siguiente: ¿Tiene el turismo más efectos positivos o más efectos negativos?
a) Dividid la clase en dos grupos: Uno prepara argumentos para los efectos positivos y el otro para los efectos negativos. Consultad los textos y volved a mirar todas las fotos. Utilizad el sistema de apoyo.
b) Intercambiad los argumentos. Pensad también en las posibles objeciones. Cada estudiante alega un argumento o más.

objeción f *Einwand*

Sistema de apoyo

Para mí / En mi opinión
Es evidente / cierto que } el turismo tiene…, porque…
Mi opinion es que

En primer lugar quiero decir que…

Tengo otra / la misma opinión que tú / x
Comparto tu opinión / la opinión de x } sobre… porque…

El argumento de x (no) es convincente / interesante / importante porque…
Voy a alegar un ejemplo:

Grammatik und Strukturen • Gramática y estructuras

1. Die Stellung des Adjektivs • *la posición del adjetivo*

Nachgestellt	Vorangestellt	
la lengua **oficial** *die offizielle Sprache* texto **coherente** *zusammenhängender Text* territorio **africano** *afrikanisches Territorium* información **nueva** *neue Informationen* pueblos **muy pintorescos** *sehr malerische Dörfer* cielo **azul** *blauer Himmel*	En el Barri Gótic se encuentra el **impresionante** museo Picasso. *Das eindrucksvolle Picasso-Museum befindet sich im gotischen Viertel.* Es la **segunda** comunidad autónoma de mayor tamaño. *Es ist die zweitgrößte autonome Region.*	• In der Regel steht das Adjektiv hinter dem Nomen. • Nationalitäten werden immer nachgestellt. • Farbadjektive werden in der Regel nachgestellt. • Die Ordnungszahlen werden in der Regel vorangestellt. • Adjektive können vorangestellt werden, um eine Eigenschaft hervorzuheben. In der Werbung z. B. wird dieses Mittel benutzt, um Aufmerksamkeit zu erregen.

Bedeutungsvarianten durch die Stellung des Adjektivattributs
Marcela es una **mujer buena**. *Marcela ist eine **gutmütige** Frau.* Marcela es una **buena amiga**. *Marcela ist eine **gute** Freundin.* España es un **país grande**. *Spanien ist ein **großes** Land.* España es un **gran país**. *Spanien ist ein **bedeutendes** Land.*

Fortfall der Endung • *apócope*	
el **primer** idioma del mundo *die erste Weltsprache* el **tercer** idioma más hablado del mundo *die am dritthäufigsten gesprochene Sprache der Welt* España tiene una **gran** variedad de paisajes. *Spanien hat eine große Vielfalt an Landschaften.*	• Die Adjektive *bueno, malo, primero, tercero* verlieren vor **maskulinen** Nomen **im Singular** das -o am Ende. • Das Adjektiv *grande* wird vor **maskulinen** und **femininen** Nomen **im Singular** zu *gran* verkürzt.

2. Mengenangaben • *expresiones de la cantidad*

2.1 Komparativ • *el comparativo*	
La clase de deporte dura **más / menos que** la clase de latín. *Die Sportstunde dauert länger / ist kürzer als Latein.*	**Merke:** *más / menos que* + Nomen oder Pronomen
España tiene **más de** 40 millones de habitantes. *Spanien hat mehr als 40 Millionen Einwohner.*	**Merke:** *más* bzw. *menos de* + Zahlen

2.2 Ungefähre Mengenangaben • *expresiones de la cantidad aproximada*	
Alemania tiene **unos** ochenta millones de habitantes. *Deutschland hat ca. 80 Millionen Einwohner.* Tenemos **alrededor de** cuarenta profesores. *Wir haben ungefähr 40 Lehrkräfte.* En mi colegio hay **aproximadamente** quinientos estudiantes. *In meiner Schule sind ca. 500 Schülerinnen und Schüler.* Hamburgo tiene **casi** ochocientos mil habitantes. *Hamburg hat fast 800.000 Einwohner.* España tiene **más o menos** cuarenta y cinco millones de habitantes. *Spanien hat mehr oder weniger/ungefähr 45 Millionen Einwohner.* La superficie de la provincia tiene **como** cincuenta mil kilómetros cuadrados. *Die Fläche der Provinz beträgt ungefähr 50 000 km²*.	Um eine ungefähre Menge anzugeben, wird die Pluralform des unbestimmten Artikels gebraucht *(unos / unas).* Weitere Möglichkeiten: *alrededor de* *aproximadamente* *casi* *más o menos* *como* *cerca de* } + Ziffer

3. Ortsangaben mit den Verben *hay* und *estar* • *expresar la existencia de algo en un lugar con los verbos hay y estar*

3.1 Das Verb *hay* • *el verbo hay*

En Alemania también **hay** zonas bilingües. *In Deutschland gibt es auch zweisprachige Gegenden.* En España **hay** unas playas estupendas. *In Spanien gibt es tolle Strände.* En el centro del país **hay** muchas montañas. *In der Mitte des Landes gibt es viele Berge.* ¿En cuántas comunidades autónomas **hay** otro idioma oficial? *In wie vielen Comunidades gibt es eine andere offizielle Sprache?*	**Verwendung:** **Adverbiale Bestimmung** + **hay** { Nomen im Plural / unbestimmter Artikel/ohne Artikel / *otro(s) / otra(s)* / *mucho(s) / mucha(s)* / *poco(s) / poca(s)* / Zahlwort **Satzstellung:** a) Bei Verwendung von *hay* muss die Adverbialbestimmung am Anfang stehen. b) Das Nomen muss ohne bestimmten Artikel als direktes Objekt hinter dem Verb stehen. c) Das Verb *hay* kann kein Subjekt mit sich führen und steht immer im Singular.

3.2 Das Verb *estar* • *el verbo estar*

España **está** en la Península Ibérica. *Spanien liegt auf der Iberischen Halbinsel.* Madrid, la capital, **está** en el centro. *Madrid, die Hauptstadt, liegt im Zentrum.* La mayoría de los turistas **están** en las costas. *Die meisten Touristen befinden sich (sind) an den Küsten.*	*Estar* wird verwendet, a) wenn angegeben werden soll, wo sich eine bestimmte Sache oder Person befindet; b) wenn die Person oder Sache **Subjekt** ist und **vor** dem Verb steht.

4. Konjunktionen (Bindewörter) • *conjunciones*

Hay que limpiar las playas **porque** a los turistas no les gustan las playas sucias. *Man muss die Strände sauber halten, weil den Touristen die schmutzigen Strände nicht gefallen.* **Como** a los turistas no les gustan las playas sucias hay que limpiarlas. *Da die Touristen keine schmutzigen Strände mögen, müssen sie gereinigt werden.* Yo creo que una de las regiones más bonitas de España es Galicia **ya que** tiene playas únicas. *Ich glaube, dass Galizien eine der schönsten Gegenden von Spanien ist, denn es hat einzigartige Strände.*	Um die Angabe des Grundes oder einer Ursache in einen Nebensatz einzufügen, werden *porque, como* oder *ya que* als Konjunktionen benutzt. **Merke:** *porque* steht immer **zwischen** beiden Sätzen. *como* steht **am Anfang**, wenn der Satz mit der Kausalbestimmung beginnt. *ya que* wird benutzt, wenn eine bekannte Tatsache als Grund angegeben wird.

5. Präpositionen und Adverbien des Ortes • *preposiciones y adverbios de lugar*

Präposition	Adverb	
al lado de *neben* cerca de *nahe bei* encima de *über, oberhalb von* enfrente de *gegenüber von* detrás de *hinter* debajo de *unter* delante de *vor* fuera de *außerhalb von* dentro de *innerhalb von* entre *zwischen*	al lado *daneben* cerca *nahe* encima / arriba *oben* enfrente *gegenüber* atrás *dahinter* debajo / abajo *darunter* delante *davor* fuera *draußen* dentro *drinnen*	aquí *hier* ahí *da* allí *da hinten (außerhalb der Reichweite des Sprechers)* **in Lateinamerika:** acá *hier* allá *da hinten*

8 Amor y desamor

El amor en la pantalla grande

La carátula del DVD *Los amantes del Círculo Polar* Sinopsis de la película

competencias:

descripción de imágenes:
- entrevistarse sobre el aspecto físico y el estado de ánimo de dos personas

→ los verbos *ser* y *estar*

producción escrita:
- relatar los acontecimientos de la película desde las dos perspectivas de los protagonistas

interacción oral:
- reflexionar sobre el título de la película

→ estrategias de previsionado

La adolescencia de "los amantes del Círculo Polar" Ana y Otto adultos

competencias:

descripción e interpretación de imágenes:
- describir situaciones, objetos llamativos y el estado de ánimo de las personas
- entender el simbolismo de objetos particulares

interacción oral:
- expresar y discutir hipótesis acerca de la continuación y el final de la película

→ estrategias de previsionado
- comentar si la película despierta el interés personal

producción escrita:
- escribir un final para la película

Amor y desamor

Amores e intrigas en la pantalla pequeña

El Internado, una serie española de amor y suspense

competencias:

conocimientos interculturales:
- conocer una serie televisiva española
- informarse en un foro sobre la adaptación francesa de "El Internado"

→ subjuntivo

interacción oral:
- entrevistarse sobre elementos típicos de las series alemanas

aprendizaje del idioma:
- elaborar la función y la formación del subjuntivo

producción escrita:
- escribir un mensaje para un foro

→ subjuntivo

Actuar en una serie televisiva

competencias:

presentación oral:
- contar el argumento de una serie alemana
- presentar los resultados de una preelección

→ subjuntivo

interacción y expresión oral:
- intercambiar ideas sobre papeles y sobre perfiles deseados de actores en series televisivas
- comentar perfiles de candidatos
- comentar el (des)interés personal para actuar en una de las series televisivas

→ subjuntivo

1 El amor en la pantalla grande

1.1 La carátula del DVD *Los amantes del Círculo Polar*

Ficha técnica:
Año: 1998
Duración: 114 minutos
País: España
Director: Julio Medem
Guión: Julio Medem
Música: Alberto Iglesias

Actividades *en torno … a la descripción de la imagen*

1. En la carátula se ve la imagen de dos jóvenes: ¿Cómo son? ¿Qué impresión te causan? (p. ej. la edad, las caras, el pelo, el ambiente).
En el cuadro encuentras expresiones y palabras útiles para la descripción de personas.
Ejemplo: La chica tiene el pelo…; es…; parece estar…

Estructuras

Estrategias de previsionado

La persona		
es	**está**	**tiene**
guapa, normal, simpática, carismática, atractiva rubia, pelirroja, morena alta ↔ baja alegre chistosa, divertida ↔ aburrida (*langweilig*) feliz ↔ infeliz inteligente joven ↔ mayor, vieja **de** origen español **de** aspecto agradable	contenta (*zufrieden*) enferma (*krank*) rabiosa (*wütend*) ensimismada (*in sich gekehrt*) sola, aislada (*einsam, isoliert*) cansada (*müde*) triste (*traurig*) seria (*ernst*) aliviada (*erleichtert*)	el pelo corto ↔ largo rizado ↔ liso (*glatt*) los ojos claros ↔ negros verdes, grises grandes, almendrados entre… y … años carisma (*Ausstrahlung*)

Actividades *en torno*
... a la comprensión y a la producción oral

2. Según tu impresión: ¿en qué momento de su relación se encuentra la pareja? Lee las posibilidades y propón la más acertada según tu opinión.

Están al principio de la relación.

- ? Todo es romántico.
- ? Les encanta estar juntos.
- ? Creo que siempre quieren abrazarse.
- ? Quieren estar solos.
- ? Están muy enamorados.
- ? Se les escapa el mundo.

estar enamorado,a de *verliebt sein in*
se les escapa el mundo *die Welt entflieht ihnen*
abrazarse *s. umarmen*

Están juntos otra vez después de largo tiempo.

- ? Son felices.
- ? Están aliviados.
- ? Son inseparables.
- ? Disfrutan de la soledad.
- ? Se quieren.
- ? Ya no están solos.

disfrutar de *genießen*
soledad f *Einsamkeit*

Están al final de su relación.

- ? Tienen que separarse.
- ? Sienten acercarse el final.
- ? Recuerdan los días felices.
- ? Ya no funciona la relación.
- ? Están muy tristes.
- ? Ya no sienten amor.

GRUPO

recordar -ue- *sich erinnern*

1.2 Sinopsis de la película

En la carátula se habla de "novela de amor apasionada y secreta". Ana y Otto, sus protagonistas, tienen ocho años cuando se conocen. Al final de la película tienen veinticinco. Es una historia "contada por cada uno de sus protagonistas, Ana y Otto [...]. Todo comienza en la España del año 1980, a la salida de un colegio[1], cuando los niños echan a correr por distintos motivos. Desde esa tarde [...] se les escapa el mundo."

Actividades *en torno*
... a la comprensión
... a la producción escrita

1. Lee la sinopsis de la película y relaciónala con la foto de la carátula y con la descripción: nombres de las personas, edad, acontecimiento importante, sentimientos.
¿Qué crees? ¿Están juntos durante los 18 años? ¿Hay un momento de separación? ¿Qué pasa?
Puedes empezar así:
La acción de la peli comienza en... Los dos protagonistas se llaman... y tienen..., o sea, al principio de la película son todavía... . Van al... .
Un día pasa algo extraordinario: Salen..., Ana ve a..., y Otto... . En este momento se enamoran, ella de él, y él... .

ESCRIBE

... a la interacción

2. Reflexionad e intercambiad opiniones sobre el título de la película, en especial sobre el contraste entre España y la región del círculo polar (p. ej. Finlandia, Noruega) (tiempo, situación geográfica, la gente...).

Estrategias de previsionado

[1] Otto va al colegio de chicos y Ana al colegio de chicas enfrente.

1.3 La adolescencia de "los amantes del Círculo Polar"

Ana, el padre de Otto, la madre de Ana, Otto

Otto, la madre de Ana, Ana, una vendedora

Actividades *en torno … a la descripción y la interacción*

CADENA

Vocabulario útil para describir las imágenes:
mesa *Tisch*
vaso de leche f *Glas Milch*
jarra *Krug*
cafetera *Espressobereiter*
magdalenas *Gebäck*
apoyar los codos en la mesa *die Ellbogen aufstützen*
tienda *Geschäft, Laden*
vendedora *Verkäuferin*
corazón m *Herz*

1. Intercambiad, a partir de las fotos, ideas e impresiones sobre la relación entre la familia y los adolescentes Ana y Otto.
¿En qué situaciones (p. ej. cotidianas / familiares / normales) se encuentran las personas? ¿Dónde están? ¿Qué hacen? ¿Qué expresan las caras? ¿Qué significado pueden tener los objetos (los que están en la mesa, el corazón en la tienda)?
Utiliza el sistema de apoyo y el vocabulario al margen.

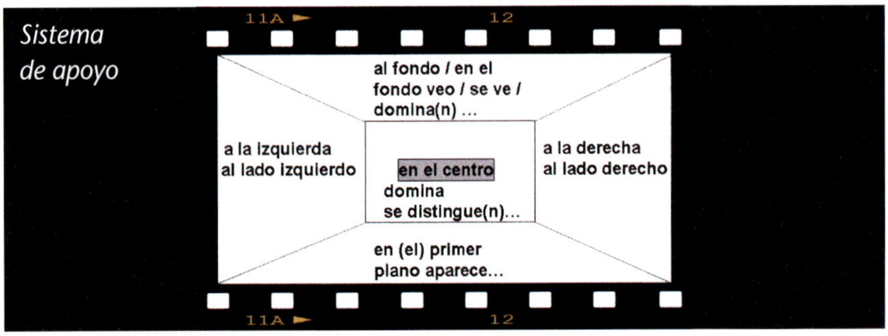

Ana y Otto solos

… a la producción escrita

ESCRIBE

2. La relación entre Ana y Otto: ¿Cómo se desarrolla? Escribe una redacción.
a) Fíjate en la primera foto, la expresión de las caras y la manera de mirarse.
b) Ana y Otto están delante de una agencia de viajes llamada Laponia. Fíjate en los siguientes aspectos:
¿Qué hay en el centro de la foto? ¿Qué domina?
¿A dónde miran Ana y Otto?
¿Con qué sueñan probablemente y por qué? Recuerda tus ideas sobre lo que puede significar el título de la película.

1.4 Ana y Otto adultos

1. ¿Qué revelan estas fotos sobre Ana y Otto?

a) Observa primero las situaciones en que se encuentran en esos tres momentos.

b) Mira las caras de Ana y Otto y habla sobre el estado de ánimo en que se encuentran, según tu impresión, p. ej. si son felices, si están todavía juntos o si están solos, desilusionados o frustrados.

c) Otto y Ana tienen ahora 25 o 26 años. Especula: ¿cómo son sus vidas? Cada estudiante tiene que dar su opinión y también tiene que reaccionar a las hipótesis de la compañera o del compañero.

Actividades *en torno*
... a la descripción

... a la producción oral

CADENA

Expresiones para	
introducir una hipótesis	**formular acuerdo o desacuerdo**
Creo que Otto / Ana, a los 25 años... Me parece que... Para mí... Pienso que... Supongo que... Mi idea es la siguiente:...	Estoy (totalmente) de acuerdo contigo... No, ¡en absoluto! No estoy..., porque... Es obvio / evidente que no es así, porque... Al contrario, yo creo... Sí, yo también pienso / creo que...

Sistema de apoyo
Estrategias de previsionado

2. Mira las dos fotos que inician los últimos diez minutos de la película. Escribe un final para el guión de la película, dónde se encuentran (¿Por qué las escenas están subtituladas?), qué pasa antes y después de las dos escenas y cómo termina la película.

... al comentario

ESCRIBE

3. Comenta si te interesaría ver la película después de conocer la trama, a los protagonistas de la historia y la forma de abordar el tema. Da razones por qué sí o por qué no te interesa.

si te interesaría *ob es dich interessieren würde*
trama *Handlung*
abordar un tema *ein Thema angehen, behandeln*

2 Amores e intrigas en la pantalla pequeña

2.1 *El Internado*, una serie española de amor y suspense

Breve introducción a la serie *El Internado*

El Internado se emite en Antena 3 los martes de 22:30 a 24:00 de la noche.

Comienza un nuevo curso en el internado La Laguna Negra, un prestigioso centro educativo emplazado en mitad de un bosque donde estudian los hijos de las familias más influyentes del país. Los integrantes del centro, alumnos, profesores y el personal que trabaja allí vuelven a verse, dispuestos a iniciar el curso con ilusión.

Este año, llegan dos nuevos alumnos *[Son huérfanos tras un accidente de sus padres.]* al internado: Marcos Novoa Pazos[1] y su hermana Paula, quienes tienen que iniciar una nueva vida.

Por otra parte, algunos de los alumnos irán descubriendo, a raíz de la desaparición de un anciano profesor, un misterio que se oculta en la Laguna Negra, sin ser conscientes del peligro que corren.

http://elinternado-eva.blogspot.com/2009/06/argumentoresumen-de-la-primera.html [11/09/2009]

ir descubriendo un misterio *langsam ein Geheimnis enthüllen*
ocultarse *sich verbergen*
ser consciente de *sich (einer Sache) bewusst sein*
correr peligro *in Gefahr sein*
besarse *sich küssen*

Actividades *en torno … a la comprensión*

1. El texto informa de manera global sobre el contenido de *El Internado*. Léelo y explica por qué las afirmaciones siguientes son verdaderas o falsas.

a) El Internado se llama "El Bosque Negro".
b) Es un internado de chicas y chicos.
c) Las familias de las que provienen pertenecen a las más importantes.
d) Para los estudiantes, el profesorado y el personal del internado empieza un nuevo curso.
e) Las dos amigas, Carolina y Victoria, están enamoradas de Iván.
f) Los huérfanos, Paula y su hermano Marcos, llegan después del accidente de sus padres.
g) Carolina tiene novio. Sin embargo, se enamora de Marcos y lo besa.
h) En el internado no sólo hay amores sino también un misterio.
i) Pero la situación no es peligrosa.

CADENA

2. Habla sobre los elementos típicos que conoces también de las series alemanas. Piensa en los personajes y sus familias (edad, profesión…), lugar de la acción, relaciones entre los personajes.

[1] Una de las chicas, Carolina, enseguida se enamora de Marcos, pero no quiere traicionar a su novio. A pesar de esto, Marcos y ella se besan. Victoria, la mejor amiga de Carolina, está enamorada de Iván, pero él solo piensa en Carolina.

FORO *El Internado:* ¿Qué te parece la adaptación francesa?

[Julian90] 11/09/2009 – 12:25	Sí que es raro que no doblen el internado. Seguramente temen que no lo entiendan????? Pero no creo que sean tan tontos los franceses. Total está bien que puedan ver el internado, porque es una serie superbuena y Adrian tiene razón que es genial que se adapte y eso no solo en Francia sino también en Alemania.
[Julian90] 11/09/2009 – 12:23	No creo que la adaptación francesa tenga éxito porque sin el ambiente típico pierde mucho.
[imo1995] 18/08/2009 – 14:17	Una pena que los franceses vean la serie y no puedan conocer el verdadero internado.
[Adrian39] 03/08/2009 – 20:02	Se ve todo algo más falso que en nuestra versión, aun así genial que adapten nuestras series.
[el_laguno_internado] 03/08/2009 – 15:57	Dudo que con estos decorados y esta ambientación consigan plasmar la esencia de la serie original.

http://www.formulatv.com/1,20090803,12300,2.html [18/09/2009]

Información adicional:
Una cadena francesa tiene la intención de adaptar la serie para el mercado francés.

PAREJA

Actividades *en torno ... a la comprensión y al comentario*

1. Lee las entradas y comenta la opinión general de los usuarios.

2. En los comentarios se expresan preferencias y gustos de los usuarios.
a) Vuelve a leerlos atentamente y completa la lista según el modelo.

usuario	expresión o verbo introductor	detalles concretos que comenta	infinitivo del verbo
[Julian90]	Es raro Temen	que no doblen que no entiendan	doblar entender

... al uso del subjuntivo

b) La forma de los verbos es la del subjuntivo. Ordena los verbos conjugados y su infinitivo según su conjugación.
c) Compara los verbos y formula una regla para la formación.
d) Mira la lista con las expresiones con que los usuarios introducen su comentario y formula una hipótesis sobre el uso del subjuntivo.

3. Recapitula las entradas en el foro y practica el subjuntivo.
Para Adrián es una pena que en Francia no ___ ver *El Internado* español (*poder*). Es raro que no se ___ la serie original (*doblar*). Es poco probable que los franceses no ___ la serie (*comprender*). En Alemania es importante que en las películas ___ alemán (*hablarse*). Para el público alemán es importante que las telenovelas alemanas ___ de producción nacional (*ser*). Es interesante que *El Internado* ___ para Alemania (*adaptarse*). No creo que ___ series alemanas para el mercado español (*existir*). "el_laguno_internado" duda que *El Internado* francés ___ auténtico (*ser*).

... a la producción escrita

4. La ARD piensa vender *Verbotene Liebe* a España. Qué crees: ¿Es mejor que se doble o que se adapte? Escribe una entrada para un foro.

2.2 Actuar en una serie televisiva

una protagonista de *Amores prohibidos*

http://www.news-adhoc.com/verbotene-liebe-laedt-zum-offenen-casting-in-die-koelner-studios-idna2009043029459/ [06/10/2009]

http://www.educa.madrid.org/web/cifp.joseluisgarci.alcobendas/enserie/?tag=casting [05/10/2008]

Actividades *en torno … a la interacción*

GRUPO

1. ANTENA 3 y ARD convocan un casting para actuar en las series *El Internado* y *Verbotene Liebe*, o sea, *Amores prohibidos*. ¿Qué tipos se buscan?

a) Antes de hablar sobre el perfil del nuevo personaje hay que contar el argumento de *Amores prohibidos*. Formad grupos de seis. En cada grupo los que conocen la serie informan a los que no la conocen y éstos les hacen también preguntas.
Se deben considerar estos aspectos:
- información general importante
- personajes protagonistas y secundarios (carácter, relaciones familiares y sentimentales)
- ambiente en que se desarrolla la acción
- intriga central
- sinopsis del capítulo actual / de los últimos capítulos

b) Tanto la agencia productora de *El Internado* como la de *Amores prohibidos* buscan a jóvenes para los papeles siguientes:
- En *El Internado* se espera a la alemana Milena de unos 18 años, hija de una abogada famosa de Múnich.
- En *Amores prohibidos* se espera la llegada de Iñaki, un joven de 17 años de familia aristócrata española, pariente lejano de la familia von Lahnstein.

c) Intercambiad ideas sobre los nuevos papeles: posibles intrigas, relaciones, frustraciones, trama.

Ejemplo:
Iñaki se enamora de Rebekka, pero ésta todavía está enamorada de Gregor al que no puede olvidar. Iñaki está desesperado…
Milena añora a su novio, llora mucho y está decepcionada. Uno de los tutores se da cuenta de su estado de ánimo…

Verbos y expresiones con el subjuntivo:
(No) quiero que…
Espero que (no)…
(No) me gusta que…
(No) me parece bien que…
(No) recomiendo que…
(No) es importante que…
Es (im)posible que…

recomendar -ie- *empfehlen*

sepa 1ª y 3ª persona de subjuntivo del verbo saber

2. Define el perfil deseado desde la perspectiva de la directora.

a) Trabajo individual: La mitad de la clase apunta en una hoja 10 rasgos característicos para Iñaki y la otra mitad 10 para Milena.

b) Trabajo en grupos (4 o 5 personas): Presenta tus ideas. ¿Cómo quieres tú que sea / cómo quiere la jefa que sea Iñaki o Milena?

Ejemplo: La directora quiere que sea baja. Además es importante para ella que tenga el pelo negro y que sepa bailar / cantar…
A partir de los resultados individuales, tenéis que elaborar un perfil.

La ficha de un candidato

Nombre completo: Alejandro López Guerrero
Datos personales: 19 años, 1,73 m
Rasgos físicos: moreno, delgado, tipo deportivo
Rasgos síquicos: simpático, abierto, espontáneo
Habilidades: bailar, tocar el piano, jugar al tenis…
Profesión: estudiante
Motivación: Yo creo que tengo vocación; me encanta actuar. Mi novia quiere que haga el casting, pero mi hermana no cree que me acepten. Espero que me den el papel.

1. A Alejandro le gustaría actuar en los *Amores prohibidos*. Desea que la ARD lo invite al casting. Lee su ficha y comenta su perfil. Utiliza el subjuntivo.
Ejemplo: Es conveniente que sepa bailar y que no sea muy alto.

le gustaría *ihm würde es gefallen*

es conveniente que *es ist angebracht, dass*

2. Los *scouts* de Antena 3 y ARD presentan, además de Alejandro, una preelección de candidatos para los papeles.

PAREJA

a) Trabajo en pareja: Repartid las fotos y elaborad fichas con el perfil de la persona concreta según el modelo de Alejandro.
b) Entrevistaos sobre las candidatas y candidatos. Cada estudiante tiene que reunir información sobre dos chicas y dos chicos. Hay que apuntar en la lista, en primer lugar, si las personas cumplen con los requisitos y después, hay que añadir un comentario, un consejo o una recomendación para esas personas. ¡Ojo! Hay que emplear el subjuntivo.

reunir *sammeln*

→ *Gramática p. 97 ↗ 2*

¡Ojo! *Achtung!*

Ellas

Carina

Carolina

Laura

Ellos

Iván

Cristián

Fabio

Lista de candidatos y candidatas

nombre	perfil				observación, recomendación, comentario
	+++	++	+	~	
Carolina		✓			*p. ej.: Me gusta que sea una chica auténtica.*
Iván…					

recomendación f *Empfehlung*

c) Trabajo en pleno: Intercambiad opiniones sobre los candidatos y presentad los resultados de las entrevistas.
Ejemplo: En mi lista están los nombres de… / Para mí Laura es más apta, porque…

CADENA

d) Proponed a dos finalistas para las series. Haced una clasificación.

3. ¿Te gustaría desempeñar el papel de Milena o Iñaki? Enumera 3 o 4 razones por qué (no) quieres actuar en una de las series televisivas.

Grammatik und Strukturen • Gramática y estructuras

1. Das Adjektiv in der Rolle des Prädikatsnomens bei den Verben *ser* und *estar* • *los verbos ser y estar con adjetivos*

1.1 Der Gebrauch von *ser* + Adjektiv • *el uso de ser + adjetivo*

ser moreno,a	*dunkelhaarig sein*	ser difícil	*schwierig sein*	**Merke:**
ser alto,a	*groß sein*	ser pobre <> rico,a	*arm <> reich sein*	Normalerweise wird
ser feliz	*glücklich sein*	ser blanco,a, verde…	*weiß, grün… sein*	das Adjektiv mit *ser*
ser tarde	*spät sein*	ser inseparable	*unzertrennlich sein*	verwendet.
ser romántico	*romantisch sein*	ser probable	*wahrscheinlich sein*	

1.2 Der Gebrauch von *estar* + bestimmte Adjektive in festen Verbindungen • *el uso de estar + algunos adjetivos en expresiones fijas*

estar enfermo,a	*krank sein*	estar contento,a	*zufrieden sein*	**Merke:**
estar caliente	*heiß sein*	estar lleno,a	*voll sein*	Diese Adjektive
estar sucio,a	*schmutzig sein*	estar limpio,a	*sauber sein*	werden immer mit
estar loco,a	*verrückt sein*	estar furioso,a	*wütend sein*	*estar* verwendet.

1.3 Der Gebrauch von *estar* + Partizip Perfekt in der Rolle des Adjektivs • *el uso de estar + participio perfecto adjetivado*

estar cansado,a	*müde sein*	estar enfadado,a	*verärgert sein*	**Merke:**
estar muerto,a	*tot sein*	estar relajado,a	*entspannt sein*	Die Partizipien
estar casado,a	*verheiratet sein*	estar irritado,a	*irritiert sein*	erkennt man an den
estar frustrado,a	*frustriert sein*	estar desesperado,a	*verzweifelt sein*	Endungen *-ado, -ido.*

1.4 Bedeutungsunterschiede von Adjektiven durch den Gebrauch von *ser* oder *estar* in derselben syntaktischen Umgebung • *adjetivos con ser o estar que cambian de significado*

ser		estar	
ser listo,a	*klug sein*	estar listo,a	*bereit sein*
ser rico,a	*reich sein*	estar rico,a	*lecker, reichhaltig sein*
ser malo,a	*schlecht sein*	estar malo,a	*krank sein*
ser moreno,a	*dunkelhaarig sein*	estar moreno,a	*braungebrannt sein*
ser aburrido,a	*langweilig sein*	estar aburrido,a	*gelangweilt sein*
ser joven	*jung sein*	estar joven	*jung aussehen*

Normalzustand	Beginn eines neuen Zustands
Carmen es distraída. = Carmen es una persona distraída. *Carmen ist zerstreut.*	Ricarda está distraída. Seguramente piensa en otra cosa. *Ricarda ist zerstreut. Sie denkt sicher an etwas anderes. Etwas hat Ricarda abgelenkt.*
Carlos es atento. = Es un chico atento. *Carlos ist höflich. Er ist ein höflicher Junge.*	Quique está atento. *Quique ist aufmerksam. Er passt gut auf, lässt sich nicht ablenken.*
Carolina es guapa. *Carolina ist schön, gut aussehend.*	Carolina está guapa. *Carolina sieht (heute) gut aus. Sie hat sich hübsch gemacht.*
Yván es débil. *Yván ist schwach. Er hat wenig Muskeln.*	Juan está débil. *Juan ist schwach. Er war gerade krank und ist noch schwach.*

Merke:
- Im Deutschen und Spanischen wird der Beginn eines neuen Zustandes häufig durch weitere Zusätze verdeutlicht, etwa durch Zeitadverbien, Zusatzerklärungen oder den Kontext.
  Beispiele: Hoy estás distraído. *Du bist aber heute zerstreut!* Está todavía débil. *Er ist noch schwach.*
- Der Gebrauch von *ser / estar* + Adjektiv ist in Spanien und den spanischsprachigen Ländern nicht immer einheitlich.
- Die Konstruktion *estar* + *bien / mal* wird sehr häufig verwendet:
  Beispiele: ¿Cómo estás? *Wie geht es dir?* (Estoy) bien. ¿Cómo está tu madre? Está mal. *Wie geht es deiner Mutter? Ihr geht es schlecht.*
  ¿Nos acompañas al cine? Sí, está bien. *Kommst du mit ins Kino? Ja, in Ordnung.*

2. Der *subjuntivo* (I) • *el subjuntivo*

2.1 Die Bildung des *subjuntivo* • *la formación del subjuntivo*

Verben auf -ar, -er, -ir: Infinitiv	1. Ps. Sg.	Wechsel des Endungsvokals	Personalformen des *subjuntivo*
hablar	habl-o	-a > e	hable, hables, hable, hablemos, habléis, hablen
comer	com-o	-e > a	coma, comas, coma, comamos, comáis, coman
vivir	viv-o	-i > a	viva, vivas, viva, vivamos, viváis, vivan
tener	**teng**-o		**tenga**, tengas, tenga, tengamos, tengáis, tengan
conocer	**conozc**-o		**conozca**, conozcas, conozca, conozcamos, conozcáis, conozcan
influir	**influy**-o		**influya**, influyas, influya, influyamos, influyáis, influyan

Merke:

a) Der *subjuntivo* wird abgeleitet von der 1. Ps. Sg. Präs. Indikativ. Er wird weiter regelmäßig gebildet. Ausnahmen: s. S. 130 ↗ 1.

b) 1. und 3. Ps. sind gleich.

c) Die Diphthongierung bleibt erhalten.

d) Zur Verwendung des *subjuntivo* für den Imperativ s. S. 60 ↗ 1.3; S. 131 ↗ 1.4

2.2 Auslöser und Gebrauch des *subjuntivo* • *usos del subjuntivo*

2.2.1 Unpersönliche Ausdrücke

Es importante que en las películas hablen alemán. *Es ist wichtig, dass in den Filmen Deutsch gesprochen wird.*
Es mejor / peor que (no) se doble la serie. *Es ist besser / schlechter, dass die Serie (nicht) synchronisiert wird.*
Es una pena que los franceses no vean la serie original. *Es ist schade, dass die Franzosen nicht die Originalserie sehen.*
Es genial que se adapte. *Es ist genial, dass man sie anpasst.*

weitere Ausdrücke:
ser probable que *wahrscheinlich sein, dass*
ser necesario que *nötig sein, dass*
ser posible que *möglich sein, dass*
ser conveniente que *angebracht sein, dass*

2.2.2 Verben

Quiere que sea bajo. *Sie will, dass er klein ist.*
Prefiere que sea morena. *Sie zieht vor, dass er dunkelhaarig ist.*
Me gusta que se doble. *Es gefällt mir, dass sie synchronisiert wird.*

weitere Verben:
recomendar -ie- *empfehlen*
aconsejar *(an)raten*
temer *fürchten*
dudar *zweifeln*

2.2.3 Verneinte Verben

No creo que sean tan tontos los franceses. *Ich glaube nicht, dass die Franzosen so dumm sind.*
No opino que sea necesario el doblaje. *Ich meine nicht, dass die Synchronisierung nötig ist.*

weitere Ausdrücke:
No es seguro que
Es ist nicht sicher, dass
No está claro que
Es ist nicht klar, dass
No es evidente que
Es ist nicht offensichtlich/klar, dass

Der *subjuntivo* steht nach Ausdrücken und Verben der
- Notwendigkeit und des Wollens,
- Gefühlsbewegung,
- Beurteilung, wenn der Subjekt- bzw. Objektsatz verneint ist.

Er steht insbesondere nach
- unpersönlichen Ausdrücken,
- Verben des Wünschens und Wollens, Befehlens und Bittens, Verbietens, der Empfehlung und des Anratens,
- bestimmten Verben, wenn diese verneint sind.

Der *subjuntivo* steht immer im indirekten Befehlssatz:
Beispiel:
Practica tu papel. *Übe deine Rolle!*
La jefa **dice que** practi**que** su papel. *Die Chefin sagt, dass sie ihre Rolle* ***üben soll.***
Aber: La jefa **dice que** practic**a** su papel. *Die Chefin sagt, dass sie ihre Rolle* ***übt.***

Hinweis:
Konjugation von *ser* S. 130 ↗ 1.1

2.3 Der *subjuntivo* im Relativsatz • *el subjuntivo en la oración relativa*

La jefa busca a una persona **que sea** baja. *Die Chefin sucht jemanden, der klein ist. (= Er soll klein sein.)*

Der *subjuntivo* steht im Relativsatz, wenn dieser eine geforderte oder gewünschte Eigenschaft ausdrückt.

9 "Oh Chile, largo pétalo..."

Chile más de cerca

competencias:

conocimientos interculturales:
- conocer los sentimientos del poeta Neruda por su patria

comprensión oral / audición:
- comprender información básica sobre Chile (geografía, clima, recursos naturales, cultivos)

→ **estrategias de audición**
→ **estrategias de aprendizaje de vocabulario**

¿Qué es lo más bello de tu país?

competencias:

expresión oral:
- explicar motivos para viajar a Chile

→ *para y porque*
- explicar qué es lo más bello

→ **comparación**
→ **sustantivar adjetivos**

comprensión lectora:
- informarse en un foro sobre lo que consideran los chilenos lo más bello de su país

expresión escrita:
- redactar una entrada para un foro sobre Chile

"Oh Chile, largo pétalo..."

"Gente de la tierra": la etnia mapuche de Chile

competencias:

conocimientos interculturales:
- conocer la vida social de los mapuche en Chile

→ **pronombres de complemento directo e indirecto**

Internet:
- buscar información sobre los mapuche en Internet

aprendizaje del idioma:
- explicar el uso y la colocación de los pronombres como complemento directo e indirecto

presentación oral:
- presentar la vida de la familia mapuche en el campo con ayuda de una ficha o un mapa mental

→ **estrategias de presentación**

1 Chile más de cerca

pétalo m *Blütenblatt*

me encontraré futuro (1ª ps. sg.) del verbo encontrarse

Placa informativa

Pablo Neruda (1904–1973) es uno de los poetas más conocidos de lengua española y, después de Gabriela Mistral, el segundo Premio Nobel de Literatura chileno.
Su obra comprende un gran número de poesías, muchas de amor, pero también de lo cotidiano como p. ej. la oda a la papa o a la cebolla.
Neruda lucha por la libertad y el bien del pueblo y contra la injusticia social.

manifestación f *Demonstration*
pancarta f *Schild*
libertad f *Freiheit*

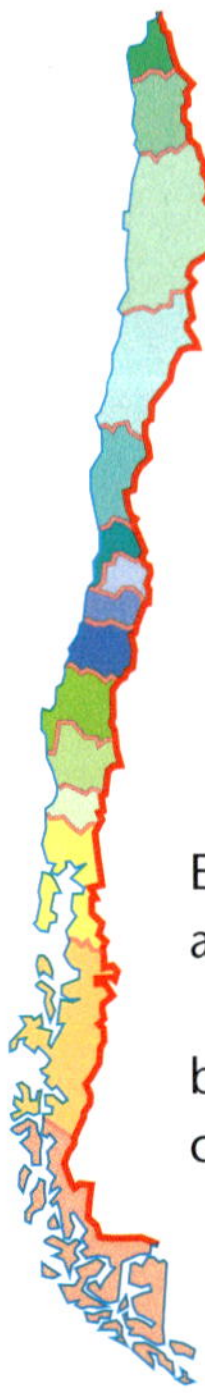

El poeta y su patria

Pablo Neruda:
Cuándo de Chile

Oh Chile, largo pétalo
de mar y vino y nieve,
ay cuándo
ay cuándo y cuándo
ay cuándo
me encontraré contigo,
[...]

1ª estrofa; http://www.poemas-del-alma.com/pablo-neruda-cuando-de-chile.htm

Escucha y lee atentamente la estrofa del poema de Pablo Neruda.
a) Mira el mapa de Chile y explica el significado de la imagen del "largo pétalo de mar [...] y nieve".
b) ¿Qué sentimientos revelan los versos?
c) En la imagen se ve al poeta y a un grupo de personas durante una manifestación. Una lleva una pancarta con la palabra "Libertad". Relaciona la imagen con la estrofa del poema, con tu análisis y el último párrafo de la placa.

Geografía y clima

Actividades *en torno ... a la audición*

1. ¿Cuántos kilómetros tiene el "largo pétalo"? Mira el mapa de Latinoamérica y calcula la distancia. Para orientarte tienes aquí unos ejemplos:
La distancia entre Colonia y Ankara es de 2.886 km, entre Alicante y Moscú es de 4.205 km, entre Berlín y Rabat es de 3.314 km.

Actividades *en torno ... a la audición*

terremoto m *Erdbeben*

seco,a *trocken*

2. Lee, antes de escuchar, las actividades para orientarte:
a) ¿Cuál es la extensión máxima de Chile?
b) El locutor habla de los Andes. ¿Qué palabra relaciona con ellos?
A) sierra; B) cordillera; C) cadena
c) ¿Qué océano limita con Chile? ___ ___
d) El locutor menciona la cifra 350. ¿A qué se refiere?
A) a la distancia entre Santiago y Concepción; B) al ancho del país
e) ¿Qué tanto por ciento del país es llano?
A) el 35%; B) el 20%; C) el 40%
f) Inserta las palabras que faltan: Chile se encuentra en una ___ de inestabilidad geográfica, o sea, hay peligro de terremotos y ___.
g) ¿Cómo es el clima?
En ___ ___ es seco. En ___ regiones ___ es templado y suave, con lluvias en invierno, y en ___ ___ es frío y lluvioso.
h) ¿Cómo son las temperaturas medias en Santiago?
en verano: mínima ___ ° y máxima 32°C
en invierno: mínima 2° y máxima 15°C

Recursos naturales

1. Antes de la audición: El texto trata de los recursos naturales de Chile, o sea, de la agricultura y de las materias primas del subsuelo.
Lee primero las actividades para orientarte.
a) ¿Cuáles de las siguientes riquezas de subsuelo del norte de Chile se mencionan?
carbón – hierro – gas natural – petróleo – cobre – litio – salitre – uranio
b) Mira otra vez la lista con las riquezas de subsuelo en el norte. ¿Cuáles de ellas se encuentran en el sur?

Riquezas del subsuelo:
carbón m *Kohle*
gas m **natural** *Erdgas*
hierro m *Eisen*
litio m *Lithium*
cobre m *Kupfer*
petróleo m *Erdöl*
salitre m *Salpeter*
uranio m *Uran*

Cultivos autóctonos americanos

Cultivos autóctonos:
21 **aguacate** m (**palta**) *Avocado*
1 **cacao*** m
2 **café*** m
12 **cacahuetes** m (**maníes** m) *Erdnüsse*
14 **calabaza** f *Kürbis*
3 **chirimoya*** f
17 **maíz** m *Mais*
10, 16 **papa** f (**patata** f) *Kartoffel*
22 **papaya*** f
19 **pimentón** m *Paprika*
7 **tomate*** m (*tomatillos*)

Nota: "Palta" y "maníes" son las palabras usadas en Chile. Los nombres de los productos con asterisco (*) son los mismos en alemán.

Actividades *en torno … a la comprensión oral*

1. Comenta si en la imagen de los cultivos autóctonos te sorprende algo.

2. Escucha lo que se cultiva en Chile.
a) ¿Cuáles de los siguientes cultivos se mencionan? cacao – tomatillos – maíz – porotos – papas – trigo – damascos – naranjas – palta
b) ¿Qué frutas que en alemán tienen un nombre parecido se mencionan?

3. Estás en un supermercado español y quieres comprar fruta y verdura chilenas. Elaborad un diálogo y practicadlo. Servíos del sistema de apoyo.

Sistema de apoyo

¡Buenos días!
¿Tienen… de Chile?

–Sí, señor/a, claro que sí ¿quiere un kilo?
–No, lo siento, no tenemos.
–Sí, normalmente sí, pero hoy no queda/n.

–¡Qué pena! ¿Tienen…?
–No, medio kilo solo.
–Sí, un kilo de… y un cuarto de …

– Aquí tiene, señor/a. ¿Algo más?
–Muy bien, ¿desea algo más?

–No, gracias, nada más.
–No, gracias, es todo.

Muy bien, señor/a.

¿Cuánto es? Son… euros. Tenga usted. Gracias por la visita, adiós.

2 ¿Qué es lo más bello de tu país?

mercado de especias en Temuco

Cuernos del Paine, Patagonia

Valparaíso

los Andes

litoral Viña del Mar

→ *Gramática p. 106 ↗ 2*

Lo bello de Chile

1. Mira las fotos de distintos lugares de Chile. ¿A qué lugar te gustaría viajar y por qué?

Sistema de apoyo

Me gustaría viajar a Chile

para { conocer otro mundo / el mundo de... / estar lejos de Europa
ver / conocer la ciudad de... / desde muy cerca...
hacer andinismo / bañarme en el mar / hacer caminatas
relajarme en un lugar precioso como... / disfrutar de... }

porque { me intriga(n) / me encanta(n) / me interesa(n) / me fascina(n) } { la región de... / la ciudad de... / el paisaje / la belleza de la naturaleza / las costumbres / conocer a la gente }

{ se ve / se percibe / se nota } que { es un mundo distinto / exótico... / es un lugar bonito / lindo / hermoso... / es otra cultura / una cultura diferente... }

Foro

Mi país es hermoso desde el sur como Osorno, Puerto Montt, Temuco, y del norte Arica, La Serena, litoral central, Reñaca, Viña del Mar, Valparaíso.
Samantha Mayorga Pérez, Valparaíso, Chile

Yo creo que uno de los lugares más bonitos de Chile es la Patagonia Austral y la Isla de Pascua ya que estos lugares tienen cosas únicas.
Francisco Parada, Magallanes, Chile

Mi país tiene muchas cosas lindas. Empiezo: los géiseres del Tatio, Valle de la Luna, San Pedro de Atacama, playas vírgenes, salitreras (declaradas monumentos nacionales y algunos mundiales), los bosques, ríos, Chiloé, sus paisajes, todo, y muchas cosas más, que no recuerdo.
Edson Monardes, Mejillones, Chile

http://news.bbc.co.uk/hi/spanish/forums/enlace/newsid_4189000/4189598.stm [05/08/2009]

2. Lee las entradas en el foro y confecciona una tabla según el modelo.

	lugares y paisajes	palabras con que los describe
Samantha		
Francisco		
Edson		

3. ¿Cuál de las entradas te puede despertar interés por Chile?

4. ¿Qué es lo más bello de tu país?
a) Preguntaos mutuamente en el curso.
b) Escribe una entrada de unas 50 palabras para el foro.

3 "Gente de la tierra": la etnia mapuche de Chile

Ficha cultural de los mapuche

Ficha cultural

Etnia: mapuche
Localización: desde VIII a X regiones
Forma de vida: sedentaria
Estructura social: en comunidades
Idioma: mapudungún

Vivienda tradicional: ruka
Ceremonia: Nguillatun, Machitun
Creencias: Ngenechen o Chau, Pillán

Fresia Barrientos Morales: *Pueblos originarios de Chile*, Nativa Ediciones, Santiago de Chile 2007, p. 101

Actividades *en torno … a la comprensión*

1. Lee atentamente la ficha cultural. Aquí tienes algunas explicaciones de vocabulario:
Se habla de la etnia o del pueblo de los mapuche.
Lo contrario de sedentario es nómada.
Una vivienda es, p. ej. una casa.
La creencia es algo como religión.
La octava, novena y décima región se encuentran en el sur de Chile.
¿Qué entiendes ahora?

2. Infórmate en el sitio web de la Fundación Imagen de Chile sobre la población chilena: el número de habitantes en general, el número de indígenas y, en especial, de los mapuche.

3. Confecciona una ficha cultural con los datos importantes e interesantes para ti y tu ámbito cultural: nacionalidad(es) – lugar en que vives con tus familiares – idioma(s) – costumbres / fiestas – creencias

ESCRIBE

La familia mapuche en el campo

CD

La base de la sociedad mapuche es la familia. El hombre es el jefe del hogar. Los hijos varones permanecen en la casa, traen a su esposa y heredan las tierras, mientras las hijas abandonan el hogar paterno para vivir en casa del marido. […]

Cada miembro de la familia mapuche tiene una labor dentro del hogar y se ayudan entre sí. Las tareas de las mujeres son: cuidar de los hijos, enseñar el mapudungún, mantener las costumbres mapuches, preparar la comida, sembrar, cuidar el huerto y los animales domésticos, tejer al telar o elaborar otras artesanías y vender los productos agrícolas o artesanales. Los niños y niñas también colaboran en el hogar después que regresan de la escuela. Mientras tanto los hombres aran la tierra con bueyes o caballos, cortan leña, cuidan el ganado o trabajan como campesinos en los fundos o empleados en empresas madereras.

Fresia Barrientos Morales: *Pueblos originarios de Chile*, Nativa Ediciones, Santiago de Chile 2007, p. 81

varón m *Mann, junger Mann (auch adj.: männlich)*
heredar *erben*

mantener -ie- **las costumbres** *die Sitten/Gebräuche bewahren*
sembrar -ie- *säen*
huerto m *(Gemüse-)Garten*
tejer al telar *weben*
artesanía f *Kunsthandwerk*
arar *pflügen*
buey m *Ochse*
leña f *Brennholz*

Actividades *en torno*
… a la comprensión detallada

1. La familia mapuche: Confecciona una tabla con la información sobre sus miembros:

	mujer	**hombre**	**hija(s)**	**hijo(s)**
informaciones generales	familia: miembros de la familia:			
	– –	– –	(2)	(3)
labores y tareas	(7–9)	(3–5)	(1)	

2. Explica por qué las afirmaciones siguientes son correctas, medio correctas o falsas.

Anotación:
aquí *hier* <> **allí** *da*

a) La familia es muy importante en la sociedad mapuche.
b) Las hijas casadas no abandonan la casa paterna y viven con sus familias allí.
c) El hijo casado, en cambio, tiene que vivir en casa de su esposa.
d) Los miembros de la familia tienen distintas tareas en el hogar.
e) Los niños y niñas pueden jugar todo el día.
f) El padre cuida de los hijos y la madre de las hijas.
g) Los mapuche hablan un idioma propio, el mapudungún.
h) Enseñar el mapudungún a sus hijos es la tarea de la madre.
i) Además, la madre prepara la comida y elabora artesanías.
j) Después de la escuela los niños venden los productos agrícolas o artesanales en el mercado.
k) El padre ara la tierra, siembra, corta leña, cuida el huerto, el ganado y los animales domésticos.
l) Algunos hombres trabajan en la industria maderera.

→ *Gramática p. 106 ↗ 1*
… al uso de los pronombres

3. Utilizar un pronombre evita repetir el sustantivo. Estudia los ejemplos en los cuadros. Explica cómo se usa y dónde se coloca en la frase.

El pronombre con la función del complemento directo:
lo, la, los, las

Las madres enseñan **el mapudungún.** **Lo** enseñan por ser la lengua del pueblo.	Las mujeres enseñan **la lengua.** **La** enseñan por ser la lengua del pueblo.
Las mujeres tejen **mantas.** **Las** venden en el mercado.	También confeccionan otros **productos.** **Los** venden también.

El pronombre con la función del complemento indirecto:
le, les

A las empresas **les** interesa ganar dinero.	La mujer enseña **a la hija** a tejer. **Le** enseña también a cocinar.
El padre enseña **al hijo** a talar árboles. **Le** enseña también a arar.	**A los hijos** **les** gusta trabajar con el padre.

Practica el pronombre.

a) La esposa vive siempre en casa de la familia del marido. El hijo ___ trae al hogar paterno.
b) La hija casada ya no vive en el hogar paterno. ___ abandona para ir a vivir con el marido y su familia.
c) Las hijas no poseen tierras, ___ heredan sólo los varones de la familia.
d) Una tarea importante de la mujer es enseñar el mapudungún a los hijos. Las mujeres ___ enseñan a los hijos.
e) ___ enseñan la lengua porque forma parte de su cultura.
f) Los hijos ___ hablan con las otras personas de la comunidad.

g) Las mujeres no sólo ___ enseñan el mapudungún sino también las labores de la casa.
h) Ante todo las mujeres mantienen las costumbres mapuche. ___ mantienen, porque el respeto al pasado es muy importante.
i) Como en otras sociedades la madre es responsable de la comida. ___ prepara según las tradiciones de su pueblo.
j) Otra tradición es la confección de artesanías. Las mujeres ___ elaboran y ___ venden a los otros ciudadanos.

La ruka

La vivienda tradicional es la ruka, una casa construida con madera, ramas de coligües y varias capas de paja. En su interior en la parte central se coloca el fogón, alrededor se instalan las camas y los baúles con ropas. [...]
La construcción de una casa nueva se hace invitando a una minga en la cual colaboran todos los familiares y vecinos. Al terminar la faena, el dueño de la casa mata un animal para celebrar con una fiesta y agradecer la colaboración.
Actualmente son cada vez menos los mapuche del campo que viven en rukas. Por lo general sus casas son de madera con techos de zinc. Los mapuche que viven en las ciudades tienen viviendas que no se diferencian en nada de las de la mayoría de los chilenos.

Fresia Barrientos Morales: *Pueblos originarios de Chile*, Nativa Ediciones, Santiago de Chile 2007, p. 88

coligüe *planta usada en la construcción*
paja *Stroh*
fogón *Feuerstelle*
baúl m *Truhe*
faena *Arbeit*

Actividades *en torno*
... a la comprensión

1. ¿Qué se dice en el texto?

a) La ruka es la vivienda	normal de los mapuche.
	tradicional.
	de todos los mapuche.
b) La ruka	tiene varias habitaciones.
	consta de una habitación.
	tiene dos habitaciones y un baño.
c) El material que se utiliza para construir una ruka	son piedras.
	es madera.
	es barro.
d) Los muebles que hay en una ruka	son baúles para la ropa.
	son camas.
	es una mesa.
e) La minga es	una tarea común de los familiares y de los vecinos.
	el material de construcción.
	una fiesta.
f) En el siglo XXI los mapuche	siguen viviendo en las rukas tradicionales.
	tienen casas modernas.
	viven casi todos en casas con techos de zinc.

2. Partiendo de tus conocimientos, habla sobre la familia mapuche en el campo. Prepara antes una ficha con tus apuntes o un mapa mental.

HABLA UN MINUTO *... a hablar en público*
Estrategias de presentación

Grammatik und Strukturen • Gramática y estructuras

1. Das Pronomen in der Rolle des Objekts • *el pronombre personal de objeto directo e indirecto*

Akkusativobjekt • *complemento directo*	
Las mujeres enseñan el mapudungún. Lo enseñan a los hijos. Los niños saludan al padre. Lo abrazan.	*Die Frauen lehren Mapudungún.* *Sie lehren es die Kinder.* *Die Kinder grüßen den Vater.* *Sie umarmen ihn.*
Las mujeres enseñan la lengua. La enseñan porque es del pueblo. Los niños abrazan a la madre. La quieren mucho.	*Die Frauen lehren die Sprache.* *Sie lehren sie, weil sie die Sprache des Volkes ist.* *Die Kinder umarmen die Mutter. Sie lieben sie sehr.*
Tejen mantas. Las venden en el mercado.	*Sie weben Decken.* *Sie verkaufen sie auf dem Markt.*
Confeccionan otros productos. Los venden también.	*Sie stellen weitere Produkte her.* *Auch sie verkaufen sie.*
Dativobjekt • *complemento indirecto*	
El padre explica al hijo / a los hijos cómo talar árboles. Le(s) explica también cómo arar.	*Der Vater erklärt dem Sohn / den Söhnen, wie man Bäume fällt.* *Er erklärt ihm / ihnen auch, wie man pflügt.*
La madre explica a la hija / a las hijas cómo tejer. Le(s) explica cómo tejer.	*Die Mutter erklärt der Tochter / den Töchtern, wie man webt. Sie erklärt ihr/ihnen, wie man webt.*

Regel: Pronomen der dritten Person

	Sg.		Pl.	
	m.	f.	m.	f.
Akk.	lo	la	los	las
Dativ	le		les	

Merke:
- Das Pronomen steht vor dem konjugierten Verb oder wird an den Infinitiv angehängt.
  Beispiel:
  ¿Puedes explicarlo? – ¿Lo puedes explicar?
- Das Pronomen **muss** an den bejahten Imperativ angehängt werden.
  Beispiel: *Explícame la regla.*
- Nicht immer steht im Spanischen derselbe Fall wie im Deutschen.
  Beispiel: ***Lo*** *sigo.* Ich folge **ihm**.
- Die Objektpronomen der 1. und 2. Person ***me, nos, te, os*** sind identisch mit den Reflexivpronomen.

2. Die Substantivierung von Adjektiven mit *lo* • *adjetivos sustantivados*

¿Qué es **lo** (más) bello de tu país? *Was ist **das** Schöne (Schönste) in deinem Land?* **Lo** más importante para la propia identidad es la lengua. *Das Wichtigste für die eigene Identität ist die Sprache.*	Für die Substantivierung eines Adjektivs • hat das Spanische den neutralen Artikel: *lo*, • wird die maskuline Form des Adjektivs verwendet. ***Lo más*** + **Adjektiv** hebt etwas hervor.

3. Konnektoren • *marcadores del discurso*

Einleitung einer Folge oder Konsequenz einer Äußerung:	pues *nun* así *so* así pues *so*	por consiguiente *infolge dessen* por (lo) tanto / de ahí *deshalb* entonces *dann*
Einleitung einer Zusammenfassung:	en fin *kurz und gut* en definitiva *letzten Endes*	en conclusión *schließlich, letztendlich* en suma *zusammenfassend*
Einleitung eines Gegensatzes:	en cambio *hingegen* sin embargo *trotzdem, dennoch*	por el contrario *im Gegenteil*
Einleitung einer weiteren Erklärung / Umformulierung:	o sea *das heißt*	es decir *das heißt*

4. Der Vergleich • *la comparación*

4.1 regelmäßige Steigerungsformen • *formas regulares*

Komparativ	Superlativ	
regelmäßige Bildung		Den Komparativ verwendet man zum Vergleich: Er wird gebildet mit *más* (mehr) bzw. *menos* (weniger) + Adjektiv sowie der Vergleichspartikel *que*. Der Superlativ wird ebenfalls mit *más* bzw. *menos* gebildet. Er steht hinter dem Nomen, auf das er sich bezieht: Artikel + Nomen + *más / menos* + Adjektiv
Temuco es **más bonito que** Valparaíso. *Temuco ist schöner als Valparaíso.* Valparaíso es **menos bonito que** Temuco. *Valparaíso ist weniger schön als Temuco.*	**La** ciudad **más bonita** es Iquique. *Die schönste Stadt ist Iquique.*	

4.2 unregelmäßige Steigerungsformen • *formas irregulares*

bueno – mejor (*gut, besser*) El poema de Neruda es **mejor que** el de Barrientos. *Das Gedicht von Neruda ist besser als das von Barrientos.*	**La mejor** poesía es la de Gabriela Mistral. *Die Poesie von Gabriela Mistral ist die beste.*	Bei den unregelmäßigen Steigerungsformen *mejor, peor, mayor, menor* entfällt die Partikel *más* bzw. *menos*. Der Superlativ steht **vor** dem Nomen.
malo – peor (*schlecht, schlechter*) El clima en el norte es **peor** que en el sur. *Das Klima im Norden ist schlechter als im Süden.*	El desierto tiene **el peor** clima. *Die Wüste hat das schlechteste Klima.*	
grande – mayor / más grande (*groß – größer, älter*) **pequeño – menor / más pequeño** (*klein – kleiner, jünger*) Los problemas de los mapuche son **mayores / más grandes** que los del resto de la población. *Die Probleme der Mapuche sind größer als die des Rests der Bevölkerung.*	**Los mayores** problemas son los de la población atacameña. *Die größten Probleme sind die der Atacameños.*	

5. *Para* und *por* im Kontrast • *usos de para y por*

para	por	
Zweck oder Absicht: Las hijas abandonan el hogar paterno para vivir en casa del marido. *Die Mädchen verlassen das Elternhaus, um im Haus des Ehemannes zu wohnen.* **Empfänger:** Escribe una entrada de unas 50 palabras para el foro. *Schreibe einen Eintrag von ca. 50 Wörtern für das Forum.*	**Grund:** despertar interés por las costumbres *Interesse für die Sitten wecken* por ser la lengua del pueblo *weil es die Sprache des Volkes ist* **Austausch:** Cambian artesanías por herramientas. *Sie tauschen Kunsthandwerk gegen Werkzeuge.* Compran ropa por poco dinero. *Sie kaufen Kleidung für wenig Geld.*	**Unbestimmte Lokalisierung:** im Raum: viajar por Chile *durch Chile reisen* in der Zeit: por la mañana *morgens*, por la tarde *nachmittags*

10 Madrid: una ciudad polifacética

Capital y metrópoli

competencias:

descripción de imágenes:
- entrevistarse sobre un cartel y su efecto

leer:
- comprender un texto informativo sobre Madrid

→ **estrategias de lectura**

interacción oral:
- entrevistarse sobre los textos y datos informativos sobre Madrid

presentación oral:
- presentar Madrid por temas

→ **estrategias de presentación**
→ **cifras redondeadas**

De Madrid al cielo y desde el cielo, un agujerito para verlo

competencias:

presentación oral:
- estudiar y presentar actividades que se pueden realizar en Madrid

interacción oral:
- explicarse las actividades favoritas en Madrid

→ ***me interesa***
- comparar ventajas y desventajas de Madrid y otros lugares

→ **comparación**

producción escrita:
- escribir un comentario personal para un blog sobre Madrid

Madrid: una ciudad polifacética

Una escapada a Madrid

competencias:

conocimientos interculturales:
- informarse sobre las características del carné joven

→ **estrategias de lectura**

presentación oral:
- presentar intenciones para las vacaciones

→ **futuro próximo**

interacción oral:
- informarse en una Oficina de Turismo (juego de roles)

producción escrita:
- recomendar un museo interesante en Alemania

→ **estrategias de producción escrita**
→ **expresar propuestas**

1 Capital y metrópoli

Actividades *en torno*
... a la descripción

1. Habla sobre el cartel y el efecto que produce.
a) ¿Qué lenguas reconoces en el cartel?
b) Seguramente el Ayuntamiento de Madrid quiere preparar un ambiente agradable para los visitantes internacionales. ¿Qué impresión te causa?
- Despierta curiosidad
- Provoca desinterés
- Llama la atención

} porque...

Madrid en cifras

Población (2008): Capital: 3.238.208 / Comunidad de Madrid: 5.843.031
Superficie: 8.030 km^2
Capital: desde 1562
Museos: 73
Universidades (toda la comunidad): 13
Metro: tercer metro más grande del mundo; 760 kilómetros de vía; 1700 coches, 330 trenes, 2,5 millones de pasajeros al día
Restaurantes y bares: 15.248

... a la expresión oral

2. ¿Qué otra información tienes de Madrid? Piensa en la situación geográfica, en el deporte, en especial el fútbol, en el ambiente cultural.

... a la presentación de datos y cifras

3. Toma notas para preparar una presentación de la información de Madrid. Practícala y preséntala luego sin mirar la ficha. Puedes redondear las cifras y utilizar el sistema de apoyo.

Sistema de apoyo

En Madrid capital viven...
La población total es de... habitantes / personas
El área de Madrid comprende... La superficie de Madrid es de...

La ciudad La capital La metrópoli La Villa de Madrid	posee ofrece alberga dispone de	una serie de... un gran número de... un número considerable de... una gran cantidad de...

Entre los medios de transporte destaca...
Otro detalle interesante es el siguiente...
Es importante mencionar que... / En cuanto a... hay que destacar que...
En suma se puede decir / subrayar que...

HABLA UN MINUTO

Estrategias de presentación

mencionar *erwähnen*
destacar *hervorheben*
subrayar *unterstreichen*

Madrid

metropolitano y céntrico

sede del gobierno y de la residencia real oficial

cultural y artístico

internacional, multicultural y turístico

Madrid es la capital de España y de la Comunidad de Madrid. Está situada en el Centro de España. Con una población que supera los cinco millones y medio de habitantes está considerada como la mayor ciudad del país y la tercera área urbana de la Unión Europea.
Como capital de la nación, Madrid alberga las sedes del Gobierno, Cortes, principales centros de la Administración pública central, así como la residencia oficial de los Reyes de España. [...]
Madrid se caracteriza por una intensa actividad cultural y artística destacando a nivel internacional sus museos: Museo del Prado, Museo Thyssen-Bornemisza y el Museo Nacional Centro de Arte Reina Sofía.
Durante los últimos años, Madrid se ha transformado en un escenario multicultural que acoge a turistas, estudiantes y habitantes de distintas nacionalidades interesadas por conocer la historia, costumbres y tradiciones de la capital española.

http://www.upm.es/alumnos/intercambios/documentos/Guia_estudiantes_extranjeros_08-09.pdf [01/06/2009]

superar *übertreffen, überschreiten*
sede f *Sitz (von Institutionen)*

<u>el</u> área urbana *städtisches Gebiet, Stadtfläche* *(p. 118 ↗ 3)*
albergar *beherbergen*

real *königlich*

se ha transformado *sie hat sich gewandelt*
acoger *aufnehmen*

Actividades *en torno*
... a la comprensión

1. Lee primero los apuntes al margen. ¿Qué expectativas despiertan?

2. Lee atentamente el texto y añade las informaciones que faltan.

Estrategias de lectura
→ Gramática p. 119 ↗ 5

a) Madrid no es sólo la capital de España sino...
b) Madrid no está situado en la costa sino...
c) La población de Madrid supera los 5 millones de personas: son exactamente...
d) En la UE Madrid figura entre las ciudades más grandes: es la...
e) En Madrid se encuentran la residencia oficial del Rey y las sedes del Gobierno, o sea,...
f) Madrid es una ciudad con mucha actividad cultural:...
g) Madrid es una ciudad multicultural:...

PAREJA *... a la interacción*

3. Formula diez preguntas sobre la información presentada. Busca a una compañera o un compañero. Haceos las preguntas y contestad.

... al estilo

4. Emplea una expresión más elegante. La encuentras en el texto.
a) La población <u>tiene más de</u> cinco millones y medio de habitantes.
b) <u>En Madrid están</u> las sedes del Gobierno, los principales centros de la Administración y la residencia oficial de los Reyes de España.
c) Madrid <u>tiene</u> una intensa actividad cultural y sus museos destacan.
d) <u>A Madrid llegan</u> turistas de muchos países.
e) Los turistas <u>quieren conocer</u> la historia, las costumbres y tradiciones.

... a la presentación oral

GRUPO

5. Formad grupos de cuatro personas. Cada persona prepara uno de los temas siguientes. Después de cinco minutos tenéis que presentaros la información nueva con el vocabulario nuevo y sin consultar el texto:
- La situación geográfica y demográfica
- Madrid capital
- El Madrid cultural
- La ciudad internacional

2 De Madrid al cielo y desde el cielo, un agujerito para verlo*

* Berühmter Satz (18. Jh.) der Madrilenen, stolz und dankbar zu sein für Reformen und Verschönerungen zur Zeit Carlos' III

2.1 Actividades que se pueden realizar en Madrid

Ir al **Museo del Prado**:
Este Museo, ubicado en pleno corazón de Madrid, en el Paseo del Prado, recoge [...] las obras de los principales artistas españoles y europeos de los últimos siglos.

recoger *hier: sammeln*
artista m/f *Künstler/in*
siglo *Jahrhundert*

¿Te gusta el fútbol? El **Santiago Bernabeu** y el **Vicente Calderón** son los estadios de los dos principales clubes de Madrid, el Real Madrid y el Atlético de Madrid.

Visitar la **Puerta del Sol**:
Lugar emblemático para todos los españoles, es donde se retransmiten anualmente las 12 campanadas que dan la bienvenida al nuevo año, frente a ellas el Km 0 de Madrid, el centro de España.

lugar emblemático *Vorzeigeort*
campanada *Glockenschlag*
dar la bienvenida *willkommen heißen*

Ir a **Gran Vía**:
Es una cita obligada, el corazón del ocio en la capital española, cines, teatros y restaurantes se entremezclan en esta arteria de la capital.

cita obligada *Pflichttermin*
ocio *Freizeit*
entremezclarse *sich vermischen*
arteria *Arterie*

Paseo por el Retiro:
El Parque del Retiro es el auténtico pulmón de Madrid, un parque en cuyo interior puedes disfrutar de un agradable paseo.

paseo m *Spaziergang*

pulmón m *Lunge*

en cuyo interior *in dessen Innerem*
disfrutar de *genießen*

→ *Gramática p. 118 ↗ 2*

Visitar la **Plaza Mayor**:
Es uno de los emblemas de la ciudad, con sus terrazas y sus vendedores ambulantes.

vendedor m **ambulante** *fliegender Händler*

De compras:
Dependiendo de los gustos, puedes optar por ir a la calle Serrano, grandes marcas a grandes precios [...]. Para búsquedas más "fashion", la Calle Fuencarral nos ofrece ropa a la última moda con precios más o menos asequibles.

ir de compras *einkaufen gehen*
dependiendo de los gustos *abhängig von den Geschmäckern*

búsqueda f *Suche*

asequible *erreichbar; hier: günstig*

Ruta de las tapas [...]:
Un domingo puede ser un día muy provechoso en Madrid, se puede iniciar en Santa Ana y la Latina la llamada ruta de las cañas y tapas, para terminar en Tirso de Molina visitando el Rastro de Madrid.

tapas f pl *Häppchen*

provechoso,a *vorteilhaft*
iniciar comenzar
una caña *ein Glas Bier*
Tirso de Molina estación de Metro

http://madrid.costasur.com/es/cosasquehacermadrid.html [02/06/2009]

1. Trabajo en pareja: Cada pareja trabaja sobre una de las ocho actividades que se pueden realizar en Madrid. Preparad una presentación y las explicaciones necesarias. En total tienen que ser ocho (o más) personas para cada cuatro temas.

Actividades *en torno … a la presentación* PAREJA

cada cuatro temas *je vier Themen*
cada *jede/r*

Estrategias de presentación

RODAMIENTO DE BOLAS

2. Formad un rodamiento de bolas: Cada persona del círculo exterior presenta y explica su tema a cada una del círculo interior.
Aviso: La 1ª presentación se puede hacer con ayuda de apuntes, la última libremente.

a) 1er grupo	**a) 2º grupo**	**b) El 1er grupo**	**b) El 2º grupo**
El Prado El Bernabeu La Puerta del Sol La Gran Vía	El Parque del Retiro La Plaza Mayor De compras La Ruta de Tapas	informa al 2º grupo.	informa al 1er grupo.
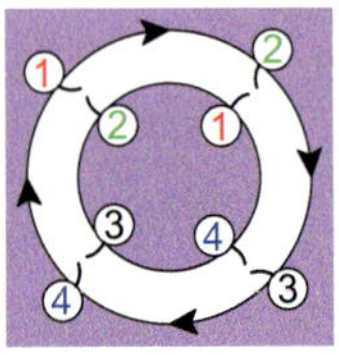	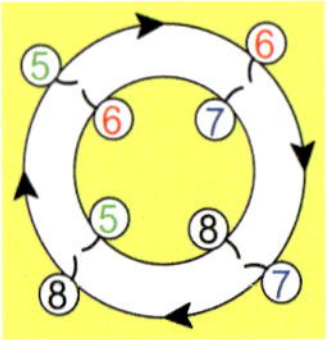	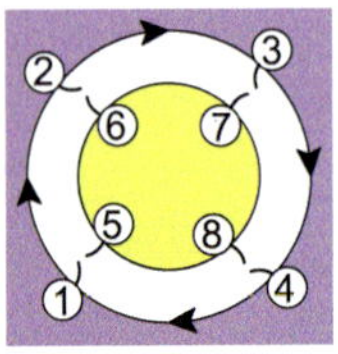	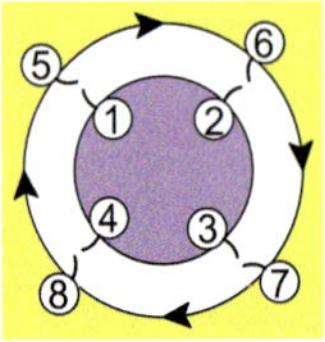

3. Apunta en una tabla qué actividades quieres realizar en Madrid. Haz una lista por orden de preferencias y explica la primera.
Aviso: Tu propia actividad no puede ocupar el primer rango.

CADENA

4. Haced un círculo de cinco personas y explicaos vuestras preferencias. Utilizad el verbo impersonal 'interesar':

→ *Gramática p. 73 ↗ 4*

Ejemplo: Cinco estudiantes presentan las actividades que les interesan:
Andrea: (A mí) me interesa ver el estadio Bernabeu. ¿Y a ti, Carlos, qué te interesa hacer in Madrid?
Carlos: (A mí) me interesa… A Andrea le interesa ver el estadio Bernabeu. Y a ti, Rafael, ¿qué te interesa hacer en Madrid?
Rafael: (A mí) me interesa… A Carlos le interesa… y a Andrea le interesa… ¿Qué te interesa a ti, Johanna?
Johanna: A mí… A Andrea… , a Carlos…, a Rafael… Y a ti, Lea, ¿…?…
Lea:…

5. Resume para todo el curso lo que les interesa hacer a los miembros de tu grupo. Puedes empezar así: A nosotros nos…. A dos de nosotros les interesa…

… al léxico

6. ¿Recuerdas la palabra? Insértala.
El Prado está ___ en el ___ de Madrid. Este museo ___ obras muy importantes. El club de fútbol Real Madrid juega en el ___ Bernabeu. La Puerta del Sol es un lugar ___ para todos los españoles. La Gran Vía es el corazón del ___. En la Gran Vía se ___ cines, teatros y restaurantes. El Parque del Retiro es el ___ pulmón de Madrid. Allí puedes ___ de un paseo. Si te interesa la moda se puede ___ por la calle Serrano. Los precios en la calle Fuencarral son más o menos ___. Es una buena idea hacer la ruta de las tapas el domingo. Se puede ___ el camino en Santa Ana y ___ en Tirso de Molina. Allí puedes visitar el ___ de Madrid.

2.2 La capital desde la perspectiva del blogger *eugim*

eugim
05/10/07

Madrid es una ciudad con muchas posibilidades

Es cierto que Madrid no tiene playa y que hay ciudades de España que pueden gustar más, pero Madrid es un lugar con muchas posibilidades, tanto para el visitante como para los habitantes. Madrid es la gran ciudad de España, donde se concentra la mayor oferta de ocio y cultura de España. Es un lugar donde se come muy bien y donde se pueden encontrar las mejores tradiciones de las tabernas de toda España, como poner tapas gratis con las bebidas.
La actividad nocturna es excelente, con ofertas numerosas de todo tipo y a cualquier hora.

http://www.guiarte.com/destinos/europa/poblacion_espana_madrid.html [01/06/2009]

a cualquier hora *zu jeder Zeit*

Actividades *en torno*
... a la comprensión

1. ¿Cómo es Madrid para el blogger *eugim*?

a) Prepara una tabla con las ventajas y desventajas que tiene Madrid para él.

ventajas	desventajas
Ejemplo: ofrece muchas posibilidades	hay ciudades españolas más bonitas

ventaja *Vorteil*
desventaja *Nachteil*

ESCRIBE

b) Presenta las ventajas y desventajas. Utiliza el vocabulario nuevo.
Ejemplo: Madrid ofrece una serie de... / un gran número de... / muchos... Las ventajas superan las...

2. Compara las ventajas y desventajas de Madrid con las de otros lugares.
Ejemplo: Algunas ciudades españolas son ___ (*interesante*) que Madrid.
Son **más** interesant**es que** Madrid.

→ *Gramática p. 107 ↗ 4*

a) En España hay ciudades ___ (*bonito*) que Madrid.
b) En Madrid las ofertas de ocio son ___ (*bueno* ¡ojo!) que en otras ciudades.
c) En mi ciudad las ofertas de ocio (no) son ___ (*atractivo*) que en Madrid.
d) Las ofertas culturales son ___ (*bueno* ¡ojo!) que en otras ciudades.
e) Las tabernas tienen ___ (*bueno* ¡ojo!) tradiciones que en otras regiones españolas.
f) Las actividades nocturnas son ___ (*interesante*) que en las capitales de las provincias.
g) Las ofertas de ocio nocturno son ___ (*numeroso*) que en otras partes.
h) Mi ciudad es ___ (*bonita*), porque está cerca del mar.

... a la producción

3. Escribe un comentario para el blog de *eugim*. Aborda los temas siguientes:
- la opinión de *eugim* que (no) te interesa / (no) te convence, porque...
- la ciudad de Madrid que (no) te interesa / (no) te fascina, porque...
- la ciudad alemana en que tú vives o quieres vivir y por qué...

→ *Estructuras p. 73 ↗ 4; p. 118 ↗ 4; p. 119 ↗ 5*

ESCRIBE

3 Una escapada a Madrid

escapada aquí: visita o viaje corto
carnet (carné) m *Ausweis*

Actividades *en torno … a la comprensión*

Estrategias de lectura

El carné joven

1. ¿Qué esperas del carné joven?
Enumera algunas características.
Ejemplos: entradas gratis, ofertas para la juventud, página Web interesante.
Si no te puedes hacer ninguna idea, consulta la página web o lee la siguiente pregunta de alisha20 publicada en Internet.

→ *Gramática p. 118 ↗ 1*

RESPUESTAS en Internet

Inicio > Viajes > España > Comunidad de Madrid > Pregunta resuelta

alisha20…

Pregunta resuelta — **Ver otra »**

En los museos de Madrid, tipo Museo del Prado etc, la entrada tiene descuento con el carnet joven?

Me voy de vacaciones en julio y quiero saber si los museos tienen este tipo de descuento así como el parque de atracciones, el zoo, etc. Gracias!

saragome…:

Mejor respuesta - Elegida por el usuario que pregunta

Hola!

Claro que tienen descuento con el carnet joven todos los sitios que mencionas, para eso es el carnet joven, imagino que lo preguntas por si te vale la pena hacerlo o no, yo diría que sí, sobre todo si vas a ir a muchos sitios y pagar varias entradas. Puedes ir al Prado, al Thyssen, al Parque de Atracciones, al Zoo, a la Warner, y hay mil sitios para ver, vas a disfrutar mucho […].

http://es.answers.yahoo.com/question/index?qid=20070618012706AApXM9E [12/06/2009]

descuento *Rabatt*
mencionar *erwähnen*
valer la pena *sich lohnen*
Yo diría que sí. *Ich würde sagen, ja.*

disfrutar *genießen*

Actividades *en torno … a la comprensión*

2. Habla sobre los planes de alisha20.
a) ¿Cuándo va a ir de vacaciones?
b) ¿Por qué le interesa el carné joven?
c) ¿Quién contesta a alisha20?
d) ¿Qué opina el usuario sobre el carné joven?

→ *Gramática p. 118 ↗ 1*

El futuro próximo: ir + infinitivo

voy a ir	vamos a ir
vas a ir	vais a ir
va a ir	van a ir

ich werde fahren/ gehen; ich habe vor, …

3. Saragome escribe: "vas a ir a muchos sitios". Expresa con eso lo que alisha20 quiere hacer en sus vacaciones.
Inserta las formas del futuro próximo:
a) En el mes de julio alisha20 ___ (*ir*) de vacaciones.
b) Seguramente ___ (*visitar*) el Parque de Atracciones.
c) Saragome sabe que las entradas ___ (*costar*) mucho.
d) Por eso el descuento del carné joven ___ (*ser*) útil.
e) Saragome cree que alisha20 ___ (*disfrutar*) mucho.
f) ¿Crees que alisha20 se ___ (*comprar*) el carné joven?
g) ¿Qué ventajas ___ (*tener*)?
h) ¿___ (*poder*) comprar billetes de tren reducidos, o sea, ___ (*tener*) descuentos en la RENFE?

RENFE es como la *Deutsche Bahn*

4. En la Oficina de Turismo de Madrid: Lee el diálogo sobre los precios y el horario del Prado.

JUEGO DE ROLES

a) Primero tienes que relacionar las preguntas desordenadas con las respuestas correctas.

¿Me puede dar alguna información sobre el horario y los precios de las entradas del Prado?	Sí, todos los días a partir de las seis de la tarde y los domingos a partir de las 5. Además es gratuita la entrada para jóvenes menores de 18 años.
¿Se puede visitar el Prado todos los días?	Normalmente es de 8 euros, pero la tarifa reducida es de 4.
¿A qué hora se abre por la mañana?	No hay de qué.
¿Y cuándo cierran?	A las 8 de la tarde.
¿Qué precio tiene la entrada?	No, pero casi todos días. Sólo los lunes está cerrado.
Soy estudiante, ¿cuánto cuesta la entrada para mí?	Cuesta 4 euros, pero se necesita un carné de estudiantes.
En Internet dicen que también hay acceso gratis.	Tiene la misma reducción que para estudiantes.
¿Y con carné joven?	Sí, claro que sí, ¿qué quiere saber?
Gracias.	Se abre a las 9 de la mañana.

b) Practicad el diálogo en pareja y presentadlo.
¡Ojo! Puedes consultar la parte de diálogo escrito que te corresponde, pero sin leerla en voz alta.

… a la participación en una conversación

c) Quieres informarte en la Oficina de Información y Turismo sobre los precios y el horario para visitar las colecciones Thyssen-Bornemisza. Una persona pregunta y la otra contesta. Practicad el diálogo y hablad libremente.

Horario Thyssen-Bornemisza:
de martes a domingo
de 10.00 a 19.00
Tarifa:
general: 6 euros
reducida: 4 euros

5. Utiliza la estructura 'lo que' para dar importancia a algo.
Ejemplo: Me interesa el Museo del Prado. Lo que me interesa es el Museo del Prado.
a) Me encanta el ambiente madrileño.
b) Te interesa el estadio Bernabeu.
c) Me aburre ir a museos.
d) Me disgusta que haya tanto ruido.
e) No me interesa estar todo el día en la playa.
f) A mi novio le encanta ir de compras.
g) A mi novia le fascina ver un partido de fútbol.

6. Lees la siguiente pregunta en Internet: Voy a viajar a Alemania y quiero visitar algunos museos. ¿Me podéis recomendar uno en vuestra ciudad? ¿Dónde está, qué tipo de museo es y cuál es su horario?
Escribe un *post* e informa al usuario sobre un museo interesante.

recomendar -ie- *empfehlen* + subjuntivo

a) Si no tienes toda la información necesaria busca en Internet el tipo de museo, el horario y el precio de la entrada de tu ciudad.
b) Escribe de manera breve y convincente.
Puedes empezar así: Te recomiendo el museo…, porque… / Te recomiendo que visites… ¡Ojo! recuerda el subjuntivo.

→ *Estructuras p. 119 ↗ 5, 6*

→ *Gramática p. 97 ↗ 2*

Grammatik und Strukturen • Gramática y estructuras

1. Periphrastisches Futur • *futuro próximo*

Saragome **va a ir** de vacaciones en el mes de julio. *Saragome wird im Monat Juli in Urlaub fahren. Saragome will.../hat die Absicht.../hat vor...* **Vamos a comprar** las entradas. *Wir werden die Eintrittskarten kaufen./Wir wollen...*	**ir a + Infinitivo** drückt die nahe Zukunft aus, aber auch eine Absicht (werden, wollen). voy vamos vas vais } + a + Infinitiv va van

2. Das Relativadjektiv *cuyo, cuya, cuyos, cuyas* • *el relativo posesivo cuyo*

El Parque del Retiro es el auténtico pulmón de Madrid, un parque **en cuyo interior** puedes disfrutar de un agradable paseo. *Der Parque del Retiro ist die echte "Lunge" von Madrid, er ist ein Park, in dessen Innerem (in dem) man sich an einem schönen Spaziergang erfreuen kann.*	Das Relativadjektiv *cuyo, cuya, cuyos, cuyas* dient der Wiedergabe von dessen bzw. deren. Es richtet sich in Geschlecht und Zahl nach dem **folgenden** Nomen (nicht nach dem vorausgehenden Nomen, wie im Deutschen). Vor *cuyo* kann auch eine Präposition stehen.

3. Der Artikel vor femininen Nomen mit betontem „a" • *el artículo delante de nombres femeninos que empiezan con una "a" tónica*

el área urbana *das Stadtgebiet* Tengo un hambre enorme. *Ich habe einen riesigen Hunger.*	Feminine Nomen, die mit einem betonten **a (ha)** beginnen, haben im Singular den Artikel *el* oder *un*, wenn dieser direkt vor dem Nomen steht. Merke: *la hache* *arte* (Kunst) ist im Singular maskulin und im Plural feminin.

4. Vergleichskonstruktionen der Gleichheit • *expresiones de la igualdad*

Madrid es **tan** atractivo **como** Berlín. *Madrid ist **so** attraktiv **wie** Berlin.* La atracciones de Madrid son **igual de** interesantes **que** las de Berlín. *Die Attraktionen von Madrid sind **genauso** interessant **wie** die von Berlin.*	Die Gleichheit wird ausgedrückt durch die folgenden Konstruktionen: **tan** + Adjektiv / Adverb + **como** *ebenso wie* **igual de** + Adjektiv / Adverb + **que** *ebenso wie*
Madrid tiene **tantas** atracciones **como** Berlín. *Madrid hat **(genau)so viele** Attraktionen **wie** Berlin.* En Madrid no vive **tanta** gente **como** en Ciudad de México. *In Madrid wohnen nicht **so** viele Leute **wie** in Ciudad de México.*	**tanto, -a, -os, -as** + Nomen + **como** *so viel(e)... wie*
El Prado ofrece **la misma** reducción **que** el Museo Arqueológico. *Der Prado bietet die **gleiche** Ermäßigung **wie** das Archäologische Museum.* Hablo español **igual que** tú. *Ich spreche Spanisch **wie** du.* El Prado ofrece reducciones **igual que** el Museo Thyssen. *Der Prado bietet Ermäßigungen an, **genauso wie** das Thyssen-Museum.*	Zum Ausdruck von derselbe/dieselbe(n)/dasselbe/der gleiche usw. (wie) wird **mismo, misma, mismos, mismas (que)** + Nomen verwendet. **Merke: igual que** (unveränderlich) *genauso wie*

5. Ausdrücke zur Strukturierung von Texten • *estructuras para cohesionar el discurso*

Es cierto que Madrid no tiene playa **y que** hay ciudades de España que pueden gustar más, **pero** / **sin embargo** Madrid es un lugar con muchas posibilidades. *Madrid hat zwar keinen Strand und es gibt andere Städte, die schöner sind, aber Madrid bietet viele Möglichkeiten/dennoch bietet Madrid…*	Nach *es cierto que* folgt zumeist eine Einschränkung bzw. ein Einwand; es hat eine adversative Bedeutung.
Por un lado, se pueden visitar en Madrid muchos museos, (pero) **por otro lado**, hay que ver también la vida nocturna. *Einerseits kann man viele Museen in Madrid besichtigen, (aber) andererseits muss man auch das Nachtleben sehen.*	*por un lado… por otro lado* (einerseits … andererseits) wird wie im Deutschen verwendet.
Quiero saber si los museos tienen descuento **así como** el parque de atracciones, el zoo, etc. *Ich möchte wissen, ob die Museen Ermäßigung haben und auch der Freizeitpark, der Zoo usw.*	*así como* (wie auch) verbindet zwei Teile einer Aussage und hat die gleiche Bedeutung wie *también (auch).*
Hoy no vamos al Prado **sino** al Museo Thyssen. *Heute gehen wir nicht in den Prado, sondern ins Thyssen-Museum.* A los jóvenes **no sólo** les gustan los museos, **sino que** también tienen interés en visitarlos. *Den jungen Leuten gefallen die Museen nicht nur, sondern sie haben auch Interesse daran, sie zu besichtigen.*	**Merke:** *sino **que*** (sondern) wird verwendet, wenn ein vollständiger Satz folgt.

6. Nützliche Strukturen, um Vorschläge zu machen, und mögliche Erwiderungen • *estructuras útiles para hacer propuestas y expresar acuerdo o desacuerdo*

Vorschläge machen		
¿Quieres ir al museo esta tarde? *Willst du / Möchtest du ins Museum heute Nachmittag?* ¿Te apetece tomar unas tapas? *Hast du Lust, ein paar Tapas zu essen?* ¿Qué te parece si vamos el domingo al fútbol? *Was hältst du davon, Sonntag zum Fußball zu gehen?* ¿Por qué no vamos al cine otro día? *Lass uns lieber an einem anderen Tag ins Kino gehen. (Warum gehen wir nicht besser an einem anderen Tag ins Kino?)* ¿Y si compramos unos bocadillos? *Wie wäre es, wenn wir ein paar belegte Brötchen kaufen?*		*¿Quieres / Queréis* + inf.? *¿Te apetece / Os apetece* + inf.? *¿Qué te / os / le / les parece si…?* *¿Por qué no…?* *¿Y si…?* **Merke:** In Lateinamerika wird als Einverständnisfloskel häufig gesagt: *¡Cómo no!* (Wieso nicht?/Selbstverständlich./Gerne!)
Auf einen Vorschlag reagieren • *reaccionar ante una propuesta*		
Einverständnis ausdrücken …	**… teilweise einverstanden …**	**… nicht einverstanden**
Sí, estoy de acuerdo. *Ja, (ich bin) einverstanden.* Vale. *Gut./Einverstanden./In Ordnung.* Claro que sí. *Aber gerne!/Na klar!* Yo también. *Ich auch.*	Sí, pero… *Ja, aber …* Bueno, pero… *Na gut, aber …* Ya, pero… *Schon, aber …* De acuerdo, pero… *Einverstanden, aber …*	En absoluto. *Auf keinen Fall!* De ninguna manera. *Kommt nicht infrage!* No, no estoy de acuerdo. *Nein, ich bin nicht einverstanden.*
positiv …	**…. teilweise positiv …**	**… ablehnend**
Me parece una buena / excelente idea. *Das finde ich eine tolle/super Idee.* ¡Me fascina! / ¡Me encanta! *Ich bin begeistert!* ¡Fantástico! *Fantastisch!* ¡Qué idea más fenomenal! *Eine super Idee!*	Bueno. (*Na) gut.* No sé… *Ich weiß nicht …* Por mí vale, pero… *Meinetwegen, aber …*	La verdad es que no tengo ganas de… *Eigentlich habe ich keine Lust, …* No me apetece mucho, la verdad. *Ich habe eigentlich nicht so viel Lust.* Casi preferiría… *Eigentlich würde ich vorziehen …*

11 Tú y tu mundo

El mundo de la música: Shakira y las facetas de una cantante famosa

La música de Shakira
¿Quién es Shakira?

competencias:

interacción oral:
- entrevistarse sobre cantantes y su música
- ➔ subjuntivo
- comparar canciones
- ➔ comparación
- expresar gustos personales sobre la música

presentación oral:
- presentar cantantes y grupos musicales
- ➔ subjuntivo
- ➔ estrategias de presentación

FUNDACION PIES DESCALZOS

El compromiso social de varios artistas

competencias:

interacción oral:
- entrevistarse sobre actividades sociales de varios artistas y el reconocimiento público
- hablar sobre problemas de la educación infantil
- ➔ subjuntivo
- ➔ conectores

producción escrita:
- comentar el compromiso social (blog o e-mail)
- presentar el perfil de Shakira en el sitio web escolar
- ➔ subjuntivo
- ➔ estrategias de revisión de texto

Tú y tu mundo

El mundo del cine: *Todo sobre mi madre* de Pedro Almodóvar

La película *Todo sobre mi madre*

competencias:

película:
- formular hipótesis sobre la película y comprobarlas como correctas o falsas
- ➔ estrategias de visionado

interacción oral:
- reflexionar sobre el título
- informarse e intercambiar opiniones sobre la trama de la película

Esteban y Manuela: una cena en familia

competencias:

película / expresión oral y escrita:
- informarse e intercambiar opiniones sobre la escena
- reconstruir y resumir la acción de la escena
- ➔ *estar* + gerundio
- describir la familia monoparental
- comentar un deseo del protagonista Esteban
- comentar el interés por la película
- ➔ estrategias de visionado

utilizar el Internet:
- buscar información en español sobre las películas favoritas

interacción oral:
- entrevistarse sobre las películas favoritas

1 El mundo de la música: Shakira y las facetas de una cantante famosa

1.1 La música de Shakira

Actividades *en torno*
… a la descripción
… al comentario
→ Sistema de apoyo p. 90

Vocabulario útil:
pies descalzos *bloße Füße*
césped m *Rasen*
hierba *Gras*
prado *Wiese*
caléndula *Ringelblume*

CD

1. Mira la carátula del CD *Pies Descalzos.*

a) Describe la carátula. Fíjate en el físico de Shakira (su pelo, su cara, su mirada, su boca), y en lo que evocan los pies en la foto.

b) Comenta si te gusta la carátula.

2. Escucha la canción *Pies descalzos, sueños blancos* del CD sin fijarte en la letra. ¿Qué te parece?

Es una canción…	**La cantante tiene…**	**Me gusta(n)… / Me encanta(n)…**
[?] romántica	[?] temperamento	[?] el sonido
[?] tranquila	[?] una buena voz	[?] el coro
[?] aburrida	**Es para…**	[?] la guitarra
[?] alegre	[?] relajarme	[?] la batería
[?] rítmica	[?] bailar en una fiesta	[?] los instrumentos folclóricos
[?] melancólica	[?] escuchar mientras estudio	[?] el ritmo
[?] viva		

Actividades *en torno*
… a la comparación

CD

→ Estructuras p. 73 ↗ 4
→ Gramática p. 107 ↗ 4; p. 118 ↗ 4

3. Escucha otra canción de Shakira *(Despedida).*

a) Describe tu impresión con ayuda de la tabla de arriba.

b) Compara las dos canciones y comenta cuál es la que te gusta más o menos. Puedes empezar así: Prefiero… porque el ritmo me encanta.

1.2 ¿Quién es Shakira?

Ficha personal de Shakira

Nombre completo: Shakira Isabel Mebarak Ripoll
Nació: el 2 de febrero de 1977
Sus padres: William Mebarak y Nidia Ripoll
Lugar: Barranquilla – Colombia
Ropa: informal
Regalos preferidos: libros
Aspiraciones: ser feliz y hacer felices a otros
Mejores amigos: "mis padres"
Novio: Antonio de la Rúa

abreviado de: http://www.publispain.com/shakiraweb/ficha_personal.htm [31/08/2009]

Comida favorita: árabe, mariscos, chocolates
Color: negro
Música: merengue y salsa
Cantante: Janis Joplin, Carole King y Cindy Lauper
Un hobby: trabajar la arcilla
Sus defectos: carácter fuerte, impuntual, perfeccionista y despistada
Sus virtudes: amable, paciente con los fans, fotogénica, manos delicadas, sonrisa radiante
Instrumentos que sabe tocar: armónica y guitarra
Actor preferido: Hugh Grant
No le gusta: maquillarse
Se levanta: 11:00 a.m.
Se acuesta: 3:00 a.m.
Un autor: Oriana Falacci
Un amigo: Gabriel García Márquez

http://www.mipunto.com/temas/3er_trimestre06/shakira.html [31/08/2009]

Leed la ficha personal. Dividid el curso en dos grupos.
a) El grupo A rellena las ramas de la izquierda del mapa mental con la información de la ficha, el grupo B las ramas de la derecha.
b) Trabajad de dos en dos para intercambiar las informaciones y completar el mapa mental. (¿Qué carácter tiene…?)

Actividad *en torno*
… a la comprensión
GRUPO PAREJA
… a la presentación oral

Estrategias de presentación

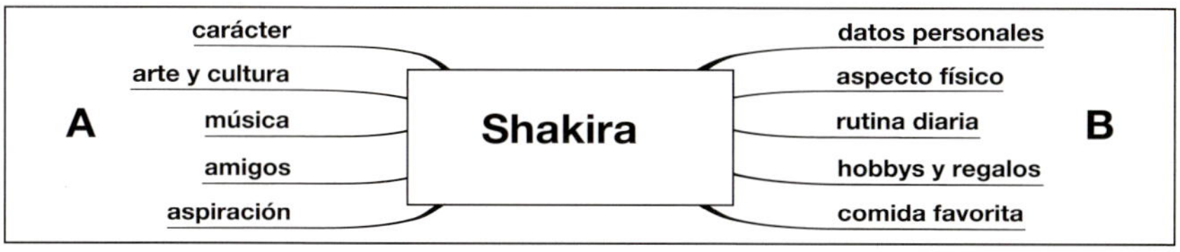

Primero quiero hablar sobre sus datos personales:…
Respecto } al aspecto físico, (no) le gusta(n)…
a los amigos, dice que…
a su carácter, la ficha menciona dos aspectos:…
por un lado, no le gusta(n)…, por otro lado, sí le gusta(n)…
Tiene una rutina diaria fija:…
Uno de sus hobbys es…
Otro aspecto de la música es…
Tiene una aspiración:…

Sistema de apoyo

➔ *Estructuras p. 119 ↗ 5*

Shakira sobre Shakira

➔ *Gramática p. 96 ↗ 1; p. 131 ↗ 2*

Soy cariñosa, atenta, con sentido de humor. […] Me siento una persona muy normal con una vida aburrida: sigo saliendo con el mismo novio desde hace seis años y no soy nada juerguista. Soy una chica de Barranquilla enamorada del mar, con sal en la ropa y humedad en la piel. Me encanta el pescado frito y el mango con sal y estoy atenta a cada momento de mi vida. Amo la música y, ¿te confieso algo? Creo que estoy condenada a cantar toda la vida.
http://www.publispain.com/shakiraweb/entrevista_5.htm [28/08/2009]

pescado frito *gebackener Fisch*
estar condenado,a a *verurteilt sein zu*

Antonio […] tiene los hombros más fuertes que conozco. Y me ayuda a cargar todos los días el peso de mi carrera. Estar al lado mío no es fácil: soy una mujer muy intensa y a veces complicada.
http://www.clarin.com/diario/2005/05/15/espectaculos/c-01011.htm

cargar el peso *die Last tragen*

Sony: […] Saben que no hago música como hamburguesas, que me tomo mi tiempo para explorar todas las posibilidades.
http://www.clarin.com/diario/2005/05/15/espectaculos/c-01011.htm

[…] Tomo la música de una forma muy seria, me siento como una obrera al servicio de la música, al servicio del arte. […]
http://www.vivashakira.com/divan.htm

Mi casita de Bahamas es mi refugio. Es muy pequeña, pero hermosa. Allí es donde me desconecto, […] es nuestro pequeño paraíso. Antonio y yo vamos allí cada vez que tenemos un break. Allí tengo todo: mi estudio de grabación, mis guitarras, mis películas, mis discos, nuestros tres perros y mi jardín de rosas.
http://www.publispain.com/shakiraweb/entrevista_3.htm y
http://www.clarin.com/diario/2006/06/11/sociedad/s-01212823.htm

➔ *Estructuras p. 141 ↗ 4*
desconectarse *abschalten*

Actividades *en torno*
… a la comprensión

1. Lee lo que dice Shakira en las entrevistas. Anota en una tabla de qué temas personales habla y añade los detalles importantes.

… a la interacción oral

2. Entrevistaos de dos en dos sobre lo que revela Shakira en las entrevistas sobre sí misma. Podéis utilizar vuestras tablas.

Sistema de apoyo

Según Shakira…
Shakira dice que… / piensa que es…
Se describe a sí misma / Se considera una persona / una mujer…
A Shakira (no) le gusta(n)…
Para Shakira / Para ella… } es importante (+ inf./sust.)… / es importante que (+ subj.)…

… a la presentación oral

Estrategias de presentación

3. Presenta a tu cantante o tu grupo musical favorito. Prepara la presentación con ayuda de un mapa mental o con fichas según tus preferencias. Utiliza el subjuntivo para expresar tu opinión personal.

Sistema de apoyo

- presentar al cantante / al grupo:
  - datos biográficos (¿quién es? ¿quiénes son? ¿cuántos años tiene(n)? ¿de dónde es / son? ¿dónde vive(n)?)
  - carácter (¿cómo es? ¿cómo son?)
  - gustos
- describir las canciones y la música (¿qué tipo de música es? ¿cuáles son sus temas?)
- concluir con la opinión personal (¿por qué te gusta(n)? me gusta que sea…)

compromiso *Engagement*

1.3 El compromiso social de varios artistas

Shakira, el cantante Alejandro Sanz y el rey Juan Carlos I

Cumbre de cantantes de habla hispana

AGENCIAS – *México DF – 16/05/2008*

Shakira, Juanes, Ricky Martin, David Bisbal, Alejandro Sanz, Miguel Bosé, entre otros muchos artistas de habla hispana, participan este sábado en dos macroconciertos simultáneos en las ciudades de México y Buenos Aires para combatir la pobreza infantil en Latinoamérica. Organizados ambos por la Fundación América Latina en Acción Solidaria (ALAS), por iniciativa del multimillonario mexicano Carlos Slim, se preve una asistencia total de 320.000 personas, 200.000 en México y 120.000 en la capital argentina. […]

http://www.elpais.com/articulo/internacional/Cumbre/cantantes/habla/hispana/elpepuint/20080516elpepuint_4/Tes [02/09/2009]

Actividades *en torno*
… a la comprensión

1. Lee la información sobre los conciertos de la fundación ALAS y anota
- qué significa ALAS,
- la información sobre los conciertos (lugares, cantantes, público),
- cuál es la intención de los organizadores.

… al comentario

2. Hablad entre vosotros sobre este tipo de conciertos caritativos en Europa, si los conocéis. Comentad si queréis asistir al próximo concierto de ALAS u otro parecido.

Unicef Alemania entrega premio a Shakira por su compromiso con la infancia

La cantante es embajadora del organismo desde hace seis años y creó la fundación "Pies Descalzos" en Colombia.

EFE – Lunes 21 de Septiembre de 2009 11:31

BERLÍN.- La sección alemana del Fondo de las Naciones Unidas para la Infancia (Unicef) premió hoy a la cantante colombiana Shakira por su compromiso con la infancia.

Con el galardón "Premio de Honor por los Derechos de los Niños", la organización reconoce a la artista, de 32 años, por su labor de movilización por un futuro mejor de niños y jóvenes.

"Con su defensa de los derechos infantiles, Shakira anima a niños y jóvenes de todo el mundo a comprometerse contra la violencia y la pobreza, por el derecho a la educación y en la lucha contra el sida", afirma en un comunicado la gerente de Unicef Deutschland, Regine Stachelhaus. [...]

http://www.emol.com/noticias/magazine/detalle/detallenoticias.asp?idnoticia=376849# [23/09/2009]

premió *zeichnete aus* (forma del pasado)

sida *AIDS*

1. Lee la noticia de la agencia EFE. Anota las informaciones nuevas para ti y que responden a las 5 preguntas clave (¿quién?, ¿cuándo?, ¿dónde?, ¿qué?, ¿por qué?).

Actividades *en torno ... a la comprensión*

2. Entrevistaos de dos en dos sobre las informaciones anotadas. Completadlas o corregidlas. ¿Qué opináis del premio para Shakira?

PAREJA *... a la interacción oral*

Fundación Pies Descalzos

La Fundación Pies Descalzos es una organización no gubernamental, sin ánimo de lucro creada en 1997 por la artista colombiana Shakira con el propósito de encontrar oportunidades para la niñez vulnerable y desplazada de Colombia. Cuenta con programas de apoyo a la niñez y a sus familias. [...]

Datos del sitio web:

- 62% de niños colombianos sufren de desnutrición [...] pero la Fundación Pies Descalzos provee comida nutritiva a todos nuestros estudiantes.
- Sólo el 10% de la población colombiana tiene acceso a Internet. La Fundación Pies Descalzos lleva a sus escuelas nuevas tecnologías.
- 35.000 niños viven en las calles de Colombia; [...] la Fundación Pies Descalzos ofrece apoyo psicosocial a las familias para prevenir el abandono del hogar.
- Shakira: "Podemos ser la primera generación que lleve educación a cada niño en el mundo."

http://www.fundacionpiesdescalzos.com/joomla/ [30/08/2009]

1. Lee la información sobre la fundación Pies Descalzos y anota
- qué tipo de organización es,
- quién es la fundadora,
- a quién apoya la fundación,
- cómo apoya.

Actividades *en torno ... a la comprensión*

... al uso del subjuntivo

2. Lee los datos. Después, resume lo que critica y lo que quiere mejorar la Fundación Pies Descalzos. Utiliza el subjuntivo.

a) PD critica que el 62 % de niños colombianos ___ de desnutrición. (*sufrir*)
b) En cambio, para PD es importante que todos los estudiantes de sus institutos ___ comida nutritiva. (*recibir*)
c) A PD le parece mal que sólo una pequeña parte de la población colombiana ___ acceso a internet. (*tener*)
d) Por eso es necesario que en sus escuelas los estudiantes ___ utilizar las nuevas tecnologías. (*poder*)
e) A PD le parece insoportable que muchos niños ___ en las calles de Colombia. (*vivir*)
f) Es muy útil que PD ___ apoyo psicosocial a las familias. (*ofrecer*)
g) Es admirable que Shakira ___ la intención de garantizar una educación básica para cada niño en el mundo. (*tener*)

... al estilo

→ *Estructuras p. 106 ↗ 3; p. 119 ↗ 5*

3. Conecta las afirmaciones sobre los cantantes de habla hispana y su compromiso social.

Shakira es muy famosa.	Invierte buena parte de su fortuna en el trabajo social.
Defiende los derechos de los niños.	Recibe un premio de Unicef Alemania.
El compromiso de los artistas es notable.	La situación en América Latina no va a cambiar por un simple concierto.
El concierto es un éxito para los artistas.	Llama la atención sobre la situación de la infancia en América Latina.
Los grandes festivales son una tradición de los artistas con conciencia social.	Los artistas aprovechan la situación en beneficio propio.
El compromiso de los artistas es fundamental.	Queda mucho por hacer para luchar contra la desigualdad en Latinoamérica.

... al subjuntivo
→ *Gramática p. 130 ↗ 1.3.5*

4. ¿Para qué se compromete Shakira? Busca explicaciones y utiliza *para que* + subjuntivo.
Ejemplo: Shakira se compromete para que los niños **no sufran** de desnutrición.

... a la producción escrita

ESCRIBE

5. Escribe un mensaje para un blog sobre el compromiso de los artistas. Las preguntas siguientes te pueden ayudar: ¿Te sorprende el compromiso social o te parece normal?; ¿qué opinas de la música, los vídeos en comparación con el compromiso social? Utiliza el subjuntivo en los casos necesarios. Practicad la intercorrección según el cuadro.

Estrategias de revisión de texto

Criterios para la intercorrección:
- título y texto: ¿llaman la atención del lector?
- texto: ¿es informativo?
- formato: ¿cumple con las características del tipo de texto?
- uso de conectores
- vocabulario temático: ¿es variado?
- uso del subjuntivo: ¿es adecuado y correcto?
- errores lingüísticos

6. Presenta el perfil de Shakira en un artículo con un título llamativo para el sitio web escolar.

2 El mundo del cine: *Todo sobre mi madre* de Pedro Almodóvar

2.1 La película *Todo sobre mi madre*

Lee solamente el título de la película. Elige una de las hipótesis siguientes: ¿De qué trata la película?

- de una chica o un chico que quiere saber más del pasado de su madre;
- de un chico que revela los secretos de su madre después de leer su diario;
- de la madre del director Pedro Almodóvar;
- de un chico que está triste después de la muerte de su madre en un accidente y que quiere investigar la vida de ella.

Ficha técnica:
Año: 1999
Duración: 97 minutos
País: España
Director y guión: Pedro Almodóvar

Placa informativa

Pedro Almodóvar (nacido en "un lugar de La Mancha" en 1949): Es uno de los directores españoles más conocidos internacionalmente. Recibe muchos premios nacionales e internacionales, incluido el Oscar de Hollywood. En la película *Todo sobre mi madre* se hace evidente la fascinación que siente por las mujeres. Mezcla en sus películas lo tradicional y lo transgresor. Además, emplea colores muy vivos. En general, cuenta historias que llaman la atención sobre los problemas de diversos grupos sociales. Utiliza cierto dramatismo para desdramatizar la situación al mismo tiempo.

Estrategias de previsionado

Resumen

El hijo de Manuela [la protagonista de la película] muere en un accidente sin conocer a su padre. Manuela viaja de Madrid a Barcelona para buscar al padre de su hijo y comunicarle la triste noticia; allí se encontrará con su antigua amiga, Agrado, y con muchas sorpresas.

se encontrará 3ª ps. sg. futuro

http://cvc.cervantes.es/aula/pasatiempos/pasatiempos2/inicial/sociocultural/11111999_01.htm

Actividades *en torno … a la comprensión*

1. Lee la información sobre la película y el director. Decide si las afirmaciones son correctas o falsas. Corrígelas si no son correctas.
a) El director Pedro Almodóvar es muy famoso en España.
b) En la película Almodóvar expresa su fascinación por los accidentes.
c) La protagonista se llama Agrado.
d) El hijo de Manuela sobrevive un accidente.
e) El hijo de Manuela vive con su padre.
f) Manuela viaja a Madrid para buscar al padre de su hijo.
g) Le quiere informar sobre la muerte del hijo.
h) En Barcelona Manuela encuentra a un viejo amigo, Agrado.
i) El viaje no aporta nada nuevo para Manuela.

2. Vuelve a las hipótesis e indica cuál es la correcta.

2.2 Esteban y Manuela: una cena en familia

Al comienzo de la película, Esteban, que quiere ser escritor, está esperando que comience un film en la televisión para verlo con su madre. Es el clásico de 1950 *All about Eve (Eva al desnudo)* de Joseph Mankiewicz. Esteban señala que el título de la película en español, *Eva al desnudo*, se presta a equívocos, el film debería llamarse *Todo sobre Eva*. Manuela, la madre, dice que le parece un poco extraño, pero Esteban ya ha tomado el anotador que siempre lleva consigo para escribir, y entonces la cámara se convierte en su cuaderno: *Todo sobre mi madre*.

prestarse a equívocos *zweideutig sein*
debería llamarse *müsste heißen*
ha tomado *hat genommen* (perfecto)

Nancy Blake: ¿Qué quiere una madre?; http://www.eticaycine.org/Todo-sobre-mi-madre [06/09/2009]

Actividades *en torno*
… a la comprensión

1. Lee el texto y entrevistaos sobre lo que sabéis ahora de:
- Esteban,
- los títulos de las películas mencionadas.

… al previsionado
… a la gramática
→ *Gramática p. 131 ↗ 2*

Formas:

estar	**gerundio** (-ando, -iendo)
estoy	**-ar**
estás	esper-**ando**
está	**-er**
estamos	com-**iendo**
estáis	**-ir**
están	escrib-**iendo**

2. "Esteban […] está esperando que comience un film." ¿Qué más están haciendo los dos? Ordena las imágenes congeladas y describe lo que están haciendo. Utiliza la perífrasis ***estar*** + **gerundio** para expresar las actividades en progreso.

Uso de *estar* + gerundio:
Se utiliza ***estar*** + **gerundio** para expresar que una acción o una actividad tiene lugar en ese mismo momento o para subrayar la duración de la actividad, como por ejemplo:
Esteban, que quiere ser escritor, está esperando que comience un film. Además está escribiendo en su bloc de notas. Al mismo tiempo Esteban y Manuela están cenando.

¿Qué están haciendo Manuela y Esteban?

cenar

ver la tele

escribir en su bloc de notas

preparar la cena

hablar sobre la carrera de Esteban como escritor

poner / recoger la mesa

mirar una foto antigua

reflexionar sobre el pasado

A

B

C

D

E

F

3. Mira la escena y comprueba si el orden de las imágenes congeladas corresponde al orden en que aparecen en la película.

... al visionado

DVD

4. Describe a la familia que acabas de ver en la escena. Las palabras y expresiones te ayudan:
familia monoparental – la relación madre-hijo – relación muy / poco armoniosa / equilibrada / conflictiva / ... entre madre e hijo – relación basada en la confianza – pelear – discutir – tener respeto mutuo – interesarse el uno por el otro – colaborar en casa – compartir y repartir las tareas en casa (tareas / actividades / comportamiento)

... al posvisionado

5. Explica si para ti es comprensible que a Esteban le interese saber todo sobre su madre (y / o su padre). Utiliza el subjuntivo si es necesario.
Ejemplo: A mí me parece normal que un hijo quiera saber quién es su padre.

6. Sabes que poco después Esteban muere en un accidente.
a) Reconstruye lo que ya sabes sobre la película (el argumento).
b) Comenta si la película te parece interesante. Explica si quieres ir a verla o no.

... al comentario

El espectador de la película

Actividades *en torno*
... a la interacción oral

1. A Almodóvar le gusta que el espectador de su película se sienta como en un sueño cuando la ve. En tu papel como espectador, ¿hay una película en la que te sientes como en un sueño cuando la ves?

2. Una entrevista de dos en dos sobre las películas favoritas.
a) Prepárate con ayuda del Internet español. Anota en una ficha los datos básicos, por ejemplo sobre el director, los actores, la sinopsis (¿de qué va la película?), intención, efectos especiales y el estilo.
b) Entrevistaos sobre vuestras películas favoritas y explicaos por qué os gustan.

ESCRIBE

PAREJA

Sistema de apoyo

para empezar	**para explicar**
preguntas: – ¿Cuál es tu peli favorita? o ¿En qué peli te sientes como en un sueño? **reacciones:** – Ah sí, la conozco. A mí me gusta también. Dime, ¿por qué te gusta a ti? – A mí no me gusta tanto / nada. Pero bueno, y ¿por qué te gusta? – No la conozco: ¿De qué va la peli? Y ¿por qué te gusta?	... es fascinante / emocionante / impresionante ... me recarga las baterías ... me hace olvidar la rutina diaria ... me distrae / me relaja ... me llena / enriquece con nuevas ideas ... me transporta a otro mundo / a un mundo de ilusiones ... disfruto de las imágenes / de las escenas ... lo que a mí me llama la atención en esta peli es que... ... es una peli ideal para verla con los compañeros

→ *Estructuras p. 119 ↗ 5; 6*

Grammatik und Strukturen • Gramática y estructuras

1. Der *subjuntivo* (II) • *el subjuntivo*

1.1 Acht unregelmäßige Verben im *subjuntivo* • *ocho verbos irregulares en subjuntivo*

ser *sein*	**estar** *sein*	**haber** *haben*	**ir** *gehen*	**ver** *sehen*	**dar** *geben*	**saber** *wissen*	**caber** *passen*
sea	esté	haya	vaya	vea	dé	sepa	quepa
seas	estés	hayas	vayas	veas	des	sepas	quepas
sea	esté	haya	vaya	vea	dé	sepa	quepa
seamos	estemos	hayamos	vayamos	veamos	demos	sepamos	quepamos
seáis	estéis	hayáis	vayáis	veáis	deis	sepáis	quepáis
sean	estén	hayan	vayan	vean	den	sepan	quepan

Merke: Die erste und dritte Person Singular *subjuntivo* des Verbs **dar (dé)** werden mit Akzent geschrieben, um diese Form von der Präposition **de** zu unterscheiden.

1.2 Gebrauch des *subjuntivo* • *el uso del subjuntivo*

Der *subjuntivo* steht in der Regel, wenn Haupt- und Nebensatz unterschiedliche Subjekte haben. Sonst wird der Infinitiv benutzt.

Beispiele: Para **Shakira** es importante **cantar**. *Für Shakira ist es wichtig zu singen.*

Aber: Para **ella** es importante que **su casa sea** su refugio. *Für sie ist es wichtig, dass ihr Haus ihr Zufluchtsort ist.*

1.3 Weitere Auslöser für den *subjuntivo* im Nebensatz • *otros usos del subjuntivo*

1.3.1 Unpersönliche Ausdrücke zur Äußerung von Bewertungen

Es / está + Adjektiv/Substantiv + **que** + subjuntivo

es útil (*nützlich*) es admirable (*bewundernswert*) es normal (*normal*) está bien (*es ist in Ordnung*) } que	(me) parece mal (*schlecht*) (me) parece bien (*gut*) (me) parece insoportable (*unerträglich*) (me) parece normal (*normal*) (me) parece estupendo (*wunderbar, toll*) (me) parece una lata (*lästig*) } que

1.3.2 Beurteilung und Meinungsäußerung

Critica que los niños sufran de desnutrición. *Sie kritisiert, dass die Kinder an Unterernährung leiden.*

Comprendo que a Esteban le interese saber todo sobre su madre. *Ich verstehe (habe Verständnis dafür), dass Esteban alles über seine Mutter erfahren möchte.*

1.3.3 Verben, die eine Gefühlsbewegung oder eine subjektive Reaktion ausdrücken

(me) sorprende (*überraschen*) (me) alegra (*freuen*) (me) molesta (*stören*) } que	(me) disgusta (*missfallen*) (me) fastidia (*ärgern, stören*) (me) preocupa (*beunruhigen*) } que

1.3.4 Das Verb *esperar* (hoffen, abwarten)

Esteban **está esperando** que comien**ce** un film en la televisión. *Esteban wartet (ungeduldig) darauf, dass ein Film im Fernsehen beginnt.*

1.3.5 Die Konjunktion *para que*

Shakira se compromete **para que** los niños **no sufran** de desnutrición. *Shakira engagiert sich, damit die Kinder nicht an Unterernährung leiden.*

1.4 Der *subjuntivo* als verneinter Imperativ • *imperativo en la negación*	
No doble(n) la película. *Synchronisieren Sie den Film nicht!* No te hagas ilusiones. *Mach dir keine Illusionen!* No lo toméis en serio. *Nehmt das nicht ernst!*	• Beim verneinten Imperativ werden die Formen des *subjuntivo* verwendet. • Das Pronomen steht im Gegensatz zum bejahten Imperativ vor dem finiten Verb.

2. Das *gerundio* • *el gerundio*

2.1 Die Bildung des *gerundio* • *las formas*			
mit -**ando**	mit -**iendo**		Einige unregelmäßige Formen: decir > **diciendo**; venir > **viniendo**; pedir > **pidiendo** leer > **leyendo**; ir > **yendo** dormir > **durmiendo**
-**ar**: esper-**ando**	-**er**: com-**iendo**	-**ir**: escrib-**iendo**	
Merke: Die Formen sind unveränderlich.			

2.2 estar + gerundio	
¿Qué **están haciendo** Manuela y Esteban? *Was machen Manuela und Esteban gerade?* **Están cenando.** *Sie essen gerade zu Abend.*	*estar + gerundio* drückt im Präsens den Verlauf einer Handlung aus, die gerade stattfindet (jetzt, gerade).
Die Pronomen können vor *estar / seguir* stehen oder an das *gerundio* angehängt werden. Z. B. **se** está levantando / está levant**á**ndo**se** en este momento. Akzentsetzung beachten!	

2.3 seguir / continuar + gerundio	
Sigue saliendo con el mismo novio desde hace seis años. *Sie geht seit sechs Jahren mit demselben Freund.* Antes de **continuar leyendo** el texto reflexiona sobre el problema. *Bevor er den Text weiterliest, denkt er über das Problem nach.*	*Seguir / continuar + gerundio* drückt eine sich fortsetzende Handlung aus.

2.4 ir + gerundio	
Voy comprendiendo el problema. *Langsam verstehe ich das Problem.* Los artistas **van adquiriendo** una reputación por su compromiso social. *Die Künstler gewinnen immer mehr Ansehen durch ihr soziales Engagement.*	*ir + gerundio* betont eine sich allmählich verstärkende Entwicklung.

3. seit • *desde hace y desde*

Shakira: Sigo saliendo con el mismo novio **desde hace** seis años. *Shakira: Seit sechs Jahren gehe ich mit demselben Freund. (Seit sechs Jahren sind wir ein Paar.)*	**desde hace:** *seit* + Zeitraum
¿**Desde** cuándo sale Shakira con Antonio? **Desde** el año 2000. *Seit wann geht Shakira mit Antonio? Seit 2000.*	**desde:** *seit* + genauer Zeitpunkt

4. auch, auch nicht • *también, tampoco*

La película me gusta. – A mí me gusta también. *Der Film gefällt mir. – Mir gefällt er auch.*	Im Spanischen gibt es zwei Adverbien für *auch* und *auch nicht:* **también**: *auch* **tampoco / no... tampoco:** *auch nicht* (Satzstellung: S. 39 ↗ 7.1)
Esta noche Esteban no viene para ver la peli. – Pedro tampoco viene. / Pedro no viene tampoco. *Esteban kommt heute Abend nicht, um den Film zu sehen. – Pedro kommt auch nicht.*	

12 Una mirada hacia el pasado de las Américas

La infancia en la época azteca

(el bebé en la cuna)

competencias:

dibujo:
- comprender un dibujo sobre el nacimiento de una niña azteca

expresión oral:
- relatar la cronología de los primeros días de la vida de un niño azteca

conocimientos interculturales / expresión:
- describir las celebraciones del nacimiento en la época de los aztecas

➔ **imperfecto**

aprendizaje del idioma
- formular reglas acerca del uso y la formación del imperfecto

La juventud

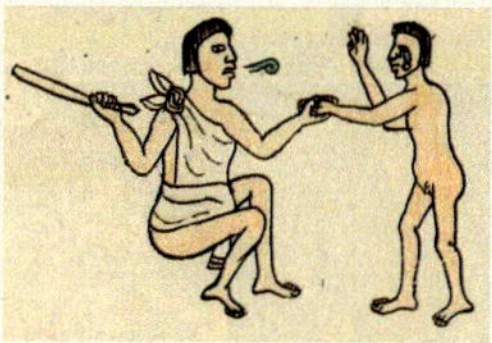

(los castigos de los padres)

competencias:

conocimientos interculturales:
- informarse sobre la escuela, la diversión y los castigos
- describir la juventud azteca

➔ **imperfecto**

producción escrita:
- redacción sobre los castigos de los padres aztecas

➔ **imperfecto**

➔ **estrategias de revisión de texto**

aprendizaje del idioma:
- completar las reglas acerca del uso y la formación del imperfecto

Una mirada hacia el pasado de las Américas

El comienzo de la edad adulta

hoy y antes

competencias:

conocimientos interculturales e interacción oral:
- describir los ritos de la ceremonia nupcial de los aztecas
- comparar los ritos nupciales de los aztecas con los de hoy

➔ **imperfecto**

recapitulación y producción escrita:
- escribir una redacción sobre tradiciones y costumbres aztecas

➔ **imperfecto**

➔ **estrategias de producción de texto**

1 La infancia en la época azteca

Placa informativa

Der Códice Mendoza (1540)
Vieles von dem, was wir von den Azteken wissen, stammt aus den mit Illustrationen und Erklärungen versehenen *códices*. Diese stellen eine wertvolle Quelle zum Verständnis der Sitten und Gebräuche der Azteken dar.

El nacimiento

Una ilustración del Códice Mendoza: Acaba de nacer una niña

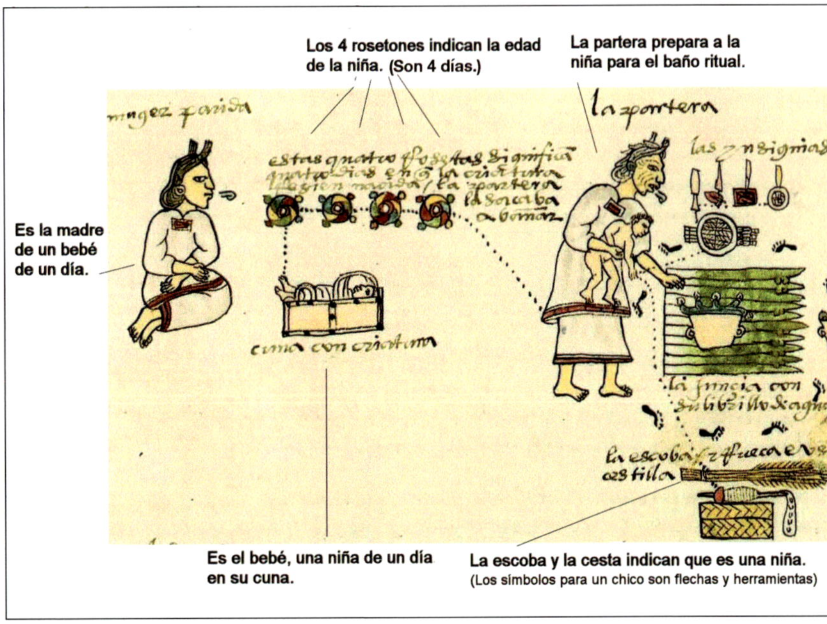

nacimiento *Geburt (aus der Perspektive des Kindes)*
parto *Geburt (aus der Perspektive der Mutter)*
nacer *geboren werden*
acabar de nacer *gerade geboren worden sein*

Actividades *en torno … a la comprensión del dibujo*

PAREJA

1. Observad en pareja el dibujo y leed las explicaciones al margen. Las preguntas siguientes pueden ayudar a comprenderlo mejor:
a) ¿Quiénes son las dos mujeres?
b) ¿Dónde se encuentran las mujeres?
c) ¿Dónde está la niña?
d) ¿Qué edad tiene la niña?
e) ¿Qué profesión tiene la mujer a la derecha?
f) ¿Qué prepara para la niña?
g) ¿Cómo sabemos que es una niña?
h) Averigua cuántas escenas o situaciones se presentan.
i) ¿Qué otros elementos o detalles se pueden distinguir en el dibujo?
La siguiente tabla correcto-falso te puede ayudar:

averiguar *herausfinden*

Las líneas punteadas 	no significan nada, sólo son ornamentales.	?
	indican el transcurso del tiempo.	?
	indican una acción o un rasgo característico.	?
Los signos delante de la boca 	significan que las mujeres dicen algo.	?
	no significan nada, sólo son ornamentales.	?
	simbolizan que las mujeres están hablando.	?
La madre está sentada porque	está muy cansada después del parto.	?
	quiere ver mejor a su hija.	?
	descansa mientras la partera se ocupa de la niña.	?

2. La ilustración muestra las acciones rituales durante los primeros días en la vida de un niño. Describe la imagen y utiliza los conectores temporales. Empieza así: En la imagen se ven escenas en torno al nacimiento de un bebé. Después de dar a luz al niño la madre está muy cansada…

→ *Estructuras p. 49 s. ↗ 2; 3.2.2*

3. En tu opinión, ¿qué va a pasar después del nacimiento y el baño ritual? Lee las siguientes propuestas y expresa tu opinión.
Ejemplo: La familia organiza una gran fiesta.
Si no crees que sea así: No creo que organice una gran fiesta, porque la madre todavía está muy cansada.
Si crees que es así: Es evidente que organizan una gran fiesta, porque el nacimiento es un acontecimiento muy especial en todas las culturas.

a) La familia organiza una gran fiesta.
b) Dan un nombre a la niña o al niño.
c) No hacen nada especial sino que van a trabajar como todos los días. (¡ojo! nada – algo)
d) Invitan a toda la familia y a la vecindad para celebrar el nacimiento.
e) Todo el pueblo y la familia van a misa.
f) Un sacerdote visita a la familia.
g) La madre descansa durante un par de días.
h) Si es niño se encuentran los hombres para celebrar el acontecimiento.
i) Si es niña se juntan las mujeres para celebrar el nacimiento.

→ *Gramática p. 39 ↗ 6; 7*

sacerdote m *Priester*

Así se celebraba el nacimiento

celebrar se celebra una fiesta

Cuando nacía un niño toda la familia y los vecinos del barrio se alegraban. Se organizaba una fiesta que duraba varios días. Todos comían y bebían mucho. Además, los niños recibían regalos: Una niña recibía husos y todo lo necesario para tejer. Además le regalaban un cofrecito para sus adornos. Si era niño recibía un escudo, un arco y cuatro flechas.
Una persona muy importante en las celebraciones era el sacerdote.
En la sociedad azteca la gente respetaba mucho a las mujeres mayores, las ancianas. Éstas organizaban una ceremonia solemne en que daban las gracias a la partera.

huso *Spindel*
cofrecito *kleiner Koffer*
adorno *Schmuck*

solemne p. ej.: El Papa celebra misas solemnes en el Vaticano.

Cf.: http://www.inapam2007.inapam.gob.mx /unamiradaalpasado.pdf [09/07/2008] y http://www.aaceremonial.com.ar/historia/aztecas.htm [13/05/2009]

Actividades *en torno … a la comprensión*

1. Lee atentamente el texto sobre las celebraciones.
a) Comprueba la comprensión y decide si las afirmaciones son correctas.

ESCRIBE

A) Toda la familia se alegraba cuando nacía un niño.
B) Se comía mucho pero se bebía poco.
C) El astrólogo era importante para los padres.
D) Las niñas y los niños recibían los mismos regalos.
E) El cofre era para la madre.
F) Las ancianas representaban un papel importante en la sociedad azteca.
G) La ceremonia era alegre y divertida.
H) Las ancianas daban las gracias a la partera.

b) Compara los resultados con la compañera o el compañero. Corregid en pareja las afirmaciones falsas y apuntad las correctas.

PAREJA

… a la formación y al uso del imperfecto

→ *Gramática p. 140 ↗ 1*

2. El texto describe costumbres en torno al nacimiento de un niño azteca. El tiempo gramatical que se emplea es el imperfecto. Busca las formas verbales y prepara una tabla con las nuevas formas según el modelo:

nueva forma verbal	persona y número	infinitivo del verbo
nacía	3ª ps. sg.	nacer

PAREJA

a) Marca los infinitivos de cada conjugación con el mismo color y fíjate en las diferencias de las formas.
b) Formula con tu compañera o compañero una regla para la formación del imperfecto.
c) Completa a lo largo de este módulo tu tabla con las formas nuevas.

CADENA DE PREGUNTAS

3. Relaciona las respuestas con las preguntas correspondientes. Determina la cronología de los rituales y costumbres. Haced una cadena de preguntas y comprobad si la respuesta es correcta. Tenéis que utilizar el imperfecto en la respuesta y en la pregunta.
Ejemplo: ¿Para quiénes era el cofre? (El cofre) era para las niñas.

El "Caracol", observatorio maya en Chichén Itzá

Respuesta	Pregunta
a) en una cuna	A) ¿Para quiénes era el cofre?
b) muy cansada	B) ¿Qué regalo servía para los adornos?
c) cuatro días	C) ¿A quiénes se respetaba mucho?
d) la partera	D) ¿Qué regalos recibían las niñas?
e) el sacerdote	E) ¿Quién era una persona importante?
f) varios días	F) ¿Dónde estaba el bebé?
g) por ejemplo husos	G) ¿Cómo estaba la madre?
h) para las niñas	H) ¿Qué regalos recibían los niños?
i) escudo, arco y flecha	I) ¿Cuánto tiempo duraban las fiestas?
j) a las ancianas	J) ¿A qué edad tomaba el baño ritual?
k) los vecinos y la familia	K) ¿Quiénes se alegraban mucho?
l) el cofrecito	L) ¿Quién preparaba el baño ritual?
m) una ceremonia solemne	M) ¿Quiénes bebían y comían mucho?
n) la vecindad y las familias	N) ¿Qué preparaban las ancianas?

4. Practica el imperfecto en el contexto de los ritos y costumbres en torno al nacimiento. Inserta los verbos en los huecos.
a) Los aztecas ___ mucho el nacimiento de un niño. (*celebrar*)
b) Las fiestas ___ varios días. (*durar*)
c) La gente ___ mucho a las ancianas y a los astrólogos. (*respetar*)
d) Cuando ___ un niño las ancianas ___ una ceremonia solemne. (*nacer, organizar*)
e) Durante la ceremonia ___ las gracias a la partera. (*dar*)
f) Las niñas y los niños ___ regalos útiles para su vida. (*recibir*)
g) Las familias ___ mucho. (*alegrarse*)
h) Un regalo para las niñas ___ un cofrecito para sus adornos. (*ser*)

HABLA UN MINUTO

5. Cuenta, sin consultar el libro, lo que sabes sobre los ritos relacionados con el nacimiento de un niño en la época azteca. Puedes preparar un mapa mental para seguir una estructura.

2 La juventud

Escuela, diversión y castigos

La niñez sólo duraba hasta los 6 o 7 años. Los hijos de los nobles iban al *calmecac* (escuela del templo) para ser sacerdotes y los hijos de los plebeyos iban al *telpochcalli* (casa de los jóvenes) donde aprendían a ser guerreros. Las jóvenes iban a una escuela en que recibían enseñanza doméstica y religiosa. También podían ser sacerdotisas.
También había una escuela donde se enseñaba baile, música y canto. Allí concurría al atardecer la juventud. Llevaban vestidos muy bonitos y se divertían mucho.
Desde la edad de 11 años los padres castigaban a los niños desobedientes de diversas formas. Un castigo era, p. ej. pincharles la piel con espinas.
Otro castigo era el siguiente: Cuando el niño era desobediente se preparaba una hoguera en que se echaba pimientos picantes. El castigo consistía en levantar al niño sobre el fuego. El niño tenía que inhalar humo como se puede ver en la ilustración.

Como muestra el folio 58v existían distintos castigos

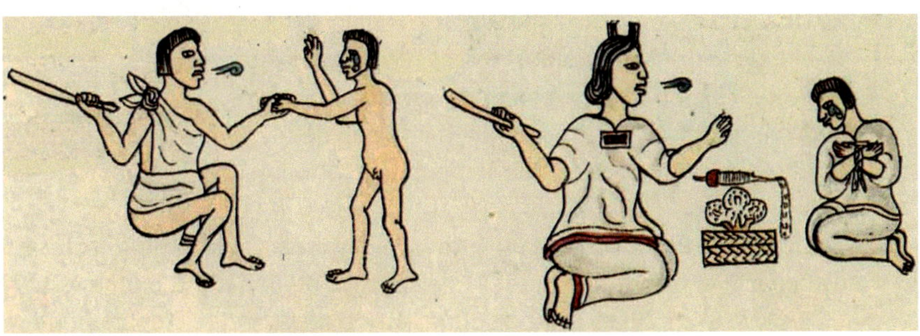

para la niña y para el niño que desobedecían a sus padres. El padre golpeaba al niño con ramas y la madre golpeaba a la niña.

cf. http://www.slideshare.net/sabersinfin/educacin-prehispnica

plebeyo *Bürger*
guerrero *Krieger*
doméstico,a *häuslich*
concurrir *hingehen*
castigo para un niño desobediente *Strafe für ein Ungehorsames Kind:*
piel f *Haut*
pinchar con espinas una rosa tiene espinas *(Dornen)* que pinchan.
inhalar *(ein-)atmen (inhalieren)*
humo De un cigarrillo encendido sale humo *(Rauch).*
hoguera *Feuerstelle*
pimientos picantes *(in den Augen) brennende Paprika*
folio 58v una página del Códice Mendoza
rama parte de un árbol
golpear *schlagen*

Actividades *en torno … a la comprensión*

1. La juventud azteca: cómo estudiaban, se divertían y sufrían. Contesta a las preguntas a partir de las ilustraciones y el texto.
a) ¿Cuándo terminaba la infancia?
b) ¿Qué escuelas existían para los niños y para las niñas?
c) ¿Qué clases le gustaban mucho a la juventud azteca?
d) ¿A partir de qué edad castigaban los aztecas a sus hijos?
e) ¿Cómo eran los niños a los que los padres castigaban?
f) ¿Cuántos castigos distintos conocemos?
g) ¿Qué se preparaba para castigar a los niños?

Aviso:
Recuerda completar la tabla con las formas nuevas del imperfecto (véase p. 136, 2).

h) ¿Qué hacía el padre con el niño o la madre con la niña que recibía este castigo?
i) ¿Qué hacían los padres con las espinas?
j) ¿De qué otra manera se castigaba a los niños y las niñas?
k) El folio 58 representa dos escenas: ¿En qué se distinguen?
l) ¿Qué castigo conocemos también hoy?
m) ¿Qué castigo te parece el más duro?

… a la recapitulación

2. Comprueba si recuerdas el contenido y las palabras nuevas completando el texto siguiente sobre los castigos paternos.
Los niños iban a distintos tipos de escuela: Los niños nobles iban al ___. Allí aprendían a ser ___. Los niños de los ___ iban a la casa de los jóvenes. Las jóvenes iban a una escuela en que recibían enseñanza ___ y ___. Por la tarde tanto las chicas como los chicos tenían clase de ___, ___ y ___. Llevaban vestidos muy ___. Los padres castigaban a los niños ___ que tenían más de ___ años. Los tres ejemplos de distintos ___ son los siguientes: El primer castigo: El padre preparaba una hoguera con pimientos ___. Levantaba al niño sobre la ___. El niño inhalaba el ___ ___. El segundo castigo: Los padres tomaban espinas y ___ la ___ al niño. El tercer castigo: El padre golpeaba al hijo con ___ de un árbol. La madre golpeaba a la ___ de la misma manera.

… al léxico

3. ¿Qué término corresponde a la definición o explicación?
a) Escuela para los hijos de los plebeyos (palabra española).
b) Una mujer que ayuda a la madre que acaba de tener un hijo.
c) Persona (mujer) muy respetada en la sociedad azteca.
d) Lo que preparaban las mujeres mayores para dar las gracias.
e) Una caja que recibía la niña como regalo después de nacer.
f) Un lugar donde los niños nobles recibían enseñanza.
g) Lo que los niños desobedientes recibían.
h) Objeto con que se puede pinchar la piel de un niño desobediente.
i) Parte de un árbol con que se pegaba a los niños.

… a la producción escrita

borrador *Entwurf*

4. Escribir un testimonio para un libro juvenil sobre las costumbres aztecas:
a) Redacta el testimonio desde la perspectiva de una joven o un joven azteca de unos 20 años con el título: *Así era mi juventud.* Prepara primero un borrador con tus apuntes y la estructura que vas a desarrollar.
Puedes empezar así: Voy a contar mi vida cuando era más joven. Como mis padres eran plebeyos mis hermanos iban al *telpochcalli.*

Estrategias de revisión de texto

b) Después de terminar de escribir tienes que revisar el texto:
Contenido: ¿Tiene toda información necesaria?
Estructura: ¿Está bien estructurado con tres párrafos: inicial, central, de cierre?
Léxico: ¿Utilizas el vocabulario temático y los conectores?

Diagnóstico de errores

Gramática: ¿Son correctas las formas del imperfecto? ¿Distingues entre los verbos en -ar, por un lado, y -er / -ir por otro? ¿Es singular o plural? ¿Qué persona es? ¿Son correctos los pronombres?
Ortografía: tildes, cambios ortográficos
Estilo: ¿Utilizas complementos, pronombres y sustantivos? ¿Te sirves de distintos verbos y sinónimos? ¿Conectas con enlaces y adverbios?

3 El comienzo de la edad adulta

La ceremonia nupcial

Uno de los rituales de la ceremonia nupcial azteca consistía en anudar la capa del joven con la blusa de la joven. Así se convertían en esposa y marido. Las personas ancianas, en la ilustración están a ambos lados, daban buenos consejos. La fiesta nupcial se celebraba con danzas y cantos. En el centro de la sala había bebidas y una cesta con comida para los invitados. Los novios recibían regalos de sus padres.

cf. http://curiosidades-historicas.blogspot.com/2008/11/el-cdice-mendoza-una-maravilla-azteca.html

Uno de los rituales de la ceremonia nupcial actual consiste en intercambiar los anillos de alianza.

nupcial *Hochzeits-*
anudar *verknoten*

Actividades *en torno … a la comprensión*

1. Observa la imagen y lee cómo se celebraba la boda.

2. Formula la pregunta a la respuesta dada.

a) ___ una capa y una blusa
b) ___ en anudar la capa con la blusa
c) ___ en esposa y marido
d) ___ las personas ancianas
e) ___ con danzas y cantos
f) ___ en el centro de la sala
g) ___ regalos

3. Compara los ritos de los aztecas con los de hoy. ¿Es distinto o es igual?

a) Completa las frases e inserta: *en la época azteca; en la sociedad azteca + también; en cambio; por el contrario; pero; sino (que)…*
Hoy los novios intercambian anillos…
En nuestro siglo la ceremonia es muy solemne…
Hoy el novio lleva un traje oscuro…
En nuestra época la novia lleva un vestido bello…
Hoy en día, en la fiesta nupcial todos comen, bailan y cantan…
En nuestra sociedad la boda es un día muy especial…

b) Comparad otras costumbres y ritos.
Información complementaria: Los aztecas conocían juguetes, instrumentos musicales, juegos de tablero, tambores, …

juego de tablero

tambor

… a la producción escrita
Estrategias de producción de texto

4. Escribe una redacción con el título: "Tradiciones y costumbres aztecas y modernas". Completa el mapa mental para organizar tu redacción.

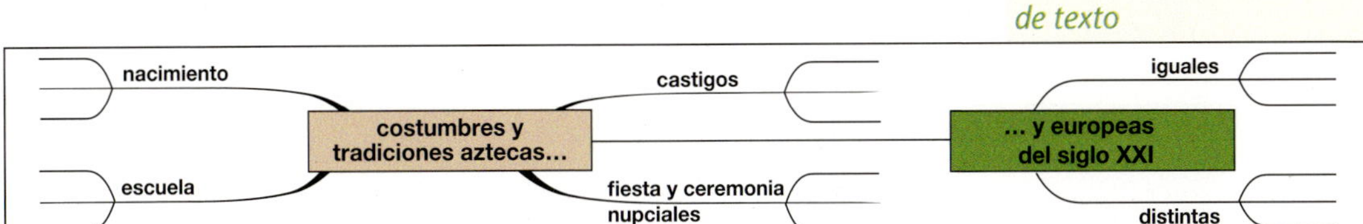

Grammatik und Strukturen • Gramática y estructuras

1. Der *pretérito imperfecto* • *el pretérito imperfecto*

1.1 Die Bildung des *pretérito imperfecto* • *formación del pretérito imperfecto*

1.1.1 regelmäßige Verben

-ar	-er	-ir
llevar *tragen*	**tener** *haben*	**describir** *beschreiben*
llevaba	tenía	describía
llevabas	tenías	describías
llevaba	tenía	describía
llevábamos	teníamos	describíamos
llevabais	teníais	describíais
llevaban	tenían	describían

1. Der *imperfecto*
   a) **der Verben auf** *-ar*:
   Endungen: -aba, -abas, -aba, -ábamos, -abais, -aban
   Bildung: Stamm + aba + Personalendung
   b) **der Verben auf -er und –ir:**
   Endungen: -ía, -ías, -ía, -íamos, -íais, -ían
   Bildung: Stamm + ía + Personalendung
2. Die **1.** und **3. Pers. Sg.** sind identisch.
3. **Betonung:** Verben auf
   -ar: auf dem ersten ***a*** der Endung *-aba*
   -er und *-ir* : auf dem ***í*** der Endung *-ía*
4. **Akzentsetzung:** Verben auf:
   -ar: 1. Ps. Plural: ***-ábamos***
   -ir und ***-er***: immer ***-ía***

1.1.2 unregelmäßige Verben

ser *sein*	**ir** *gehen*	**ver** *sehen*
era	iba	veía
eras	ibas	veías
era	iba	veía
éramos	íbamos	veíamos
erais	ibais	veíais
eran	iban	veían

Ser, ver und *ir* sind die einzigen Verben mit unregelmäßiger Form des *imperfecto*.

Merke:
hay (haber) ➔ *había*

1.2 Der Gebrauch des *pretérito imperfecto* • *usos del pretérito imperfecto*

Cuando nacía un niño la familia se alegraba mucho. *Wenn ein Kind geboren wurde, freute sich die Familie sehr.*
Las parteras bañaban a los niños. *Die Hebammen badeten die Kinder.*
Los padres castigaban a los niños cuando eran desobedientes. *Die Eltern bestraften die Kinder, wenn sie ungehorsam waren.*

Der *imperfecto* wird gebraucht, um
a) über **Gewohnheiten** und sich wiederholende Handlungen zu sprechen (was man normalerweise jeden Tag, jede Woche / in jedem Jahr / in allen Ferien / zu bestimmten Gelegenheiten gemacht hat, z. B. jedes Mal, wenn ein Kind zur Welt kam);
b) Personen, Dinge und Situationen in der Vergangenheit zu **beschreiben.**

Cuando yo tenía 5 años vivía con mis padres en Múnich. *Als ich 5 Jahre alt war, lebte ich mit meinen Eltern in München.*
A los diez años ya vivíamos en Sajonia. *Als ich 10 war, wohnten wir schon in Sachsen.*
La casa donde vivíamos tenía cuatro habitaciones. *Das Haus, in dem wir wohnten, hatte vier Zimmer.*
¿Cómo eran tus abuelos? *Wie waren deine Großeltern?*

Tipp:
Stelle dir vor, du schaust mit jemandem Fotos z. B. aus deiner Kindheit oder aus den Ferien an und redest darüber: Du erzählst dann, was ihr gemacht habt, wie es in dem Ort, in dem ihr wart, und in der Ferienwohnung aussah, wie es dir gefiel, dass das Kleid, das du anhast, dein Lieblingskleid war etc.
Esta es una foto de las vacaciones en Sajonia. Tenía como 7 años y hacía mucho calor. Nos bañábamos todos los días en este lago.
Das ist ein Foto von unseren Ferien in Sachsen. Ich war ungefähr 7 und es war sehr heiß. Wir haben jeden Tag in dem See da gebadet.

2. Der Gebrauch von *otro* und *medio* • *el uso de otro y de medio*

¿Hay otro detalle importante en el dibujo? *Ist noch ein anderes wichtiges Detail in der Zeichnung?* Otro castigo era hacerles inhalar humo. *Eine andere/ weitere Strafe war, sie Rauch einatmen zu lassen.* En la ilustración aparece sólo media escena. *Auf dem Bild erscheint nur eine halbe Szene.*	Die Adjektive *otro,a* und *medio,a* werden nie mit dem unbestimmten Artikel gebraucht. **Merke:** **Los** otros castigos eran menos duros. *Die anderen Strafen waren weniger hart.*

3. Die adversativen Konjunktionen "aber" und "sondern" • *conjunciones adversativas en contraste: pero y sino*

Cuando nacía una niña los aztecas le regalaban un cofrecito para sus adornos, **pero** a los niños les regalaban herramientas. *Wenn ein Mädchen geboren wurde, schenkten die Azteken ihm einen kleinen Koffer, aber den Jungen schenkten sie Werkzeuge.* Los aztecas no regalaban un cofrecito a los chicos **sino** herramientas. *Die Azteken schenkten Jungen keinen Koffer, sondern Werkzeuge.* La madre no bañaba a su bebé **sino que** lo hacía la partera. *Die Mutter badete den Säugling nicht, sondern das machte die Hebamme.*	Die Konjunktionen *pero* und *sino (que)* werden wie im Deutschen verwendet: *pero* im bejahten Satz zur Kennzeichnung einer Einschränkung oder eines Gegensatzes, *sino* im verneinten Satz zur Erläuterung oder Richtigstellung. **Merke:** Vor ganzen Sätzen muss *sino **que*** stehen.

4. Die Diminutive • *los diminutivos*

Las niñas recibían un cofrecito. *Die Mädchen erhielten einen kleinen Koffer.* Conocían también juguetes, p. ej. jugaban con un perrito sobre ruedas. *Sie kannten auch Spielzeug, z. B. spielten sie mit einem kleinen Hund auf Rädern.* Normalmente los niños dicen abuelita a la abuela o abuelito al abuelo. *Normalerweise sagen die Kinder zu der Großmutter* abuelita *und zum Großvater* abuelito.	Alle Nomen (aber auch andere Wortarten) können mithilfe der Endungen *-ito,a* und *-illo,a* in eine Verkleinerungsform (Diminutiv) umgewandelt werden. Regeln für das Anhängen der Diminutivsuffixe: Wörter auf • *-a* oder *-o*: Das Endungs-o bzw. *-a* wird durch *-ito* bzw. *-ita* ersetzt: Beispiel: *abuela* → *abuelita* • Konsonant (außer -n und -r): *-ito* oder *-ita* wird angehängt: Beispiel: *árbol* → *arbolito* (Baum – kleiner Baum, Bäumchen) • *-e, -n* oder *-r* + c + Endung *-ito* oder *-ita:* Beispiel: *calor* → *calorcito* (Hitze – schöne Wärme) • einsilbige Wörter auf Konsonant + *-ecita* oder *-ecito*: Beispiel: *voz* → *vocecita* (Stimme – Stimmchen, zarte Stimme) Das Diminutiv wird häufig in der gesprochenen Sprache in Spanien und Lateinamerika zum Ausdruck einer gefühlsmäßigen Bindung verwendet.

13 Cristóbal Colón: un personaje histórico decisivo

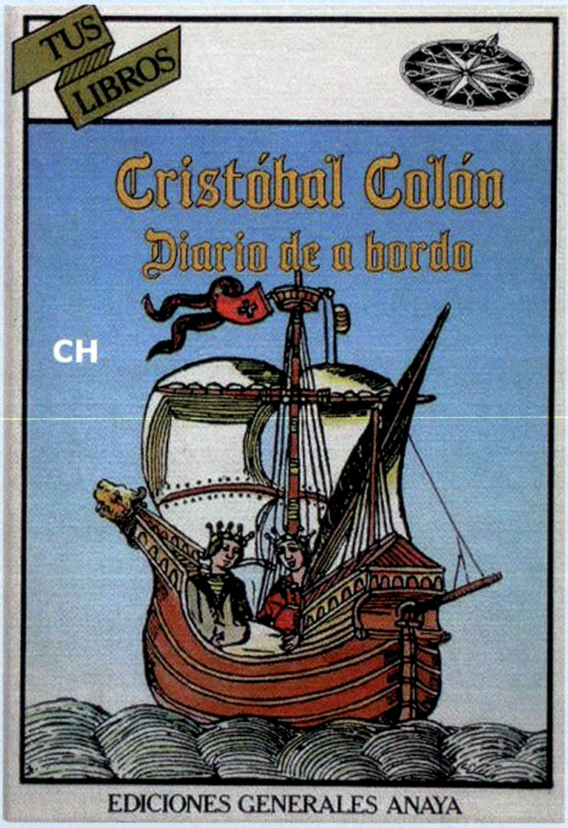

Etapas de la vida de Cristóbal Colón en imágenes

competencias:

conocimientos interculturales:
- conocer datos clave de la biografía de Cristóbal Colón

interacción oral:
- entrevistarse sobre los datos biográficos de Cristóbal Colón

→ **cifras (fechas)**

producción escrita:
- relatar la cronología de los sucesos y acciones en torno a Colón

→ **conectores temporales**
→ **cifras (fechas)**

→ **método de vocabulario**

El "descubrimiento"

La llegada de Colón

competencias:

conocimientos interculturales y comprensión lectora:
- informarse sobre los sucesos del descubrimiento

→ **indefinido**

aprendizaje del idioma:
- formular reglas acerca del uso y la formación del indefinido

interacción y presentación oral:
- entrevistarse sobre varias etapas del descubrimiento y sobre la biografía de Colón
- relatar las etapas desde la perspectiva de Colón

→ **indefinido (formas y pronunciación)**
→ **conectores temporales**
→ **estrategias de autocontrol**

Cristóbal Colón: un personaje histórico decisivo

¿Cómo era la situación y qué pasó?

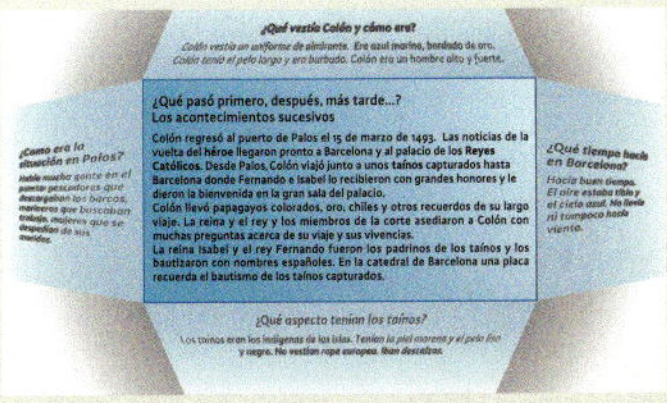
¿Qué vestía Colón y cómo era?

Colón vestía un uniforme de almirante. Era azul marino, bordado de oro. Colón tenía el pelo largo y era barbudo. Colón era un hombre alto y fuerte.

¿Cómo era la situación en Palos?

¿Qué pasó primero, después, más tarde...?
Los acontecimientos sucesivos

Colón regresó al puerto de Palos el 15 de marzo de 1493. Las noticias de la vuelta del héroe llegaron pronto a Barcelona y al palacio de los Reyes Católicos. Desde Palos, Colón viajó junto a unos taínos capturados hasta Barcelona donde Fernando e Isabel lo recibieron con grandes honores y le dieron la bienvenida en la gran sala del palacio.
Colón llevó papagayos colorados, oro, chiles y otros recuerdos de su largo viaje. La reina y el rey y los miembros de la corte asediaron a Colón con muchas preguntas acerca de su viaje y sus vivencias.
La reina Isabel y el rey Fernando fueron los padrinos de los taínos y los bautizaron con nombres españoles. En la catedral de Barcelona una placa recuerda el bautismo de los taínos capturados.

¿Qué tiempo hacía en Barcelona?

¿Qué aspecto tenían los taínos?

Los taínos eran los indígenas de las islas. Tenían la piel morena y el pelo liso y negro. No vestían ropa europea. Iban descalzos.

competencias:

aprendizaje del idioma:
- conocer y reflexionar sobre las funciones complementarias de los tiempos del pasado

interacción oral:
- entrevistarse sobre las etapas de la vida de Colón y las circunstancias

→ **indefinido e imperfecto**

producción escrita:
- redactar el testimonio de un marinero de la tripulación de Colón

→ **indefinido e imperfecto**

1 Etapas de la vida de Cristóbal Colón en imágenes

Cristóbal Colón, 1451 (Génova) – 1506 (Valladolid)

Placa informativa

Sobre **Cristóbal Colón** sabemos que ya de niño le gustaba ir al puerto de Génova a observar los barcos que salían para tierras lejanas.
"Antes de cumplir los veinticinco años, Cristóbal Colón había recorrido ya todos los mares conocidos y navegables de su época. Tenía numerosas experiencias en navegación y había hecho profundos estudios de astronomía, geometría y geografía." Colón soñaba con viajar por el mar y conocer otros países...
(CIDCLI S.C. *Cristóbal Colón*, México, 1988, p. 2)

Antes del gran viaje

1. Colón naufraga

A los 25 años Colón viaja a Portugal. Cerca de la costa naufraga, pero se salva y logra llegar a tierra firme.

2. Colón se casa y tiene un hijo

En 1479 Colón se casa con la hija de un famoso navegante y un año más tarde nace su hijo Diego.

3. Colón y el rey de Portugal

En 1484 Colón presenta el proyecto de viajar a las Indias por el Mar Atlántico al rey portugués Juan que lo rechaza.

4. En 1485 Colón viaja a España

Viaja a España para intentar convencer a la reina Isabel de Castilla y a su marido Fernando de Aragón, los reyes Católicos, de su proyecto y para pedir ayuda.

5. Los reyes aprueban el proyecto

Tras largos años de espera, por fin, en abril de 1492 los Reyes Católicos aprueban el proyecto y firman el contrato "Las Capitulaciones de Santa Fe". En seguida, Colón viaja a Palos, cerca de Huelva para empezar con los preparativos del viaje.

6. Despiden a Colón

Finalmente llega el momento de partir. El 3 de agosto de 1492 la reina Isabel y el rey Fernando se acercan al barco para despedir a Colón que comienza el viaje creyendo dirigirse a las Indias.

salvarse *sich retten*
naufragar *Schiffbruch erleiden*
casarse *heiraten*
rechazar *zurückweisen*
intentar convencer *versuchen zu überzeugen*
aprobar -ue- *genehmigen*

Actividades *en torno*
... a las imágenes y los textos informativos

1. La cronología de los sucesos en torno al personaje de Colón:
a) Formula preguntas a las respuestas siguientes:

A)	*¿En qué año nace?*	en 1451
B)		en Génova
C)		cerca de la costa de Portugal (*1ª imagen*)
D)		salvarse
E)		1479 (*2ª imagen*)
F)		1484 (*3ª imagen*)
G)		al rey portugués
H)	¿?	el proyecto de Colón
I)		la reina Isabel (*4ª imagen*)
J)		en abril de 1492
K)		Palos (*5ª imagen*)
L)		el viaje (*6ª imagen*)
M)		la reina Isabel y el rey Fernando
N)		para despedir a Colón
O)		las Indias

b) Formad grupos de cuatro personas. Cada persona hace un par de preguntas al resto del grupo. Sólo **un** libro está abierto.

GRUPO

2. Apunta en tu cuaderno la cronología de los sucesos y acciones en torno a Colón con la fecha exacta, el mes o el año, si lo sabes. Además puedes utilizar conectores temporales como:
primero – después – poco después
seguidamente – a continuación – luego – entonces
más tarde / un año más tarde / un mes más tarde
al final, finalmente
Ejemplo: En 1479 se casa. Un año más tarde nace su hijo.

ESCRIBE

3. Juntar palabras de distinta manera y desde distintas perspectivas:

Método de aprendizaje de vocabulario

<table>
<tr><td colspan="2">a) Palabras de la misma raíz:
navegar ___ ___ ___ (sustantivo [2], adjetivo); sueño ___ (verbo); juventud ___ (adjetivo); reina ___ (sustantivo); esperar ___ (sustantivo); viajar ___ (sustantivo)</td></tr>
<tr><td>b) Lo contrario de:
vivir ___
mar ___
rechazar ___
saludar ___</td><td>c) Añadir un adjetivo:
___ experiencias en navegación
___ estudios de astronomía
tierras ___
___ navegante</td></tr>
<tr><td>d) Poner la preposición:
soñar ___ quedar ___
casarse ___ viajar ___ / ___
llegar ___ acercarse ___</td><td>e) Completar con el verbo:
___ los mares ___ los 25 años
___ / ___ / ___ un contrato</td></tr>
<tr><td colspan="2">f) Palabras del mismo campo léxico:
navegar (~10)</td></tr>
<tr><td colspan="2">g) Relacionar los verbos con los sustantivos y reconstruir el contexto:
Ejemplo: acercarse – el barco: Isabel y Fernando se acercan al barco para...</td></tr>
</table>

naufragar despedir firmar	cerca de la costa un contrato un proyecto	salvarse preparar rechazar	a Colón el viaje a tierra firme

2 El "descubrimiento"

2.1 La llegada

¡Por fin en tierra firme!

Sistema de apoyo p. 90

Vocabulario para describir la imagen:
arma f *Waffe*
bandera f *Fahne*
arrodillarse *niederknien*
cruz f *Kreuz*
tener prisa *es eilig haben*

Actividades *en torno … a la imagen*

1. Describe la llegada de los españoles a "Las Indias". Puedes utilizar las palabras que encuentras al margen.

CADENA

2. Intercambio de impresiones que causa la imagen.
a) Elige el adjetivo más adecuado para describir tu sensación.
b) Explica por qué la tienes.
Puedes empezar así: Para mí la escena es…, porque…

impresionante	sorprendente	(des)agradable	repugnante
emocionante	dramática	fascinante	interesante

CD

Tierra a la vista

vigía f *Wachposten*
gritar *schreien*
lancha f *Boot, Kahn*
tomar posesión f *in Besitz nehmen*
carpintero m *Schreiner*
cortar dos troncos m *zwei Stämme fällen*
plegaria f *Gebet*

Después de un viaje largo, duro y difícil el viernes del 12 de octubre a las dos de la mañana, el vigía Rodrigo de Triana gritó "¡Tierra!".
Por la mañana Colón y los marineros se acercaron en una lancha a la playa. Primero bajó Colón, se acercó a la tierra y tomó posesión de la isla en nombre de sus Reyes. Después ordenó a los carpinteros cortar dos troncos de árbol y formar una gran cruz. Entonces Colón se arrodilló en lo que le imitaron todos sus compañeros y pronunció una plegaria. Entonces el almirante se levantó y llamó a esa isla "San Salvador".

Adaptado de: Fernando Colón: La vida del Almirante, hacia 1530; http://ia301131.us.archive.org/2/items/cristbobalcolon00ponsrich/cristbobalcolon00ponsrich.pdf [11/02/2009]

Actividades *en torno*
... a la comprensión del texto

1. ¿Verdadero o falso? Comparad en pareja los resultados.

Afirmación
a) Llegan después de un viaje agradable y divertido.
b) Es el 12 de octubre de 1992.
c) Un vigía grita "¡Tierra!".
d) Es de día.
e) Se acercan a la isla.
f) Colón es el primero que baja de la lancha.
g) Colón toma posesión de la isla.
h) Colón manda cortar un árbol.
i) Los carpinteros confeccionan una cruz.
j) Sólo Colón se arrodilla.
k) Pronuncia una plegaria para dar gracias a Dios.
l) Después se levanta y bautiza la isla.
m) El nombre de la isla es San Salvador.

... al uso del indefinido para hablar de acciones y acontecimientos sucesivos

2. Escucha el texto "Tierra a la vista" y fíjate ante todo en las nuevas formas verbales. Es el indefinido, otro tiempo del pasado que se usa para relatar sucesos y acontecimientos.

a) ¿Qué sucesos se relatan? Apunta las nuevas formas verbales en tu cuaderno. No olvides el acento gráfico en la tercera persona singular.
- Rodrigo de Triana (1):
- Colón (6):
- Los marineros (2):

b) Formula una regla para la formación de la tercera persona singular y plural.

→ *Gramática p. 152 ↗ 1.1*

3. ¿Qué pasó el 12 de octubre?
¡Ojo! Recuerda la tilde.

a) Completa las frases con las formas verbales del texto.
- A las dos de la mañana del 12 de octubre un vigía ___.
- Por la mañana Colón y los marineros se ___ a la playa.
- A continuación Colón ___, se ___ a la tierra y ___ posesión de la isla en nombre de sus Reyes.
- Después Colón ___ a los carpinteros cortar dos troncos.
- Entonces Colón se ___.
- Los marineros ___ a Colón.
- Luego el almirante ___ una plegaria.
- Al final del acto Colón se ___ y ___ a la isla San Salvador.

b) Escucha y compara las soluciones.

c) Practicad el indefinido prestando mucha atención a la pronunciación. Una persona lee en voz alta la primera frase y después da el turno a otra persona.

d) ¿Por qué crees que es tan importante poner la tilde?

2.2 La vuelta de Colón

Placa informativa

Los taínos eran la población indígena de San Salvador. No llevaban ropa, o sea, estaban desnudos y se pintaban todo el cuerpo.

las noticias *hier: die Nachricht*
vuelta *Rückkehr*
capturado,a *gefangen*
dar la bienvenida *willkommen heißen*
palacio *Palast*
colorado,a *bunt*
asediar con preguntas *mit Fragen bestürmen*
vivencia *Erlebnis*
recuerdo *Erinnerung*

Colón regresó a Palos el 15 de marzo de 1493. Las noticias de la vuelta del héroe llegaron pronto al palacio de los Reyes Católicos en Barcelona.
Colón viajó junto con unos taínos capturados hasta Barcelona, donde Isabel y Fernando lo recibieron con grandes honores y le dieron la bienvenida en la gran sala del palacio.
Colón llevó papagayos colorados, oro, chiles y otros recuerdos de su largo viaje. La reina y el rey y los miembros de la corte asediaron a Colón con muchas preguntas acerca de su viaje y sus vivencias.
Isabel y Fernando fueron los padrinos de los taínos y los bautizaron con nombres españoles.

Actividades *en torno … a la comprensión*

1. Los acontecimientos relacionados con la vuelta de Colón:
a) Completa las frases con la información correspondiente.

Colón regresa	*¿a dónde?*	*¿cuándo?*
Las noticias de la vuelta llegan	*¿a dónde?*	*¿de quiénes?*
Colón viaja	*¿junto con quién?*	*¿a qué ciudad?*
Isabel y Fernando lo reciben	*¿cómo?*	
Isabel y Fernando le dan	*¿qué?*	*¿dónde?*
Colón lleva	*¿qué?*	*¿de qué?*
Todos asedian a Colón	*¿con qué?*	*¿acerca de qué?*
Isabel y Fernando son	*¿qué?*	*¿de quiénes?*
Los bautizan	*¿con qué?*	

… al uso del indefinido y de los números
→ *Gramática p. 152 ↗ 1*

CADENA DE PREGUNTAS

b) Presenta los acontecimientos y utiliza el indefinido. ¡Ojo! El verbo "dar" es irregular.
c) Entrevistaos sobre lo que pasó después de la vuelta utilizando los pronombres interrogativos de la tabla.

2. Fechas clave de la vida de Colón:

a) Relata, a partir de las fechas del gráfico, la vida de Colón cronológicamente. Utiliza los verbos siguientes en el indefinido y completa con el detalle necesario: *nacer* (2x) – *naufragar* – *casarse* – *encontrarse con* – *viajar* (2x) – *firmar* – *morir* (¡ojo!)
Ejemplo: Colón nació en el año 1451.

→ *Gramática p. 152 ↗ 1*

PAREJA

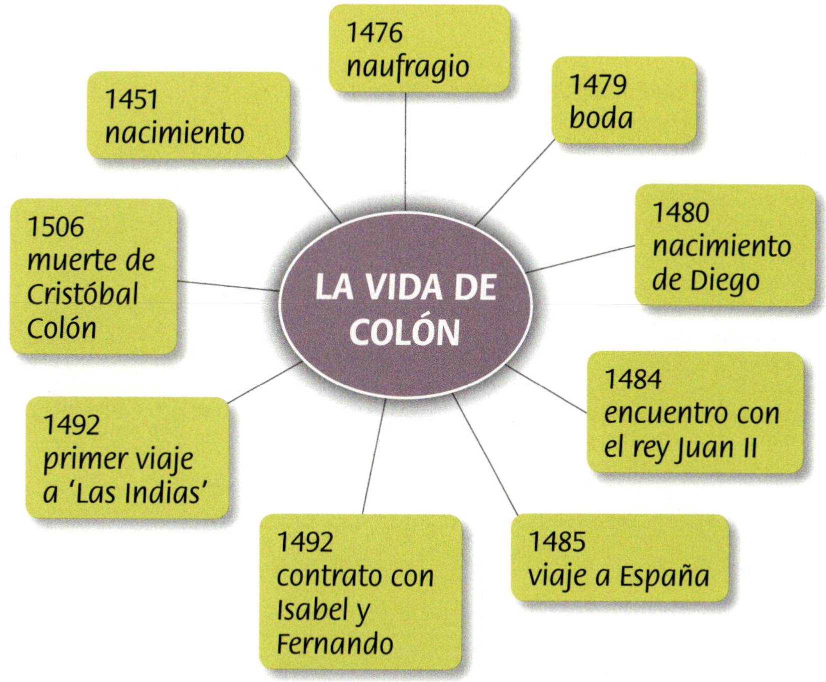

b) ¿Qué pasó en el año…? Preguntaos mutuamente y comprobad si las soluciones son correctas.

CADENA DE PREGUNTAS

3. Dividid el curso en grupos de tres personas.

1er paso: Cada grupo prepara, desde la perspectiva de Colón, las distintas etapas de su vida. Volved a utilizar las imágenes y los textos sobre Colón y las formas del indefinido.

Grupo A (3 personas)	Grupo B (3 personas)	Grupo C (3 personas)
	¿Qué pasó?	
Proyectos del viaje En 1484 presenté mi proyecto a…	**La llegada** Después de un largo viaje, una mañana escuché de repente la voz del vigía. En seguida…	**La vuelta** Por fin, el 12 de mayo, llegué con la tripulación otra vez a Palos. Después de algunos momentos…
Utiliza el indefinido y los enlaces temporales (véase p. 152/153 ↗ 1.2).		

2º paso: Cada miembro presenta el párrafo elaborado. El grupo comprueba si
- todas las formas son correctas,
- la información es completa.

3er paso: Se reúnen los grupos del mismo tema y revisan lo escrito.

Puzzle de expertos

1er paso:

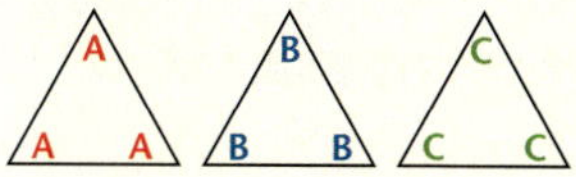

2º paso:

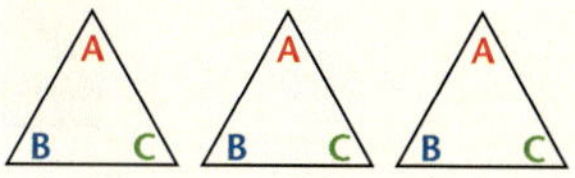

3er paso:

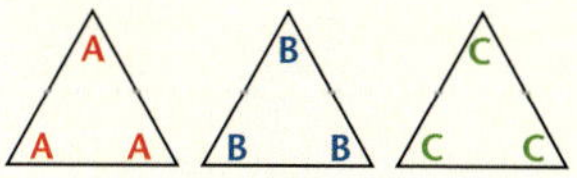

Estrategias de autocontrol

3 ¿Cómo era la situación y qué pasó?

El indefinido y el imperfecto: dos tiempos del pasado con funciones complementarias

¿Qué vestía Colón y cómo era?

Colón vestía un uniforme de almirante. **Era azul marino, bordado de oro.**
Colón tenía el pelo largo y era barbudo. Colón era un hombre alto y fuerte.

¿Como era la situación en Palos?

Había mucha** gente en el **puerto: pescadores que descargaban** los barcos, **marineros** que buscaban **trabajo, mujeres** que se **despedían** de sus **maridos.

¿Qué pasó primero, después, más tarde...? Los acontecimientos sucesivos

Colón regresó al puerto de Palos el 15 de marzo de 1493. Las noticias de la vuelta del **héroe** llegaron pronto a Barcelona y al palacio de los **Reyes Católicos.** Desde Palos, Colón viajó junto a unos **taínos** capturados hasta Barcelona donde Fernando e Isabel lo recibieron con grandes honores y le dieron la bienvenida en la gran sala del palacio.
Colón llevó papagayos colorados, oro, chiles y otros recuerdos de su largo viaje. La reina y el rey y los miembros de la corte asediaron a Colón con muchas preguntas acerca de su viaje y sus vivencias.
La reina Isabel y el rey Fernando fueron los padrinos de los taínos y los bautizaron con nombres españoles. En la catedral de Barcelona una placa recuerda el bautismo de los taínos capturados.

¿Qué tiempo hacía en Barcelona?

*Hacía buen tiempo. El aire **estaba tibio y** el cielo azul. **No llovía** ni tampoco **hacía** viento.*

¿Qué aspecto tenían los taínos?

Los taínos **eran los indígenas de las islas.** *Tenían la piel morena y el pelo liso* **y negro. No vestían ropa europea.** ***Iban descalzos.***

PAREJA

1. Estudia el gráfico y comentad en pareja en qué lugares del texto en el centro se pueden insertar las partes escritas a los márgenes.

→ *Gramática p. 153 ↗ 2*

2. Formula, a partir del gráfico, una hipótesis sobre el uso del imperfecto y del indefinido.

ESCRIBE

3. Vuelve a estudiar las etapas de la vida de Colón y las circunstancias en que se encontraba.

a) Contesta por escrito a las preguntas.

A) ¿Dónde nació Cristóbal Colón?
B) ¿Qué le gustaba de niño?
C) ¿Con qué soñaba de niño?
D) ¿Qué tenía Génova?
E) ¿A dónde se marchó un día?
F) ¿Qué le pasó poco antes de llegar a Portugal?
G) ¿Cuándo se casó?
H) ¿Cómo se llamaba su hijo?
I) ¿A dónde se dirigió luego para realizar sus planes?
J) ¿Quiénes pagaron los gastos de su primer viaje?
K) ¿Qué edad tenía Colón cuando salió de viaje?

b) Preguntaos mutuamente y comparad las respuestas. Comentad el uso de los tiempos.

CADENA DE PREGUNTAS

Actividades *en torno*
… al uso de los tiempos del pasado

4. Inserta o el indefinido o el imperfecto.
Etapas y circunstancias en la vida de Colón:

Cristóbal Colón ___ (*nacer*) en 1451 en Génova. Su padre ___ (*ser*) artesano. Al joven le ___ (*gustar*) estar en el puerto y observar los barcos que ___ (*ir*) y ___ (*venir*). ___ (*Sentir*) ganas de viajar a tierras lejanas y conocer otros países.

Un día, a los 25 años, ___ (*decidir*) ir para Portugal. Desgraciadamente, el barco en que ___ (*navegar*) ___ (*naufragar)* cerca de la costa de Portugal. Se ___ (*salvar*) y ___ *(llegar)* a la costa de Portugal. Cristóbal ___ (*quedarse*) en Portugal junto a su hermano.

En el siglo XV la mayoría de la gente ___ (*creer*) que la tierra ___ (*ser*) plana, pero Colón ___ (*estar convencido*) que la tierra ___ (*ser*) redonda. Y si ___ (*ser*) redonda ___ (*tener*) que ser posible viajar a las Indias por el Océano Atlántico. Colón ___ (*soñar*) con el viaje a las Indias. ___ (*Querer*) encontrar un camino marítimo corto a las Indias de donde ___ (*provenir*) las especias tan apreciadas en aquellos tiempos.

especias *Gewürze*

El 3 de agosto de 1492 ___ (*salir*) del puerto de Palos. Durante el camino Colón ___ (*estudiar*) los mapas cada día. Mientras el timonel ___ (*seguir*) la dirección hacia el oeste, él ___ (*mirar*) el horizonte y todos los días un marinero ___ (*subir*) a la cofa para mirar por la costa de la India.

cofa *Mastkorb*

A finales de septiembre la tripulación ___ (*empezar*) a protestar, pero Colón la ___ (*calmar*). El 12 de octubre un marinero ___ (*divisar*) tierra: ___ (*Ser*) una de las islas de las Bahamas a la que Colón ___ (*llamar*) San Salvador.

No habían llegado a las Indias sino a un continente desconocido que hoy tiene el nombre de América.

… a la producción escrita

PAREJA ESCRIBE

5. Preparativos para el testimonio de un marinero que viajó y regresó con Colón:

a) Lee los temas y aclara cuándo hay que utilizar el indefinido (¿Qué pasó? / ¿Qué hicieron las personas?) y el imperfecto (¿Cómo era la situación? / ¿Qué aspecto tenían las personas?).
Temas:
salida: fecha exacta, lugar
llegada a las "Indias": acciones de Colón y de nosotros, los marineros
comida y **bebida:** tener poca agua potable, poca comida
tiempo durante el viaje: llover; haber tormenta; hacer buen tiempo, mucho sol
las "Indias": paisaje, sentimiento de felicidad, riquezas
retorno: viajar a casa, ver a la mujer y a las hijas
estado de ánimo: ser muy feliz, descansar mucho

b) Redacta el testimonio en la primera persona (singular y plural).
Puedes empezar así: *Cuando el 3 de agosto de 1492 salimos para las Indias todos estábamos excitados. Me despedí de mi mujer…*

indefinido de *hacer*:

hice	hicimos
hiciste	hicisteis
hizo	hicieron

Las carabelas *Pinta* y *Niña*

Grammatik und Strukturen • Gramática y estructuras

1. Das Vergangenheitstempus des *pretérito indefinido* • *tiempos del pasado: el pretérito indefinido*

1.1 Die Bildung des *pretérito indefinido* • *la formación del pretérito indefinido*

1.1.1 regelmäßige Verben

regelmäßige Konjugationen auf -ar, -er, -ir			Verben auf -ir mit Diphthong oder Wechsel von betontem e im Stamm zu i			Hinweise zu Aussprache und Akzentsetzung
-ar	-er	-ir	o > u	e > i		1. Die 1. und 3. Person der **regelmäßigen** Verben haben immer einen Akzent auf der letzten Silbe. 2. Die **unregelmäßigen** Verben haben keinen Akzent (s. 1.1.2).
viajar viaj**é** viaj**aste** viaj**ó** viaj**amos** viaj**asteis** viaj**aron**	**nacer** nac**í** nac**iste** nac**ió** nac**imos** nac**isteis** nac**ieron**	**decidir** decid**í** decid**iste** decid**ió** decid**imos** decid**isteis** decid**ieron**	**dormir** dorm**í** dorm**iste** d**u**rm**ió** dorm**imos** dorm**isteis** d**u**rm**ieron**	**despedir** desped**í** desped**iste** desp**i**d**ió** desped**imos** desped**isteis** desp**i**d**ieron**	**sentir** sent**í** sent**iste** s**i**nt**ió** sent**imos** sent**isteis** s**i**nt**ieron**	

1.1.2 unregelmäßige Verben

dar	decir	estar	hacer	ir / ser	poder	poner	querer	tener	venir	ver
di	dije	estuve	hice	fui	pude	puse	quise	tuve	vine	vi
diste	dijiste	estuviste	hiciste	fuiste	pudiste	pusiste	quisiste	tuviste	viniste	viste
dio	dijo	estuvo	hizo	fue	pudo	puso	quiso	tuvo	vino	vio
dimos	dijimos	estuvimos	hicimos	fuimos	pudimos	pusimos	quisimos	tuvimos	vinimos	vimos
disteis	dijisteis	estuvisteis	hicisteis	fuisteis	pudisteis	pusisteis	quisisteis	tuvisteis	vinisteis	visteis
dieron	dijeron	estuvieron	hicieron	fueron	pudieron	pusieron	quisieron	tuvieron	vinieron	vieron

Merke:
1. Orthografische Veränderungen ergeben sich zur Anpassung von Schrift und Lautbild:
   c → qu: *practicar* → practi**qué**, practicaste, practicó… **g → gue:** *llegar* → lle**gué**, lleg**aste**, lleg**ó**…
   z → c: *empezar* → empe**cé**, empezaste… **gu → gü:** *averiguar* → averi**güé**, averig**uaste**, averig**uó**…
2. Verben mit der Endung -ducir bilden den *indefinido* mit **-duj-** (*conducir, traducir, producir*)

1.2 Der Gebrauch des *pretérito indefinido* • *usos del pretérito indefinido*

1.2.1 Der *indefinido* bei abgeschlossenen und aufeinanderfolgenden Handlungen

¿Qué pasó un día? Un día, Colón se presentó en la corte española. ¿Qué pasó después? Colón habló con la reina Isabel. ¿Qué hizo el martes? El martes escribió en su diario: "Hace sol."	*Was geschah eines Tages? Colón stellte sich am spanischen Hof vor. Was geschah danach? Colón sprach mit Königin Isabel. Was machte er am Dienstag? Am Dienstag schrieb er in sein Tagebuch: „Die Sonne scheint."*	1. Der *indefinido* steht bei abgeschlossenen, auch punktuellen, Handlungen in der Vergangenheit. Beginn und Ende sind deutlich erkennbar. **Beispiele:** *Ayer leí el diario de Colón.* Gestern las ich das Tagebuch von Colón. *El viaje duró tres meses.* Die Reise dauerte drei Monate. 2. Er steht bei aufeinanderfolgenden Handlungen und Ereignissen in der Vergangenheit. **Merke:** Orientiere dich daran, ob du die Frage stellen kannst: **Was passierte / tat ich / sie / er (dann)?** **Beispiel:** (Was passierte?) Colón fuhr nach Spanien. (Was passierte dann?) Er sprach mit Isabel de Castilla. (Was passierte danach?) Er überzeugte sie nicht …

1.2.2 Die Rolle von Signalwörtern

Un día Rodrigo vio algo: **De repente** todo cambió. Todos vieron la isla.	*Eines Tages sah Rodrigo etwas. Plötzlich änderte sich alles. Alle sahen die Insel.*	Es gibt eine enge Verbindung zwischen dem Gebrauch des *indefinido* und bestimmten Zeitangaben. Dieses sind Signalwörter dafür, dass der *indefinido* folgt.

weitere Signalwörter		
un día *eines Tages* de repente *plötzlich* inmediatamente, en seguida *sofort* a los pocos minutos (días; meses) *nach ein paar Minuten (Tagen; Monaten)* a las pocas horas *nach wenigen Stunden*	a continuación; después *danach* más tarde *später* luego *dann* tras / después de un par de horas (meses; años) *nach ein paar Stunden (Monaten; Jahren)* un año (mes; siglo) más tarde *ein Jahr (Monat; Jahrhundert) später*	en eso / en ese momento *in dem Moment* en el mismo mes (año; siglo) *im selben Monat (Jahr; Jahrhundert)* al final, finalmente *zum Schluss, endlich, schließlich* ayer *gestern*

2. Der Gebrauch von *indefinido* und *imperfecto* im Zusammenhang • *el pretérito indefinido y el pretérito imperfecto en contraste*

2.1 Handlungen und Umstände • *acciones y circunstancias*

Rodrigo de Triana gritó: –¡Tierra! *Rodrigo de Triana rief: "Land!"*	Rodrigo estaba muy cansado. Se encontraba en el mástil y no podía dormir. Amanecía. Hacía buen tiempo. *Rodrigo war sehr müde. Er war im Mastkorb und konnte nicht schlafen. Es dämmerte. Es herrschte schönes Wetter.*	Im *indefinido* stehen die konkreten Ereignisse, die sich in dem Zeitraum zwischen dem Schrei und der Meldung an Colón abspielten. Im *imperfecto* werden die Umstände beschrieben oder erzählt, in denen sich alles abspielte: Rodrigo war im Mastkorb, er war müde, Colón schrieb in das Tagebuch, hatte eine Feder in der Hand. Hier interessiert nicht die genaue Dauer. In diese Situation bricht die neue Handlung ein, die im *indefinido* steht.
El chico llamó a Colón. En seguida se levantó y se acercó al mástil. *Der Junge rief Colón. Sofort stand er auf und näherte sich dem Mastkorb.*	Colón estaba escribiendo en su diario. Estaba sentado en una silla y tenía una pluma en la mano. *Colón saß auf einem Stuhl und hatte eine Feder in der Hand.*	

2.2 Handlungen und Beschreibungen • *acciones y descripciones*

Cuando Colón entró en la sala real vestía un uniforme de almirante, era alto y rubio. *Als Colón den Saal betrat, trug er die Admiralsuniform, er war groß und blond.* Las majestades se levantaron y saludaron a Colón. La reina llevaba un vestido precioso, era rojo y blanco. Fernando estaba a su lado. Ambos estaban muy emocionados. *Die Majestäten erhoben sich und begrüßten Colón. Die Königin trug ein wunderschönes Kleid. Es war rot und weiß. Fernando war an ihrer Seite. Beide waren sehr gerührt.*	Im *imperfecto* stehen die Aussagen, die sich auf die Beschreibung der Personen beziehen.

2.3 Verben mit unterschiedlichem Sinn, je nachdem, ob sie im *imperfecto* oder *indefinido* stehen • *verbos que cambian de significado en imperfecto e indefinido*

tuvo miedo *er bekam Angst* tuvo una niña *sie bekam ein Mädchen* se conocieron entonces *sie lernten sich damals kennen* lo supe por la tele *ich erfuhr es durch das Fernsehen*	tenía miedo *er hatte Angst* tenía una niña *sie hatte ein Mädchen* ya se conocían *sie kannten sich schon* no lo sabía *ich wusste es nicht*	Im Deutschen wird der Sinn durch die Verwendung verschiedener Verben ausgedrückt.

14 Ofertas para el aprendizaje autónomo

A
Un puzzle de expertos: La vida de los mapuche desde cerca

competencias:

cooperación y presentación oral:
- preparar informes orales sobre varios aspectos de la vida de los mapuche
- preparar preguntas para comprobar la comprensión de una presentación

→ **estrategias de presentación**

integración de los resultados:
- relacionar la información con la identidad mapuche y con la propia identidad

B
Proyecto: Descubrir Madrid

competencias:

cooperación y presentación oral:
- explorar varios detalles de Madrid (la vida nocturna, el cuadro "Las Meninas", el fútbol)
- utilizar el Internet para buscar información temática
- preparar una presentación dinámica para activar al público
- enseñar el vocabulario temático durante la presentación

→ **estrategias de presentación**

Ofertas para el aprendizaje autónomo

C
Proyecto: ¿Sólo ficción? Jóvenes en el cine, la música y la literatura

competencias:

textos literarios y no literarios:
- comprender y explorar poemas y canciones
- informarse sobre la trama de una película
- buscar información sobre un cantante en Internet
- preparar una tertulia
- escribir una continuación para un texto literario

cooperación y presentación oral:
- coordinar aspectos temáticos
- ponerse de acuerdo con los miembros del grupo sobre la presentación
- cooperar según los acuerdos
- dar un feedback en el ensayo de una presentación

→ **estrategias de presentación**

D
Übungsmaterial zur Förderung der Mündlichkeit und zur Vorbereitung auf eine mündliche Prüfung

Kompetenzen:

Selbstständiges und kooperatives Sprachenlernen:
- Übungsaufgaben auf verschiedenen Niveaus zur Ermittlung des Kompetenzstandes einsetzen
- Selbstevaluation und gegenseitiges Feedback (Fremdevaluation) praktizieren
- vorhandene Stärken und Fehlerschwerpunkte mithilfe von Kriterien und Beurteilungsrastern ermitteln
- Schwerpunkte für die eigene Verbesserung in der Sprechfertigkeit festlegen

A Un puzzle de expertos: La vida de los mapuche desde cerca

Organización:

1ª fase: Cada grupo trabaja sobre un tema.

A	B	C
La religión	Las machis	El We Txipantu

2ª fase: Tres grupos trabajan sobre los tres temas.

A	B	A	B	A	B
C		C		C	

Grupo A: La religión de los mapuche

Vocabulario por orden alfabético:
antepasados *Ahnen, Vorfahren*
bondadoso,a *bueno*
creador m *Schöpfer*
divinidad f *Gottheit*
fuego *Feuer*
guerrero *Krieger, Soldat*
muestra de *Zeichen von*
poderoso,a *mächtig*
protector m *Beschützer*
regir -i- *regieren*
residir *habitar, vivir*
rayo y trueno *Blitz und Donner*

Los mapuche creen en diversos espíritus que rigen la vida en la tierra. **Ngenechen** es la divinidad superior, el Padre o Chau, creador y protector del pueblo mapuche. [...] Ngenechen es una divinidad bondadosa y protectora de sus hijos.
Pillán representa el espíritu de los antepasados, de los buenos y de los buenos guerreros. Pillán reside en los volcanes andinos, [...] [es] la divinidad del fuego, de las erupciones volcánicas, del rayo, de los truenos y de los terremotos los cuales no son más que muestras de su indignación cuando algo no anda bien. Pillán es muy poderoso. [...]

Fresia Barrientos Morales: *Pueblos originarios de Chile*, Nativa Ediciones, Santiago de Chile 2007, p. 82

Actividades *en torno*
... a la comprensión

1. Lee el texto sobre la religión y comprueba la comprensión.

Ngenechen y Pillán son	a) espíritus.
	b) divinidades.
	c) dioses.
Ngenechen es	a) creador.
	b) protector.
	c) la divinidad superior.
Pillán es el espíritu	a) de los buenos guerreros.
	b) de los antepasados.
	c) de los animales.

Pillán habita en	a) los bosques.
	b) el mar.
	c) los volcanes.
Cuando algo no funciona Pillán manda	a) un terremoto.
	b) una erupción volcánica.
	c) rayos y truenos.

2. Ordena las palabras nuevas según las tres categorías dadas:
Características de los espíritus – Divinidades – Fenómenos naturales

HABLA UN MINUTO

3. Preparad, partiendo del texto, de la tabla y del vocabulario temático, un informe oral sobre la religión mapuche para los otros grupos. Practicad en vuestro grupo hablar en público.

4. Formulad un par de preguntas para comprobar la comprensión.

Grupo B: Las machis

El machi o la machi son los chamanes del mapuche. La mayoría son mujeres, aunque un hombre también puede ser machi. La machi se somete desde joven a diversos aprendizajes que le enseña otra machi de más edad. El o la machi conoce todas las tradiciones mapuche, así como las plantas y hierbas que sirven como medicamentos. Ella tiene como tarea sanar las enfermedades del cuerpo y del alma de los mapuche para lo cual realiza una ceremonia llamada machitún. La machi es la única que sabe ponerse en contacto con el espíritu del Ngenechen cuando se realizan las ceremonias.

Fresia Barrientos Morales: *Pueblos originarios de Chile*, Nativa Ediciones, Santiago de Chile 2007, p. 84

sanar las enfermedades *die Krankheiten heilen*
el alma f *Seele*

1. Infórmate sobre las machis en el texto y comprueba la comprensión.

Actividades *en torno … a la comprensión*

Los chamanes son	a) personas con poderes mágicos.
	b) sólo hombres.
	c) personas que pueden ponerse en contacto con los espíritus divinos.
Machis son	a) normalmente mujeres.
	b) a veces hombres.
	c) sólo hombres.
Una machi mayor	a) enseña las tradiciones a la joven.
	b) enseña a ser machi a la joven.
	c) explica a la joven las estrellas.
Las tareas de la machi son	a) enseñar a los niños y niñas a leer.
	b) curar las enfermedades del cuerpo.
	c) cuidar de los ancianos.
La machi	a) colabora con el médico del pueblo.
	b) utiliza plantas y hierbas para curar a las personas enfermas.
	c) sabe que también el alma puede enfermar.
Durante una ceremonia, llamada machitún, la machi	a) baila y canta.
	b) entra en contacto con la divinidad Ngenechen.
	c) se queda en su casa y medita.

HABLA UN MINUTO

2. Completad el mapa mental con la información necesaria y las palabras nuevas.

3. Preparad, partiendo del texto, de la tabla y del vocabulario temático, un informe oral sobre la machi para el curso. Practicad en vuestro grupo hablar en público.

4. Formulad un par de preguntas para comprobar la comprensión.

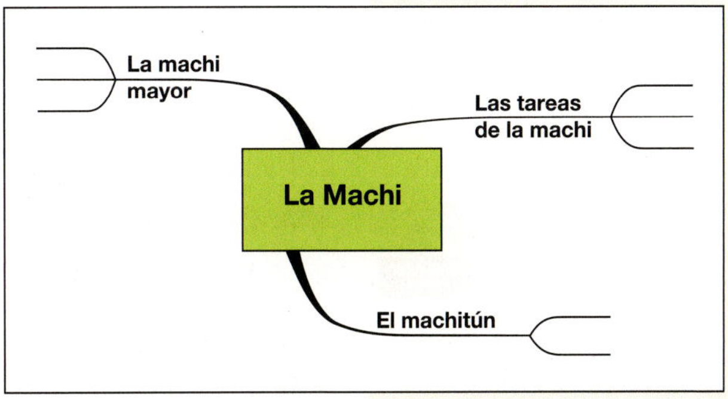

Grupo C: La fiesta del We Txipantu o Año Nuevo Mapuche

solsticio de invierno *Wintersonnenwende*

El We Txipantu es una fiesta que se celebra entre el 20 y 24 de Junio de cada año que corresponde al solsticio de invierno en nuestro hemisferio. Desde esta fecha comienza un nuevo ciclo de vida en la naturaleza, los días se alargan y las noches son más cortas. [...] A esta transformación del tiempo la llaman We Txipantu que significa “el retorno del sol”. [...]
Los mapuche [...] celebran el We Txipantu en todas las ciudades y pueblos en donde viven mapuche.

Fresia Barrientos Morales: *Pueblos originarios de Chile*, Nativa Ediciones, Santiago de Chile 2007, p. 84

Actividades *en torno … a la comprensión*

1. Infórmate sobre la fiesta del año nuevo mapuche y comprueba la comprensión.

En el mes de junio	a) termina el verano.
	b) los mapuche celebran una gran fiesta.
	c) en Chile empieza la primavera.
Se presentan ciertos cambios:	a) La naturaleza se despierta.
	b) el ritmo de día y noche.
	c) La puesta del sol es más tarde.
El término de We Txipantu	a) es una palabra del idioma mapuche.
	b) significa que el buen tiempo empieza.
	c) significa que el sol regresa.
El We Txipantu	a) lo celebran sólo pocos mapuche.
	b) se celebra en toda la comunidad mapuche.
	c) ya no tiene importancia para los mapuche.

2. Completad el mapa mental con la información necesaria y las palabras nuevas.

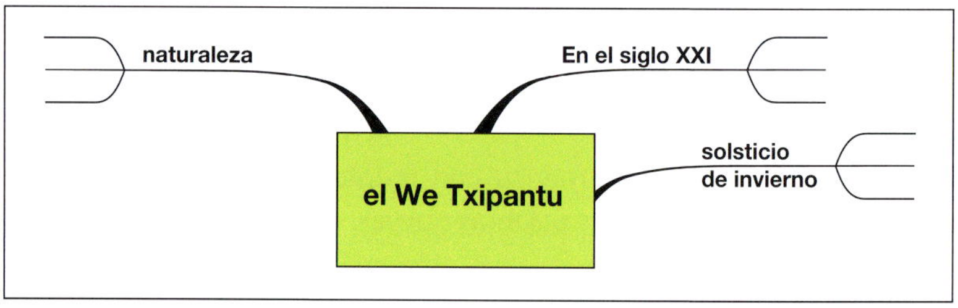

HABLA UN MINUTO

3. Preparad, partiendo del texto, de la tabla y del mapa mental, un informe oral sobre el We Txipantu para el curso. Practicad en vuestro grupo hablar en público.

4. Formulad un par de preguntas para comprobar la comprensión.

Trabajo en el pleno: El tema de la identidad propia en un poema chileno mapuche

Fresia Barrientos Morales: Los abuelos

CD

Miro mis manos
y te veo en ellas, abuelo
el espejo me refleja
tus pequeños ojos negros, abuela.
Voy caminando y en mi andar
observo mi pasado en tus pies, bisabuelo
en mi risa reconozco tu alegría,
tal vez tu piel morena me delata, bisabuela.
En mi rostro se esconde también tu valentía,
tus penas las llevo conmigo
tatarabuelos............del pasado
Y yo sigo aquí mirando aún
la historia en el presente.

Fresia Barrientos Morales: *Pueblos originarios de Chile*, Nativa Ediciones, Santiago de Chile 2007, p. 151

espejo *Spiegel*
reflejar *reflektieren, widerspiegeln*

andar m *Lauf*

risa *Lachen*
reconocer -zc- *(wieder-)erkennen*
delatar *verraten*
(bis-)abuela *(Ur-)Großmutter*
esconder *verstecken*
valentía *Mut*
tatarabuelos *Ururgroßeltern*

Actividades *en torno … a la comprensión*

ESCRIBE

1. Escucha la poesía y léela al mismo tiempo. ¿Qué entiendes?
a) Lee la poesía otra vez y aclara su contenido.
b) ¿Con quién habla el Yo del poema?
c) ¿Qué relación tienen el Yo y sus antepasados? Trabaja con la tabla.

La herencia ➔	rasgos físicos	rasgos síquicos	palabra(s) clave
abuela	¿?	¿?	"…"
abuelo	¿?	¿?	
bisabuelo	¿?	¿?	
bisabuela	¿?	¿?	
tatarabuelos	¿?	¿?	

2. Examina la relación que tiene el poema con la información sobre la sociedad mapuche.

3. Habla sobre tus abuelos, bisabuelos y tatarabuelos: ¿Los conoces? ¿Qué sabes de ellos? ¿Tienes fotos? ¿Qué papel desempeñan para ti?

… a la creación de una poesía

4. Crea una poesía relacionada con el tema de la propia familia, del propio pueblo, de la patria y preparad un recital.
Ejemplos: "Cuando miro al espejo veo…"; "Mi patria".
Puedes crear un poema, como Fresia Barrientos o, p. ej., componer un "oncito", una corta poesía de cinco versos, según el modelo:
1er verso: Una palabra: un objeto, un color…
2° verso: Dos palabras: ¿Qué hace el objeto del 1er verso?
3er verso: Tres palabras: ¿Cómo es / dónde está el objeto del 1er verso?
4° verso: Cuatro palabras: ¿Qué opinas tú?
5° verso: Una palabra: ¿Qué resultado tiene?

B Proyecto: Descubrir Madrid

1 Grupo 1: Guiar por el Madrid nocturno

Objetivos del trabajo en grupo:
- informar sobre las posibilidades de pasar una tarde divertida en Madrid
- presentar los lugares de más marcha
- enseñar el vocabulario del lenguaje juvenil
- intercambiar opiniones sobre los gustos individuales

entretenimiento *Unterhaltung*

poseer *besitzen*
particular *außergewöhnlich*
varía dependiendo del barrio *verändert sich abhängig vom Stadtviertel*
la mayor movida se encuentra en… *am meisten los ist in…*

media docena de churros

hasta entrado el día *bis frühmorgens*

hora de cierre *Schließungszeit, Sperrstunde*

cobrar entrada *Eintritt verlangen*
rondan los 10 euros *ca. 10 Euro*

Vida nocturna y entretenimiento en Madrid

Madrid posee una noche bastante movida y particular a diferencia de otras ciudades españolas, más que nada el público de sus discotecas varía dependiendo del barrio y es tradicional [después de estar en la discoteca] ir a consumir chocolate con churros.
La mayor movida se encuentra en el Barrio de las Letras, en el centro de la ciudad, cerca de la plaza Santa Ana y las calles Echegaray y Huertas.
También en el Barrio de la Malasaña, cerca de la plaza Dos de Mayo, existen bares y discotecas que atraen a un público más bien joven.
En este barrio se encuentra la legendaria disco Vía Láctea en calle Velarde 18, y también en el barrio Lavapiés, se escucha música electrónica hasta entrado el día. […]
Todos los bares y discotecas tienen licencia, pero las horas de cierre son muy flexibles. Es muy difícil distinguir cuál es un bar y cuál es una discoteca, puesto que la mayoría de los bares tienen pista de baile y hay muchas discotecas que no cobran entrada. El precio de las que lo hacen, rondan los 10 euros con consumición. […]
Por otra parte si les gusta la música de los años 80, existen lugares como la Botellita y Tex Mex, de este estilo más alternativo (Abba, Rafaella, Carra, etc.). Las discos de modas son Barnon, el Gabana y el Palacio Gaviria.

Jazz y música en vivo
En el Café Central, plaza del Ángel número 10 y el Clamores, en Alburquerque 14 y en La Negra Tomasa calle Cádiz 9, se escucha jazz y música latina en vivo. […]
A su vez también Madrid ofrece gran variedad de estilos de música como

salsa, jazz, pop, rock, flamenco entre otros. El Café de la Palma, Calle de la Palma 62 es donde los cantautores de moda, artistas flamencos o cubanos actúan regularmente.
El Moby Dick, Avenida de Brasil 5 en la zona de la Castellana, ofrece música pop / rock durante la semana, y rap y reggae durante los fines de semana. La clientela es una mezcla de madrileños y extranjeros.

http://www.losmejoresdestinos.com/destinos/espana/madrid/madrid_vida_nocturna_entretenimiento.php [25/06/2009]

cantautor *Liedermacher*
actuar *auftreten*

1. Trabajo en grupo:
a) leer atentamente la información sobre la vida nocturna madrileña y aclarar posibles dificultades,
b) buscar en Internet un mapa de Madrid y localizar los lugares,
c) preparar una tabla con información sobre:

GRUPO

	disco	café	bar	estilo de música	música en vivo	dirección	distancia	clientela
Vía Láctea	¿?	¿?	¿?	¿?	¿?	¿?	¿?	¿?
...	¿?	¿?	¿?	¿?	¿?	¿?	¿?	¿?

d) Si quieres tener más detalles u ofertas, consulta la página de los mejores destinos.

2. Prepara como un guía profesional una exposición informativa e interesante sobre la marcha madrileña:
- contar por qué la marcha madrileña es tan especial y tan famosa,
- elegir la información más interesante para el curso,
- mostrar los lugares elegidos en el mapa de Madrid.

HABLA UN MINUTO

Vocabulario

... para indicar que hay mucha marcha:
marcha *Stimmung*
ir de marcha *ausgehen, losziehen*
Aquí hay mucha marcha. *Hier ist die Hölle los.*
¡Qué movida! Está a tope. *Was für eine Bombenstimmung!*
En esta calle hay mucha movida. *In dieser Straße ist viel los.*
el bar / la discoteca / el pub con más movida *das Lokal / die Disko / der Laden mit der besten Stimmung / wo am meisten los ist*
la disco de moda *die Disko, die gerade in ist*
salir hasta altas horas de la madrugada *bis Tagesanbruch unterwegs sein*
hasta bien entrado el día *bis frühmorgens*

... para hacer preguntas sobre los gustos individuales:
¿Qué quieres hacer?
¿Quieres bailar / escuchar música en vivo?
¿Qué música te interesa / te gusta / te mola?

... para indicar un lugar en el mapa:
Mira, la calle Huertas está aquí...
La calle... está muy cerca / no está lejos / está a unos x (kiló)metros...
Podemos ir en metro / es la parada... / tenemos que bajar en...

3. Las compañeras y compañeros tienen que rellenar la tabla y comentar al final qué lugares les gustaría visitar.

Grupo 2:
Guía de *Las Meninas* o *La familia de Felipe IV* (~1656)

2

Objetivos del trabajo en grupo:
- adquirir conocimientos sobre uno de los cuadros más famosos e importantes de Madrid
- presentar los detalles del cuadro de Velázquez
- enseñar el vocabulario para poder hablar sobre el cuadro
- hablar sobre el cuadro

Información sobre el cuadro

alcázar m *Festung, Burg*

lugar: una sala en el Alcázar de Madrid (el Alcázar ya no existe)

época histórica: siglo XVII (reinado de Felipe IV, 1605–1665)

personajes:
- la infanta Margarita, hija de las majestades Felipe IV y Mariana de Austria, sus padres
- las meninas, dos damas de honor jóvenes que acompañan a la infanta
- la enana María Bárbola y el enano Nicolasito Pertusato, dos bufones de la corte

enano / enana *Zwerg / Zwergin*
bufones m *häufig zwergwüchsige Menschen, die die Hofgesellschaft unterhielten und zerstreuten*

- Marcela de Ulloa, señora de honor, y un guardadamas
- José Nieto, aposentador de la reina, al fondo
- el pintor, Diego Velázquez
- un perro mastín

aposentador m *kümmert sich um die Möbel im Palast*

1. El cuadro más famoso del Prado son *Las Meninas* de Diego Velázquez. ¿Por qué es tan famoso?

GRUPO

a) Intercambiad en el grupo vuestras opiniones sobre las explicaciones siguientes:
- Nos ofrece una mirada detallada a un mundo lejano.
- Es una escena muy dinámica, da la sensación de contemplar una foto.
- La composición es interesante.
- Los diferentes personajes llaman la atención, ante todo la infanta linda en el centro.
- Las personas llevan ropa muy elegante, es interesante ver la moda del siglo XVII.
- Hay mucho movimiento en el cuadro.
- Toda la escena parece muy natural, hasta el perro en el primer plano.

b) ¿Qué opinas tú?

2. Dibujad en el grupo el gráfico esquemático del cuadro y explicaos la composición. Fijaos también en los personajes que no se ven directamente.

3. Preparad para vuestras compañeras y compañeros un paseo por el cuadro.

HABLA UN MINUTO

Sistema de apoyo

Explicar el paseo

al principio primero segundo / después tercero / luego al final	voy hacia… me fijo en… encuentro/ veo a + *persona* me llama la atención + *sustantivo* paro en… sigo el paseo

Los personajes centrales

la infanta las meninas la enana el enano	lleva(n) viste(n) es / son tiene(n)	un vestido blanco / elegante / oscuro / largo / poco cómodo rubia,o / morena,o el pelo largo / rizado

Los objetos

cuadros en las paredes
un espejo en que se reflejan la reina y el rey
una jarra en una bandeja
lienzo, bastidor, paleta y pincel del pintor

jarra *Krug*
bandeja *Tablett*

4. Para comprobar la comprensión las compañeras y compañeros representan el cuadro, o sea, se colocan como los personajes del cuadro y explican quiénes son y dónde están.
Hay que utilizar también el vocabulario nuevo.

3 Grupo 3: Guiar por el Madrid del fútbol

Objetivos del trabajo en grupo:
- adquirir conocimientos sobre el fútbol de Madrid
- presentar a uno o dos de los equipos de fútbol de Madrid
- enseñar el vocabulario del lenguaje futbolístico más importante
- hablar sobre el tema del fútbol

El fútbol de Madrid

Por Juan Luis Pérez, el 20 de Diciembre de 2008

España tiene una de las **ligas** más importantes del planeta [...]. Uno de los **lugares** que no se pueden dejar de visitar es el estadio **Santiago Bernabéu**, hogar de uno de los equipos más populares del país, el Real Madrid. [...]
[Son hasta] ochenta mil espectadores, los que disfrutan de cada partido en cómodas butacas y palcos vip. [...].
Si se desea adentrarse más en el mundo del fútbol y sus escenarios, una excelente opción es visitar la **cancha** del Atlético Madrid, club de primera división y que se lleva el **tercer lugar** entre los cuadros más ganadores de liga española. Su estadio, llamado **Vicente Calderón**, tiene una capacidad para más de **54.000 espectadores**, y posee al igual que el Bernabéu, la categoría de **cinco estrellas**.

http://enlamaleta.es/madrid-para-fanaticos-del-futbol.html [27/06/2009]

GRUPO

1. Comunicaos, a partir del artículo, sobre el gran tema del fútbol de Madrid.
- ¿Qué dos clubes importantes tiene Madrid?
- ¿Qué estadio de cuántas estrellas corresponde a qué club?
- ¿Cuántas personas caben en cada estadio?
- ¿Qué puesto ocupan los dos equipos en la primera división?
- ¿Qué otros conocimientos tienes del fútbol de Madrid?
- En tu opinión, ¿qué ligas son las más importantes del planeta?

2. Queréis visitar uno de los dos estadios.
- Consultad las páginas Web de los dos equipos de fútbol.
- Estudiad y discutid qué club tiene la mejor oferta para una visita.
  ¿Qué se puede ver en el estadio? ¿Tiene museo? ¿Qué precio tienen las entradas? ¿Hay descuentos para estudiantes / grupos? ¿Es útil el carné joven? ¿Se pueden ver los trofeos? ¿Se puede bajar al césped del estadio?
- Averiguad cómo se llega al estadio.
  ¿Hay que ir en autobús? ¿Hay una parada de metro cerca? ¿Se puede ir andando?

3. Queréis informaros sobre la primera división española, p. ej. ¿cuál es el mejor equipo? ¿qué equipos se conocen también en Alemania?
En los sitios Web de los periódicos *ABC, El Mundo, El País* puedes encontrar información actual.

4. Confeccionad un glosario con las palabras más importantes del lenguaje futbolístico y explicadlo después al grupo.
Buscad las palabras correspondientes en el texto y la tabla de clasificación. Además, el gráfico puede ayudar.

5. Preparad como un guía profesional una presentación interesante y divertida sobre el tema.

HABLA UN MINUTO

6. Tenéis que comprobar la comprensión. Preparad para esto una tabla de comprensión y una serie de preguntas sobre el tema. ¡Hay que recordar también el vocabulario útil y necesario!

C Proyecto: ¿Sólo ficción? Jóvenes en el cine, la música y la literatura

Un módulo con varias formas de abordarlo y productos a elegir para la presentación:

	contenidos:	productos:
1 *Historias del Kronen*	• la película y su protagonista	• una presentación de la película y su protagonista • un comentario cooperativo
2 **Juanes:** ***A Dios le pido***	• el cantante y la canción	• una estrofa personal • el perfil del cantante
3 **Lo que mandan los adultos: un microrrelato y un poema**	• un microrrelato y un poema • los imperativos en español	• una presentación de los textos literarios • un recital de los textos literarios • la explicación lingüística de los imperativos en español • una creación literaria personal

1 La vida de Carlos y su pandilla en *Historias del Kronen*

Ficha técnica:
Año: 1994
Duración: 95 minutos
País: España
Director: Montxo Armendáriz
Guión: Montxo Armendáriz, José Ángel Mañas

Historias del Kronen es la crónica de la vida veraniega de un grupo de jóvenes madrileños y de sus actividades cotidianas: las drogas, el sexo, los bares de copas, los conciertos de rock, las relaciones entre amigos, la familia [...]. Carlos [...] intenta eliminar de su vida los sentimientos y los escrúpulos.

Contraportada del libro *Historias del Kronen* por José Ángel Mañas, Destino, Barcelona 2002

Carlos es un joven estudiante que tiene 21 años. Seco cuando quiere, simpático cuando le gusta, le encanta provocar y transgredir.
De noche, como cada día, Carlos sale de su casa para reunirse con sus amigos en el *Kronen*, el bar que más frecuentan.
Es verano, Carlos está de vacaciones. Vive de noche.
Ningún límite es admitido, ninguna barrera aceptada. Y una aventura se encadena con otra – como en una noche continuada...

Carátula del vídeo *Historias del Kronen*

Actividades *en torno ... a la comprensión*

1. Lee los textos sobre Carlos, el protagonista de la novela *Historias del Kronen* y de la película que lleva el mismo título. La película es una interpretación bastante fiel de la novela.
a) Resume en una frase de qué tratan la novela y la película respectivamente.
b) Describe a Carlos. Consulta el diccionario si hace falta.

datos personales		
aspecto físico		**carácter**
actividades en las vacaciones • *de noche sale de su casa…*		

c) Prepara una presentación de la película y su protagonista.

… al producto

2. Entrevistaos en vuestro grupo sobre las actividades de vuestra pandilla en las vacaciones o en el tiempo libre.

… a la interacción oral

3. Discusión "mantelito": ¿Qué opinas tú sobre Carlos y sobre su actitud ante la vida?
En tu comentario, utiliza oraciones que rigen el subjuntivo.

… al comentario

→ Gramática p. 96 s.; p. 130

Preguntas y expresiones útiles:
¿Te gusta que Carlos viva de noche y duerma de día? ¿O no te gusta que lo haga? ¿Es normal que salga con sus amigos en las vacaciones?
Más vocabulario útil para opinar:
Para mí… / A mi modo de ver…
Pienso que…
(No) estoy de acuerdo con…
Trabajad en grupos de cuatro.

a) Cada uno anota su comentario en una de las cuatro partes de la hoja grande. Es una fase de trabajo individual. Tenéis 15 minutos.
b) Después, cada uno lee en turnos las opiniones de los demás y las comenta añadiendo sus ideas o poniendo signos. Tenéis 7 minutos.
c) Discutid las opiniones en el grupo y formulad la opinión compartida por vosotros acerca de Carlos en el centro de la hoja grande. Tenéis 15 minutos.
d) Elegid a una persona para presentar vuestra opinión en el pleno del curso.

"Mantelito"

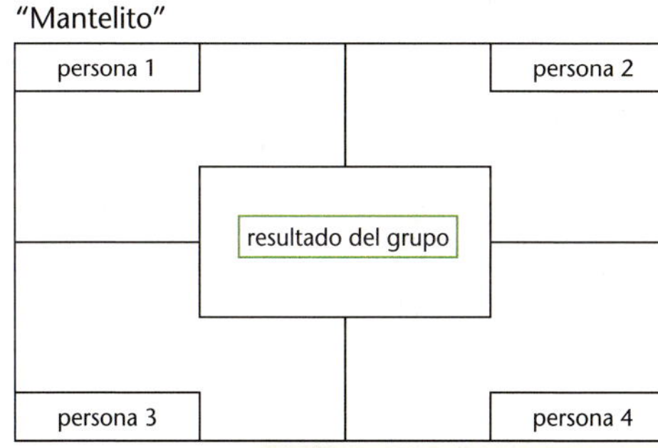

… al producto

4. Preparad y organizad la presentación de vuestros productos.

… a la presentación oral

a) Considerad los aspectos siguientes:
   - Es útil elegir a un moderador.
   - Hay que repartir las tareas entre todos los miembros del grupo para que cada uno presente una parte.
   - Hay que formular un par de preguntas u otra actividad motivadora para comprobar la comprensión en el público.

b) Ensayad la presentación en vuestro grupo.

1 min HABLA UN MINUTO

2 Juanes: *A Dios le pido*

Actividades *en torno*

… al cantante

1. Habla sobre el cantante Juanes.
¿Qué te parece en la foto?
¿Es simpático o cómo es para ti?
¿Qué sabes de él?

… al producto

2. Infórmate en Internet sobre Juanes y prepara un perfil de él. Enlaces útiles:
- en torno al cantante: el sitio Web de Juanes y p. ej. Wikipedia
- en torno al compromiso social del cantante, la fundación *Mi Sangre* que lucha contra las minas antipersonal: el sitio Web de la fundación

… a la comprensión

3. Lee los primeros versos de los ruegos cantados por Juanes en *A Dios le pido* y fíjate en lo que le pide a Dios.

Que mis ojos se despierten con la luz de tu mirada,
yo a Dios le pido
que mi madre no se muera y que mi padre me recuerde,
a Dios le pido
que te quedes a mi lado y que más nunca te me vayas, mi vida.

4. Presenta sus ruegos. Puedes empezar así: Pide a Dios que…

… a la audición

CD

5. Escucha toda la canción y apunta algunos de los ruegos de Juanes. ¿Para quiénes le pide a Dios?

… al producto creativo

6. ¿Qué le pides tú a Dios? Escribe otra estrofa para la canción.

… a la presentación oral del producto

HABLA UN MINUTO

7. Preparad y organizad la presentación de vuestros productos.
a) Considerad los aspectos siguientes:
- Es útil elegir a un moderador.
- Hay que repartir las tareas entre todos los miembros del grupo para que cada uno presente una parte.
- Hay que formular un par de preguntas u otra actividad motivadora para comprobar la comprensión en el público.

b) Ensayad la presentación en vuestro grupo.

3 Lo que mandan los adultos: un microrrelato y un poema

Luis Britto García: *Rubén no*

Estudia Rubén no te jubiles Rubén no fumes Rubén no salgas con tus amigos Rubén no te pelees Rubén, [...]

Luis Britto Garcia durante una conferencia

Placa informativa

El **microrrelato** es un texto narrativo brevísimo que cuenta una historia intensa y concisa.

jubilarse (Centroam.) *schwänzen*
pelearse *sich prügeln*

Placa informativa

Luis Britto García (nacido 1940 en Caracas, Venezuela) es narrador, ensayista, dramaturgo, dibujante, explorador submarino, autor de más de 60 títulos.

Actividades *en torno*

1. Lee el comienzo del microrrelato y especifica quién se dirige a Rubén con estos mandatos. *... a la comprensión*

2. Antes de continuar leyendo el fragmento del **microrrelato** piensa en situaciones en las que otras personas como por ejemplo los padres, los profesores, los amigos te dicen "No, no hagas eso". *... al imperativo*

→ Gramática p. 131 ↗ 1.4

a) En español se utiliza el subjuntivo para expresar estos imperativos negativos. Anota tus cinco imperativos negativos más molestos.
b) Comparad y comentad vuestros imperativos de dos en dos. PAREJA

3. Reconstruye el microrrelato completándolo con los mandatos y compara los resultados con el CD. *... a la comprensión ... al imperativo*

CD

[...] Rubén no te montes en la parrilla de las motos Rubén estudia la química Rubén ___ ___ Rubén ___ ___ Rubén ___ ___ tantas camisas Rubén saluda a tu tía Paulina Rubén ___ ___ en pandilla Rubén ___ ___ tan enamorado, Rubén ___ ___ tanto, estudia la matemática Rubén Rubén ___ te ___ con la muchacha del servicio Rubén ___ ___ tan alto la radio Rubén ___ ___ serenatas Rubén ___ te ___ de delegado de curso Rubén ___ te ___ Rubén ___ te ___ a dejar raspar Rubén ___ le ___ a tu madre Rubén, Rubén córtate el pelo, coge ejemplo Rubén.

trasnochar
correr, ensuciar
andar, ser
hablar
meter
poner
cantar, poner
comprometerse
ir, responder

Fragmento de: David Lagmanovich (ed.): *La otra mirada*. Antología del microrrelato hispánico, Ed. Menoscuarto, Palencia 2005

montar montar en bici
parrilla *Startplatz*
ensuciar *schmutzig machen*
andar ir
pandilla grupo de amigos
meterse con u.p. molestar
dar la serenata (col.) *die nächtliche Ruhe stören*
delegado de curso *Sprecher*
comprometerse *sich engagieren*
dejar raspar (Venez.) *sitzen bleiben, in die Nachprüfung gehen*

4. ¿Cuáles de los mandatos te parecen comprensibles y cuáles no? *... al comentario*
a) Ordena los mandatos en una lista y haz una clasificación personal.
b) Explicaos de dos en dos vuestra clasificación. PAREJA

cuchara *Löffel*
codo *Ellenbogen*
doblar *falten*

extraer (extraigo, extraes...) *ziehen (hier: Quadratwurzel)*
pondré futuro de poner
un cero en conducta *ein Ungenügend im Betragen (Kopfnote)*

adorno decoración
cerraremos futuro de cerrar *(schließen)*

respirar *atmen*
toser *husten*
morir *sterben*

Gabriel Celaya: *Biografía*

No cojas la cuchara con la mano izquierda.
No pongas los codos en la mesa.
Dobla bien la servilleta.
Eso, para empezar.

Extraiga la raíz cuadrada de tres mil trescientos trece.
¿Dónde está Tanganika? ¿Qué año nació Cervantes?
Le pondré un cero en conducta si habla con su compañero.
Eso, para seguir.

¿Le parece a usted correcto que un ingeniero haga versos?
La cultura es un adorno y el negocio es el negocio.
Si sigues con esa chica te cerraremos las puertas.
Eso, para vivir.

No seas tan loco. Sé educado. Sé correcto.
No bebas. No fumes. No tosas. No respires.
¡Ay, sí, no respirar! Dar el no a todos los nos.
Y descansar: morir.

En: Antología Cátedra de Poesía de las Letras Hispánicas; selección e introducción de José Francisco Ruiz Casanova; Ediciones Cátedra S.A., Madrid 1998

Actividades *en torno ... a la exploración del poema*

Placa informativa

Gabriel Celaya (1911–1991): Poeta español de la generación literaria de posguerra. Es uno de los más destacados representantes de la "poesía comprometida".

1. Lee el poema y nombra las etapas de la vida mencionadas. ¿Qué te parece esta biografía?

2. Indica a qué se refieren las órdenes, las normas y los comentarios (comportamiento, relaciones sentimentales,...).

3. En el poema hay muchas órdenes, normas y comentarios.
a) Examina quiénes son los hablantes a los que cita el yo lírico.
b) Explica los últimos versos de las estrofas.

4. Comenta lo que opinas de las órdenes.
Puedes utilizar las expresiones siguientes:
Me molesta que...
Me pone histérico,a que los padres...
(No) comprendo que el yo lírico...
} + subj.

Una tertulia literaria: cuatro productos a elegir

Actividades *en torno*
... a los productos

A. Una presentación informativa de los dos textos literarios.

B. Un recital del poema y del microrrelato en el curso. Fases:
a) "pensar": Lee el texto murmurando en voz baja para practicar la sonoridad de las palabras, la entonación y el ritmo.
b) "hablar con un compañero": Ensayad la recitación una y otra vez para sentiros seguros.
Aviso: Puede ser útil grabar y escuchar las recitaciones.
c) "compartir con el grupo": Recitaos vuestro texto en grupos de cuatro. Elegid la versión que parezca la interpretación más adecuada y llamativa para el recital.

Criterios para el ensayo y la presentación:
lograr una interpretación personal / llamativa / expresiva...
dominar bien } la velocidad / el volumen
articular bien todos los sonidos
respetar las pausas
representar las distintas voces del diálogo en los textos
respetar la entonación típica de la oración (aserción, pregunta, mandato o exclamación)

C. Una explicación lingüística de las reglas del imperativo p. ej. con ayuda de una tabla.
Es útil examinar el poema *Biografía* y el microrrelato *Rubén no* y después
- anotar las formas y buscar los infinitivos,
- considerar si en el poema se trata de usted o de tú al yo lírico.

→ *Gramática p. 60 ↗ 1; p. 131 ↗ 1.4*

D. Una redacción de un texto creativo con una lista de órdenes o mandatos educativos en prosa o, si lo preferís, en verso. El microrrelato y el poema os sirven como modelos.

... a la presentación oral

Preparad y organizad la presentación de vuestros productos.
a) Considerad los aspectos siguientes:
- Es útil elegir a un moderador.
- Hay que repartir las tareas entre todos los miembros del grupo para que cada uno presente una parte.
- Hay que formular un par de preguntas u otra actividad motivadora para comprobar la comprensión en el público.

b) Ensayad la presentación en vuestro grupo.

una tertulia

D Übungsmaterial zur Förderung der Mündlichkeit und zur Vorbereitung auf eine mündliche Prüfung

Vorbemerkung:

Die Stärkung der Mündlichkeit ist in den letzten Jahren zu einem zentralen Anliegen des modernen Spanischunterrichts geworden. Du sollst dazu befähigt werden, aktiv an einer Unterhaltung auf Spanisch teilzunehmen und zusammenhängend über einen Gegenstand zu sprechen.
Im *Gemeinsamen Europäischen Referenzrahmen für Sprachen: lernen, lehren und beurteilen* werden die drei Stufen der Sprachbeherrschung beschrieben. Du befindest dich im ersten Jahr auf dem Niveau der **elementaren Sprachbeherrschung** (A1/A2).
Das heißt, dass du konkrete und vertraute Ausdrücke und einfache Sätze verstehen und anwenden kannst, z. B. dich anderen Personen vorstellen, Fragen stellen und beantworten. Du kannst auch von dir selbst, deiner Familie, deiner Schule, deinen Hobbys sprechen und berichten, und du verstehst, wenn andere Personen ihrerseits darüber sprechen. Du vermagst über Themen zu sprechen, die dir im Spanischunterricht begegnet sind. Weiterhin bist du imstande, in Situationen der Zweisprachigkeit helfend einzugreifen, wenn du diese Situationen aus dem Unterricht kennst. In der mündlichen Prüfung weist du nach, dass du über diese Kompetenzen verfügst.

Hinweise zur Arbeit mit den Übungsangeboten für mündliche Prüfungen:

1. Das Material

a) bezieht sich auf die Module *Ser joven en el siglo XXI* und *Ir al instituto en España y en Alemania, La rutina diaria* und *Hacer Prácticas, La América castellanohablante* sowie *Una mirada hacia el pasado de las Américas*. Das Material kann im Anschluss an die Beendigung der Arbeit mit dem entsprechenden Modul eingesetzt werden;
b) besteht aus Rollenkarten für die Präsentation und Fragen für ein anschließendes Gespräch im Zusammenhang mit den genannten Modulen;
c) wird ergänzt durch ein Evaluationsraster (kommunikative Kompetenz, Inhalt, Sprache), das von euch jeweils für die spezifische Übungssituation modifiziert werden muss.

2. Unterrichtliches Vorgehen

a) **Vorbereitung:** Ihr teilt den Kurs in A und B und bildet innerhalb von A und B jeweils mehrere Dreiergruppen.
Gruppe A: Jede Dreiergruppe arbeitet 15 Minuten an den **Rollenkarten**. Die *sistemas de apoyo* aus den Modulen dürfen während des Übens bei Bedarf verwendet werden, aber während der Präsentation solltet ihr (weitestgehend) frei sprechen.
Die Gruppenmitglieder üben die Präsentation und den zweiten Teil mit den gegebenen Fragen miteinander und geben sich Rückmeldungen. Ziel ist es,

sich beim Sprechen von der Vorlage, dem *sistema de apoyo* und den eigenen Notizen zu lösen.
In einem zweiten Durchgang übernehmen die Gruppen A die Aufgabe von B und umgekehrt.
Gruppe B: Die Mitglieder der Dreiergruppen teilen sich die Beobachtungsschwerpunkte auf und füllen das Evaluationsraster mit den jeweils zu beobachtenden Schwerpunkten (z. B.: Welche/wie viele inhaltliche Elemente können erwartet werden?/Welcher Wortschatz wird angewendet? etc.).

b) **Simulation** der Prüfung: Die Mitglieder von A simulieren die Prüfung, B notiert die Beobachtungen (und umgekehrt im nächsten Durchgang). Die Prüfung dauert ca. 5 Minuten.
c) **Rückmeldungen** werden nach der ‚Prüfung' im Gespräch gegeben und beginnen mit dem, was gut gelungen ist. Die relevanten Aspekte werden notiert und dienen als Grundlage für die individuelle Verbesserung.

3. Evaluation
a) Beispiel für die Evaluation zu Prüfungsbeispiel 1:

Kommunikative Kompetenz	Inhalt	Sprache
• Sie/er ist dem Kurs (der Gruppe) zugewandt, • spricht flüssig, • spricht frei (Wie oft wurde der Spickzettel/*el sistema de apoyo* verwendet?), • schaut im Gespräch die beteiligte(n) Person(en) an, • überbrückt Sprechpausen, • reagiert flexibel und situationsbezogen, • alles ist verständlich.	**Teil 1:** • Sie/er nennt die geforderten acht inhaltlichen Elemente und ca. 12–15 zu den *compañeras* und *compañeros*: z. B. *Son 16* (oder andere Zahl) *personas; dos de las chicas son de Francia; Brandom, un chico chistoso, es de Estados Unidos, la japonesa Hiroko habla muy bien español* etc.; • beantwortet die Fragen. **Teil 2:** Hinweis: Antworten müssen sich nicht auf die reale Klasse beziehen, aber inhaltlich nachvollziehbar sein.	• Wie viele verschiedene Verben wurden verwendet? *(hablar, ser, estudiar, tener, llamarse, vivir)* • Welcher Satz/Ausdruck/Wort war besonders schön? • Die Zuordnung der Adjektive und Verben zu den Nomen gelang besonders gut in folgendem Zusammenhang: (wahrscheinlich: Nationalitäten und Eigenschaften) • Die Aussprache der spanischen Laute (z. B.: $c^{e,i}$; $g^{e,i}$; j; ch; z; r/rr) und die Betonung der Wörter gelangen besonders gut in folgendem Zusammenhang: …

b) Anzupassendes Evaluationsraster:

Kommunikative Kompetenz	Inhalt	Sprache
s. o.	**Teil 1:** Sie/er nennt die in der *ficha* geforderten inhaltlichen Elemente (genau ausführen, welche!). **Teil 2:** Sie/er reagiert mit sachlich korrekten Antworten/Ausführungen (genau ausführen, was erwartet wird!) auf die Fragen.	• Der themenspezifische Wortschatz (genau ausführen, welcher!) wurde verwendet: • Welcher Satz/Ausdruck/Wort war besonders schön? • Die Flexion von Adjektiven/(Pro-) Nomen/Verben/*enlaces* wird weitgehend/durchgängig/zu selten beachtet.

Prüfungsbeispiele 1: Gruppen- oder Einzelprüfung

Modularer Zusammenhang: *Ser joven en el siglo XXI* und *Ir al instituto en España y en Alemania*

Kompetenz: Vorstellung einer Schülerin/eines Schüler aus Deutschland während deren Sommerferien in einer Sprachschule in Spanien

1ª parte: presentación

Ficha personal de Karoline

Nombre	Karoline
Apellido(s)	Weiser
Nacionalidad	alemana
Edad	18 años
Academia	Academia de idiomas "Cervantes"
Lugar de estudios	Madrid
Idiomas	español (bien); inglés (muy bien)
Número de teléfono	0049 221 985 7986
Si quieres puedes hablar también de tus compañeras y compañeros de la academia. ¿Cuántos son? ¿Cómo son? ¿De dónde son? / ¿Qué nacionalidad tienen?	

Ficha personal de Meyrem

Nombre	Meyrem
Apellido(s)	Güldali
Nacionalidad	turca
Edad	17 años
Academia	Academia de idiomas "Málagascuela"
Lugar de estudios	Málaga
Idiomas	alemán y turco (muy bien); francés (bien)
Número de teléfono	0049 30 942 448 7
Si quieres puedes hablar también de tus compañeras y compañeros de la academia. ¿Cuántos son? ¿Cómo son? ¿De dónde son? / ¿Qué nacionalidad tienen?	

Ficha personal de Johannes

Nombre	Johannes
Apellido(s)	Bogner-Gründl
Nacionalidad	suiza
Edad	16 años
Academia	Academia de idiomas "Castilla"
Lugar de estudios	Zamora
Idiomas	alemán e italiano (muy bien); retorromano y francés (bien)
Número de teléfono	0041 43 824 71 43
Si quieres puedes hablar también de tus compañeras y compañeros de la academia. ¿Cuántos son? ¿Cómo son? ¿De dónde son? / ¿Qué nacionalidad tienen?	

2ª parte: interacción

Preguntas:

¿Cómo es la profesora / el profesor de la academia de idiomas?
¿Dónde vives en Alemania?
¿Puedes deletrear el nombre, por favor?
¿Qué nacionalidades tienen tus compañeras y compañeros de clase?
¿Cuántas personas hay en tu clase?
¿Cómo es tu clase de español en Alemania / Suiza?

Prüfungsbeispiele 2: Einzelprüfung

Modularer Zusammenhang: *La rutina diaria* und *Hacer prácticas*

Competencia: Durante las prácticas en el albergue juvenil de Colonia (Kölner Jugendherberge, DJH) ayudar a unas huéspedes españolas.

1ª parte: presentación

1. Describir un camino

Beschreibe einen Weg:

Zwei spanische Studentinnen möchten zum Kölner Dom und bitten dich, ihnen den Weg mithilfe des Stadtplans zu beschreiben.

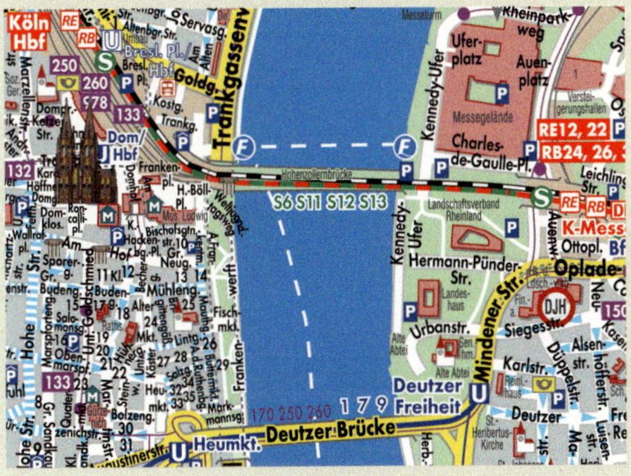

2. Ayudar a comprenderse

Hilf zwei Gruppen bei der Verständigung:

Eine Gruppe von Deutschen will sich zwei Spanierinnen anschließen, die zum Dom in Köln wollen. Sie bitten dich um Hilfe bei der Übersetzung.

„Frag doch mal, ob wir nicht zusammen gehen können. Wir wollen auch zum Dom und danach noch in die Altstadt oder erst zum Einkaufen. Wir müssen nur noch eben aufs Zimmer, uns duschen und umziehen, und danach können wir gehen. Sagen wir in einer Stunde?"

„Muy bien, encantadas. Entonces quedamos a las 3. Hasta luego".

3. Ayudar a comprenderse

Könntest du in einem Gespräch zwischen Deutschen und Spanierinnen sprachmitteln?

Du bist die Einzige in der Gruppe, die Spanisch spricht. Du fragst, wo die beiden her sind, und erzählst es den anderen.

Die Spanierinnen:

- kommen aus Madrid,
- sind 17 und 18 Jahre alt,
- bereiten sich auf die *selectividad* vor,
- sind von Samstag bis Freitag in Köln.

Du erzählst ihnen, dass ihr in die Klasse 11 geht, aus Berlin seid, bald Abitur macht und du als Einzige Spanisch hast.

2ª parte: interacción

Preguntas:

¿Te gusta hacer prácticas en el albergue juvenil?

¿Cuántas semanas haces las prácticas?

¿Qué requisitos necesitas para hacer prácticas en el albergue juvenil?

¿Qué actividades de ocio se pueden realizar en Colonia o en el albergue juvenil?

Explica el horario del albergue juvenil, por ejemplo la hora del desayuno.

Prüfungsbeispiele 3: Gruppen- oder Einzelprüfung

Modularer Zusammenhang: *La América castellanohablante*

Competencia: Presentar un país castellanohablante de América.

1ª parte: presentación

Uruguay
Nombre completo: República Oriental del Uruguay

Continente: América
Capital: Montevideo
Población: 3.477.778 (est. 2008)
Religión mayoritaria: católicos
Idioma: castellano
Superficie: 176.220 km²
Gentilicio: uruguayo

Países / océano con que limita:

Nicaragua
Nombre completo: República de Nicaragua

Continente: América
Capital: Managua
Población: 5.785.843 (est. 2008)
Religión mayoritaria: católicos
Idioma: castellano
Superficie: 129 949 km²
Gentilicio: nicaragüense

Países / océano con que limita:

México
Nombre completo: Estados Unidos Mexicanos

Continente: América
Capital: Ciudad de México (D.F.)
Población: 109.955.400 (est. 2008)
Religión mayoritaria: católicos
Idioma: castellano
Superficie: 1.972.550 km²
Gentilicio: mexicano

Países / océanos con que limita:

2ª parte: interacción
Preguntas:
¿Qué tiempo hace en Nicaragua (México, Uruguay) en el mes de enero?
¿En qué estación del año estamos en enero?
¿Quieres viajar algún día a Latinoamérica?
Como estudias español te puedes comunicar con la gente. ¿Qué otros motivos tienes tú para estudiar español? ¿Cuál es el motivo más importante para ti?

Prüfungsbeispiele 4: Gruppen- oder Einzelprüfung

Modularer Zusammenhang: *Una mirada hacia el pasado de las Américas*

Competencia: Hablar sobre la niñez y la juventud en la sociedad azteca y en nuestra sociedad.

1ª parte: presentación

Tema general:

¿Cómo era en los tiempos aztecas y cómo es hoy?

Subtemas:
- la infancia (juguetes, castigos)
- la escuela
- los pasatiempos

Un juguete de los niños aztecas: un perro sobre ruedas

Un niño mexicano que está jugando con un juguete sobre ruedas

Tema general:

¿Cómo era en los tiempos aztecas y cómo es hoy?

Subtemas:
- el papel que desempeñaban las mujeres (partera, madre)
- los distintos castigos para las niñas y los niños
- otro tema interesante

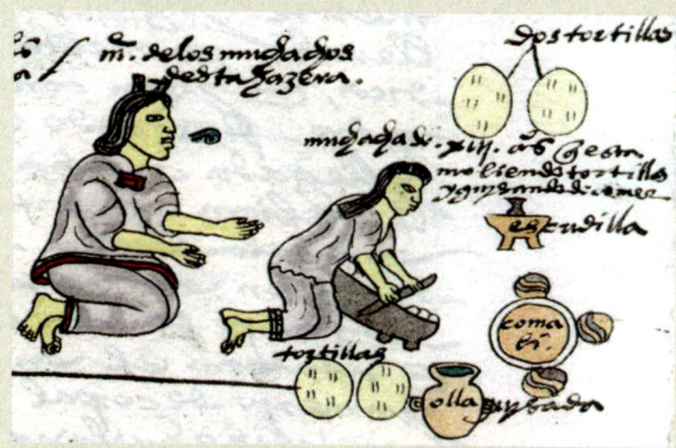

Dos tortilleras aztecas están preparando tortillas.

Mujer preparando una tortilla (Oaxaca)

2ª parte: interacción

Preguntas:

¿Qué nos ayuda a comprender mejor la época azteca?
¿Qué información obtenemos a través de las ilustraciones de los códices?
Explica cómo se celebraba el nacimiento de un niño azteca. ¿Cómo es en nuestra época?
¿En qué se distingue el ritual nupcial de la boda hoy?
Ya tienes muchos conocimientos sobre la época azteca. Si piensas en la juventud: ¿Sentían o hacían más o menos lo mismo que vosotros? ¿Qué crees?

Anhang

Indicaciones para las actividades • *Arbeitsanweisungen*

Anota / Apunta las expresiones en tu cuaderno.	*Notiere / Schreibe die Ausdrücke in dein Heft.*
Añade una característica.	*Füge eine Eigenschaft hinzu.*
Aplica las estrategias de lectura / la regla /...	*Wende die Lesestrategien / die Regel / ... an.*
Busca (ejemplos) en Internet.	*Suche (Beispiele) im Internet.*
Comenta...	*Kommentiere ...*
Compara las soluciones.	*Vergleiche die Lösungen.*
Completa las frases con...	*Vervollständige die Sätze mit ...*
Comprueba...	*Überprüfe ...*
Comunicaos en el grupo sobre...	*Verständigt euch in der Gruppe über ...*
Confecciona una tabla.	*Fertige eine Tabelle an.*
Contesta a las preguntas.	*Beantworte die Fragen.*
Corrige las frases.	*Berichtige die Sätze.*
Cuenta lo que sabes sobre...	*Erzähle, was du über ... weißt.*
Da la información geográfica.	*Gib die geografischen Informationen.*
Decide si las afirmaciones son correctas o falsas.	*Entscheide, ob die Aussagen richtig oder falsch sind.*
Deletrea tu nombre.	*Buchstabiere deinen Namen.*
Describe la imagen / a la familia /...	*Beschreibe das Bild / die Familie / ...*
Discutid las opiniones en el grupo.	*Diskutiert die Meinungen in der Gruppe.*
Dividid el curso en dos grupos.	*Teilt den Kurs in zwei Gruppen auf.*
Elige...	*Wähle ... aus.*
Emplea la doble negación.	*Verwende die doppelte Verneinung.*
Ensaya la presentación.	*Probe die Präsentation.*
Entrevista a una compañera.	*Befrage eine Mitschülerin.*
Escribe un texto / una redacción sobre...	*Schreibe einen Text / einen Aufsatz über ...*
Escucha las presentaciones.	*Höre den Präsentationen zu.*
Estudia el gráfico.	*Untersuche die Grafik.*
Explica la regla.	*Erkläre die Regel.*
Fíjate en los aspectos siguientes:...	*Achte auf die folgenden Aspekte: ...*
Formad grupos de 5 personas.	*Bildet Fünfer-Gruppen.*
Formula una hipótesis.	*Formuliere eine Hypothese.*
Haced preguntas y dad respuestas.	*Stellt euch Fragen und gebt Antworten.*
Habla de / sobre tu amiga / la foto /...	*Sprich über deine Freundin / das Foto / ...*
Haz una lista / un concurso / una encuesta sobre...	*Erstelle eine Liste / ein Quiz ... / eine Umfrage zu ...*
Indica cuál de las hipótesis es la correcta.	*Gib an, welche Hypothese zutrifft.*
Infórmate en Internet sobre...	*Informiere dich im Internet über ...*
Inserta la forma correcta (en los huecos).	*Füge die korrekte Form (in die Lücken) ein.*
Intercambiad ideas / argumentos /...	*Tauscht Ideen / Argumente / ... aus.*
Lee con atención otra vez los textos.	*Lies noch einmal aufmerksam die Texte.*
Marca las formas.	*Markiere die Formen.*
Mira la tabla.	*Schaue dir die Tabelle an.*
Ordena... sistemáticamente.	*Ordne ... systematisch an.*
Practica la lectura.	*Übe das Vorlesen.*
Preguntaos mutuamente sobre los estudiantes.	*Stellt euch gegenseitig Fragen zu den Studierenden.*
Prepara una ficha personal de...	*Bereite einen Steckbrief von ... vor.*
Presenta a la persona al curso.	*Stelle die Person dem Kurs vor.*
Puedes empezar así:...	*So kannst du beginnen: ...*
Recapitula el vocabulario temático.	*Rekapituliere den thematischen Wortschatz.*
Redacta un e-mail / un artículo /... sobre...	*Verfasse eine E-Mail / einen Artikel / ... über ...*
Relaciona las informaciones / las frases /...	*Verbinde die Informationen / die Sätze /...*
Rellena la tabla.	*Fülle die Tabelle aus.*
Resume...	*Fasse ... zusammen.*
Revisa el texto.	*Überarbeite den Text.*
... según el modelo	*... nach dem Modell / Muster*
Trabaja con las palabras nuevas.	*Arbeite mit dem neuen Wortschatz.*
Transforma las frases.	*Forme die Sätze um.*
Utiliza el sistema de apoyo.	*Verwende das Unterstützungssystem.*

Expresiones útiles para la comunicación en clase • *nützliche Wendungen für die Kommunikation im Unterricht*

¿Puede(s) repetirlo, por favor?	*Könnten Sie / Könntest du das bitte wiederholen?*
¿Puedes hablar más alto, por favor?	*Könntest du bitte lauter sprechen?*
¿Puedes hablar más despacio, por favor?	*Könntest du bitte langsamer sprechen?*
¿Cómo? ¿Qué? ¿Qué dices?	*Wie bitte? Was? Was sagst du?*
¿Sigo? ¿Seguimos?	*Soll ich / Sollen wir weitermachen?*

Pedir y dar explicaciones	***Erklärungen erbitten und geben***
Perdón. No comprendo..., ¿puede(s) explicar... otra vez, por favor?	*Entschuldigung, ich verstehe ... nicht. Könnten Sie / könntest du es bitte noch einmal erklären?*
Tengo una pregunta...	*Ich habe eine Frage.*
¿Qué significa...?	*Was bedeutet ...?*
¿Sabes cómo se dice... en español / en alemán?	*Weißt du, was ... auf Spanisch / auf Deutsch heißt?*
–Creo que se dice...	*–Ich glaube, es heißt ...*
¿Cómo se pronuncia?	*Wie spricht man das aus?*
¿Y cómo se pronuncia la "g" cuando va con "e"...?	*Wie spricht man das „g" vor einem „e" aus?*
¿Cómo se escribe "Valencia", con "b" o con "v"?	*Wie schreibt man Valencia, mit „b" oder mit „v"?*
¿Lo puedes deletrear?	*Kannst du es buchstabieren?*
¿Tiene tilde?	*Schreibt man es mit Akzent?*
¿Puede(s) escribir la palabra... en la pizarra, por favor?	*Könnten Sie / Könntest du das Wort bitte an die Tafel schreiben?*
¿En qué página está?	*Auf welcher Seite steht das?*

Cooperación	***Zusammenarbeit***
¿Quieres hacer esta actividad conmigo?	*Willst du diese Übung mit mir machen?*
¿Tienes un boli? ¿Me lo dejas?	*Hast du einen Kugelschreiber? Leihst du ihn mir?*
¿Me dejas un bolígrafo, un lápiz, una goma de borrar, un rotulador, un marcador, una hoja...?	*Leihst du mir einen Kugelschreiber, einen Bleistift, einen Radiergummi, einen Filzstift, einen Textmarker, ein Blatt ...?*
¿Me puedes ayudar con esto?	*Kannst du mir hierbei helfen?*
¿Sabes qué significa?	*Weißt du, was es bedeutet?*
–Creo que esta palabra significa... Lo sé porque es parecida al inglés / francés / latín...	*–Ich glaube, das Wort bedeutet ... Ich weiß es, weil es auf Englisch / Französisch / Latein ... ähnlich ist.*
–No, no lo sé, pero puedo buscarlo en el diccionario.	*–Nein, weiß ich nicht, aber ich kann es im Wörterbuch nachschlagen.*
¿Me pasas el diccionario?	*Reichst du mir das Wörterbuch?*
¿Tienes un diccionario?, quiero buscar una palabra.	*Hast du ein Wörterbuch? Ich möchte ein Wort nachschlagen.*
Date prisa, casi no queda tiempo.	*Beeil dich. Die Zeit ist fast um.*
¿Me puedes ayudar hoy con los deberes?	*Kannst du mir heute bei den Hausaufgaben helfen?*

Abreviaturas • ***Abkürzungen***		
cf.	compárese	*vergleiche*
etc.	etcétera	*usw.*
f / fem.	femenino	*Femininum (weiblich)*
m / masc.	masculino	*Maskulinum (männlich)*
p. ej.	por ejemplo	*zum Beispiel*
pl.	plural	*Plural*
ps. / Ps.	persona	*Person*
sg.	singular	*Singular*
v	véase	*siehe*
vs	versus	*versus*

Puntuación • ***Zeichensetzung***			
C/	calle	—	raya
/	barra	¿...?	signos de interrogación
@	arroba	¡...!	signos de admiración o de exclamación
_	guión bajo	(...)	el paréntesis / en paréntesis
–	guión	*	asterisco
.	punto		
:	dos puntos		
,	coma		
...	puntos suspensivos		
"..."	comillas		

Evaluation • Evaluación

1. Meine Art des Sprachenlernens • *Mi manera de aprender*

Wie lerne ich? Jeder lernt Sprachen auf unterschiedliche Weise. Schau dir an, wie andere Menschen es machen, und erkläre, wie du vorgehst.	**¿Cómo aprendo?** Cada uno aprende lenguas de formas diferentes. Fíjate cómo lo hacen estas personas y explica cómo lo haces tú.
Hören: Ich versuche allgemein zu verstehen, worum es geht. Ich suche Hinweise, die mir helfen, die Situation zu erraten: den Tonfall der Stimme, wichtige Wörter etc. Es macht mir nichts aus, nicht alles zu verstehen.	**Escuchar:** Intento captar globalmente de qué va: busco pistas que me ayuden a adivinar la situación: el tono de la voz, las palabras importantes, etc. No me importa no entenderlo todo.
Lesen: Ich achte auf die Bilder, die Präsentation, … – auf alles, was mir Hinweise geben könnte. Danach unterstreiche ich alles, was ich verstehe, weil ich es (schon) kenne oder weil es anderen Sprachen ähnelt … Danach versuche ich mehr Wörter anhand des Kontextes zu erraten. Auch schlage ich am Ende im Wörterbuch nach.	**Leer:** Me fijo en las imágenes, la presentación... todo lo que me pueda dar pistas. Luego subrayo todo lo que entiendo, porque lo conozco o se parece a otras lenguas... Después intento adivinar más palabras a través del contexto. También busco en el diccionario al final.
Miteinander sprechen: Ich lerne Wendungen auswendig und versuche, sie gut auszusprechen. Wenn ich etwas nicht ausdrücken kann, verwende ich Gesten, um mich verständlich zu machen, oder ich benutze ähnliche Wörter – oder ich vergleiche: „Es ist wie ein Lastwagen, aber kleiner", oder ich gebe ein Beispiel. Das Wichtigste ist, das sprachliche Problem zu lösen. Es macht nichts, dabei einige Fehler zu machen.	**Conversar:** Aprendo frases hechas de memoria e intento pronunciarlas bien. Si no sé decir algo, hago gestos para hacerme entender o utilizo otras palabras parecidas... o hago una comparación: "es como un camión, pero en pequeño" o doy un ejemplo. Lo importante es salir del apuro. No importa cometer algunos errores.
Zusammenhängend sprechen: Ich bereite meinen Vortrag langfristig vor. Zuerst mache ich mir ein Schema mit den wichtigsten Ideen, die ich äußern will. Ich versuche mir vorzustellen, dass ich vor meinen Zuhörern stehe … Manchmal, wenn es sehr wichtig ist, übe ich meinen Vortrag, indem ich ihn mir selbst vorspreche oder indem ich meine Notizen laut vorlese.	**Hablar:** Yo preparo mi discurso con mucho tiempo. Primero, hago un esquema de las ideas más importantes que voy a decir. Intento imaginarme que estoy delante de los que me escucharán... A veces, si es muy importante, ensayo mi charla hablando solo o leyendo las notas en voz alta.
Schreiben: Zuerst überlege ich, was ich in dem Text sagen will. Dann erstelle ich eine Liste mit Ideen, Wörtern, alles noch sehr chaotisch. Danach schreibe ich einen ersten Entwurf; ich schlage die Dinge, die ich nicht weiß, im Lehrwerk oder im Wörterbuch nach. Ich lese meinen Text gerne mehrfach durch, um ihn zu korrigieren und zu verbessern. Ich habe dabei mehr Zeit zum Nachdenken und zum Korrigieren als beim Sprechen. Manchmal tausche ich mich mit meinen Mitschülerinnen und Mitschülern über meine Fragen und Probleme aus.	**Escribir:** Primero pienso en lo que quiero decir en el texto. Luego hago una lista de ideas, palabras, todo muy caótico. Después escribo un primer borrador; busco en el libro de texto o en el diccionario lo que no sé. Me gusta leer varias veces la redacción para corregirla y mejorarla. Tengo más tiempo para pensar y corregirme que al hablar. A veces comento mis dudas con compañeros de clase.

spanischer Text aus: Portfolio europeo de las lenguas (PEL), Ministerio de Educación, Cultura y Deporte, Madrid 2004, pp. 41, 43

2. Selbsteinschätzung auf den Kompetenzstufen A1 und A2 (GER)

Der Selbsteinschätzungsbogen bezieht sich auf die Module von „RUTAS Uno" und kann bei Bedarf nach verschiedenen Kursabschnitten eingesetzt werden, um den Kompetenzstand und den Lernfortschritt zu ermitteln.

Die **Selbsteinschätzung** kann wie folgt festgehalten werden:
++ (Das beherrsche ich sehr sicher.)
+ (Das kann ich gut.)
! (Hier habe ich noch Lernbedarf. / Das ist mein nächstes Ziel.)

Eine **Fremdeinschätzung** durch Mitschülerinnen und Mitschüler oder die Lehrkraft kann zum Abgleich ebenfalls abgegeben werden. (✓ Ich teile diese Einschätzung.)

Hören A1 (nivel acceso)
Ich kann kurze Anweisungen und Fragen verstehen, die sich auf den Unterricht und die Bearbeitung von Aufgaben beziehen.
Ich kann einfache Beschreibungen von Personen und Orten verstehen, die ich kenne.
Ich kann Zahlen und Uhrzeiten verstehen, wenn sie sich auf alltägliche Situationen und Tätigkeiten beziehen.
Ich kann einfache Wegbeschreibungen (auch mithilfe einer Karte) verstehen.
In CD-Aufnahmen oder Gesprächen kann ich gängige Wörter, Wendungen und Sätze wiedererkennen, sofern sehr langsam und deutlich gesprochen wird.

Hören A2 (nivel plataforma)
Ich kann häufig gebrauchte Sätze, Wendungen und Wörter verstehen, wenn es um Dinge aus meiner unmittelbaren Umgebung geht (z. B. ganz grundlegende Informationen zu meiner Person, meiner Familie, Einkaufen, Schule).
Ich kann erkennen, wenn jemand in der Vergangenheit, im Präsens oder im Futur über Themen spricht, die ich im Unterricht behandelt habe.
Ich kann erfassen, worum es in Gesprächen unter Muttersprachlern, in kurzen, einfachen und klaren Mitteilungen, in einer Filmszene oder einer Fernsehmeldung geht, wenn es sich um mir bekannte Themen handelt und langsam und deutlich gesprochen wird, auch wenn ich nicht alle Sätze oder Wörter verstehe.
Ich kann nach mehrmaligem Hören von Tonaufnahmen auch Einzelheiten verstehen, sofern es um mir bekannte Themen geht.

Lesen A1 (nivel acceso)
Ich kann die Texte und die Aufgaben im Lehrbuch verstehen.
Ich kann einzelne Namen, Wörter und ganz einfache Sätze, die mir vertraut sind, auf Postern, Plakaten oder Schildern wiedererkennen und verstehen.
Ich kann erschließen, worum es in für mich neuen bebilderten Texten (z. B. in Prospekten, Plakaten, Werbung) geht.
Ich kann in Zeitungsartikeln Angaben zu Personen (persönliche Daten, Hobbys, Vorlieben, Freunde usw.) verstehen.
Ich kann einfache Grüße und persönliche Mitteilungen verstehen.
Ich kann Stundenplänen, Fahrplänen, Veranstaltungskalendern oder Plakaten Zeiten und Orte entnehmen.

Lesen A2 (nivel plataforma)
Ich kann einfache Grüße und Mitteilungen zu mir bekannten Themen in einfachen persönlichen Briefen, E-Mails oder Blog-Beiträgen verstehen.
Ich kann Texte auch mithilfe anderer Informationen (z. B. in Bildern und Überschriften) oder mithilfe meiner Vorkenntnisse zum Thema entschlüsseln.
Ich kann auch in etwas komplexeren Zeitungs- und Internettexten, in denen Zahlen, Daten und Namen eine wichtige Rolle spielen und die klar gegliedert sind, die Informationen finden, die ich suche oder benötige.
Ich kann kurze Erzählungen und Schilderungen verstehen, die von alltäglichen Dingen handeln und in denen es um Themen geht, die mir vertraut sind, wenn der Text in einfacher Sprache geschrieben ist.
Ich kann in Informationsblättern über Freizeitaktivitäten, Ausstellungen usw. die wichtigsten Informationen finden.
Ich kann Statistiken, Grafiken, Tabellen und Diagrammen Informationen zu den im Unterricht behandelten oder mich interessierenden Themen entnehmen.

An Gesprächen teilnehmen A1 (nivel acceso)
Ich kann mich in kurzen, einfachen Gesprächen verständigen, bin aber auf die Unterstützung anderer oder auf Mimik und Gestik angewiesen, um das auszudrücken, was ich sagen möchte.
Ich kann sagen, dass ich etwas nicht verstehe, oder darum bitten, etwas zu wiederholen.
Ich kann mich selbst oder jemand anderen vorstellen und einfache Gruß- und Abschiedsformeln verwenden.
Ich kann Aussagen über meine Person machen (z. B. Alter, Familie, Wohnort, Hobbys).
Ich kann Angaben von anderen (z. B. Alter, Familie, Wohnort, Hobbys) erfragen.
Ich kann auf einfache Aussagen und Fragen von anderen reagieren, sofern es um mir vertraute Themen und Angelegenheiten geht.
Ich kann andere um etwas bitten, ihnen etwas geben und mich bedanken.
Ich kann mich in einfachen thematischen Kontexten über Zahlen und Uhrzeiten austauschen.

An Gesprächen teilnehmen A2 (nivel plataforma)
Ich kann mich im Unterricht in kurzen Dialogen verständigen und mich an einfachen Rollenspielen zu den behandelten Themen beteiligen.
Ich kann nach der Bedeutung von Wörtern fragen und andere bitten, Dinge zu wiederholen oder langsamer zu sprechen.
Ich kann mich in einfachen Reisesituationen (z. B. Hotel, Busstation, Wetter) verständlich machen, um Auskünfte einzuholen oder etwas zu bestellen.
Ich kann mich an Gesprächen beteiligen, in denen es um Themen aus der Schule, dem Alltag und der Freizeit geht, z. B. Schulaktivitäten, Hobbys, (Reise-)Länder, Wochenenderlebnisse.
Ich kann Aktivitäten vorschlagen und Verabredungen mit anderen treffen.
Ich kann mich über Vorlieben und Abneigungen unterhalten.
Ich kann meine Zustimmung, aber auch meine Ablehnung oder eine andere Meinung in Gesprächen äußern.

Zusammenhängendes Sprechen A1 (nivel acceso)
Ich kann Angaben zu meiner Person und zu anderen Personen machen (z. B. Adresse, Telefonnummer, Alter, Herkunftsland, Familie, Hobbys).
Ich kann ein einfaches, auswendig gelerntes Gedicht, eine eigene Gedicht- oder Liedstrophe vortragen.
Ich kann meinen Kurs in einfachen, knappen Sätzen vorstellen.

Zusammenhängendes Sprechen A2 (nivel plataforma)
Ich kann einen Stundenplan beschreiben und einige zentrale Besonderheiten im spanischen und deutschen Schulsystem darstellen.
Ich kann mich selbst und andere Personen beschreiben (Aussehen, zentrale Charaktermerkmale, Vorlieben und besondere Aktivitäten).
Ich kann mir bekannte Länder mit einigen ihrer Besonderheiten vorstellen.
Ich kann einen Tagesablauf beschreiben.
Ich kann Freizeitaktivitäten von Jugendlichen darstellen.
Ich kann über vergangene Aktivitäten und Ereignisse berichten.

Schreiben A1 (nivel acceso)
Ich kann in Fragebögen oder Formularen stichpunktartige Angaben über mich oder andere Personen machen (z. B. Name, Alter, Anschrift, Nationalität) bzw. einen Steckbrief verfassen.
Ich kann in einfachen, kurzen Sätzen über mich schreiben (wer ich bin, wo ich wohne, woher ich komme, welches meine Hobbys oder Vorlieben sind).
Ich kann eine andere Person in einem kurzen Text beschreiben.
Ich kann einen kurzen Gruß für ein Forum verfassen.

Schreiben A2 (nivel plataforma)
Ich kann kurze Texte mit einfachen Sätzen schreiben und sie mit Konjunktionen wie *y, pero, porque* verbinden.
Ich kann einen einfachen informativen Text oder einen Forumsbeitrag über ein mir bekanntes Land verfassen.
Ich kann einen Brief oder einen Forumsbeitrag über Dinge aus dem eigenen (Schul-)Alltag oder meine persönlichen Vorlieben verfassen.
Ich kann ein einfaches Gedicht fortführen.
Ich kann in einfachen Sätzen einen Handlungsverlauf beschreiben und dabei die wichtigsten verknüpfenden Wörter verwenden, um die zeitliche Abfolge der Ereignisse kenntlich zu machen.

Qualität und Korrektheit der sprachlichen Mittel A1 (nivel acceso)
Ich kann Wörter und Wendungen so aussprechen, dass *hispanohablantes*, die häufig mit Sprechern anderer Sprachen zu tun haben, mich verstehen.
Ich kann einzelne Wörter und Sätze mit Angaben zu meiner Person fehlerfrei schreiben.
Ich habe Redewendungen für die *comunicación en clase* gelernt und kann sie situativ passend verwenden.
Ich beherrsche ganz einfache grammatische Strukturen und Satzmuster.

Qualität und Korrektheit der sprachlichen Mittel A2 (nivel plataforma)
Meine Aussprache ist in der Regel deutlich genug, um von meinen Gesprächspartnern verstanden zu werden, auch wenn ich noch einen erkennbaren Akzent habe.
Einzelne Wörter und Redemittel kann ich meist fehlerfrei schreiben. In kleineren Texten unterlaufen mir noch häufiger Rechtschreibfehler.
Mein Wortschatz reicht aus, um in einfachen Alltagssituationen im Ausland zurechtzukommen.
Ich kann einfache Satzmuster korrekt verwenden, auch wenn gelegentlich noch Unsicherheiten vorhanden sind (z. B. Zeitenbildung und -gebrauch, Konkordanz, Satzstellung).

Die Indikatoren für den Selbsteinschätzungsbogen orientieren sich am Gemeinsamen Europäischen Referenzrahmen (GER) sowie an den Checklisten in den deutsch- und spanischsprachigen Sprachenportfolios (vgl. http://www.coe.int/T/DG4/Portfolio/?L=E&M=/main_pages/portfolios.html).

3. Schülerselbstbewertung in der Sonstigen Mitarbeit

Nach der schriftlichen Selbstbewertung anhand der Bewertungsaspekte erfolgt ein Abgleich mit den Beobachtungen und der Bewertung aus Lehrerperspektive.

Relevante Aspekte:
Beteiligung allgemein: • Häufigkeit und Kontinuität: Ich beteilige mich immer / manchmal / selten. • Ich trage Texte, Ergebnisse und Hausaufgaben regelmäßig vor. • Ich zeige einen hohen Grad an Aufmerksamkeit und Konzentration während des Unterrichts.
Sprachliche Qualität der Beiträge: • Arbeitssprache: Ich bemühe mich, möglichst viel auf Spanisch zu sprechen, auch wenn es schwierig ist. – Ich spreche meist deutsch. • Verwendung des Vokabulars: Ich verwende einen breiten, thematisch angemessenen Wortschatz. – Ich verwende einen eher einfachen Wortschatz (Basisvokabular). • Ich verwende neu gelernte Strukturen in meinen Beiträgen. • Ich wende unterschiedliche Strategien an, um sprachliche Schwierigkeiten zu meistern.
Inhaltliche Qualität der Mitarbeit: • Meine Beiträge sind wesentlich für die gemeinsame Weiterarbeit am Thema. • Meine Beiträge sind eher einfach angelegt.
Anfertigen der Hausaufgaben: • Ich fertige meine Hausaufgaben regelmäßig an. – Ich habe meine Hausaufgaben häufig nicht gemacht. • Ich bemühe mich, sie anspruchsvoll und umfangreich zu gestalten. – Ich halte sie so knapp wie möglich.
Selbstständige Arbeit: • Ich beobachte meine eigenen Fortschritte. Falls ich Lücken oder Probleme sehe, führe ich bei Bedarf eigenständige Wiederholungen und Übungen durch. • Ich systematisiere und lerne regelmäßig das Vokabular. • Ich führe Fehleranalysen durch und suche Lösungen, um Fehler zu vermeiden.
Kurzvorträge: • Kurzvorträge bereite ich sorgfältig innerhalb der vereinbarten Frist vor (informative, gut strukturierte *exposiciones*). • Ich übe den Vortrag intensiv (zu Hause oder im Unterricht). • Ich trage Kurzvorträge anhand von Stichworten oder einer Mindmap frei vor. • Sofern abgesprochen, bereite ich ein Handout oder eine Visualisierung als Hilfe für die Zuhörer vor.
Partner- und Gruppenarbeit: • Ich arbeite zielgerichtet und effektiv gemäß der Aufgabenstellung, um das Produkt und die Präsentation vorzubereiten. • Ich plane gezielt mit meiner Partnerin / meinem Partner / den übrigen Gruppenmitgliedern. • Ich arbeite kooperativ und konstruktiv mit den anderen zusammen. • Wenn es möglich ist, spreche ich in der Partner- oder Gruppenarbeit Spanisch und gehe nur dann zum Deutschen über, wenn mir viele sprachliche Ausdrucksmittel fehlen.
Persönliche Arbeitseinstellung: • Ich bin sehr motiviert und interessiert daran, Spanisch zu lernen. – Manchmal bin ich eher desinteressiert, weil ... / wenn ... • Hinsichtlich der Weiterentwicklung meiner Fähigkeiten stelle ich hohe Anforderungen an mich selbst (sprachlich – thematisch – kommunikativ). • Ich hole Rückmeldungen zur Entwicklung meiner Fähigkeiten ein (bei Mitschülern / bei meiner Spanischlehrerin / bei meinem Spanischlehrer) und setze mir persönliche Ziele.

Verbtabellen

1. Die regelmäßigen Verben auf -ar, -er, -ir

	hablar		beber		vivir	
Präsens Indikativ	hablo hablas habla	hablamos habláis hablan	bebo bebes bebe	bebemos bebéis beben	vivo vives vive	vivimos vivís viven
presente de subjuntivo	hable hables hable	hablemos habléis hablen	beba bebas beba	bebamos bebáis beban	viva vivas viva	vivamos viváis vivan
imperfecto	hablaba hablabas hablaba	hablábamos hablabais hablaban	bebía bebías bebía	bebíamos bebíais bebían	vivía vivías vivía	vivíamos vivíais vivían
indefinido	hablé hablaste habló	hablamos hablasteis hablaron	bebí bebiste bebió	bebimos bebisteis bebieron	viví viviste vivió	vivimos vivisteis vivieron
futuro próximo	voy a hablar		voy a beber		voy a vivir	
Gerundium	hablando		bebiendo		viviendo	
Partizip	hablado		bebido		vivido	

2. Diphthongierende Verben: e > ie / o > ue (u > ue)

e > ie	**cerrar**		**entender**		**adquirir**	
Präsens Indikativ	cierro cierras cierra	cerramos cerráis cierran	entiendo entiendes entiende	entendemos entendéis entienden	adquiero adquieres adquiere	adquirimos adquirís adquieren
presente de subjuntivo	cierre cierres cierre	cerremos cerréis cierren	entienda entiendas entienda	entendamos entendáis entiendan	adquiera adquieras adquiera	adquiramos adquiráis adquieran
imperfecto	cerraba		entendía		adquiría	
indefinido	cerré		entendí		adquirí	
futuro próximo	voy a cerrar		voy a entender		voy a adquirir	
Gerundium	cerrando		entendiendo		adquiriendo	
Partizip	cerrado		entendido		adquirido	

ebenso:
-ar: cerrar, comenzar, despertarse, empezar, merendar, recomendar, pensar, confesar, nevar

-er: defender, descender, encender, perder

o > ue (u > ue)	**contar**		**volver**	
Präsens Indikativ	cuento cuentas cuenta	contamos contáis cuentan	vuelve vuelves vuelve	volvemos volvéis vuelven
presente de subjuntivo	cuente cuentes cuente	contemos contéis cuenten	vuelva vuelvas vuelva	volvamos volváis vuelvan
imperfecto	contaba		volvía	
indefinido	conté		volví	
futuro próximo	voy a contar		voy a volver	
Gerundium	contando		volviendo	
Partizip	contado		**vuelto**	

ebenso:
-ar:
acostarse, almorzar, aprobar, comprobar, encontrar, jugar (u > ue), mostrar, soñar, recordar, sonar, contar

-er: llover, mover

3. Alternierende Verben auf -ir: e > i

	pedir	
Präsens Indikativ	pido pides pide	pedimos pedís piden
presente de subjuntivo	pida pidas pida	pidamos pidáis pidan
imperfecto	pedía	
indefinido	pedí pediste pidió	pedimos pedisteis pidieron

ebenso: servir, vestirse, conseguir, corregir, despedirse, elegir, repetir

futuro próximo	voy a pedir
Gerundium	pidiendo
Partizip	pedido

4. Alternierende und diphthongierende Verben auf -ir: e > ie; e > i / o > ue; o > u

	sentir	
Präsens Indikativ	siento sientes siente	sentimos sentís sienten
presente de subjuntivo	sienta sientas sienta	sintamos sintáis sientan
imperfecto	sentía	
indefinido	sentí sentiste sintió	sentimos sentisteis sintieron
futuro próximo	voy a sentir	
Gerundium	sintiendo	
Partizip	sentido	

ebenso: convertir, preferir, referir, divertirse

dormir	
duermo duermes duerme	dormimos dormís duermen
duerma duermas duerma	durmamos durmáis duerman
dormía	
dormí dormiste durmió	dormimos dormisteis durmieron
voy a dormir	
durmiendo	
dormido	

ebenso: morir *¡ojo!* participio: **muerto**

5. Verben auf -acer, -ecer, -ocer, -ucir

	nacer	
Präsens Indikativ	nazco naces nace	nacemos nacéis nacen
presente de subjuntivo	nazca nazcas nazca	nazcamos nazcáis nazcan
imperfecto	nacía	
indefinido	nací naciste nació	nacimos nacisteis nacieron
futuro próximo	va a nacer	
Gerundium	naciendo	
Partizip	nacido	

ebenso: aparecer, conocer, desaparecer, desobedecer, obedecer, ofrecer, parecer, reconocer

producir*	
produzco produces produce	producimos producís producen
produzca produzcas produzca	produzcamos produzcáis produzcan
producía	
produje produjiste produjo	produjimos produjisteis produjeron
va a producir	
produciendo	
producido	

ebenso: reducir, introducir, traducir, conducir

* Die Verben auf **-ducir** ändern im *pretérito indefinido* den Stammauslaut.

6. Verben auf -uir

	construir	
Präsens Indikativ	constru**y**o constru**y**es constru**y**e	construimos construís constru**y**en
presente de subjuntivo	constru**y**a constru**y**as constru**y**a	constru**y**amos constru**y**áis constru**y**an
imperfecto	construía	
indefinido	construí construiste constru**y**ó	construimos construisteis constru**y**eron
futuro próximo	voy a construir	
Gerundium	constru**y**endo	
Partizip Perfekt	construido	

ebenso:
influir, contribuir

7. Die unregelmäßigen Verben

	dar	**decir**	**estar**	**haber**	**hacer**
Präsens Indikativ	**doy** das da damos dais dan	**digo** dices dice decimos decís dicen	**estoy** estás está estamos estáis están	**he** has ha (**hay**) hemos habéis han	**hago** haces hace hacemos hacéis hacen
presente de subjuntivo	**dé** des **dé** demos deis den	diga digas diga digamos digáis digan	**esté** estés esté estemos estéis estén	**haya** hayas haya hayamos hayáis hayan	haga hagas haga hagamos hagáis hagan
pretérito imperfecto	daba	decía	estaba	había	hacía
pretérito indefinido	**di** diste dio dimos disteis dieron	**dije** dijiste dijo dijimos dijisteis dijeron	**estuve** estuviste estuvo estuvimos estuvisteis estuvieron	**hube** hubiste hubo hubimos hubisteis hubieron	**hice** hiciste **hizo** hicimos hicisteis hicieron
futuro próximo	voy a dar	voy a decir	voy a estar	va a haber	voy a hacer
Gerundium	dando	diciendo	estando	habiendo	haciendo
Partizip	dado	**dicho**	estado	habido	**hecho**

	ir	oír	poder	poner	querer
Präsens Indikativ	**voy** **vas** **va** **vamos** **vais** **van**	**oigo** oyes oye oímos oís oyen	puedo puedes puede podemos podéis pueden	**pongo** pones pone ponemos ponéis ponen	quiero quieres quiere queremos queréis quieren
presente de subjuntivo	**vaya** vayas vaya vayamos vayáis vayan	oiga oigas oiga oigamos oigáis oigan	pueda puedas pueda podamos podáis puedan	ponga pongas ponga pongamos pongáis pongan	quiera quieras quiera queramos queráis quieran
pretérito imperfecto	**iba** **ibas** **iba** **íbamos** **ibais** **iban**	oía	podía	ponía	quería
pretérito indefinido	**fui** fuiste **fue** fuimos fuisteis fueron	**oí** oíste oyó oímos oísteis oyeron	**pude** pudiste pudo pudimos pudisteis pudieron	**puse** pusiste puso pusimos pusisteis pusieron	**quise** quisiste quiso quisimos quisisteis quisieron
futuro próximo	voy a ir	voy a oír	voy a poder	voy a poner	voy a querer
Gerundium	yendo	oyendo	**pudiendo**	poniendo	queriendo
Partizip	ido	oído	podido	**puesto**	querido

	saber	salir	ser	tener	traer
Präsens Indikativ	**sé** sabes sabe sabemos sabéis saben	**salgo** sales sale salimos salís salen	**soy** **eres** **es** **somos** **sois** **son**	**tengo** tienes tiene tenemos tenéis tienen	**traigo** traes trae traemos traéis traen
presente de subjuntivo	**sepa** sepas sepa sepamos sepáis sepan	salga salgas salga salgamos salgáis salgan	**sea** seas sea seamos seáis sean	tenga tengas tenga tengamos tengáis tengan	traiga traigas traiga traigamos traigáis traigan
pretérito imperfecto	sabía	salía	**era** **eras** **era** **éramos** **erais** **eran**	tenía	traía

pretérito indefinido	**supe** supiste supo supimos supisteis supieron	salí saliste salió salimos salisteis salieron	**fui** fuiste **fue** fuimos fuisteis fueron	**tuve** tuviste tuvo tuvimos tuvisteis tuvieron	**traje** trajiste trajo trajimos trajisteis trajeron
futuro próximo	voy a saber	voy a salir	voy a ser	voy a tener	voy a traer
Gerundium	sabiendo	saliendo	siendo	teniendo	trayendo
Partizip	sabido	salido	sido	tenido	traído

	venir	**ver**
Präsens Indikativ	**vengo** v**ie**nes v**ie**ne venimos venís v**ie**nen	veo ves ve vemos veis ven
presente de subjuntivo	venga vengas venga vengamos vengáis vengan	vea veas vea veamos veáis vean
pretérito imperfecto	venía	veía
pretérito indefinido	**vine** viniste vino vinimos vinisteis vinieron	**vi** viste vio vimos visteis vieron
futuro próximo	voy a venir	voy a ver
Gerundium	viniendo	viendo
Partizip	venido	**visto**

Thematischer Wortschatz der Einzelmodule

2 Ser joven en el siglo XXI

personas / profesiones ***Menschen / Berufe***	**rasgos característicos** ***Eigenschaften***	**actividades** ***Aktivitäten***
chico (m) *Junge* chica (f) *Mädchen* profesor (m) *Lehrer* profesora (f) *Lehrerin* estudiante (mf) *Schüler/in (Student/in)*	ser activo,a *aktiv sein* ser alemana *Deutsche sein* ser alto,a *groß sein* ser guapo,a *hübsch sein* ser joven *jung sein* ser inteligente *klug sein* ser amable *nett sein* ser nuevo,a *neu sein* ser chistoso,a *witzig sein* tener 17 años *17 Jahre alt sein*	fijarse en *achten auf* contestar *antworten* estudiar *lernen, studieren* hablar español (m) *Spanisch sprechen* entender -ie- *verstehen*

instituto / colegio ***Schule***	**en torno al instituto** ***rund um die Schule***	**lernen und arbeiten** ***estudiar***
instituto *öffentliches Gymnasium, Gesamtschule* colegio *Privatschule* curso (m) *Jahrgang, Kurs* curso básico *Grundkurs* centro escolar (m) *Schule* sistema (m) escolar *Schulsystem*	compañero,a *Mitschüler/in* (mucho) trabajo (m) *(viel) Arbeit* vivir cerca del instituto *nahe bei der Schule wohnen* ciudad (f) *Stadt* correcto,a *korrekt, richtig* muchas nacionalidades *viele Nationalitäten*	schreiben (einen Aufsatz) *escribir (una redacción)* (der Freundin) helfen *ayudar a la amiga* verstehen (die Wörter, den Lehrer) *comprender (las palabras, al profesor)* fragen *preguntar* lesen (eine Aufgabe, einen Text) *leer (una actividad, un texto)* (zu)hören (dem Mitschüler) *escuchar (al compañero)* üben (die Aussprache) *practicar (la pronunciación)* überprüfen (den Text) *examinar el texto*

3 Ir al instituto en Alemania y en España

familia ***Familie***	
abuela (f), abuelita *Großmutter, Oma* abuelo (m), abuelito *Großvater, Opa* madre (f), mamá, mami *Mutter, Mama, Mami* padre (m), papá *Vater, Papa* padres (m) *Eltern, Väter* hermana (f), hermanita *Schwester, kleine Schwester* hermano (m), hermanito *Bruder, kleiner Bruder* hermanos (m) *Geschwister, Brüder* prima (f) *Cousine* primo (m) *Vetter* esposa (f), mujer (f) *Ehefrau* esposo (m), marido (m) *Ehemann* novia *Freundin, Braut, Verlobte* novio *Freund, Bräutigam, Verlobter*	tener una familia grande *eine große Familie haben* ser una familia grande *eine große Familie sein* toda la familia *die ganze Familie* tener muchas hermanas *viele Schwestern haben* mandar saludos a la familia *die Familie grüßen*

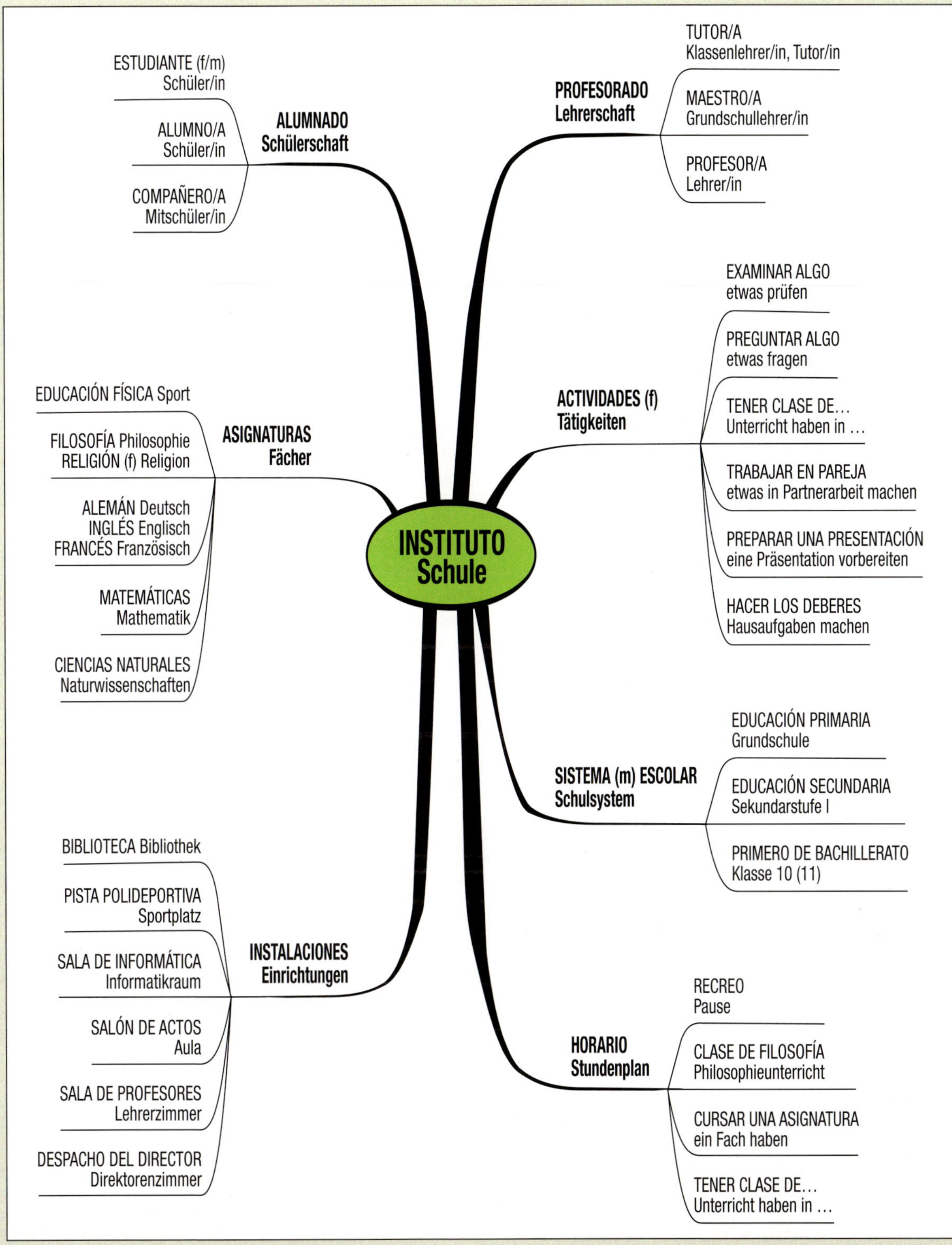
INSTITUTO
Schule
ALUMNADO
Schülerschaft
ESTUDIANTE (f/m)
Schüler/in
ALUMNO/A
Schüler/in
COMPAÑERO/A
Mitschüler/in
PROFESORADO
Lehrerschaft
TUTOR/A
Klassenlehrer/in, Tutor/in
MAESTRO/A
Grundschullehrer/in
PROFESOR/A
Lehrer/in
ASIGNATURAS
Fächer
EDUCACIÓN FÍSICA Sport
FILOSOFÍA Philosophie
RELIGIÓN (f) Religion
ALEMÁN Deutsch
INGLÉS Englisch
FRANCÉS Französisch
MATEMÁTICAS
Mathematik
CIENCIAS NATURALES
Naturwissenschaften
ACTIVIDADES (f)
Tätigkeiten
EXAMINAR ALGO
etwas prüfen
PREGUNTAR ALGO
etwas fragen
TENER CLASE DE…
Unterricht haben in …
TRABAJAR EN PAREJA
etwas in Partnerarbeit machen
PREPARAR UNA PRESENTACIÓN
eine Präsentation vorbereiten
HACER LOS DEBERES
Hausaufgaben machen
SISTEMA (m) ESCOLAR
Schulsystem
EDUCACIÓN PRIMARIA
Grundschule
EDUCACIÓN SECUNDARIA
Sekundarstufe I
PRIMERO DE BACHILLERATO
Klasse 10 (11)
INSTALACIONES
Einrichtungen
BIBLIOTECA Bibliothek
PISTA POLIDEPORTIVA
Sportplatz
SALA DE INFORMÁTICA
Informatikraum
SALÓN DE ACTOS
Aula
SALA DE PROFESORES
Lehrerzimmer
DESPACHO DEL DIRECTOR
Direktorenzimmer
HORARIO
Stundenplan
RECREO
Pause
CLASE DE FILOSOFÍA
Philosophieunterricht
CURSAR UNA ASIGNATURA
ein Fach haben
TENER CLASE DE…
Unterricht haben in …

4 La rutina diaria

términos generales *allgemeine Begriffe*			
rutina diaria	*tägliche Routine*	ir al baño	*ins Bad gehen*
un día normal y corriente	*ein ganz normaler Tag*	ir a la cocina	*in die Küche gehen*
pasar el día	*den Tag verbringen*	sonar (-ue-) el teléfono	*Telefonklingeln*
lavarse / asearse	*Körperpflege betreiben*	llamar a una persona	*jemanden anrufen*
la juventud española	*die spanische Jugend*		

actividades matinales	***morgendliche Tätigkeiten***
despertarse (-ie-) temprano / tarde	*früh / spät aufwachen*
madrugar	*früh aufstehen*
levantarse temprano / tarde	*früh / spät aufstehen*
ducharse, secarse el pelo largo, peinarse, maquillarse, vestirse (-i-)	*sich duschen, sich das lange Haar fönen, sich kämmen, sich schminken, sich anziehen*
ponerse una blusa bonita	*sich eine schöne Bluse anziehen*
tomar pan (m) con mantequilla y mermelada	*Brot mit Butter und Marmelade essen*
tomar café con leche	*Milchkaffee (Kaffee mit Milch) trinken*
tomar el desayuno / desayunar	*Frühstück einnehmen, frühstücken*
tomar cereales	*Müsli essen*
ir a la parada de autobuses	*zur Bushaltestelle gehen*
llegar al instituto	*an der Schule ankommen*
salir del instituto	*aus der Schule kommen*
hacer los deberes	*Hausaufgaben machen*
merendar (-ie-)	*Kaffeetrinken*
cenar	*Abendbrot essen*

llamar desde el móvil a una persona	***jemanden mit dem Handy anrufen***
¿Qué tal?	*Wie geht's?*
Muy bien, gracias.	*Sehr gut, danke!*
¿Cuándo nos vemos?	*Wann sehen wir uns?*
Hasta ahora / hasta luego.	*Bis dann / bis gleich.*

el efecto de una poesía	***die Wirkung eines Gedichts***
ser una poesía triste	*ein trauriges Gedicht sein*
ser una poesía alegre	*ein fröhliches Gedicht sein*
ser una poesía divertida	*ein witziges / lustiges Gedicht sein*

actividades de ocio	***Freizeitbeschäftigungen***
romper la rutina diaria	*die tägliche Routine durchbrechen*
hacer deporte en el tiempo libre	*in der Freizeit Sport treiben*
ir a bailar	*tanzen gehen*
ir al cine o al teatro	*ins Kino oder Theater gehen*
ir al concierto	*ins Konzert gehen*
tener actividades favoritas	*Lieblingsbeschäftigungen haben*
leer un libro	*ein Buch lesen*
leer el periódico	*die Zeitung lesen*
enchufarse al ordenador	*sich an den Rechner setzen*
ver la tele	*fernsehen*
hacer compras	*einkaufen gehen*
ir de excursión	*einen Ausflug machen*
hacer lo mismo que la juventud española	*dasselbe tun wie die spanische Jugend*

5 Hacer prácticas

allgemeine Begriffe	***términos generales***
ein Praktikum im Bereich Tourismus machen helfen, einen Praktikumsplatz zu finden die folgenden Anforderungen erfüllen: … eine Reihe von Voraussetzungen mitbringen es vorziehen, in einem Hotel zu arbeiten	*hacer / realizar prácticas en el área del turismo* *ayudar a encontrar prácticas* *cumplir los requisitos siguientes:…* *necesitar una serie de requisitos* *preferir (-ie-) trabajar en un hotel*

Lebenslauf Vor- und Zuname(n) Adresse Postleitzahl Personalausweis	*currículum vitae* *nombre y apellido(s)* *dirección f* *código postal* *DNI*	Geburtsort Geburtstag Führerschein Familienstand Ausbildung	*lugar de nacimiento* *fecha de nacimiento* *permiso de conducir* *estado civil* *formación y estudios*

Art des Praktikums	***tipo de prácticas***	**Einrichtung**	***establecimiento***
ein Praktikum – in der Rezeption machen – als Kellner/in machen – im Restaurant machen – als Animateur/in machen	*hacer prácticas* *– de recepción* *– de camarero,a* *– de restaurante* *– de animación*	ein gutes Hotel sein eine große Hotelanlage sein	*ser un buen hotel* *ser un gran centro turístico*

notwendige Eigenschaften / Voraussetzungen, um ein Hotelpraktikum machen zu können	***requisitos necesarios para realizar las prácticas hoteleras***
mit Kindern umgehen können die Fragen der Gäste beantworten können über die Hoteleinrichtungen informieren können einen Weg beschreiben können Spanisch können die Zimmerpreise kennen die Busfahrpläne kennen pünktlich, respektvoll, liebenswürdig, höflich, aufmerksam, verantwortungsbewusst sein die Wünsche der Gäste respektieren	*saber cómo tratar a los niños* *saber responder a las preguntas de la clientela* *saber informar sobre las instalaciones hoteleras* *saber explicar el camino* *saber hablar español* *conocer (-zc-) los precios de las habitaciones* *conocer los horarios de los autobuses* *ser puntual, respetuoso,a, amable, cortés, atento,a, responsable* *respetar los deseos de los clientes*

Hoteleinrichtungen und Dienstleistungen	***servicios generales hoteleros***
Doppel- und Einzelzimmer haben zwei Restaurants und eine Cafetería haben mit Klimaanlage und Heizung ausgestattet sein Kreditkarten annehmen einen Fahrstuhl und Garagen haben das Geld in einem Tresor aufbewahren	*disponer de habitaciones dobles y sencillas* *disponer de dos restaurantes y una cafetería* *estar equipado,a con aire acondicionado y calefacción* *aceptar tarjetas de crédito* *tener ascensor y garajes* *guardar el dinero en una caja fuerte*

Essen und Trinken	***comer y beber***
Essen gehen ins/in ein Restaurant gehen das Tagesgericht erster/zweiter Gang zuerst … nehmen ein gutes und leckeres Gericht (Essen) sein Ich nehme …/Was nimmst du? zum Nachtisch nicht wissen, ob man Nachtisch nimmt ein Gericht mit Eiern zubereiten ein Gericht mit Zwiebeln und Kartoffeln sein jemandem ein Gericht empfehlen (können) Bringen Sie mir bitte … Sonst noch etwas? – Nein danke, das ist alles.	*ir a comer* *ir al / a un restaurante* *el menú del día* *primer / segundo plato* *tomar primero…* *ser un plato rico y sabroso* *Voy a tomar… / ¿Qué vas a tomar?* *de postre (m)* *no saber si tomar postre* *preparar una plato con huevos* *ser un plato con cebollas y patatas* *recomendar un plato a una persona* *Tráigame, por favor…* *¿Algo más? – No, gracias, nada más.*

6 La América castellanohablante

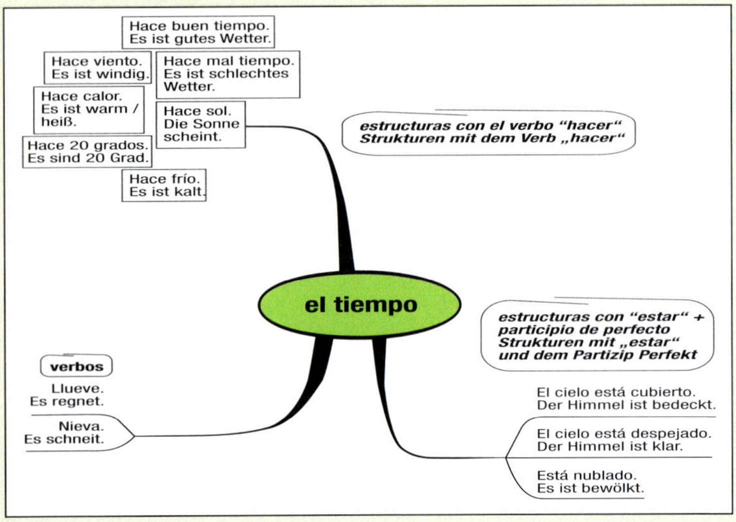

die Temperatur	*la temperatura*
Die Temperatur im Sommer beträgt mehr als 30 Grad.	*La temperatura en verano es de más de 30 grados.*
Die Höchsttemperatur beträgt 40 Grad.	*La temperatura máxima es de 40 grados.*
Die Mindesttemperatur beträgt 2 Grad minus.	*La temperatura mínima es de 2 grados bajo cero.*

die Geografie	*la geografía*
aus Argentinien sein	*ser de Argentina*
liegen / sich befinden in	*estar ubicado,a en / estar situado,a en*
im Norden grenzen an	*limitar al norte con*
die Hauptstadt von … sein	*ser la capital de*
sich in der Mitte des Landes befinden	*encontrarse en el centro del país*
die Oberfläche beträgt 3 Millionen km^2	*la superficie es de 3 millones de kilómetros cuadrados*
die Oberfläche beträgt 2.000.000 km^2	*la superficie abarca 2 millones de km^2*
zwei Sprachen sprechen	*hablar dos idiomas*
ca. 18 Millionen Einwohner haben	*tener alrededor de 18.000.000 de habitantes*

Gründe, weshalb man Spanisch lernt	*motivos por los que se estudia español*
mit allen sprechen wollen	*querer hablar con todo el mundo*
ein Tor zu einer anderen Welt sein	*ser una puerta a otro mundo*
Details der Kultur/des Herzens des Landes finden	*encontrar detalles de la cultura / del corazón del país*
die Türen zu einer anderen Kultur öffnen	*abrir las puertas a otra cultura*
eine Bereicherung sein, mit den Menschen zu leben	*ser un enriquecimiento convivir con la gente*
eine nützliche Sprache für die Ferien sein	*ser un idioma útil para la vacaciones*
überleben wollen	*querer sobrevivir*
ein einfaches Ziel haben	*tener una meta sencilla*
Spanisch bei der Arbeit benutzen können	*poder usar el español en el trabajo*
eine wichtige/der am meisten gelernten Sprache(n) sein	*ser una lengua importante / una de las más estudiadas*
die Muttersprache vieler Menschen sein	*ser la lengua materna de muchas personas*

7 España: tierra y gente

las lenguas	*die Sprachen*
ser la lengua nacional / minoritaria	*die Nationalsprache / Minderheitensprache sein*
lengua / idioma (m)	*Sprache*
tener el origen en el latín	*den Ursprung im Lateinischen haben*
ser lenguas oficiales en algunas comunidades	*offizielle Sprachen in einigen autonomen Regionen sein*
existir diversas teorías sobre el origen	*es existieren verschiedene Theorien über den Ursprung*
formar parte de una familia / pertenecer (-zc-) a una ~	*Teil einer Familie sein / zu einer Familie gehören*
ser denominado castellano	*Kastilisch genannt werden*

las comunidades autónomas	***die autonomen Regionen***
conocer (-zc-) el país estar dividido,a en 17 comunidades autónomas ser ciudades autónomas en territorio africano ocupar / abarcar la mayor parte de la península ser de pocos kilómetros (la distancia) ser el segundo país de mayor tamaño ubicarse en el corazón del país compartir el territorio con incluir (-y-) islas e islotes ser un país montañoso descender (-ie-) con lentitud (los ríos) desembocar en el mar ser el único río navegable estar a muchos / pocos kilómetros	*das Land kennen(lernen)* *in 17 autonome Regionen eingeteilt sein* *autonome Städte auf afrikanischem Gebiet sein* *den größten Teil der Halbinsel umfassen* *eine Entfernung von wenigen Kilometern sein* *das zweitgrößte Land sein* *sich im Herzen des Landes befinden* *das Territorium teilen mit* *Inseln und (unbewohnte) Felsen einbeziehen* *ein gebirgiges (bergiges) Land sein* *langsam fließen (die Flüsse)* *ins Meer münden* *der einzige schiffbare Fluss sein* *viele / wenige Kilometer entfernt sein*

el turismo	***der Tourismus***
ser el primer país turístico atraer a muchos turistas buscar el encanto del interior / los atractivos / el ambiente extraordinario / la diversidad paisajística tener una gran variedad (f) de paisajes (m) ser una ciudad cosmopolita estar lleno de teatros, galerías, óperas, cines (m) y museos ofrecer (-zc-) todas las opciones turísticas imaginables ofrecer la belleza salvaje y volcánica de… ser un museo impresionante tener bosques, valles (m), montañas, ríos, mar (m), ciudades (f), pueblos	*das erste (wichtigste) touristische Land sein* *viele Touristen anziehen* *den Zauber des Landesinneren / die Reize / die außergewöhnliche Atmosphäre / die landschaftliche Vielfalt suchen* *eine große Vielfalt an Landschaften haben* *eine Weltstadt sein* *voll von Theatern, Galerien, Opern, Kinos und Museen sein* *alle vorstellbaren touristischen Möglichkeiten bieten* *die wilde und vulkanische Schönheit von … bieten* *ein beeindruckendes Museum sein* *Wälder, Täler, Berge, Flüsse, Meer, Städte, Dörfer haben*

la otra cara del turismo	***das andere Gesicht des Tourismus***
ser un problema ecológico grande estar contaminado,a por el alquitrán, basura inorgánica, vertidos tóxicos estar lleno,a de excrementos, botellas de plástico estar sucio,a	*ein großes ökologisches Problem sein* *kontaminiert sein von Teer, anorganischem Abfall, giftigen Abfallstoffen* *voll sein von Exkrementen, Plastikflaschen* *schmutzig sein*

moda, ropa y compra de ropa	***Mode, Kleidung und Kleidung kaufen***
llevar ropa original / vestidos de los años 60 ser una colección de moda de los años … llevar pantalones vaqueros o minifalda ser una blusa blanca / estampada/ genial ser de algodón 100 % / de terciopelo / de tejido sintético ser un jersey de punto ser la talla de u. p. tener un toque nostálgico ser una auténtica rareza querer probarse el vestido ser un conjunto de camisón y bata quedarle bien una prenda a una persona dejárselo todo por… € a una persona	*originelle Kleidung/~ der Sechziger tragen* *eine Modekollektion aus dem Jahr … sein* *Jeans oder Minirock tragen* *eine weiße/(bunt) bedruckte/tolle Bluse sein* *aus 100 % Baumwolle/Samt/Kunstfaser sein* *ein gestrickter Pullover sein* *die (richtige) Größe einer Person sein* *einen Hauch Nostalgie/etwas Nostalgisches haben* *eine wahre Seltenheit sein/Seltenheitswert haben* *das Kleid anprobieren wollen* *ein Ensemble aus Nachthemd und Morgenmantel sein* *jdm. steht etwas gut* *jdm. etwas für x € verkaufen/überlassen*

8 Amor y desamor

los rasgos característicos de una persona	*die Eigenschaften einer Person*
ser guapo,a / simpático,a / atractivo,a / normal / carismático,a	*hübsch (schön) / sympathisch / attraktiv / normal / charismatisch (mit großer Ausstrahlung) sein*
ser alegre / chistoso,a / aburrido,a / divertido,a / inteligente / romántico / inseparable	*lustig (fröhlich) / witzig (ein Witzbold) / langweilig / lustig / intelligent / romantisch / unzertrennlich sein*
ser feliz / infeliz	*glücklich / unglücklich sein*
ser joven / viejo,a / mayor	*jung, alt, älter sein*
ser de aspecto agradable / ser moreno,a / rubio,a / pelirrojo,a	*von angenehmem Äußeren / dunkelhaarig / blond / rothaarig sein*
ser de origen español / alemán	*spanischen / deutschen Ursprungs sein*
tener el pelo largo / corto / rizado / liso	*lange / kurze / lockige / glatte Haare haben*
tener los ojos claros / marrones / negros / verdes / grises	*helle / braune / schwarze / grüne / graue Augen haben*

el estado de ánimo	*der Gemütszustand*
estar contento,a / entusiasmado,a / fascinado	*zufrieden, begeistert, fasziniert sein*
estar ensimismado,a / solo,a / aislado,a / triste / desilusionado,a / frustrado,a / rabioso,a	*in sich gekehrt / allein / einsam / traurig / enttäuscht / frustriert / zornig sein*
estar serio,a / aliviado,a / enamorado,a de	*ernst / erleichtert / verliebt in … sein*

etapas de una relación	*Etappen (Stationen) einer Beziehung*
encantarle a u. p. estar con el novio / la novia	*davon begeistert sein, mit dem Freund / der Freundin zusammen zu sein*
querer abrazarse / besarse / estar juntos	*sich umarmen / küssen / zusammensein wollen*
disfrutar de la soledad	*die Einsamkeit genießen*
quererse / estar enamorados	*sich lieben / verliebt sein*
soñar con la novia / el novio	*von der Freundin / dem Freund träumen*
sentir acercarse el final	*das Ende sich nähern sehen*
recordar (-ue-) los días felices	*sich an die glücklichen Tage erinnern*
dejar de funcionar (la relación)	*aufhören zu funktionieren (die Beziehung)*
ya no sentir amor	*keine Liebe mehr empfinden*
separarse	*sich trennen*

cine y televisión	*Kino und Fernsehen*
pantalla grande / pequeña	*große (Kino-) / kleine (Fernseher-)Leinwand*
película (peli) / serie televisiva / telenovela	*Film / Fernsehserie / Telenovela*
la sinopsis de una película	*die Zusammenfassung eines Films*
ficha técnica	*technische Daten (Abspann)*
desarrollarse la acción	*die Handlung entwickeln*
protagonista (m/f) / personaje secundario	*Protagonist/in / Nebenfigur*
hacer un cásting	*ein Casting durchführen*
doblar una película / serie	*einen Film / eine Serie synchronisieren*
actuar en una serie / desempeñar un papel	*in einer Serie mitspielen / eine Rolle spielen*
presentar su perfil	*sein / ihr Profil unterbreiten, vorstellen*
tener vocación	*berufen sein / Berufung empfinden*

9 "Oh Chile, largo pétalo..."

la añoranza del poeta	***die Sehnsucht des Dichters***
utilizar una metáfora / una imagen	*eine Metapher / ein Bild benutzen*
la metáfora del "largo pétalo"	*die Metapher des ‚langen Blütenblatts'*
añorar el mar y la nieve	*sich sehnen nach Meer und Schnee*
añorar la patria	*die Heimat vermissen*
tener un significado determinado	*eine bestimmte Bedeutung haben*
revelar sentimientos / sensaciones fuertes	*starke Gefühle offenbaren*
luchar por la libertad / contra la injusticia	*für Freiheit / gegen Ungerechtigkeit kämpfen*
llevar una pancarta durante una manifestación	*während einer Demonstration ein Transparent tragen*

geografía, clima, recursos naturales	***Geografie, Klima, natürliche Ressourcen***
calcular la distancia	*die Entfernung schätzen*
encontrarse en una zona de inestabilidad	*sich in einer instabilen Zone (Gegend) befinden*
haber peligro de terremotos	*Gefahr von Erdbeben bestehen (~ gefährdet sein)*
ser un clima suave / templado / seco	*mildes / gemäßigtes / trockenes Klima herrschen*
ser las temperaturas medias de...	*durchschnittliche Temperaturen von ... herrschen*
tratar de los recursos naturales	*von den natürlichen Ressourcen handeln*
la agricultura y las riquezas de subsuelo	*die Landwirtschaft und die Bodenschätze*
cultivar fruta y verdura	*Obst und Gemüse anbauen*

las bellezas de un país	***die Schönheiten eines Landes***
ser un país hermoso desde el sur al norte	*ein großartiges Land von Nord nach Süd sein*
ser uno de los lugares más bonitos	*einer der schönsten Orte sein*
tener cosas únicas / muchas cosas lindas	*einzigartige / viele schöne Dinge haben*
disfrutar de la naturaleza / del paisaje	*die Natur / die Landschaft genießen*
hacer caminatas / andinismo	*Wanderungen machen / Bergsteigen*
pasar las vacaciones	*die Ferien / den Urlaub verbringen*
intrigarle una región / ciudad / las costumbres	*auf eine Region / Stadt / die Sitten neugierig sein*

la "gente de la tierra"	***die „Menschen der Erde"***
ser un pueblo indígena / originario	*ein indigenes / Ur-Volk sein*
vivir en el campo	*auf dem Land leben*
ser una etnia sedentaria	*ein sesshaftes Volk sein*
vivir en una casa tradicional	*in einem traditionellen Haus wohnen*
ser la base de la sociedad	*die Basis (Grundlage) der Gesellschaft sein*
permanecer (-zc-) en la casa	*im Haus (ver)bleiben*
heredar las tierras	*den (Grund und) Boden erben*
abandonar el hogar paterno	*das Elternhaus verlassen*
tener una labor dentro de la casa	*eine Aufgabe im Haus(halt) haben*
cuidar de los hijos / preparar la comida	*sich um die Kinder kümmern / Essen machen*
enseñar la lengua / mantener (-ie-) las costumbres	*die Sprache lehren / die Gebräuche pflegen*
sembrar (-ie-), arar, cuidar el huerto y los animales domésticos / cortar leña	*säen, pflügen, den (Gemüse-)Garten bestellen und sich um die Haustiere kümmern / Bennholz holen (hacken)*
tejer mantas / elaborar artesanías	*Decken weben / Kunsthandwerk herstellen*
trabajar en una empresa maderera	*in einer Holzfabrik arbeiten*
ser una casa construida con madera y paja	*ein mit Holz und Stroh gebautes Haus sein*
colocar el fogón	*die Feuerstelle einrichten*
instalar las camas y los baúles	*die Betten und Truhen einbauen*
construir (-y-) una casa invitando a una minga	*ein Haus bauen, indem zu einer Minga eingeladen wird*
colaborar (los familiares y vecinos)	*mitarbeiten (Familienangehörige und Nachbarn)*
celebrar una fiesta	*ein Fest feiern*
agradecer (-zc-) la colaboración	*für die Hilfe (Mitarbeit) danken*
no diferenciarse en nada	*sich in nichts unterscheiden*

10 Madrid: una ciudad polifacética

capital y metrópoli	***Hauptstadt und Metropole***
preparar un ambiente agradable	*eine angenehme Atmosphäre bereiten*
despertar (-ie-) la curiosidad (f)	*Neugier wecken*
provocar desinterés (m)	*Desinteresse erzeugen*
llamar la atención	*Aufmerksamkeit hervorrufen, auffallen*
ser el tercer metro más grande del mundo	*die drittlängste U-Bahn der Welt sein*
poseer / ofrecer (-zc-) una serie / un gran número de...	*eine Reihe / große Zahl von ... besitzen / bieten*
disponer de un número considerable / de una gran cantidad de...	*über eine beträchtliche Anzahl / eine große Menge von ... verfügen*
superar los cinco millones	*fünf Millionen übersteigen*
estar considerado,a como	*betrachtet werden als*
ser la tercera área urbana	*das drittgrößte Stadtgebiet sein*
albergar las sedes de...	*die Sitze von ... beherbergen*
caracterizarse por una intensa actividad cultural	*sich durch intensive kulturelle Aktivität auszeichnen*
destacar a nivel internacional	*auf internationaler Ebene herausragen*
haberse transformado en un escenario intercultural	*sich in eine interkulturelle Bühne verwandelt haben*
acoger a turistas	*Touristen empfangen*
estar interesado,a por conocer la historia, costumbres y tradiciones	*interessiert daran sein, die Geschichte kennenzulernen, die Sitten und Traditionen*

actividades que se pueden hacer	***was man unternehmen kann***
estar ubicado,a en el corazón de...	*im Herzen von ... liegen*
ser los estadios de los principales clubes	*die Stadien der Hauptvereine sein*
ser un lugar emblemático	*ein Vorzeigeort sein*
dar la bienvenida al año nuevo	*das neue Jahr willkommen heißen*
tener una cita obligada	*einen Pflichttermin haben (unbedingt ... müssen)*
ser el corazón del ocio	*das Herz des Müßiggangs sein*
ser un auténtico pulmón	*eine wahre Lunge sein*
disfrutar de un paseo en el interior (del parque)	*einen Spaziergang im Inneren (des Parks) genießen*
depender de los gustos	*vom Geschmack abhängen*
optar por ir por la calle...	*sich entscheiden, durch die ...-Straße zu gehen*
ofrecer (-zc-) ropa a la última moda con precios más o menos asequibles	*die neueste Mode zu mehr oder weniger erschwinglichen Preisen anbieten*
ser un día provechoso	*ein Tag, den man nutzen sollte*
visitar el rastro	*den Flohmarkt besuchen*
la mayor oferta de ocio y cultura	*das größte Kultur- und Freizeitangebot*
ser excelente la actividad nocturna	*ein tolles Nachtleben haben*
irse de vacaciones	*in die Ferien fahren*
tener descuento / reducción	*Rabatt / (Preis-)Nachlass geben*
informar sobre el precio	*über den Preis informieren*
hacer una escapada a...	*einen Ausflug / eine Kurzreise machen*
aburrirle a u.p. el fútbol / el museo	*Fußball/Museum langweilig finden*

11 Tú y tu mundo

el tipo de música	die Musikart
ser música para relajarse / para bailar en una fiesta / para escuchar mientras se estudia	*Musik zum Ausruhen / zum Tanzen auf einem Fest / zum Hören während des Lernens sein*
ser música rítmica / romántica / tranquila / aburrida / viva / lenta	*rhythmische / romantische / ruhige / langweilige / lebendige / langsame Musik sein*
tocar la guitarra	*Gitarre spielen*

rasgos característicos de una persona	Eigenschaften eines Menschen
ser cariñoso,a / amable / paciente / despistado,a / perfeccionista	*liebevoll / nett / geduldig / zerstreut / perfektionistisch sein*
tener sentido de humor	*Sinn für Humor haben*
sentirse una persona normal	*sich als normaler Mensch fühlen*
salir con un chico	*mit einem jungen Mann gehen (ein Paar sein)*
ser juerguista	*ein/e Nachtschwärmer/in sein, gern feiern*
tener los hombros fuertes	*starke Schultern haben*
ser una persona complicada	*eine komplizierte Person sein*
ser fácil estar al lado de u. p.	*einfach sein, mit einer Person zusammen zu sein*
tomarse tiempo para explorar las posibilidades	*sich Zeit nehmen, die Möglichkeiten zu erkunden*
sentirse como obrera al servicio de la música y del arte	*sich wie eine Arbeiterin im Dienst der Musik und Kunst fühlen*
ser un refugio / un pequeño paraíso	*ein Zufluchtsort / ein kleines Paradies sein*
desconectar	*abschalten*

el compromiso social	das soziale Engagement
participar en un macroconcierto y prever una asistencia de miles de personas	*an einem Riesenkonzert teilnehmen und den Besuch von Tausenden von Menschen erwarten*
combatir la pobreza infantil	*die Kinderarmut bekämpfen*
entregar un premio por su compromiso con la infancia	*einen Preis für ihr Engagement für die Kinder überreichen*
reconocer (-zc-) a u.p. por su labor	*jemandem für seine Arbeit Anerkennung zollen*
crear una fundación	*eine Stiftung gründen*
animar a comprometerse	*jemanden dazu bewegen, sich einzusetzen*
defender los derechos de los niños	*die Kinderrechte verteidigen*
afirmar algo en un comunicado	*etwas in einer Verlautbarung feststellen*
ser una organización no gubernamental sin ánimo de lucro	*eine gemeinnützige Nichtregierungsorganisation sein*
encontrar oportunidades para la niñez vulnerable	*Möglichkeiten finden für gefährdete Kinder*
sufrir desnutrición / vivir en la calle	*an Unterernährung leiden / auf der Straße leben*
prevenir el abandono del hogar	*dem Verlassen des Elternhauses vorbeugen*
ofrecer (-zc-) apoyo psicosocial	*psycho-soziale Hilfe anbieten*
tener acceso a Internet	*Zugang zum Netz haben*
llevar a las escuelas nuevas tecnologías	*die neuen Technologien in die Schulen bringen*
los pies descalzos	*nackte Füße*

relaciones familiares	familiäre Beziehungen
ser una familia monoparental	*eine Familie mit nur einem Elternteil sein*
ser una relación basada en la confianza	*eine auf Vertrauen basierende Beziehung sein*
tener una relación armoniosa / equilibrada / conflictiva	*eine harmonische / ausgeglichene / konfliktreiche Beziehung haben*
tener respeto mutuo	*sich gegenseitig respektieren*
interesarse el uno por el otro	*sich füreinander interessieren*
colaborar / compartir y repartir las tareas en casa	*mitarbeiten / die Hausarbeit teilen und verteilen*

películas	Filme
conocer el argumento / la sinopsis de la película	*die Handlung eines Films kennen*
ser un clásico	*ein Klassiker sein*
prestarse a equívocos	*zweideutig sein; Missverständnisse verursachen*

12 Una mirada hacia el pasado de las Américas

el nacimiento	*die Geburt*
nacer un niño	*geboren werden (ein Kind)*
dar a luz a una niña	*ein Mädchen zur Welt bringen*
ser un niño de un día	*ein einen Tag altes Kind sein*
indicar la edad del niño	*das Alter des Kindes angeben*
preparar el baño ritual	*das rituelle Bad vorbereiten*
ser símbolos de una niña / un niño	*Symbole für ein Mädchen / einen Jungen sein*
estar en una cuna	*in einer Wiege liegen*
ser partera	*Hebamme (Geburtshelferin) sein*
celebrar el nacimiento	*die Geburt feiern*
alegrarse mucho	*sich sehr freuen*
invitar a la vecindad	*die Nachbarschaft einladen*
celebrar el nacimiento / la misa	*die Geburt / den Gottesdienst feiern*
descansar durante algún tiempo	*eine Weile ausruhen*
organizar una fiesta	*ein Fest organisieren*
juntarse para celebrar el acontecimiento	*sich zusammenfinden, um das Ereignis zu feiern*
recibir regalos	*Geschenke erhalten*
ser una persona importante en las celebraciones	*eine wichtige Person bei den Feierlichkeiten sein*
organizar una ceremonia solemne	*eine feierliche Zeremonie organisieren*
dar las gracias a la partera	*der Hebamme den Dank aussprechen*

escuela, diversión y castigos	*Schule, Spaß und Strafen*
ir a la escuela del templo / a la casa de los jóvenes	*die Tempelschule / das Jugendhaus besuchen*
aprender a ser guerrero	*lernen, ein Soldat zu sein*
recibir enseñanza doméstica y religiosa	*in Hausarbeit und Religion unterwiesen werden*
ser sacerdote / sacerdotisa	*Priester / Priesterin sein*
enseñar baile, música y canto	*Tanz, Musik und Gesang lehren*
concurrir (a un lugar) al atardecer	*nachmittags (irgendwo) hingehen*
llevar vestidos bonitos	*schöne Kleidung (Kleider) tragen*
divertirse (-ie-) mucho	*sich sehr vergnügen (viel Spaß haben)*
castigar a los niños de diversas formas	*die Kinder auf unterschiedliche Weise (be)strafen*
pincharles la piel con espinas	*ihre Haut mit Dornen stechen (ihnen mit Dornen in die Haut stechen)*
preparar una hoguera	*ein Feuer machen*
echar pimientos picantes	*scharfe Paprika hineinwerfen*
hacerle inhalar humo	*ihn/sie dazu bringen, Rauch einzuatmen*
golpear a la niña con ramas	*das Mädchen mit Zweigen schlagen*

la boda	*die Hochzeit*
ser un ritual azteca	*ein aztekisches Ritual sein*
consistir en anudar la blusa con la capa	*darin bestehen, die Bluse mit dem Umhang zu verknoten*
convertirse (-ie-) en esposa y marido	*sich in (Ehe-)Frau und (Ehe-)Mann verwandeln (Eheleute werden)*
dar buenos consejos	*gute Ratschläge geben (erteilen)*
celebrar la fiesta con danzas y cantos	*das Fest mit Tänzen und Gesängen feiern*
intercambiar anillos	*die Ringe tauschen*
ser un día muy especial	*ein ganz besonderer Tag sein*

13 Cristóbal Colón: un personaje histórico decisivo

antes del gran viaje	***vor der großen Fahrt***
nacer en Génova	*in Genua geboren werden*
observar los barcos	*die Schiffe beobachten*
salir para tierras lejanas	*aufbrechen in ferne Länder*
recorrer los mares	*die Meere befahren*
hacer profundos estudios	*gründliche Studien machen*
soñar con viajar por el mar	*davon träumen, über das Meer zu fahren*
naufragar cerca de la costa	*in der Nähe der Küste Schiffbruch erleiden*
cumplir 25 años	*25 Jahre alt werden*
salvarse y llegar a tierra firme	*sich retten und auf festen Boden gelangen*
casarse con la hija de un navegante	*die Tochter eines Seemanns heiraten*
presentar / rechazar / aprobar el proyecto	*das Projekt darlegen / zurückweisen / akzeptieren*
convencer a la reina del proyecto	*die Königin vom Projekt überzeugen*
empezar con los preparativos del viaje	*mit den Vorbereitungen der Reise beginnen*

la llegada	***die Ankunft***
acercarse a la playa	*sich dem Strand nähern*
tener prisa	*Eile haben (es eilig haben)*
tomar posesión de la isla en nombre de…	*die Insel im Namen von … in Besitz nehmen*
ordenar cortar árboles	*befehlen, Bäume zu fällen*
arrodillarse para pronunciar una plegaria	*sich niederknien, um ein Gebet zu sprechen*

la vuelta	***die Rückkehr***
las noticias de la vuelta del héroe	*die Nachricht von der Rückkehr des Helden*
recibirle con grandes honores	*ihn mit großen Ehren empfangen*
darle la bienvenida en una gran sala	*ihn in einem großen Saal willkommen heißen*
llevar recuerdos del viaje	*Andenken von der Reise mitbringen*
asediarle con muchas preguntas	*ihn mit vielen Fragen bestürmen*
ser los padrinos	*die Paten sein*

Chronologischer Wortschatz der Einzelmodule

1 ¡Hola, buenos días!

buenos días	guten Morgen
día m	Tag
lengua f	Sprache
abrir	öffnen
nuevo,a	neu
horizonte m	Horizont

1 Hola, me llamo María, ¿y tú?

español m	Spanisch
hola	hallo
llamarse	heißen, sich nennen
y	und
tú	du
cómo	wie
de dónde	woher
ser	sein
cuánto,a	wie viel
año m	Jahr
tener -ie-	haben, besitzen
catorce	vierzehn
adiós m	auf Wiedersehen, tschüss
verse	sich sehen
cero	Null
uno	eins
dos	zwei
tres	drei
cuatro	vier
cinco	fünf
seis	sechs
siete	sieben
ocho	acht
nueve	neun
diez	zehn

2 Was du schon alles kannst!

España	Spanien
restaurante m	Restaurant
guitarra f	Guitarre
geografía f	Geografie
rosa f	Rose
taza f	Tasse
café m	Kaffee
tomate m	Tomate
cacao m	Kakao
interpretar	interpretieren
calendario m	Kalender
clase f	Klasse
macarrones m pl	Makkaroni
competencia f	Kompetenz
turista mf	Tourist/in
curso m	Kurs
ola f	Welle

3 Wörter verstehen und schreiben

palabra f	Wort
internacional	international
sustantivo m	Substantiv
adjetivo m	Adjektiv
turismo m	Tourismus
nacionalismo m	Nationalismus
capitalismo m	Kapitalismus
realismo m	Realismus
información f	Information
realización f	Realisation
nación f	Nation
estación f	Station, Bahnhof, Jahreszeit
capacidad f	Kapazität, Fähigkeit
realidad f	Realität
variedad f	Varietät, Vielfalt
cantidad f	Quantität, Menge
fatal	sehr schlecht, verhängnisvoll, fatal
racional	rational
social	sozial
simpático,a	sympathisch
antipático,a	unsympathisch
católico,a	katholisch
pasivo,a	passiv
firme	fest
ignorante	ignorant, unwissend
presente	präsent, anwesend
paciente	geduldig

4 Ein Gedicht

doña f	(vor Vornamen) Frau
guantes m pl	Handschuhe
muy	sehr
elegante	elegant
sombrero m	Hut
con	mit
plumero m	Federbusch

toquilla f	Schultertuch
polilla f	Motte
picante	pikant, scharf

5 Aufgaben und Übungen zur Rechtschreibung und Grammatik

filosofía f	Philosophie
alfabeto m	Alphabet
teología f	Theologie
teatro m	Theater
ritmo m	Rhythmus
chocolate	Schokolade
paciente mf	Patient/in
generosa,o	generös, großzügig
zorro m	Fuchs
máquina f	Maschine
cosa f	Sache, Ding
religión f	Religion
cartón m	Pappe
cuarto m	Zimmer, Viertel
cuándo	wann
qué	was
queso m	Käse
caja f	Kasten
cigarrillo m	Zigarette
casa f	Haus
personaje m	Persönlichkeit
tango m	Tango
gato m	Kater
técnica f	Technik
gramática f	Grammatik
estilo m	Stil
estructura f	Struktur
estrés m	Stress
estrategia f	Strategie
espionaje m	Spionage
esfera f	Sphäre
espiral f	Spirale
estudiar	lernen, studieren
estudios m	Studien
entender -ie-	verstehen
perdón m	Entschuldigung
gracias f	danke
helado m	(Speise-)Eis
rey m	König
caballero m	Ritter
mesa f	Tisch
redondo,a	rund
nombre m	Name
lista f	Liste
pena f	Leid
amuleto m	Amulett
piedra f	Stein
filosofal	philosophisch
cámara f	Kammer; Kamera
secreto,a	heimlich
escribir	schreiben
pareja f	Paar, Partner/in

Orthografie und Aussprache

coyote m	Kojote
guerrillero m	Guerrillakämpfer
himno m	Hymne
ahora	jetzt
acento m gráfico	Akzent

Grammatik und Strukturen

chico,a	Junge, Mädchen
tío m	Onkel
tía f	Tante
señor,a	Herr, Dame
autor,a	Schriftsteller/in, Autor/in
cantante mf	Sänger/in
padre m	Vater
madre f	Mutter
hombre m	Mann
mujer f	Frau
universidad f	Universität
marroquí	marokkanisch, Marokkaner/in

2 Ser joven en el siglo XXI

joven	jung
en	in
siglo m	Jahrhundert

1 Estudiantes de todo el mundo en Madrid

veinte	20
veintiuno	21
veintidós	22
estudiante mf	Student/in, Schüler/in
todo,a	ganz/e/r/s
mundo m	Welt
japonés, -esa	Japaner/in, japanisch
ella	sie
creer	glauben
que	dass / das
guapo,a	hübsch, schön, gut aussehend

Holanda	Holland
tener 27 años	27 Jahre alt sein
Japón	Japan
hablar	sprechen
bien	gut
saber	können, wissen
mucho,a	viel, viele, vieles
amable	freundlich, nett
inteligente	intelligent
Estados Unidos	Vereinigte Staaten von Amerika, USA
chistoso,a	witzig
alto,a	groß
ahora	jetzt
francés, -esa	französisch, Franzose, Französin
activo,a	aktiv
novio,a	Freund(in), Verlobte(r)
actividad f	Aktivität, Aufgabe, Beschäftigung
en torno a	über, bezüglich
escuchar	anhören
presentación f	Präsentation
leer	lesen
texto m	Text
contestar	antworten
alemán, -ana	deutsch, Deutscher, Deutsche
tener en cuenta	berücksichtigen
estrategia f de comprensión f	Verstehensstrategie
pensar -ie-	denken
nombre m propio	Eigenname
similitud f	Ähnlichkeit
contexto m	Kontext
foto f	Foto
adivinanza f	Rätsel, Raten
auditivo,a	Hör-
lector,a	Lese-
cadena f	Kette
atentamente	aufmerksam
preparar	vorbereiten, anlegen
tabla f	Tabelle
correcto,a	richtig
corregir -i-	verbessern, korrigieren
frase f	Satz
según	nach, gemäß
utilizar	benutzen, verwenden
negación f	Verneinung
no	nein

deletrear	buchstabieren
pronunciación f	Aussprache
siguiente	folgend
preguntarse	sich fragen
mutuamente	gegenseitig
sobre	über
atención f	Aufmerksamkeit
otra vez	noch einmal
examinar	überprüfen
observar	beobachten
formular	formulieren
regla f	Regel
formación f	Bildung
femenino m	Femininum
masculino m	Maskulinum
plural m	Plural
ayudar	helfen
ordenar	ordnen
sistemáticamente	systematisch
inglés, -esa	englisch, Engländer, Engländerin
holandés, -esa	holländisch, Holländer, Holländerin
trabajo m	Arbeit
individual	einzeln, Einzel...
recapitulación f	Rekapitulation
insertar	einfügen
además	außerdem
producción f	Produktion
relacionar	verbinden
ejemplo m	Beispiel
escuela f	Schule
Europa	Europa
Asia	Asien
América	Amerika
amigo,a mf	Freund/in
primero	zuerst
importante	wichtig
interesante	interessant
mi	mein, meine
Turquía f	Türkei
practicar	üben
varias veces f	mehrmals
compañero,a	Mitschüler/in
fijarse en	das Augenmerk richten auf, sich konzentrieren auf
aspecto m	Aspekt, Gesichtspunkt
completo,a	vollständig
concordancia f	Übereinstimmung
verbo m	Verb

vocabulario m	Wortschatz
variado,a	vielfältig
presentar	vorstellen
todo,a	ganz/e/r/s
libremente	frei
sin	ohne
miedo m	Angst
error m	Fehler
empezar	anfangen, beginnen
normal	normal

2 Repaso

repaso m	Wiederholung
país m	Land
o sea	das heißt
nacionalidad f	Nationalität
Marruecos	Marokko
turco,a	türkisch, Türke, Türkin
Polonia	Polen
polaco,a	polnisch, Pole, Polin
Alemania	Deutschland
Suiza	Schweiz
suizo,a	schweizerisch, Schweizer/in
estadounidense	US-amerikanisch, US-Amerikaner/in
Rusia	Russland
ruso,a	russisch, Russe, Russin
Italia	Italien
italiano,a	italienisch, Italiener/in
Bélgica	Belgien
belga	belgisch, Belgier/in
añadir	hinzufügen
característica f	Eigenschaft
más	mehr
futbolista mf	Fußballspieler/in
diálogo m	Dialog, Gespräch
forma f	Form
cultura f	Kultur
mirar	schauen
también	auch
familia f	Familie
como	wie
quién	wer?
¿Qué tal?	Wie geht's?
vamos	wir gehen
tomar (algo)	etwas zu sich nehmen, etwas trinken
¿Vamos a tomar algo?	Gehen wir was trinken?

3 Estudiantes de un instituto alemán

instituto m	staatliches Gymnasium
curso básico	Grundkurs
ciudad f	Stadt
cerca	nah
grupo m	Gruppe
pequeño,a	klein
profesor,a	(Gymnasial-)Lehrer/in
ver	sehen
entre	zwischen
yo	ich
vivir	leben, wohnen
once	elf
doce	zwölf
trece	13
catorce	14
quince	15
dieciseis	16
diecisiete	17
dieciocho	18
diecinueve	19
persona f	Person
hay	es gibt
cuál	welche/r/s?, wer?
dónde	wo?
difícil	schwierig
por favor	bitte
ciudad f	Stadt
en total	insgesamt
entrevistar	befragen
hacer	machen, tun, durchführen
pregunta	Frage
ficha f	Karteikarte, Steckbrief
personal	persönlich
pero	aber
así	so
querer -ie-	wollen, mögen; lieben
sistema m	System
apoyo m	Unterstützung
recordar -ue-	daran denken
conjugar	konjugieren
colegio m	Schule
aprender	lernen
castellano m	Spanisch

3 Ir al instituto en España y en Alemania

1 Mandar saludos por Internet desde *La Gaceta extremeña de educación*

mandar	senden
saludo m	Gruß
por	durch, via
desde	von ... aus
extremeño,a	aus der Region Extremadura
educación f	Bildungswesen, Erziehung
saludar	(be-)grüßen
anuncio m	Anzeige
maestro,a	Grundschullehrer/in
especial	besondere, besonders
alumno,a	Schüler, Schülerin
colegio público (CP)	öffentliche Schule
en especial	insbesondere
prima f	Cousine
dar	geben
niña f	Mädchen, Kind
niño m	Junge, Kind
tutor,a	Tutor/in, Klassenlehrer/in
placa f	Schild, Plakette, Tafel
informativo,a	informativ
apellido m	Familienname, Nachname
primero,a	erste/r/s
pronombre m posesivo	Possessivpronomen
singular m	Singular, Einzahl
explicar	erklären
funcionar	funktionieren
completar	vervollständigen
complemento m	Objekt
repartir	verteilen
cada	jede(r)
(producción) escrita	schriftliche Textproduktion
(producción) oral	mündliche Textproduktion
hermana f	Schwester
abuela f	Großmutter
marido m	Ehemann
abuelo m	Großvater
hermano m	Bruder
hermanos m pl	Geschwister, Brüder
grande	groß
sí	ja
por eso	deshalb
primo	Vetter, Cousin
formar	bilden
pandilla f	Clique
ir	gehen
otro,a	andere/s/r
guión m	Gedankenstrich
recapitular	zusammenfassen

2 Horarios escolares

2.1 Un horario típico de un estudiante español de primero de bachillerato

horario m	Stundenplan
típico,a	typisch
primero m de bachillerato m	erstes Jahr des Bachillerato
I.E.S. = Instituto de Educación Secundaria	Gymnasium
BACH. = bachillerato m	Klassen, die zum Abitur führen
lunes m	Montag
martes m	Dienstag
miércoles m	Mittwoch
jueves m	Donnerstag
viernes m	Freitag
recreo m	Pause
abreviación f	Abkürzung
ALE = alemán m	Deutsch
B/G = biología f / geología f	Biologie/Geologie
CN = ciencias f naturales	Naturwissenschaften
EF = educación f física	Sport
FIL = filosofía f	Philosophie
FQ = física f y química f	Physik und Chemie
IN = inglés m	Englisch
LE = lengua f española	Spanisch
MAT = matemáticas m pl	Mathematik
RE = religión f	Religion
pamplonés,a	aus Pamplona
distinto,a	unterschiedlich, verschieden
asignatura f	Fach
número m	Zahl, Anzahl
cursar	besuchen, haben (Unterricht)
lengua f extranjera	Fremdsprache
deporte m	Sport
historia f	Geschichte
lengua f materna	Muttersprache
corresponder	entsprechen
sábado m	Samstag
domingo m	Sonntag
hay que	man muss
prestar atención f a	Aufmerksamkeit richten auf
hora f	Uhrzeit, Stunde
comenzar -ie-	anfangen

menos	weniger
y media	halb (Uhrzeit)
terminar	enden
y cuarto	viertel nach (Uhrzeit)
menos cuarto	viertel vor (Uhrzeit)
en punto	genau, Punkt (Uhrzeit)
indicar	angeben
comienzo m	Anfang
final m	Ende
minuto m	Minute
segundo m	Sekunde
durar	dauern
mismo,a	gleich, selbe/r/s
tarde	spät
temprano	früh
desde... hasta	von ... bis
casi	fast
antes de	vor (zeitl.)
entre	zwischen
después de	nach (zeitl.)
descansar	sich ausruhen
segundo m de bachillerato m	zweites Jahr des Bachillerato
dato m	Angabe
mediación f lingüística	Sprachmittlung, Vermittlung, Mediation
pronombre m demostrativo	Demonstrativpronomen
comedor m	Mensa
en el camino	unterwegs
enseñar	zeigen
instalación f	Einrichtung
servicios m pl	Toilette
utilizar	benutzen
este, esta, estos, estas	diese/r hier
sala de profesores	Lehrerzimmer
gimnasio m	Turnhalle
laboratorio m	Labor
aula f	Klassenraum
biblioteca f	Bibliothek
salón m de actos	Aula
cafetería f	Cafeteria
secretaría f	Sekretariat
despacho m	Büro
director,a	Direktor/in
patio m	Schulhof
sala f de ordenadores	Informatikraum
ordenador m	Rechner, Computer
pista f polideportiva	Sportplatz

2.2 Un horario típico de una estudiante alemana del décimo curso

décimo,a	zehnte/r, Zehnte/r; Zehntel
saber alemán	Deutsch können
reflexionar	überlegen
diccionario m	Wörterbuch
materia f	Lehrstoff, Fach
vocabulario m temático	thematischer Wortschatz
ciencias f sociales	Sozialwissenschaften
arte m	Kunst
música f	Musik
latín m	Latein
pedagogía f	Pädagogik
religión católica / protestante	katholische / evangelische Religion
sicología f	Psychologie
hora f libre	Freistunde
curso m intensivo	Leistungskurs
materia f optativa	Arbeitsgemeinschaft
obligatorio,a	verpflichtend, obligatorisch
expresión f	Ausdruck
giro m útil	nützliche Wendung
momento m	Moment, Situation
reformular	umformulieren
algo	etwas
instante m	Augenblick
silencio m	Schweigen
ayuda f	Hilfe
asegurarse	sich vergewissern
llamar la atención	Aufmerksamkeit erlangen, erhöhen
decir	sagen
es decir	das heißt
a ver	mal sehen
bueno	gut, also gut
pues	nun gut, na ja
a veces	manchmal
empleo m	Gebrauch
fenómeno m	Phänomen
doble	doppelt
ninguno,a	keine/r, niemand
nunca	nie(mals)
nadie	niemand
nada	nichts
emplear	verwenden, benutzen
respuesta f	Antwort
siempre	immer
hasta	bis
conocer -zc-	wissen, kennen

temático,a	thematisch
categoría f	Kategorie
repetir	wiederholen
alumnado m	Schülerschaft
profesorado m	Lehrerkollegium

3 Los sistemas escolares en comparación

sistema m escolar	Schulsystem
escolar	Schul-
en comparación f	im Vergleich
edad f	Alter
ciclo infantil	Vorschule (Kindergarten)
educación primaria	Grundschule
educación secundaria	Sekundarstufe I
bachillerato m	Sekundarstufe II
selectividad f	Eingangsprüfung zur Universität
prueba f	Prüfung
acceso m	Zugang, Zutritt
gráfico m	Grafik
cuando	wenn, als
entrar	eintreten, hineinkommen
comprender	umfassen
a partir de	ab
prueba f	Prüfung, Examen
interacción f	Interaktion
considerar	berücksichtigen
jóvenes mf pl	junge Leute
etapa f	Etappe
Estado m federal	Bundesland, -staat
conocimientos m	Kenntnisse
comparación f	Vergleich
comparar	vergleichen
comparado con	verglichen mit
en cambio	dagegen
sin embargo	jedoch

4 La rutina diaria

rutina f	Routine, Gewohnheit, Ablauf
diario,a	täglich, alltäglich

1 Una mañana normal y corriente

normal y corriente	ganz normal
sonar -ue-	klingeln
móvil m	Handy
¿Qué tal?	Wie geht's?
muy bien	sehr gut
esperar	(er-)warten
ya	schon
vaya	Mensch!, na ja!
siempre	immer
igual	gleich, ebenso; egal
levantarse	aufstehen
baño m	Bad
ducharse	duschen
después	danach
secarse	sich (das Haar) fönen, trocknen
pelo m sing	Haar
peinarse	sich kämmen
maquillarse	sich schminken
luego	danach
vestirse -i-	sich anziehen
cocina f	Küche
desayunar	frühstücken
tener ganas de	Lust haben
hasta luego	bis dann!
pensar en -ie-	denken an
lavarse los dientes	sich die Zähne putzen
largo,a	lang
suave	weich
pintarse los labios	sich die Lippen anmalen
seguro	bestimmt
ponerse sich	anziehen
blusa f	Bluse
bonito,a	schön
bajar	hinuntergehen, -kommen
hasta ahora	bis gleich, bis dann
matinal	morgendlich
fotonovela f	Fotoroman
despertarse -ie-	aufwachen
llamar	anrufen
llamada f	Anruf
aseo m	Körperpflege
ejercicio m	Übung
gramatical	grammatisch
familiarizarse con	vertraut werden, machen mit
tirar	werfen
dado m	Würfel
por la mañana	morgens
normalmente	normalerweise
por la noche	abends, nachts
preferir -ie-	bevorzugen, vorziehen
desayuno m	Frühstück
tomar	nehmen
té m	Tee
leche f	Milch

zumo m	Saft
pan m	Brot
mantequilla f	Butter
mermelada f	Marmelade
cereales m pl	Müsli
a qué hora	um wie viel Uhr
contar -ue-	erzählen
miembro m	Mitglied
pasar	verbringen
mañana f	Vormittag, Morgen

2 La rutina diaria desde distintas perspectivas

perspectiva f	Perspektive, Sichtweise
foro m	Forum
pasar el día	den Tag verbringen
vida f	Leben
usuario m	(Be-)Nutzer
parada f	Haltestelle
autobús m	Bus
llegar a	ankommen
comer	essen
allí	dort
sólo	nur
salir	fort-, weggehen, ausgehen, sich treffen
más o menos	mehr oder weniger
merendar -ie-	nachmittags (eine Kleinigkeit) essen
deberes m pl	Hausaufgaben
enchufarse al ordenador	sich an den Rechner setzen
o	oder
cenar	zu Abend essen
dormir -ue-	schlafen
pronto	früh
prontito	recht früh
que (porque)	weil
mañana	morgen, am nächsten Tag
madrugar	früh aufstehen
ligeramente	leicht
adaptado,a	verändert
averiguar	herausfinden
intercambiar	austauschen
vida f	Leben
entrada f	Beitrag, Eintrag im Internet; Eintritt
útil	hilfreich, nützlich
poesía f	Gedicht
comida f	Essen, Mahlzeit; Mittagessen
cena f	Abendessen
almuerzo m	Pausenbrot, Vesper, Imbiss
merienda f	Kaffeetrinken, Vesper, Imbiss
tapas f pl	Häppchen, Tapas
autoría f	Urheberschaft
anónimo,a	anonym
expresar	ausdrücken, zum Ausdruck bringen
verso m	Vers
necesario,a	notwendig, nötig
poema m	Gedicht
tristeza f	Trauer
monotonía f	Monotonie
melancolía f	Melancholie, Schwermut
frustración f	Frustration, Enttäuschung
alegría f	Freude
felicidad f	Glück

3 Romper la rutina diaria

romper	brechen, durchbrechen
actividad f de ocio	Freizeitbeschäftigung
ocio m	Freizeit
encuesta f	Umfrage
tiempo libre m	Freizeit
deporte m	Sport
bailar	tanzen
escuchar música	Musik hören
oír	hören
radio f	Radio
ir a	gehen nach, zu, in
cine m	Kino
teatro m	Theater
concierto m	Konzert
museo m	Museum
exposición f	Ausstellung
libro m	Buch
periódico m	Zeitung
revista f	Zeitschrift
televisión f	Fernsehen
usar	benutzen
jugar -ue-	spielen
videojuego m	Videospiel
consola f	Spielkonsole
acción de voluntariado f	Freiwilligendienst, ehrenamtliche Tätigkeit
hacer compras	einkaufen gehen
compra f	(Ein-)Kauf
reunirse	sich treffen
joya f	Schmuckstück
cama f	Bett
favorito,a	Lieblings-

tercero	drittens
entrevista f	Interview
resultado m	Ergebnis, Resultat
juventud f	Jugend
población f	Bevölkerung
durante	während
base f	Basis
viajar	reisen
excursión f	Ausflug
porcentaje m	Prozentsatz
coma f	Komma
por ciento	Prozent
falso,a	falsch
afirmación f	Behauptung
debajo de	unter, unterhalb von
participación f	Beteiligung
ocupar	besetzen; hier: einnehmen
rango m	Rang
mitad f	Hälfte
tan... como	so ... wie
frecuente	häufig
efectivamente	tatsächlich
porque	weil
estadística f	Statistik
deducir	ableiten
sino (que)	sondern
cifra f	Zahl
resultado m	Ergebnis, Resultat
confeccionar	anfertigen, erstellen
idéntico,a	identisch
diferente	verschieden, unterschiedlich

5 Hacer prácticas

1 Prácticas: ofertas, requisitos y búsqueda

prácticas f pl	Praktikum
oferta f	Angebot
requisito m	Anforderung
búsqueda f	Suche

1.1 ¿Qué prácticas se pueden hacer?

buscar	suchen
sobre todo	vor allem
elegir -i-	wählen
encontrar -ue-	finden
mejor	beste/r/s
hotel m	Hotel
centro m turístico	Touristenzentrum
turístico,a	touristisch, Touristen-
estar	sich befinden
costa f	Küste
isla f	Insel
doscientos	200
organismo m	Einrichtung; Organismus
departamento m	Abteilung
área f	Gebiet
animación f	Animation
bar m	Bar
recepción f	Empfang
alternativa f	Alternative
organización f	Organisation
privado,a	privat
estatal	staatlich
interés m	Interesse
Francia	Frankreich
Inglaterra	England
mes m	Monat
julio	Juli
agosto	August
encontrarse -ue- en	sich befinden
estar situado,a en	sich befinden in, liegen
Pirineos m pl	Pyrenäen
motivación f	Motivation
idioma m	Sprache
gente f sing	Leute
mundo m del trabajo m	Arbeitswelt
padres m	Eltern; Väter
lugar m	Ort
apuntar	notieren
poco,a	wenig, wenige
mayoría f	Mehrheit

1.2 Requisitos para realizar las prácticas hoteleras

hotelero,a	Hotel-
tratar a	umgehen mit, behandeln
responder	(be-)antworten
clientela f	Kundschaft, Klientel
informar	informieren
camino m	Weg
puntual	pünktlich
cortés	höflich
atento,a	aufmerksam
respetuoso,a	respektvoll
precio m	Preis
habitación f	Zimmer
horario m sing	Öffnungszeit
horario de trenes	Zugfahrplan
interés m turístico	touristisches Interesse
necesitar	notwendig sein, brauchen

importancia f	Wichtigkeit
obligación f	Pflicht, Verpflichtung
tener -ie- que	müssen
respetar	beachten, respektieren
cliente mf	Kunde, Kundin
juego m de roles m	Rollenspiel
responsable	verantwortlich
parte f	Teil
región f	Region
tipo m	Typ, Art
currículum vitae m	Lebenslauf
seguramente	wahrscheinlich, sicherlich
fecha f	Datum
nacimiento m	Geburt
dirección f	Adresse
permiso de conducir m	Führerschein
código postal m	Postleitzahl
estado m civil m	Familienstand
teléfono m	Telefon(nummer)
fax m	Fax
correo m electrónico	elektronische Post, E-Mail
DNI = documento nacional de identidad	Personalausweis
pasaporte m	(Reise-)Pass
formación f	Ausbildung
enseñanza f	Lehre, Unterricht, (Aus-)Bildung
complementario,a	zusätzlich
nivel m	Niveau
básico,a	Grund-, grundlegend
medio,a	Mittel-, Durchschnitts-, durchschnittlich
superior	obere/r/s, höher, höchste/r/s
certificado m	Zertifikat
informática f	Informatik
dominio m	Beherrschung; Herrschaft
programa m	Programm
diseño m	Design
página f Web	Website, Internetseite
habilidad f	Fähigkeit
voluntario,a	freiwillig
viaje m	Reise
arreglar	reparieren, in Ordnung bringen
bicicleta f	Fahrrad
ayudante	Hilfskraft
centro m escolar	Schule, Schulzentrum
acompañante mf	Begleiter/in
mayor	alt, älter
canguro m	Känguru; hier: Babysitter/in
firma f	Unterschrift
formato m	Format
cronológico,a	chronologisch, der Reihe nach

1.3 Servicios generales hoteleros

servicios m pl	Dienstleistungen
general	allgemein
aire m acondicionado	Klimaanlage
caja f fuerte	Schließfach, Tresor
ascensor m	Aufzug
garaje m	Garage
tarjeta f de crédito m	Kreditkarte
distancia f	Entfernung
estación f de ferrocarril m	Bahnhof
tienda f	Geschäft
minibar m	Minibar
plaza f	Platz, Stellplatz
nuestro,a	unser, unsere
disponer de	verfügen über
delicioso,a	köstlich
servir -i-	servieren; dienen, helfen
vaso m	Glas
vino m	Wein
bebida f	Getränk
fresco,a	frisch, kühl
calor m	Hitze
verano m	Sommer
equipado,a	ausgestattet
estar equipado,a	ausgestattet sein
guardar	(auf-)bewahren, aufheben
dinero m	Geld
objeto m de valor m	Wertgegenstand
llevar	bringen, tragen, mitnehmen
piso m	Stockwerk
aparcar	parken
coche m	Auto, Wagen
aceptar	annehmen, akzeptieren
aeropuerto m	Flughafen
kilómetro m	Kilometer
comprobar -ue-	abgleichen

2 Breve guía de prácticas

breve	kurz
guía f	Führer

2.1 Prácticas de recepción

por supuesto	selbstverständlich
desear	wünschen
piscina f	Schwimmbad
manera f	Art und Weise
subrayar	unterstreichen
cortesía f	Höflichkeit
dirigirse a	hier: jemanden ansprechen
andaluzo,a	andalusisch
calle f	Straße
playa f	Strand
indicación f	Angabe, Hinweis, Anzeige
seguir -i-	fortfahren
todo recto	geradeaus
a la derecha	(nach) rechts
cruzar	überqueren
girar	wenden; hier: gehen
a la izquierda	(nach) links
aquí	hier
discontinuo,a	unzusammenhängend, diskontinuierlich
recepcionista mf	Empfangschef, -dame
imperativo m	Imperativ
infinitivo m	Infinitiv
transformar	umformen, umwandeln
aviso m	Hinweis
directo,a	direkt
plano m	Stadtplan
adivinar	(er)raten
cueva f	Höhle
claro que sí	natürlich
visitar	besuchen
andar	gehen, laufen
ir andando	zu Fuß gehen
estar lejos	weit (entfernt) sein
trayecto m	Strecke
salida f	Abfahrt
aprox. = aproximado	ungefähr
festivo m	Feiertag
oficina f de turismo m	Fremdenverkehrsbüro, Touristeninformation
responsabilizarse	verantwortlich sein
cambio m	Änderung, Wechsel
vuelta f	Rückfahrt
tomar notas	Notizen machen

2.2 Prácticas de camarero

camarero,a	Kellner/in
menú m	Speisekarte, Menü
plato m	Teller, Gericht, Gang
postre m	Nachtisch
agua f	Wasser
menestra f de verduras f	Gemüseeintopf
tortilla f francesa	Omelette
tortilla f española	Tortilla auf spanische Art
escalope m	Schnitzel
cerdo m	Schwein
pollo m	Huhn
a la plancha f	gegrillt
trucha f	Forelle
flan m	Pudding
casero,a	hausgemacht, nach Art des Hauses
fruta f	Obst
del tiempo	nach Saison, der Saison
caliente	warm, heiß
café m con leche	Milchkaffee
café solo	Espresso
cortado m	Espresso mit sehr wenig heißer Milch
solucionar	lösen
problema m	Problem
cocinero m	Koch
diferencia f	Unterschied
huevo m	Ei
cebolla f	Zwiebel
sal f	Salz
patata f	Kartoffel
frito,a	gebraten
jamón m	Schinken
dentro	drinnen, innen
rico,a	hier: gut, lecker, schmackhaft
pedido m	Bestellung
simular	nachahmen, simulieren
servirse de	sich bedienen, benutzen
tratarse de usted	sich siezen
buenas tardes	guten Tag
buenas noches	guten Abend
traer	bringen
menú m	Speisekarte
ahora mismo	gleich, sofort
recomendar -ie-	empfehlen
sabroso,a	schmackhaft
todavía	noch (immer)
beber	trinken
botella f	Flasche
agua f mineral sin gas m	Mineralwasser ohne Kohlensäure
agua f mineral con gas m	Mineralwasser mit Kohlensäure

vino m tinto	Rotwein
nota f	hier: Rechnung

Grammatik und Strukturen

llave f	Schlüssel
ahí	da, dort

6 La América castellanohablante

castellanohablante	spanischsprachig

1 Los países de habla española

habla f	Sprache

1.1 El hemisferio sur es diferente

hemisferio m	Hemisphäre, Erdhalbkugel
sur m	Süden
resuelto,a	gelöst
pregunta resuelta	Frage beantwortet
diciembre m	Dezember
marzo m	März
otoño m	Herbst
junio m	Juni
invierno m	Winter
septiembre m	September
primavera f	Frühling
recibir	erhalten, bekommen
afectuoso,a	herzlich
global	global, Gesamt-
deducir de	ableiten aus
tratar de	handeln von
norte m	Norden
parte m metereológico	Wetterbericht
tiempo m	Wetter
audición f	Hören, Anhören
hace buen / mal tiempo	es ist schönes/schlechtes Wetter
sol m	Sonne
frío m	Kälte
viento m	Wind
grado m	Grad
cielo m	Himmel
despejado,a	wolkenlos
nublado,a	bewölkt
cubierto,a	bedeckt
estar cubierto,a	bedeckt sein
estar despejado,a	wolkenlos sein
llover -ue-	regnen
nevar -ie-	schneien
Nochebuena	Heiligabend
noche f	Nacht
hoy	heute
observación f	Beobachtung
capital f	Hauptstadt
geográfico,a	geografisch
América del Norte	Nordamerika
América del Sur	Südamerika
América Central	Mittelamerika
Caribe m	Karibik
limitar con	grenzen an
este m	Osten
oeste m	Westen
temperatura f máxima	Höchsttemperatur
temperatura f mínima	Mindesttemperatur
octubre m	Oktober
concurso m	Wettbewerb, Quiz
dividir	teilen
decidir	entscheiden

1.2 Por ejemplo, Argentina

república f	Republik
superficie f	Fläche, Oberfläche, Bodenfläche
est. (estimado)	geschätzt
moneda f	Währung, Münze
gentilicio m	Volksname
kilómetro m cuadrado	Quadratkilometer
abarcar	umfassen
habitante mf	Einwohner/in
ampliación f	Erweiterung, Ausbau
adquisición f	Erwerb
intercambio m	Austausch
fase f	Phase
preparativos m pl	Vorbereitungen
si	ob
redondear	ab-, aufrunden
cifra f	Zahl
más de	mehr als
millón m	Million
aproximadamente	ungefähr
como	ungefähr
pegar	kleben
pizarra f	Tafel
pared f	Wand
ser de	aus ... sein
estar ubicado,a en	sich befinden in, liegen
oyente mf	Hörer/in
sistematizar	systematisieren
Centroamérica f	Mittelamerika

Norteamérica f	Nordamerika
ubicación f	Lage
femenino,a	weiblich
masculino,a	männlich
en el caso de	im Falle von
con frecuencia f	häufig, oft
artículo m	Artikel
atributo m	Attribut
fácil	einfach
punto m	Punkt; Punktzahl
intermedio,a	mittel
redondeado,a	auf-, abgerundet
mapa m	Landkarte
transparencia f	Folie
consultar	nachschlagen
cuaderno m	Heft
sintaxis f	Syntax
conector m	Konnektor, Bindewort
sin embargo	trotzdem
Unión Europea	Europäische Union
numeroso,a	zahlreich
especificar	spezifizieren
pronombre m relativo	Relativpronomen
esto	dies, das hier
ante todo	vor allem
formar parte f de	Teil sein von
continente m	Kontinent, Erdteil
hispanohablante mf	spanischsprachig, Spanischsprachige/r
agradable	angenehm
llamado,a	sogenannte/r
al lado de	neben
río m	Fluss
andino,a	Anden-
todo el mundo	alle, jedermann
escritora f	Schriftstellerin
famoso,a	bekannt
ganador,a	Gewinner/in
escritor m	Schriftsteller
poeta mf	Dichter, Dichterin
chileno,a	chilenisch, aus Chile
lo contrario de	das Gegenteil von
sinónimo m	Synonym
significado m	Bedeutung
parecido,a	ähnlich
raíz f	Wurzel
término m	Ausdruck, Terminus

2 La lengua española en el mundo

lengua oficial f	Amtssprache
cuatrocientos,as	400
cuarenta	40
hablado,a	gesprochen
intención f	Absicht
fuente f	Quelle
lectura f	Lektüre
en silencio	leise
bajo,a	leise; klein
en voz f baja	leise (Stimme)
lugar m	hier: Platz, Rang
noventa	90
artículo m	Artikel
fotografía f	Fotografie
impersonal	unpersönlich
dialecto m	Dialekt
chino m	chinesisch, Chinese
contento,a	zufrieden
encantar	begeistern, gerne haben, toll finden
me encanta	mich begeistert, ich finde ... toll
te encanta	dich begeistert
le encanta	ihn / sie begeistert
puerta f	Tür
detalle m	Einzelheit
corazón m	Herz
oportunidad f	Gelegenheit
convivir	zusammenleben
enriquecimiento m	Bereicherung
cultural	kulturell
enorme	riesig, enorm
sobrevivir	überleben
estar de vacaciones	Urlaub haben, im Urlaub sein
meta f	Ziel
bastante	ziemlich
sencillo,a	leicht
me (te, le) gusta	mir (dir, ihm/ihr) gefällt
gustar	gefallen
sexy	sexy
ir de vacaciones	in den Urlaub fahren
viajero,a	Reisende(r)
opinar	meinen
gusto m	Vorliebe
construir(se)	(sich) bilden, bauen
columna f	Spalte, Säule
fascinar	faszinieren
entusiasmar	begeistern
nota f	Note (Zensur)
motivo m	Grund

divertido,a	witzig, lustig
para	für, um zu
expresarse	sich ausdrücken
frase f subordinada	Nebensatz
frase completa	ganzer Satz
recordar -ue-	sich (an etwas) erinnern

Grammatik und Strukturen

baile m	Tanz
chatear	chatten
canción f	Lied
estatua f	Statue
ayuntamiento m	Rathaus
localizar	suchen, lokalisieren

7 España: tierra y gente

tierra f	Land, Erde
tierra y gente	Land und Leute

1 Conocer España

1.1 Datos básicos de España

denominado,a	genannt
catalán	katalanisch, Katalanisch
gallego	galizisch, Galizisch
valenciano	valenzianisch, Valenzianisch
vasco	baskisch, Baskisch
comunidad f autónoma	autonome Region
respectivamente	jeweils
forma f de gobierno m	Regierungsform
constitucional	konstitutionell, verfassungsmäßig
jefe f del Estado	Staatsoberhaupt
rey m	König
presidente del gobierno	Regierungschef
anotación f	Annotation, Anmerkung
visitante mf	Besucher/in
redactar	schreiben, verfassen
título m	Titel
territorio m	Territorium, Gebiet
además de	außer, über ... hinaus

1.2 España y las comunidades autónomas

por orden m alfabético	alphabetisch geordnet
océano m	Ozean
división f política	staatliche Gliederung
situación f geográfica	geografische Lage
en general	im Allgemeinen
fuera de	außer
península f	Halbinsel
lejos de	weit von
mar m	Meer
ubicarse	sich befinden
centro m	Mitte
frontera f	Grenze
fragmento m	Auszug, Fragment, Teil
coherente	zusammenhängend
corto,a	kurz, gering
africano,a	afrikanisch
solución f	Lösung
memoria f	Gedächtnis
miembro m fundador	Gründungsmitglied

1.3 Geografía de España

reino m	Königreich
suroeste m	Südwesten
europeo,a	europäisch
tamaño m	Größe
compartir	teilen
incluir	einschließen, umfassen
asimismo	ebenso
islote m	kleine Insel
montañoso,a	bergig, gebirgig
altitud f media	durchschnittliche Höhe
superar	übertreffen
Suiza	Schweiz
principal	Haupt-
descender -ie-	hinuntersteigen; hier: fließen
lentitud f	Langsamkeit
desembocar	münden
único,a	einzige/r/s, einmalig
navegable	schiffbar
reina f	Königin
agrupar	gruppieren
desconocido,a	unbekannt
signo m de interrogación f	Fragezeichen
correspondiente	dazugehörig
detrás de	hinter, nach
altitud f	Höhe
aplicar	anwenden
precioso,a	bildschön
campo m de golf	Golfplatz
sujeto m	Subjekt
costa f mediterránea	Mittelmeerküste
noreste m	Nordosten
madrileño,a	Madrilene, Madrilenin
montaña f	Berg, Gebirge

1.4 Las lenguas españolas

nacional	national, National-, staatlich
conocido,a	bekannt
si bien	obwohl
existir	existieren
determinado,a	bestimmte/r/s
origen m	Herkunft
a excepción de	mit Ausnahme von
cuyo,a	dessen, deren
diverso,a	verschieden(artig), diverse/r/s
teoría f	Theorie
cooficial	gleichzeitig auch offiziell, ebenfalls offiziell
zona f bilingüe	zweisprachiges Gebiet
minoritario,a	Minderheits-
danés m	Dänisch
frisio m	Friesisch
sorbo m	Sorbisch
neerlandés m	Niederländisch
Irlanda	Irland
lengua románica	romanische Sprache
rumano m	Rumänisch
checo m	Tschechisch
portugués m	Portugiesisch
lengua germánica	germanische Sprache
lengua eslava	slawische Sprache
nombrar	nennen
rodear	umgeben, umringen
ministerio m	Ministerium
gobierno m	Regierung

2 España: primer país turístico en Europa

2.1 La diversidad paisajística de España

diversidad f	Vielfalt
paisajístico,a	landschaftlich
Mediterráneo m	Mittelmeer
atraer	anziehen, ansprechen
miles de	Tausende von
cada vez más	immer mehr
viajero,a	Reisende(r)
encanto m	Zauber
interior m	(Landes-)Innere
variedad f	Abwechslung, Vielfalt
paisaje m	Landschaft
bosque m	Wald
valle m	Tal
pueblo m	Dorf
medieval	mittelalterlich
hermoso,a	schön
catedral f	Kathedrale
construcción f	Bau, Konstruktion
gótico,a	gotisch
pintoresco,a	malerisch, pittoresk
fabuloso,a	großartig
cosmopolita	kosmopolitisch
lleno,a de	voll von
ópera f	Oper
galería f de arte m	Kunstgalerie
puerto m	Hafen
ciudad f vieja	Altstadt
impresionante	beeindruckend
por último	zuletzt
ofrecer -zc-	anbieten
opción f	Wahl, Möglichkeit
imaginable	vorstellbar
club m	Klub, Nachtklub
belleza f	Schönheit
salvaje	wild
volcánico,a	vulkanisch
archipiélago m	Inselgruppe, Archipel
canario,a	von den Kanaren stammend, der Kanaren
atractivo,a	attraktiv, reizvoll
viejo,a	alt
monumento m	Monument, Denkmal
sevillano,a	aus, in Sevilla
mencionar	erwähnen
barcelonés,a	aus, in Barcelona
mapa m conceptual	Concept-Map
atractivo m	Reiz, Charme
ambiente m	Atmosphäre, Umgebung
extraordinario,a	außerordentlich
organigrama m	Organigramm
lugar m favorito	Lieblingsort

2.2 Una actividad turística especial

noche f en blanco	schlaflose Nacht
traje m	Kleidung, Anzug
celebración f	Feierlichkeit, hier: Gedenktag
promover	hier: fördern
apertura f	Öffnung
nocturno,a	nächtlich
trasladar	versetzen in, überführen
década f	Dekade, Jahrzehnt
vestido f	Kleid, Kleidungsstück
pop	Pop-
minifalda f	Minirock
original	Original-
tejido m sintético	synthetische Faser, Kunstfaser

comentar	besprechen, kommentieren
moda f	Mode
invitar	einladen, auffordern
público m	Publikum
acudir	sich einfinden
vestido,a	gekleidet
celebrar	feiern
colección f	Kollektion, Sammlung
datar de	datieren von, aus
pantalón m	Hose
pantalones m vaqueros	Jeans
estampado,a	bunt
rogar -ue-	bitten
terciopelo m	Samt
conjunto m	Ensemble
bata f	Morgenmantel
camisón m	Nachthemd
jersey m	Pullover
de punto	gestrickt
visita f	Besuch
época f	Zeit(raum), Epoche
conversación f	Gespräch, Konversation
genial	genial
toque	Hauch
nostálgico,a	nostalgisch
auténtico,a	echt, authentisch
rareza f	Seltenheit
dejar	lassen, überlassen
sentir -ie-	fühlen, leidtun
material m	Material, Stoff
algodón m	Baumwolle
azul	blau
probar	(an-)probieren
probador m	Umkleidekabine
¿Qué te parece?	Was meinst du?
quedarle bien a u.p.	jmd. gut stehen, passen
prenda f	Kleidungsstück
costar -ue-	kosten
tener razón	Recht haben
talla f	Größe
mercadillo m	Flohmarkt
vendedor m	Verkäufer
comprar	kaufen
caro,a	teuer

2.2 La otra cara del turismo

cara f	Seite, Gesicht
ecológico,a	ökologisch
grave	ernst
contaminación f	(Umwelt-)Verschmutzung
alquitrán m	Teer
vertido m	Abfall
excesiva población f	Überfüllung, Überbevölkerung
basura f inorgánica	anorganischer Abfall
icono m	Zeichen, Symbol
margen m	Rand
descubrir	entdecken, aufdecken, finden
referirse -ie- a	sich beziehen auf
elemento m	Element
contaminador,a	verschmutzend, verunreinigend
aspecto m	Aussehen
estar contaminado,a	verunreinigt, verseucht sein
estar lleno,a de	voll sein von
sucio,a	schmutzig
aparecer -zc-	erscheinen, zu sehen sein
distinguirse	sich unterscheiden, sichtbar werden
desventaja f	Nachteil
último,a	letzte/r/s, Letzte/r/s
mostrar -ue-	zeigen
efecto m	Auswirkung
tóxico,a	giftig
fuel m	(Heiz-)Öl
cloaca f	Kloake, Abwasserkanal
excremento m	Kot
perro m	Hund
crema f solar	Sonnencreme
plástico m	Plastik
limpiar	reinigen
debate m	Debatte
positivo,a	positiv
negativo,a	negativ
volver -ue-	noch einmal tun; zurückkommen, zurückkehren
argumento m	Argument; Handlung, Inhaltsangabe
objeción f	Einwand
alegar	anführen, vorbringen
opinión f	Meinung
evidente	offensichtlich, klar
cierto,a	sicher, wahr, gewiss
en primer	lugar erstens, an erster Stelle
convincente	überzeugend

Grammatik und Strukturen

alrededor de	ungefähr
estupendo,a	toll, super
encima de	über, oberhalb von
enfrente de	gegenüber von

delante de	vor (örtlich)
dentro de	innerhalb von

8 Amor y desamor

amor m	Liebe
desamor m	Abneigung

1 El amor en la pantalla grande

pantalla f grande	Großleinwand (Kino)

1.1 La carátula de la DVD *Los amantes del Círculo Polar*

carátula f	Cover, vordere Umschlagseite
amante mf	Liebende/r
Círculo m Polar	Polarkreis
ficha f técnica	technische Angaben
duración f	Dauer
director,a	Regisseur/in
guión m	Drehbuch
imagen f	Bild
impresión f	Eindruck
causar	hervorrufen
cuadro m	Tafel, Rahmen; Gemälde
descripción f	Beschreibung
carismático,a	charismatisch, mit Ausstrahlung
rubio,a	blond
pelirrojo,a	rothaarig
moreno,a	dunkelhäutig, dunkelhaarig
alegre	froh, fröhlich
aburrido,a	langweilig
feliz	glücklich
infeliz	unglücklich
enfermo,a	krank
rabioso,a	wütend
ensimismado,a	in sich gekehrt
solo,a	einsam, allein
aislado,a	isoliert
cansado,a	müde
triste	traurig
serio,a	ernst
aliviado,a	erleichtert
corto,a	kurz
rizado,a	lockig
liso,a	glatt
ojo m	Auge
claro,a	hell
negro,a	schwarz
verde	grün
gris	grau
almendrado,a	mandelförmig
entre... y...	zwischen ... und ...
carisma m	Ausstrahlung
relación f	Beziehung
proponer	vorschlagen
acertado,a	(zu-)treffend
al principio	am Anfang
romántico,a	romantisch
junto,a	zusammen
abrazarse	sich umarmen
enamorado,a	verliebt
escapar	entfliehen
inseparable	unzertrennlich, untrennbar
disfrutar de	genießen
soledad f	Einsamkeit
quererse -ie-	sich lieben, sich mögen
ya no	nicht mehr
separarse	sich trennen
sentir -ie-	fühlen
acercarse	sich nähern
funcionar	klappen, funktionieren

1.2 Sinopsis de la película

sinopsis f	Inhaltsangabe
película f	Film
novela f	Roman
apasionado,a	leidenschaftlich
secreto,a	geheim
protagonista mf	Hauptperson
conocerse -zc-	sich kennenlernen
contado,a	erzählt
salida f	Ausgang
echar a correr	losrennen
tarde f	Abend
acontecimiento m	Ereignis
sentimiento m	Gefühl
separación f	Trennung
acción f	Handlung
al principio	am Anfang
enamorarse de	sich verlieben in
contraste m	Kontrast
Finlandia	Finnland
Noruega	Norwegen

1.3 La adolescencia de "los amantes del Círculo Polar"

adolescencia f	Jugend
idea f	Idee, Gedanke, Einfall
situación f	Situation
cotidiano,a	alltäglich
familiar	familiär, vertraut
objeto m	Objekt
corazón m	Herz
jarra f	Krug
cafetera f	Espressozubereiter
magdalena f	eine Art Gebäck
apoyar	stützen
codo m	Ellbogen
lado m	Seite
al fondo	im Hintergrund
dominar	vorherrschen
primer plano m	Vordergrund
desarrollar m	entwickeln, ausführen
mirarse	sich anschauen
agencia f de viajes	Reisebüro
Laponia	Lappland
soñar con	träumen von
probablemente	wahrscheinlich

1.4 Ana y Otto adultos

adulto,a	erwachsen
revelar	enthüllen, offenbaren
estado m de ánimo m	Gemütszustand
desilusionado,a	enttäuscht
frustrado,a	frustriert
especular	spekulieren
reaccionar	reagieren
hipótesis f	Hypothese
introducir -zc-	einführen, einleiten
acuerdo m	Zustimmung, Einigung
desacuerdo m	Ablehnung, Uneinigkeit
suponer	annehmen, vermuten
totalmente	völlig, vollständig
contigo	mit dir
en absoluto	absolut nicht
obvio,a	offensichtlich, einleuchtend
al contrario	im Gegenteil
iniciar	einleiten, beginnen, anfangen
escena f	Szene
subtitulado,a	untertitelt, mit Untertiteln
interesar	interessieren
trama f	Handlung
abordar un tema	ein Thema angehen, behandeln

2 Amores e intrigas en la pantalla pequeña

intriga f	Intrige
pantalla pequeña	Fernseher (kleine Leinwand)

2.1 *El Internado,* una serie española de amor y suspense

internado m	Internat
serie f	Serie
suspense m	Spannung
introducción f	Einführung
emitir	senden, ausstrahlen
prestigioso,a	angesehen
centro educativo	Schule, Schulzentrum
emplazado,a	gelegen
en mitad de	mitten in
influyente	einflussreich
integrante mf	Mitglied; Bestandteil
personal m	Personal
volver a verse	sich wiedersehen
dispuesto,a a	bereit zu etwas
ilusión f	Freude, Hoffnung
huérfano,a	Waise
tras	nach
accidente m	Unfall
por otra parte	andererseits
ir descubriendo	allmählich entdecken
a raíz de	aufgrund von
desaparición f	Verschwinden
anciano,a	(sehr) alt; (sehr) alter Mensch
misterio m	Geheimnis
ocultarse	sich verbergen
consciente	bewusst
ser consciente de u.c.	sich einer Sache bewusst sein
peligro m	Gefahr
correr peligro	Gefahr laufen, in Gefahr sein
contenido m	Inhalt
verdadero,a	wahr
pertenecer -zc-	gehören
peligroso,a	gefährlich
enseguida	gleich, sofort
traicionar	betrügen
a pesar de	trotz
besarse	sich küssen
adaptación f	(Bühnen-)Bearbeitung
adicional	zusätzlich, Zusatz-

adaptar	adaptieren
mercado m	Markt
raro,a	seltsam
doblar	synchronisieren
temer	fürchten
tonto,a	dumm
total	hier etwa: eigentlich
superbueno,a	spitzenmäßig
éxito m	Erfolg
perder -ie-	verlieren
es una pena f	es ist schade
versión f	Version
dudar	zweifeln, bezweifeln
decorado m	Bühnenbild
ambientación f	Szenenausstattung
conseguir -i-	erreichen
plasmar	darstellen
esencia f	Essenz
entrada f	Beitrag, Eintrag im Netz
preferencia f	Bevorzugung, Vorliebe
introductor,a	einleitend
concreto,a	konkret
probable	wahrscheinlich
ser probable + subj.	wahrscheinlich sein
telenovela f	Fernsehserie
vender	verkaufen

2.2 Actuar en una serie televisiva

actuar	spielen
serie f televisiva	Fernsehserie
convocar	ausschreiben, aufrufen zu
casting m	Casting, Rollenbesetzung
prohibido,a	verboten
perfil m	Profil
argumento m	Argument; hier: Handlung, Inhaltsangabe
considerar	berücksichtigen
personaje m secundario	Nebenfigur, Nebendarsteller/in
carácter m	Charakter
sentimental	gefühlvoll, Gefühls-
intriga f	Intrige
central	zentral, Haupt-
agencia f productora	Produktionsagentur, -büro
papel m	Rolle; Papier
abogado,a	Anwalt, Anwältin
llegada f	Ankunft
aristócrata mf	Aristokrat/in, Adlige/r
pariente m/f lejano,a	entfernte/r Verwandte/r
olvidar	vergessen
desesperado,a	verzweifelt
añorar	vermissen
llorar	weinen
decepcionado,a	enttäuscht
darse cuenta de	(be-)merken, sich klar werden über etw.
definir	bestimmen, definieren
hoja f	Blatt (Papier)
rasgo m característico	(Charakter-)Eigenschaft
jefa f	Chefin
cantar	singen
elaborar	erstellen
candidato m	Kandidat
rasgo m físico	äußeres Merkmal
delgado,a	schlank
deportivo,a	sportlich
rasgo m síquico	(innere) Eigenschaft
abierto,a	offen
espontáneo,a	spontan
tocar el piano	Klavier spielen
jugar al tenis	Tennis spielen
vocación f	Berufung
ser conveniente	angebracht sein
scout m	Scout; Talentsucher
preelección f	Vorauswahl
reunir	sammeln
cumplir con	erfüllen
comentario m	Kommentar
consejo m (dar consejo)	Rat (geben)
recomendación f	Empfehlung
¡ojo!	Achtung!
emplear	verwenden, benutzen
pleno m	Plenum
apto,a	geeignet
finalista mf	Finalist/in
clasificación f	Klassifizierung
desempeñar un papel	eine Rolle spielen

Grammatik und Strukturen

limpio,a	sauber
furioso,a	wütend
muerto,a	tot
enfadado,a	verärgert
relajado,a	entspannt
irritado,a	irritiert
distraído,a	zerstreut, abgelenkt
débil	schwach
influir -y-	beeinflussen

9 „Oh Chile, largo pétalo…"

pétalo m	Blütenblatt

1 Chile más de cerca

patria f	Heimat
nieve f	Schnee
oda f	Ode
papa f (Am.)	Kartoffel
libertad f	Freiheit
bien m	Wohl
contra	gegen
injusticia f social	soziale Ungerechtigkeit
estrofa f	Strophe
manifestación f	Demonstration
pancarta f	Transparent
análisis m	Analyse
párrafo m	Abschnitt, Absatz; Paragraph
clima m	Klima
calcular	schätzen
orientarse	sich orientieren
extensión f	Ausbreitung, Gesamtfläche
locutor,a	Ansager/in, Sprecher/in
sierra f	Gebirge
cordillera f	Gebirgskette
ancho m	Breite
tanto por ciento m	Prozentsatz
llano,a	eben, flach
inestabilidad f	Instabilität
terremoto m	Erdbeben
seco,a	trocken
templado,a	mild
suave	mild
lluvia f	Regen
lluvioso,a	regnerisch
temperatura f media	Durchschnittstemperatur
recursos m pl naturales	natürliche Ressourcen
agricultura f	Landwirtschaft
materias f pl primas	Rohstoffe
riquezas f pl del subsuelo	Bodenschätze
riqueza f	Reichtum
subsuelo m	Untergrund
carbón m	Kohle
hierro m	Eisen
gas m natural	Erdgas
petróleo m	Erdöl
cobre m	Kupfer
litio m	Lithium
salitre m	Salpeter
uranio m	Uran
cultivo m	Anbau
autóctono,a	autochthon, eingesessen, … der Ureinwohner
aguacate m	Avocado
palta f (chil.)	Avocado
cacahuete m	Erdnuss
maní m (chil.)	Erdnuss
calabaza f	Kürbis
chirimoya f	Chirimoya
maíz m	Mais
papaya f	Papaya
pimentón m	Paprika
tomate m	Tomate
asterisco m	Sternchen
sorprender	überraschen
tomatillo m	Tomate
poroto m (Am.)	Bohne
trigo m	Weizen
damasco m (Am.)	Pfirsich
naranja f	Apfelsine
supermercado m	Supermarkt
verdura f	Gemüse
quedar	übrig bleiben, sein
¡Qué pena!	Wie schade!

2 ¿Qué es lo más bello de tu país?

bello,a	schön
andinismo m	Bergsteigen
bañarse	baden
caminata f	Wanderung
relajarse	entspannen
intrigar	Interesse wecken / neugierig machen
naturaleza f	Natur
costumbre f	Sitte
percibir	wahrnehmen
notar	(be)merken
exótico,a	exotisch
lindo,a	hübsch, niedlich
especias f pl	Gewürze
cuerno m	Horn
litoral m	Küstengebiet
creo que	ich glaube, dass
ya que	denn
géiser m	Geysir
luna f	Mond
virgen	unberührt
declarado,a	erklärt
mundial	Welt-
describir	beschreiben

despertar -ie-	wecken

3 "Gente de la tierra": la etnia mapuche de Chile

gente f sing de la tierra f	mit ihrem Land verwurzelte Menschen
etnia f	Ethnie, Volksgruppe
localización f	hier: Gebiet, in dem sie wohnen
forma f de vida f	Lebensform
sedentario,a	sesshaft
estructura f social	soziale Struktur
vivienda f	Wohnung, Haus
ceremonia f	Zeremonie
creencia f	Glaube
nómada	Nomaden-
fundación f	Stiftung
indígena mf	eingeboren
ámbito m cultural	Kulturraum
familiar m	Familienangehörige, Verwandte
fiesta f	Feierlichkeiten, Feier, Fest
en el campo m	auf dem Land
sociedad f	Gesellschaft
hogar m	Heim
hijos m pl	Kinder
varón m	Mann (auch adj. männlich)
permanecer -zc-	bleiben
esposa f	Ehefrau
heredar	erben
mientras	während
hija f pl	Tochter
abandonar	verlassen, aufgeben
paterno,a	väterlich
labor f	Arbeit
entre sí	untereinander
tarea f	Aufgabe
cuidar de	aufpassen auf
enseñar	beibringen, lehren
mantener las costumbres	die Sitten und Gebräuche bewahren
sembrar -ie-	säen
huerto	(Gemüse-)Garten
animal m	Tier
doméstico,a	Haus-
tejer al telar	weben
artesanía f	Kunsthandwerk
producto m	Produkt
agrícola	landwirtschaftlich
artesanal	handwerklich
colaborar	mithelfen
después que	nachdem
regresar	zurückkehren, heimkehren
mientras tanto	währenddessen
arar	pflügen
buey m	Ochse
caballo m	Pferd
cortar	schneiden, hacken
leña f	Brennholz
ganado m	Vieh
campesino,a	Landarbeiter/in, Bauer
fundo m	Grundstück
empleado,a	Angestellte(r)
empresa f	Betrieb
maderera,o	Holz-
medio correcto,a	halb richtig
sociedad f	Gesellschaft
casado,a	verheiratet
propio,a	eigene/r/s
evitar	vermeiden
colocar	unterbringen, platzieren, stellen
manta f	Decke
talar	fällen, schlagen
árbol m	Baum
poseer	besitzen
no sólo... sino también	nicht nur ..., sondern auch
respeto m	Respekt, Achtung
pasado m	Vergangenheit
tradición f	Tradition, Überlieferung
confección f	Anfertigung
elaborar	erstellen
ciudadano,a	bürgerlich, Bürger/in
tradicional	traditionell, überliefert
construido,a	gebaut
madera f	Holz
rama f	Zweig
capa f	Schicht
paja f	Stroh
interior m	Inneres, Innenraum
colocar	aufstellen, anlegen, anbringen
fogón m	Feuerstelle
alrededor	ringsherum, rundherum
instalar	einbauen, installieren
cama f	Bett
baúl m	Truhe
ropa f sing	Wäsche, Kleidung
minga f	freiwillige, gemeinschaftliche Arbeit, Nachbarschaftshilfe

vecino,a	Nachbar/in
faena f	Arbeit
dueño,a	Eigentümer/in
matar	töten
agradecer -zc-	sich bedanken
colaboración f	Mitarbeit
actualmente	aktuell, zurzeit
por lo general	im Allgemeinen
techo m	Dach
zinc m	Zink
diferenciarse en	sich unterscheiden durch
vario,a	verschieden, unterschiedlich
constar	bestehen; feststehen, feststellen
piedra f	Stein
barro m	Lehm
mueble m	Möbel
moderno,a	modern
apuntes m pl	Notizen
mapa m mental	Mindmap
en público	öffentlich, vor Publikum

Grammatik und Strukturen

identidad f	Identität
por consiguiente	infolge dessen
por lo tanto / de ahí	deshalb
entonces	dann
en fin	kurz und gut
en definitiva	letzten Endes
en conclusión	schließlich, letztendlich
en suma	zusammenfassend
por el contrario	im Gegenteil
peor	schlechter
resto m	Rest
desierto m	Wüste
herramienta f	Werkzeug

10 Madrid: una ciudad polifacética

polifacético,a	vielseitig

1 Capital y metrópoli

metrópoli f	Metropole
cartel m	Plakat
producir -zc-	hervorrufen, produzieren
reconocer -zc-	erkennen
ayuntamiento m	Rathaus
despertar -ie- curiosidad f	Neugier wecken
provocar desinterés m	Desinteresse hervorrufen
metro m	U-Bahn
vía f	Gleis
pasajero,a	Fahrgast
al día	täglich
fútbol m	Fußball
sin mirar	ohne anzuschauen
albergar	beherbergen
serie f de	Reihe von
considerable	beträchtlich
medio m de transporte m	Transportmittel
en cuanto a	was ... betrifft
destacar	herausragen, hervorstechen, hervorheben
metropolitano,a	hauptstädtisch
céntrico,a	zentral gelegen
sede f	Sitz
residencia f	Wohnsitz
real	königlich
oficial	offiziell
artístico,a	künstlerisch
multicultural	multikulturell
estar considerado,a	angesehen sein/werden als
área urbana	städtisches Gebiet, Stadtfläche
administración f	Verwaltung
así como	sowie
caracterizarse por	auszeichnen durch
intenso,a	stark, intensiv
a nivel m internacional	auf internationaler Ebene
escenario m	Bühne
acoger	aufnehmen
expectativa f	Erwartung
exactamente	genau, exakt
figurar	sich befinden
tema m	Thema
demográfico,a	demografisch

2 De Madrid al cielo y desde el cielo, un agujerito para verlo

cielo m	Himmel
agujero m	Loch
agujerito	kleines Loch

2.1 Actividades que se pueden realizar en Madrid

en pleno corazón m de	im Herzen von, mitten in
recoger	sammeln, aufbewahren
artista mf	Künstler/in
estadio m	Stadion
emblemático,a	emblematisch, sinnbildlich
lugar m emblemático	Vorzeigeort

retransmitir	übertragen
anualmente	jährlich
campanada f	Glockenschlag
dar la bienvenida	willkommen heißen
frente a	gegenüber
cita f obligada	Pflichttermin
entremezclarse	sich vermischen
arteria f	Arterie, Hauptverkehrsader
paseo m	Spaziergang
pulmón m	Lunge
emblema m	Wahrzeichen
terraza f	Terrasse
vendedor m	ambulante fliegender Händler, Straßenhändler
depender de	abhängig sein, abhängen von, je nach
optar por	auswählen
marca f	Marke
asequible	erreichbar, günstig
ruta f	Route
provechoso,a	vorteilhaft
caña f	kleines Bier
rodamiento de bolas	Kugellager
círculo m	Kreis
exterior	außen

2.2 La capital desde la perspectiva del blogger *eugim*

es cierto que...	es stimmt, dass ...
tanto... como	sowohl ... als auch
concentrarse	sich versammeln
taberna f	Kneipe
poner tapas f pl	Häppchen anbieten
gratis	gratis, umsonst
excelente	ausgezeichnet
de todo tipo m	jeder Art
cualquier,a	irgendein/e/r, beliebig
provincia f	Provinz
convencer	überzeugen

3 Una escapada a Madrid

carné m	Ausweis
enumerar	aufzählen
publicado,a	veröffentlicht
descuento m	Rabatt
parque m de atracciones f pl	Erlebnispark
zoo m	Zoo
claro que	aber sicher
sitio m	Ort
imaginar	sich ausdenken, vorstellen, vermuten
valer la pena	sich lohnen
pagar	bezahlen
plan m	Plan, Vorhaben
billete m	Fahrkarte
reducido,a	ermäßigt
cerrar -ie-	schließen
gratuito,a	kostenlos
tarifa f	Tarif
no hay de qué	bitte!
reducción f	Ermäßigung
en voz f alta	laut
aburrir	langweilen
disgustar	verärgern
ruido m	Lärm
partido m	Spiel, Partie

Grammatik und Strukturen

hambre m	Hunger
por un lado,... por otro lado	einerseits, ... andererseits
apetecer	Lust haben auf
bocadillo m	belegtes Brötchen
propuesta f	Vorschlag
vale	gut, einverstanden, in Ordnung
fenomenal	super

11 Tú y tu mundo

1 El mundo de la música: Shakira y las facetas de una cantante famosa

1.1 La música de Shakira

faceta f	Facette
físico m	Äußeres, Aussehen
mirada f	Blick
boca f	Mund
evocar	hervorrufen
pie m	Fuß
descalzo,a	barfuß
cesped m	Rasen
hierba f	Kraut, Gras
prado m	Wiese
caléndula f	Ringelblume
sueño m	Traum
blanco,a	weiß
letra f de la canción f	Liedtext

tranquilo,a	ruhig
rítmico,a	rhythmisch
melancólico,a	melancholisch, schwermütig
vivo,a	lebhaft
temperamento m	Temperament
sonido m	Klang
coro m	Chor
batería f	Schlagzeug
instrumento m	Instrument
folclórico,a	folkloristisch, Volks-
despedida f	Abschied

1.2 ¿Quién es Shakira?

nombre m completo	vollständiger Name
nacer	zur Welt kommen
informal	nicht förmlich, ungezwungen
regalo m	Geschenk
aspiración f	Streben, Bestrebung, Hoffen
comida f favorita	Lieblingsessen
árabe	arabisch
marisco m sing	Meeresfrüchte
hobby m	Hobby
arcilla f	Ton, Tonerde
defecto m	Fehler, Defekt
carácter m fuerte	starker Charakter
impuntual	unpünktlich
perfeccionista	perfektionistisch
despistado,a	zerstreut, unaufmerksam
virtud f	Tugend
paciente	geduldig
fotogénico,a	fotogen
mano f	Hand
delicado,a	zart
sonrisa f	Lächeln
radiante	strahlend
tocar un instrumento	ein Instrument spielen
armónica f	Mundharmonika
actor, actriz	Schauspieler/in
acostarse -ue-	schlafen gehen
fijo,a	fest, bestimmt
cariñoso,a	herzlich
sentido m de humor m	Sinn für Humor
salir -g- con	ausgehen mit, ein Paar sein
desde hace	seit
juerguista mf	vergnügungssüchtig, feierwütig
humedad f	Feuchtigkeit
piel f	Haut
pescado m frito	gebratener Fisch
amar	lieben
confesar -ie-	beichten
estar condenado,a	verurteilt sein
hombro m	Schulter
cargar	tragen
peso m	Last
carrera f	Karriere, Laufbahn
complicado,a	kompliziert
hamburguesa f	Hamburger, Frikadelle
explorar	erkunden
obrero,a	Arbeiter/in
al servicio de	im Dienst von
casita f	Häuschen
refugio m	Zuflucht
desconectarse	abschalten
paraíso m	Paradies
estudio m de grabación f	Aufnahmestudio
disco m	CD; Schallplatte
jardín m de rosas f pl	Rosengarten
anotar	notieren, aufschreiben
grupo m musical	Musikgruppe
concluir -y- con	abschließen mit

1.3 El compromiso social de varios artistas

compromiso m social	soziales Engagement
cumbre f	Gipfel
macroconcierto m	Megakonzert
simultáneo,a	gleichzeitig
combatir	bekämpfen
pobreza f	Armut
pobreza f infantil	Kinderarmut
ambos,as	beide
iniciativa f	Initiative
multimillonario,a	Multimillionär/in
prever	voraussehen, erwarten; vorsehen
asistencia f	Anwesenheit
organizador,a	Organisator/in, Veranstalter/in
caritativo,a	wohltätig
asistir	dabei sein, teilnehmen an
próximo,a	nächste/r/s
entregar	übergeben, überreichen
premio m	Preis, Auszeichnung
infancia f	Kindheit, Kinder
embajador,a	Botschafter/in
sección f	Abteilung, Sektion
premiar	auszeichnen
galardón m	Auszeichnung
honor m	Ehre
movilización f	Mobilisierung

futuro m	Zukunft
defensa f	Schutz, Verteidigung
derechos m pl infantiles	Kinderrechte
animar a	ermuntern zu
comprometerse	sich engagieren
violencia f	Gewalt
derecho m a la educación f	Recht auf Bildung
lucha f	Kampf
sida = Síndrome de Inmunodeficiencia Adquirida	AIDS
afirmar	behaupten, bekräftigen
comunicado m	Mitteilung
gerente mf	Geschäftsführer/in
pregunta f clave	Schlüsselfrage
organización f no gubernamental (ONG)	Nichtregierungsorganisation
sin ánimo de lucro	gemeinnützig
crear	gründen
propósito m	Vorsatz, Absicht
niñez f	Kindheit; Gesamtheit der Kinder
vulnerable	verwundbar, verletzlich
desplazado,a	umgesiedelt
sufrir de	leiden an
desnutrición f	Unterernährung
proveer	bereitstellen, versorgen, (be-)liefern
nutritivo,a	nahrhaft
tecnología f	Technologie, Technik
psicosocial	psychosozial
prevenir	vorbeugen
abandono m	Verlassen
generación f	Generation
fundador,a	Gründer/in
criticar	kritisieren, monieren
insoportable	unerträglich
admirable	bewundernswert
garantizar	gewährleisten
invertir -ie-	investieren
fortuna f	Vermögen
trabajo m social	soziale Arbeit
defender -ie-	verteidigen
notable	bedeutend
festival m	Festival; Festspiele
conciencia f social	soziales Bewusstsein
aprovechar	ausnutzen, nutzen
beneficio m	Vorteil
fundamental	grundlegend
queda mucho por luchar	es ist noch viel zu kämpfen
desigualdad f	Ungleichheit
mensaje m	Botschaft
intercorrección f	gegenseitige Korrektur
error m lingüístico	sprachlicher Fehler

2 El mundo del cine: *Todo sobre mi madre* de Pedro Almodóvar

2.1 La película *Todo sobre mi madre*

secreto m	Geheimnis
diario m	Tagebuch
muerte f	Tod
resumen m	Zusammenfassung
morir -ue-	sterben
comunicar	mitteilen
noticia f	Nachricht
sorpresa f	Überraschung
fascinación f	Faszination
aportar	beitragen
mezclar	(ver-)mischen
transgresor,a	übertretend, überschreitend
color m	farbe
dramatismo m	Dramatik
desdramatizar	entdramatisieren

2.2 Esteban y Manuela: una cena en familia

al comienzo m	am Anfang
clásico m	Klassiker
desnudo,a	nackt
señalar	andeuten
prestarse a equívocos m	zweideutig sein
extraño,a	seltsam
anotador m	Notizbuch
llevar consigo	dabei haben
imagen f congelada	Standbild, Screenshot
perífrasis f	Periphrase, hier: Verbindung von Verben
en progreso	gerade ablaufen, stattfinden
tener -ie- lugar	stattfinden
notas f pl	Notizen
ver la tele	fernsehen
carrera f	Karriere, Laufbahn
poner la mesa f	den Tisch decken
recoger la mesa	den Tisch abräumen
antiguo,a	alt
acabar de hacer algo	gerade etwas getan haben
monoparental	alleinerziehend
armonioso,a	harmonisch

equilibrado,a	ausgeglichen
conflictivo,a	konfliktreich
confianza f	Vertrauen
pelear	kämpfen
discutir	sich auseinandersetzen, diskutieren
mutuo,a	gegenseitig
tareas f pl en casa	Hausarbeiten
comportamiento m	Verhalten
comprensible	verständlich
reconstruir	rekonstruieren
espectador,a	Zuschauer/in
¿de qué va?	worum geht es?
efecto m especial	Spezialeffekt
emocionante	aufregend, ergreifend
recargar las baterías (col.)	hier: aufmuntern
distraer	unterhalten, ablenken, zerstreuen
llenar	erfüllen
enriquecer -zc-	bereichern
transportar a otro mundo	in eine andere Welt versetzen

Grammatik und Strukturen

caber	passen, hineinpassen
parecer una lata	lästig sein, nerven
fastidiar	ärgern, stören
preocupar	beunruhigen
adquirir -ie-	erwerben
reputación f	Ansehen
tampoco	auch nicht

12 Una mirada hacia el pasado de las Américas

1 La infancia en la época azteca

azteca	aztekisch
ilustración f	Illustration, Zeichnung
codice m	Kodex, Handschrift
bebé m	Säugling, Baby
rosetón m	Rosette
partera f	Hebamme
baño m ritual	rituelles Bad
cuna f	Wiege
escoba f	Besen
cesta f	Korb
símbolo m	Symbol
flecha f	Pfeil
dibujo m	Zeichnung
profesión f	Beruf
línea f punteada	gepunktete Linie
ornamental	ornamental verzierend
transcurso m	Verlauf
signo m	Zeichen
simbolizar	versinnbildlichen
estar sentado,a	sitzen
parto m	Geburt, Entbindung
ritual	rituell
dar a luz a	zur Welt bringen
vecindad f	Nachbarschaft
misa f	Messe
sacerdote m	Priester
par m	paar; Paar
juntarse	zusammenkommen
barrio m	Stadtteil
alegrarse	sich freuen
huso m	Spindel
regalar	schenken
cofrecito m	kleiner Koffer, Köfferchen
adorno m	Schmuck
escudo m	Schild (m)
arco m	Bogen
mujer f mayor	ältere Frau
organizar	organisieren
solemne	feierlich
dar las gracias	sich bedanken
astrólogo m	Astrologe, Sterndeuter
cofre m	Truhe, Kasten, Schatulle
caracol m	Schnecke
observatorio m	Observatorium, Sternwarte
cronología f	Chronologie, Abfolge
ritual m	Ritual
servir -i- para	dienen als
rito m	Ritus, Ritual
hueco m	Lücke

2 La juventud

diversión f	Spaß
castigo m	Strafe
noble mf	Adelige/r
plebeyo m	Plebejer, einfacher Mensch
guerrero m	Krieger
sacerdotisa f	Priesterin
canto m	Gesang
concurrir	zusammenkommen, hingehen; teilnehmen
al atardecer m	in der Abenddämmerung
castigar	strafen
desobediente	ungehorsam
pinchar	stechen

piel f	Haut
espina f	Dorn, Gräte, Stachel
hoguera f	Feuerstelle
echar	werfen
pimiento m	Paprika
pimiento picante	(in den Augen) brennende Paprika
levantar	hochheben, (auf-)heben
fuego m	Feuer
inhalar	einatmen
humo m	Rauch
folio m	Blatt
desobedecer	nicht gehorchen
golpear	schlagen
testimonio m	Zeugenbericht, Bezeugung
libro m juvenil	Jugendbuch
borrador m	Entwurf
revisar	überarbeiten
cierre m	Schließung, Schließen, Schluss
léxico m	Wortschatz
ortografía f	Rechtschreibung, Orthografie
ortográfico,a	orthografisch, Rechtschrei-bungs-
conectar	verbinden
enlace m	Verbindung, Verknüpfung; Bindewort

3 El comienzo de la edad adulta

ceremonia f nupcial	Hochzeitszeremonie
consistir en -i-	bestehen aus, in
anudar	verknoten, verknüpfen
capa f	Umhang
a ambos lados m pl	zu beiden Seiten
consejo m (dar consejo)	Rat (geben)
danza f	Tanz
sala f	Saal
invitado,a	Gast
anillo m de alianza f	Trauring
boda f	Hochzeit
oscuro,a	dunkel
juguete m	Spielzeug
juego m de tablero	Brettspiel
tambor m	Trommel
redacción f	Aufsatz, Bericht

Grammatik und Strukturen

lago m	See
rueda f	Rad

13 Cristóbal Colón: un personaje histórico decisivo

histórico,a	historisch
decisivo,a	entscheidend, ausschlag-gebend

1 Etapas de la vida de Cristóbal Colón en imágenes

barco m	Schiff
lejano,a	fern, entfernt
cumplir años	Geburtstag feiern
recorrer	befahren
experiencia f	Erfahrung
navegación f	Schifffahrt
profundo,a	tief, tiefgehend
astronomía f	Sternenkunde
geometría f	Geometrie
geografía f	Geografie
naufragar	Schiffbruch erleiden
salvarse	sich retten
lograr u.c.	etwas schaffen, erreichen
tierra f firme	Festland
casarse	heiraten
navegante mf	Seefahrer/in
proyecto m	Projekt
rechazar	ablehnen, zurückweisen
intentar	versuchen
pedir -i- ayuda f	um Hilfe bitten
aprobar -ue-	genehmigen
espera f	Wartezeit
por fin	endlich
firmar	unterschreiben
contrato m	Vertrag
en seguida	gleich, sofort
despedir -i-	verabschieden
partir	abreisen
dirigirse a	Richtung nehmen auf
suceso m	Ereignis
exacto,a	genau, exakt
poco después	kurz danach
seguidamente	anschließend
campo m léxico	Wortfeld

2 El "descubrimiento"

descubrimiento m	Entdeckung

2.1 La llegada

arma f	Waffe
bandera f	Fahne
arrodillarse	niederknien, sich hinknien

tener -ie- prisa	es eilig haben
adecuado,a	passend, angemessen
sensación f	Empfindung
sorprendente	erstaunlich, überraschend
desagradable	unangenehm
repugnante	abstoßend
emocionante	aufregend
dramático,a	dramatisch
fascinante	faszinierend
tierra f a la vista f	Land in Sicht
vigía m	Wachposten
gritar	schreien
marinero,a	Matrose, Seemann
lancha f	Boot
tomar posesión	in Besitz nehmen
carpintero m	Schreiner
tronco m	Stamm
cruz f	Kreuz
imitar	nachahmen, nachmachen, imitieren
pronunciar	aussprechen
plegaria f	Gebet
almirante m	Admiral
bautizar	taufen
sucesivo,a	aufeinander folgend
acto m	Tat, Handlung
dar el turno a otra persona	an jemanden übergeben, weitergeben

2.2 La vuelta de Colón

cuerpo m	Körper
héroe m	Held
palacio m	Palast
capturado,a	gefangen
papagayo m	Papagei
colorado,a	bunt, rot
oro m	Gold
chile m	Chili, Pfeffer
recuerdo m	Erinnerung, Reiseandenken
asediar	bestürmen, belagern
acerca de	zu, in Bezug auf
corte f	Hof
vivencia f	Erlebnis
padrinos m	Taufpaten
naufragio m	Schiffbruch
de repente	plötzlich
tripulación f	Mannschaft, Besatzung

3 ¿Cómo era la situación y qué pasó?

función f	Funktion
vestir -i-	anhaben, tragen (Kleidung)
uniforme m	Uniform
azul marino	dunkelblau
bordado,a	bestickt
barbudo,a	bärtig
bautismo m	Taufe
pescador,a	Fischer/in
descargar	entladen, abladen
aire m tibio	milde Luft
circunstancias f pl	Lage, Verhältnisse
marcharse	fortgehen, weggehen, abreisen
gasto m	Ausgabe, Kosten
uso m	Gebrauch
artesano m	(Kunst-)Handwerker
gana f	Lust, Wunsch, Verlangen
desgraciadamente	leider
quedarse	bleiben
plano,a	flach
camino m marítimo	Seeweg
provenir	(her-)kommen, stammen
apreciado,a	hoch geschätzt
aquello,a	jene/r/s
timonel m	Steuermann
cofa f	Mastkorb
a finales de	(am) Ende
protestar	protestieren
calmar	beruhigen
divisar	sichten
aclarar	klären, erläutern
agua f potable	Trinkwasser
tormenta f	Gewitter, Sturm
retorno m	Rückkehr
excitado,a	aufgeregt
carabela f	Karavelle (Segelschiff)

Grammatik und Strukturen

ayer	gestern
mástil m	Mastkorb
amanecer	dämmern
pluma f	Feder
emocionado,a	ergriffen, gerührt

14 Ofertas para el aprendizaje autónomo

aprendizaje m autónomo selbstständiges Lernen

A Un puzzle de expertos: la vida de los mapuche desde cerca

puzzle m de expertos	Expertenpuzzle
espíritu m	Geist
regir -i-	regieren, leiten
divinidad f	Gottheit
creador m	Schöpfer
protector m	Beschützer
bondadoso,a	gütig
protector,a	beschützend
antepasados m pl	Ahnen, Vorfahren
residir	(be-)wohnen, leben
volcán m	Vulkan
erupción f volcánica	Vulkanausbruch
rayo m	Blitz
trueno m	Donner
muestra f de	Zeichen von
indignación f	Empörung, Entrüstung, Unwillen
poderoso,a	mächtig
dioses m pl	Götter
informe m	Bericht
oral	mündlich
machi mf	Schamane/in
chamán m	Schamane
someterse a	sich unterziehen; sich jdm./etw. unterwerfen
planta f	Pflanze
medicamento m	Medikament
sanar	heilen
enfermedad f	Krankheit
alma f	Seele
ponerse en contacto con	in Kontakt treten mit
poder m	Kraft, Macht, Gewalt
divino,a	göttlich
estrella f	Stern
curar	heilen
médico m	Arzt
enfermar	krank werden
meditar	meditieren
solsticio m de invierno m	Wintersonnenwende
ciclo m	Zyklus, Kreislauf
alargarse	länger werden
transformación f	Veränderung
puesta f del sol	Sonnenuntergang
espejo m	Spiegel
reflejar	widerspiegeln, reflektieren
caminar	laufen
andar m	Gehen, Laufen
bisabuelo m	Urgroßvater
risa f	Lachen
tal vez	vielleicht
delatar	verraten
bisabuela f	Urgroßmutter
rostro m	Gesicht
esconderse	sich verstecken
valentía f	Mut
tatarabuelos m pl	Ururgroßeltern
aún	noch
herencia f	Erbe, Erbschaft
palabras f clave f	Schlüsselwörter
recital m	Lesung

B Proyecto: Descubrir Madrid

guiar	führen
marcha f	Marsch, Verlauf; hier: Stimmung
lenguaje m juvenil	Jugendsprache
entretenimiento m	Unterhaltung
movido,a	bewegt, lebhaft
particular	außergewöhnlich
variar dependiendo de	sich verändern abhängig von
variar	verschieden sein
churro m	Schmalzgebäck
consumir	essen, konsumieren
movida f	Szene, Stimmung, Action
más bien	eher, vielmehr
legendario,a	legendär
electrónico,a	elektronisch
hasta entrado el día	bis frühmorgens, bis Tagesanbruch
licencia f	Erlaubnis, Lizenz
hora f de cierre m	Sperrstunde
flexible	flexibel
puesto que	da, weil
pista f de baile m	Tanzfläche
cobrar	kassieren
cobrar entrada f	Eintritt verlangen
rondar	(um-)kreisen, umringen
rondar los 10 euros	um die 10 Euro kosten
consumición f	Verzehr, Verbrauch
de moda	modern
en vivo	live
a su vez	auch, seinerseits
cantautor,a mf	Liedermacher/in
regularmente	regelmäßig
clientela f	Klientel, Publikum

mezcla f	Mischung
destino m	Ziel
madrugada f	Morgendämmerung
molar	gefallen
alcázar m	Festung, Burg
reinado m	Regentschaft
infanta f	Infantin, Prinzessin
menina f	königliche Hofdame
dama f de honor m	Ehrendame
enana f	Zwergin
enano m	Zwerg
bufones m	kleinwüchsige Menschen, die die Hofgesellschaft unterhielten
guardadamas m	Wächter (für die Damen)
aposentador m	jemand, der sich um die Möbel im Palast kümmert
pintor m	Maler
perro m mastín	großer Haus- oder Hirtenhund
detallado,a	detailliert
dinámico,a	dynamisch
contemplar	betrachten
composición f	Komposition
movimiento m	Bewegung
esquemático,a	schematisch
parar	(an-)halten, stoppen
cómodo,a	bequem
bandeja f	Tablett
lienzo m	Leinwand
bastidor m	Staffelei
paleta f	Palette
pincel m	Pinsel
lenguaje m futbolístico	Fußballsprache
liga f	Liga
planeta m	Planet
equipo m	Mannschaft
butaca f	Sitzplatz
palco m	Loge
adentrarse	vertiefen
cancha f	Fußballfeld
primera división f	erste Liga
capacidad f	Kapazität, Aufnahmevermögen
al igual que	ebenso wie
puesto m	Platz, Stelle
trofeo m	Trophäe
parada f de metro m	U-Bahn-Station
glosario m	Glossar
jugador,a	Spieler/in
equipo m técnico	Trainer- / Betreuergruppe
portero m	Torwart
centrocampista m	Mittelfeldspieler
delantero m	Stürmer
jugador m cedido	Ersatzspieler
defensa m	Verteidiger

C Proyecto: ¿Sólo ficción? Jóvenes en el cine, la música y la literatura

ficción f	Fiktion
literatura f	Literatur
cooperativo,a	kooperativ, Gemeinschafts-
microrrelato m	Kürzestgeschichte
literario,a	literarisch
creación f	Kreation, Schöpfung, Werk
crónica f	Chronik
veraniego,a	sommerlich
droga f	Droge
sexo m	Sex
copa f	hier: alkoholisches Getränk
eliminar	beseitigen
escrúpulo m	Skrupel
contraportada f	Klappentext
provocar	provozieren
transgredir	übertreten, überschreiten
de noche	nachts
frecuentar	häufig besuchen
límite m	Grenze
admitir	zugestehen
barrera f	Barriere
aventura f	Abenteuer
encadenarse	sich verketten, aneinander reihen
continuado,a	ununterbrochen
fiel	treu, getreu
hacer falta	notwendig sein
mantelito m	Platzdeckchen *(Placemat)*
oración f	Satz
a mi modo de ver	meines Erachtens
moderador,a	Moderator/in
motivador,a	motivierend
ensayar	üben
mina f antipersonal	Tretmine, Antipersonenmine
sangre f	Blut
ruego m	Bitte
luz f	Licht
conciso,a	kurzgefasst, konzis
narrador,a	Erzähler/in
ensayista mf	Essayist/in
dramaturgo,a	Dramatiker/in, Dramaturg/in

dibujante mf	Zeichner/in
explorador m submarino	Unterwasserforscher
jubilarse	schwänzen; sich zur Ruhe setzen
fumar	rauchen
pelearse	sich streiten, prügeln
conferencia f	Vortrag, Konferenz
mandato m	Befehl
molesto,a	lästig, störend
montar en bici f	Rad fahren
parrilla f	Startplatz
moto f	Motorrad
química f	Chemie
trasnochar	(die Nacht) durchmachen
camisa f	Hemd
correr	rennen, laufen
ensuciar	verschmutzen, schmutzig machen
meterse con u.p.	jmd. belästigen, Streit anfangen
muchacha f del servicio m	Dienstmädchen
dar la serenata	die nächtliche Ruhe stören
delegado m de curso m	Kurssprecher
dejar raspar (Venez.)	sitzen bleiben, in die Nachprüfung gehen
biografía f	Biografie
coger	nehmen
cuchara f	Löffel
servilleta f	Serviette
extraer la raíz	die Wurzel ziehen (Mathematik)
conducta f	Betragen, Benehmen

ingeniero,a	Ingenieur/in
negocio m	Geschäft
loco,a	verrückt
educado,a	(gut) erzogen
toser	husten
respirar	atmen
norma f	Norm
citar	zitieren
yo m lírico	lyrisches Ich
molestar	stören, belästigen
histérico,a	hysterisch
posguerra f	Nachkriegszeit
destacado,a	herausragend
poesía f comprometida	sozialkritische Literatur
tertulia f literaria	literarisches Treffen
murmurar	murmeln
sonoridad f	Wohlklang
entonación f	Intonation, Tonfall
grabar	aufnehmen
recitación f	Vortrag
recitar	rezitieren, vortragen
llamativo,a	auffällig
ensayo m	Probe
expresivo,a	ausdrucksvoll
velocidad f	Geschwindigkeit
volumen m	Lautstärke
articular	artikulieren
pausa f	Pause
representar	darstellen
entonación f	Intonation, Tonfall
aserción f	Behauptung
exclamación f	Ausruf
prosa f	Prosa

Alphabetischer Wortschatz

Hinweis: Die Zahlen geben jeweils die erste Fundstelle des Begriffs an (Modul/Seite).

A

a ambos lados m pl 12/139 zu beiden Seiten
a continuación 4/49 anschließend
a eso de 5/61 ungefähr um (Uhrzeit)
a excepción de 7/80 mit Ausnahme von
a finales de 13/151 (am) Ende, zum Schluss
a la derecha 5/57 (nach) rechts
a la izquierda 5/57 (nach) links
a la plancha f 5/59 gegrillt
a mi modo de ver 14/167 meines Erachtens
a nivel m **internacional** 10/111 auf internationaler Ebene
a partir de 3/37 ab, von ... an
a pesar de 8/92 trotz, trotzdem
a qué hora 4/44 um wie viel Uhr
a raíz de 8/92 aufgrund von
a su vez 14/160 auch, seinerseits
a veces 3/36 manchmal
a ver 3/36 mal sehen
abandonar 9/103 verlassen, aufgeben
abandono m 11/125 Verlassen, Aufgabe
abarcar 6/67 umfassen, umschließen
abierto,a 8/95 offen
abogado,a 8/94 Anwalt, Anwältin
abordar un tema 8/91 ein Thema angehen, behandeln
abrazar(se) 8/89 (sich) umarmen
abreviación f 3/32 Abkürzung
abrir 1/8 öffnen
abuela f 3/31 Großmutter
abuelo m 3/31 Großvater
aburrido,a 8/88 langweilig
aburrir 10/117 langweilen
acabar de hacer algo 11/129 gerade etwas getan haben
acceso m 3/37 Zugang, Zutritt
accidente m 8/92 Unfall
acción f **de voluntariado** m 4/46 Freiwilligendienst, ehrenamtliche Tätigkeit
acción f 8/89 Handlung
acento m **gráfico** 1/17 Akzent
aceptar 5/55 annehmen
acerca de 13/148 zu, in Bezug auf
acercarse 8/89 sich nähern
acertado,a 8/89 treffend
aclarar 13/151 klären, erläutern
acoger 10/111 aufnehmen
acompañante mf 5/54 Begleiter/in
acontecimiento m 8/89 Ereignis
acostarse -ue- 11/122 schlafen gehen
actividad f 2/20 Aktivität, Aufgabe, Beschäftigung
actividad f **de ocio** 4/46 Freizeitbeschäftigung
activo,a 2/20 aktiv
acto m 13/147 Tat, Handlung
actor, actriz 11/122 Schauspieler/in
actualmente 9/105 aktuell, zurzeit
actuar 8/94 spielen, mitmachen
acudir 7/82 sich einfinden, teilnehmen
acuerdo m 8/91 Zustimmung, Einigung
adaptación f 8/93 Bearbeitung
adaptado,a 4/45 verändert
adaptar 8/93 adaptieren
adecuado,a 13/146 passend, angemessen
además 2/22 außerdem
además de 7/76 außer, über ... hinaus
adentrarse 14/164 vertiefen
adicional 8/93 zusätzlich, Zusatz-
adiós m 1/10 auf Wiedersehen, auf Wiederhören, tschüss
adivinanza f 2/20 Raten, Rätsel
adivinar 5/57 (er)raten
adjetivo m 1/12 Adjektiv
administración f 10/111 Verwaltung
admirable 11/126 bewundernswert
admitir 14/166 zugestehen
adolescencia f 8/90 Jugend
adorno m 12/135 Schmuck, Verzierung
adquirir -ie- 11/131 erwerben
adquisición f 6/66 Erwerb
adulto,a 8/91 erwachsen
aeropuerto m 5/55 Flughafen
afectuoso,a 6/64 herzlich
afirmación f 4/47 Behauptung
afirmar 11/125 behaupten, bekräftigen
africano,a 7/78 afrikanisch
agencia f **de viajes** 8/90 Reisebüro
agencia f productora 8/94 Produktionsagentur, -büro
agosto 5/52 August
agradable 6/68 angenehm
agradecer -zc- 9/105 sich bedanken
agrícola 9/103 landwirtschaftlich
agricultura f 9/101 Landwirtschaft
agrupar 7/79 gruppieren
agua f 5/59 Wasser
agua f **mineral sin gas** m 5/59 Mineralwasser ohne Kohlensäure
agua f **mineral con gas** m 5/59 Mineralwasser mit Kohlensäure
agua f **potable** 13/150 Trinkwasser
aguacate m 9/101 Avocado
agujerito m 10/112 kleines Loch
agujero m 10/112 Loch
ahí 5/61 da, dort
ahora 2/20 jetzt
ahora mismo 5/59 gleich, sofort
aire m **acondicionado** 5/55 Klimaanlage
aire m tibio 13/150 milde Luft
aislado,a 8/88 isoliert
al atardecer m 12/137 in der Abenddämmerung
al comienzo m 11/127 am Anfang
al contrario 8/91 im Gegenteil
al día 10/110 täglich
al final 4/49 am Ende, zum Schluss; schließlich
al fondo m 8/90 im Hintergrund

al igual que 14/164 ebenso wie
al lado de 6/68 neben
al principio 8/89 am Anfang
al servicio de 11/123 im Dienst von
alargarse 14/158 länger werden
albergar 10/110 beherbergen
alcázar m 14/162 Festung, Burg
ALE = alemán m 3/32 Deutsch
alegar 7/83 anführen, vorbringen
alegrarse 12/135 sich freuen
alegre 8/88 froh, fröhlich
alegría f 4/45 Freude
alemán, -ana 2/20 deutsch, Deutsche/r
Alemania 2/23 Deutschland
alfabeto m 1/14 Alphabet
algo 3/36 etwas
algodón m 7/82 Baumwolle
alguno,a 3/39 irgendein; einige
aliviado,a 8/88 erleichtert
allí 4/45 dort
alma f 14/157 Seele
almendrado,a 8/88 mandelförmig
almirante m 13/146 Admiral
almuerzo m 4/45 Pausenbrot, Vesper, Imbiss
alquitrán m 7/83 Teer
alrededor 9/105 ringsherum, rundherum
alrededor de 7/84 ungefähr
alternativa f 5/52 Alternative
altitud f 7/79 Höhe
altitud f **media** 7/79 durchschnittliche Höhe
alto,a 2/20 groß, hoch
alumnado m 3/36 Schülerschaft
alumno,a 3/30 Schüler, Schülerin
amable 2/20 freundlich, nett
amanecer 13/153 dämmern
amante mf 8/88 Liebende/r
amar 11/123 lieben
ambientación f 8/93 Szenenausstattung
ambiente m 7/81 Atmosphäre, Umgebung
ámbito m **cultural** 9/103 Kulturraum
ambos,as 11/124 beide
América 2/22 Amerika
América Central 6/65 Mittelamerika
América del Norte 6/65 Nordamerika
América del Sur 6/65 Südamerika
amigo,a 2/22 Freund, Freundin
amor m 8/86 Liebe
ampliación f 6/66 Erweiterung, Ausbau
amuleto m 1/15 Amulett
análisis m 9/100 Analyse
añadir 2/23 hinzufügen
ancho m 9/100 Breite
anciano,a 8/92 (sehr) alt; sehr alter Mensch
andaluzo,a 5/57 andalusisch
andar 5/58 gehen, laufen
andar m 14/159 Gang, Lauf
andinismo m 9/102 Bergsteigen
andino,a 6/68 Anden-
anillo m de alianza f 12/139 Trauring
animación f 5/52 Animation
animal m 9/103 Tier
animar a 11/125 ermuntern zu
año m 1/10 Jahr
anónimo,a 4/45 anonym
anotación f 7/76 Annotation, Anmerkung
anotador m 11/127 Notizbuch
anotar 11/124 notieren, aufschreiben
ante todo 6/68 vor allem
antepasados m pl 14/156 Ahnen, Vorfahren
antes de 3/33 vor (zeitlich)
antiguo,a 11/128 alt
antipático,a 1/12 unsympathisch
anualmente 10/112 jährlich, jedes Jahr
anudar 12/139 verknoten, verknüpfen
anuncio m 3/30 Anzeige
añorar 8/94 vermissen
aparcar 5/55 parken
aparecer -zc- 7/83 erscheinen, zu sehen sein
apasionado,a 8/89 leidenschaftlich
apellido m 3/30 Familienname
apertura f 7/82 Öffnung, Öffnungszeit
apetecer 10/119 Lust haben auf
aplicar 7/79 anwenden
aportar 11/127 beitragen
aposentador m 14/163 jemand, der sich um die Möbel im Palast kümmert
apoyar 8/90 (auf-)stützen
apoyo m 2/25 Unterstützung, Hilfe
apreciado,a 13/151 hoch geschätzt
aprender 2/25 lernen
aprendizaje m **autónomo** 14/154 selbstständiges Lernen
aprobar -ue- 13/144 genehmigen
aprovechar 11/126 ausnutzen, nutzen
aprox. = aproximado 5/58 ungefähr
aproximadamente 6/66 ungefähr
apto,a 8/95 geeignet
apuntar 5/53 notieren
apuntes m pl 9/105 Notizen
aquello,a 13/151 jene/r/s
aquí 5/57 hier
árabe 11/122 arabisch
arar 9/103 pflügen
árbol m 9/104 Baum
archipiélago m 7/81 Inselgruppe, Archipel
arcilla f 11/122 Ton,Tonerde
arco m 12/135 Bogen
área f 5/52 Gebiet, Fläche
área urbana 10/111 städtisches Gebiet, Stadtfläche
argumento m 7/83 Argument; Handlung, Inhaltsangabe
aristócrata mf 8/94 Aristokrat/in, Adlige/r
arma f 13/146 Waffe
armónica f 11/122 Mundharmonika
armonioso,a 11/129 harmonisch
arreglar 5/54 reparieren, in Ordnung bringen
arrodillarse 13/146 niederknien, sich hinknien
arte m 3/35 Kunst
arteria f 10/112 Arterie, Hauptverkehrsader
artesanal 9/103 handwerklich
artesanía f 9/103 Kunsthandwerk
artesano m 13/151 (Kunst-)Handwerker
articular 14/171 artikulieren
artículo m 6/67 Artikel
artista mf 10/112 Künstler/in

artístico,a 10/111 künstlerisch
ascensor m 5/55 Aufzug
asediar 13/148 bestürmen, belagern
asegurarse 3/36 sich vergewissern
aseo m 4/44 Körperpflege
asequible 10/113 erreichbar, günstig
aserción f 14/171 Behauptung
así 2/25 so
Asia 2/22 Asien
así como 10/111 sowie, wie auch
asignatura f 3/32 Fach (Schule)
asimismo 7/78 ebenso
asistencia f 11/124 Anwesenheit
asistir 11/124 dabei sein, teilnehmen an
aspecto m 2/22 Aspekt, Gesichtspunkt
aspecto m 7/83 Aussehen
aspiración f 11/122 Streben, Bestrebung, Hoffen
asterisco m 9/101 Sternchen
astrólogo m 12/136 Astrologe, Sterndeuter
astronomía f 13/144 Sternenkunde
atención f 2/21 Aufmerksamkeit
atentamente 2/21 aufmerksam
atento,a 5/53 aufmerksam
atractivo,a 7/81 attraktiv, reizvoll
atractivo m 7/81 Reiz, Charme
atraer 7/81 anziehen, ansprechen
atributo m 6/67 Attribut
audición f 6/64 Hören, Anhören
auditivo,a 2/20 Hör-, Gehör-
aula f 3/34 Klassenraum
aún 14/159 noch
auténtico,a 7/82 echt, authentisch
autobús m 4/45 Bus
autóctono,a 9/101 autochthon, eingesessen, ... der Ureinwohner
autor,a 1/17 Schriftsteller/in, Autor/in
autoría f 4/45 Urheberschaft
aventura f 14/166 Abenteuer
averiguar 4/45 herausfinden
aviso m 5/57 Hinweis
ayer 13/153 gestern
ayuda f 3/36 Hilfe
ayudante mf 5/54 Hilfskraft, Assistent/in
ayudar 2/21 helfen
ayuntamiento m 6/73 Rathaus
azteca 12/134 aztekisch
azul 7/82 blau
azul marino 13/150 dunkelblau

B

B/G = biología f **/ geología** f 3/32 Biologie/Geologie, Erdkunde
BACH. = bachillerato m 3/32 Klassen, die zum Abitur führen
bachillerato m 3/37 Sekundarstufe II
bailar 4/46 tanzen
baile m 6/73 Tanz
bajar 4/43 hinuntergehen; aussteigen
bajo,a 6/69 leise; klein
bañarse 9/102 baden
bandeja f 14/163 Tablett
bandera f 13/146 Fahne
baño m 4/42 Bad
baño m **ritual** 12/134 rituelles Bad
bar m 5/52 Bar
barbudo,a 13/150 bärtig
barcelonés,a 7/81 aus, in Barcelona
barco m 13/144 Schiff
barrera f 14/166 Barriere, Hindernis
barrio m 12/135 Stadtteil, Viertel
barro m 9/105 Lehm
base f 4/47 Basis
básico,a 5/54 Grund-, grundlegend
bastante 6/70 ziemlich
bastidor m 14/163 Staffelei
basura f 7/83 Müll
basura inorgánica 7/83 anorganischer Abfall
bata f 7/82 Morgenmantel
batería f 11/122 Schlagzeug
baúl m 9/105 Truhe
bautismo m 13/150 Taufe
bautizar 13/147 taufen
bebé m 12/134 Säugling, Baby
beber 5/59 trinken
bebida f 5/55 Getränk
belga 2/23 belgisch, Belgier/in
Bélgica 2/23 Belgien
belleza f 7/81 Schönheit
bello,a 9/102 schön
beneficio m 11/126 Vorteil
besarse 8/92 sich küssen
biblioteca f 3/34 Bibliothek
bicicleta f 5/54 Fahrrad
bien 2/20 gut
bien m 9/100 Wohl
billete m 10/116 Fahrkarte
biografía f 14/170 Biografie
bisabuela f 14/159 Urgroßmutter
bisabuelo m 14/159 Urgroßvater
blanco,a 11/122 weiß
blusa f 4/43 Bluse
boca f 11/122 Mund
bocadillo m 10/119 belegtes Brötchen
boda f 12/139 Hochzeit
bondadoso,a 14/156 gütig
bonito,a 4/43 schön
bordado,a 13/150 bestickt
borrador m 12/138 Entwurf
bosque m 7/81 Wald
botella f 5/59 Flasche
breve 5/56 kurz
bueno 3/36 gut, also gut
buenos días 1/8 guten Morgen
buenas tardes 5/59 guten Tag
buenas noches 5/59 guten Abend
buey m 9/103 Ochse
bufones m 14/162 kleinwüchsige Menschen, die die höfische Gesellschaft unterhielten; „Hofnarren“
buscar 5/52 suchen
búsqueda f 5/52 Suche
butaca f 14/164 Sitzplatz

C

caballero m 1/15 Ritter
caballo m 9/103 Pferd
caber 11/130 passen, hineinpassen
cacahuete m 9/101 Erdnuss
cacao m 1/11 Kakao
cada 3/31 jede(r)
cada año 5/52 in jedem Jahr
cada vez más 7/81 immer mehr, immer öfter
cadena f 2/21 Kette; Programm, Sender
café m 2/11 Kaffee
café con leche 5/59 Milchkaffee, Kaffee mit Milch
café cortado 5/59 Espresso mit ganz wenig heißer Milch

café solo 5/59 Espresso
cafetera f 8/90 Espressozubereiter, Espressokanne
cafetería f 3/34 Cafeteria
caja f 1/14 Kasten
caja f **fuerte** 5/55 Schließfach, Tresor
calabaza f 9/101 Kürbis
calcular 9/100 schätzen
calendario m 1/11 Kalender
caléndula f 11/122 Ringelblume
caliente 5/59 heiß
calle f 5/57 Straße
calmar 13/151 beruhigen
calor m 5/55 Hitze
cama f 4/46 Bett
cámara f 1/15 Kammer; Kamera
camarero,a 5/59 Kellner/in
cambio m 5/58 Änderung, Wechsel
caminar 14/159 laufen, gehen
caminata f 9/102 Wanderung
camino m 5/53 Weg
camino m **marítimo** 13/151 Seeweg
camisa f 14/169 Hemd
camisón m 7/82 Nachthemd
campanada f 10/112 Glockenschlag
campesino,a 9/103 Landarbeiter/in, Bauer, Bäuerin
campo m de golf m 7/79 Golfplatz
campo m léxico 13/145 Wortfeld
caña f 10/113 kleines Bier
canario,a 7/81 von den Kanaren stammend
cancha f 14/164 Fußballfeld
canción f 6/73 Lied
candidato m 8/95 Kandidat
canguro m 5/54 Känguru; hier: Babysitter/in
cansado,a 8/88 müde
cantante mf 1/17 Sänger/in
cantar 8/94 singen
cantautor,a mf 14/161 Liedermacher/in
cantidad f 1/12 Quantität, Menge
canto m 12/137 Gesang
capa f 9/105 Schicht, Lage
capa f 12/139 Umhang
capacidad f 1/12 Kapazität, Fähigkeit, Aufnahmevermögen
capital f 6/65 Hauptstadt
capitalismo m 1/12 Kapitalismus
capturado,a 13/148 gefangen
cara f 7/83 Seite, Gesicht
carabela f 13/151 Karavelle (Segelschiff)
caracol m 12/136 Schnecke
carácter m 8/94 Charakter
característica f 2/23 Eigenschaft
caracterizarse por 10/111 sich auszeichnen durch
carátula f 8/88 Cover, vordere Umschlagseite
carbón m 9/101 Kohle
cargar 11/123 tragen; (be-)laden
Caribe m 6/65 Karibik
cariñoso,a 11/123 herzlich; zärtlich
carisma m 8/88 Ausstrahlung
carismático,a 8/88 charismatisch, mit Ausstrahlung
caritativo,a 11/124 wohltätig, karitativ
carnet (carné) m 10/116 Ausweis
caro,a 7/82 teuer
carpintero m 13/146 Schreiner
carrera f 11/123 Karriere, Laufbahn
cartel m 10/110 Plakat
cartón m 1/14 Pappe
casa f 1/15 Haus
casado,a 9/104 verheiratet
casarse 13/144 heiraten
casero,a 5/59 hausgemacht
casi 3/33 fast
casita f 11/123 Häuschen
castellano m 2/25 Spanisch
castellanohablante 6/62 spanischsprachig
castigar 12/137 strafen
castigo m 12/137 Strafe
casting m 8/94 Casting, Rollenbesetzung
catalán 7/76 katalanisch, Katalanisch
catedral f 7/81 Kathedrale
categoría f 3/36 Kategorie
católico,a 1/12 katholisch
catorce 3/24 vierzehn
causar 8/88 hervorrufen
cebolla f 5/59 Zwiebel
celebración f 7/82 Feierlichkeit, Feier
celebrar 7/82 feiern
cena f 4/45 Abendessen
cenar 4/45 zu Abend essen
central 8/94 zentral, Haupt-
céntrico,a 10/111 zentral gelegen
centro m **escolar** 5/54 Schule, Schulzentrum
centro m 7/77 Mitte, Zentrum
centro educativo 8/92 Schulzentrum
centro turístico 5/52 Touristenzentrum
Centroamérica f 6/67 Mittelamerika
centrocampista m 14/165 Mittelfeldspieler
cerca de 2/24 nah, nahe bei
cerdo m 5/59 Schwein
cereales m pl 4/44 Müsli
ceremonia f 9/103 Zeremonie, Feier
ceremonia nupcial 12/139 Hochzeitszeremonie, -feier
cero 1/10 Null
cerrar -ie- 10/117 schließen
certificado m 5/54 Zertifikat
césped m 11/122 Rasen, Rasenfläche; Spielfeld
cesta f 12/134 Korb
chamán m 14/157 Schamane
chatear 6/73 chatten
checo m 7/80 Tschechisch
chica f 1/17 Mädchen
chico m 1/17 Junge
chile m 13/148 Chili, Pfeffer
chileno,a 6/68 chilenisch, aus Chile
chino m 6/70 chinesisch, Chinese
chirimoya f 9/101 Chirimoya (Zuckerapfel)
chistoso,a 2/20 witzig
chocolate m 1/14 (heiße) Schokolade
churro m 14/160 Schmalzgebäck
ciclo m 14/158 Zyklus, Kreislauf
ciclo m **infantil** 3/37 Vorschule (Kindergarten)
cielo m 6/64 Himmel
ciencias f **sociales** 3/35 Sozialwissenschaften
cierre m 12/138 Schließung, Schließen, Schluss
cierto,a 7/83 sicher, wahr, gewiss
cifra f 4/47 Zahl

cigarrillo m 1/15 Zigarette
cinco 1/10 fünf
cine m 4/46 Kino
círculo m 10/114 Kreis
Círculo m **Polar** 8/88 Polarkreis
circunstancias f pl 13/150 Lage, Verhältnisse
cita f **obligada** 10/112 Pflichttermin
citar 14/170 zitieren
ciudad f 2/24 Stadt
ciudad f **vieja** 7/81 Altstadt
ciudadano,a 9/105 Bürger/in, bürgerlich
claro que 10/116 klar, dass
claro que sí 5/58 natürlich
claro,a 8/88 hell
clase f 1/11 Klasse, Unterricht(sstunde)
clásico m 11/127 Klassiker
clasificación f 8/95 Klassifizierung
cliente mf 5/54 Kunde, Kundin
clientela f 5/53 Kundschaft, Publikum, Gäste
clima m 9/100 Klima
cloaca f 7/83 Kloake, Abwasserkanal
club m 7/81 Klub, Nachtklub
CN = ciencias f **naturales** 3/32 Naturwissenschaften
cobrar 14/160 kassieren, berechnen
cobrar entrada f 14/160 Eintritt verlangen
cobre m 9/101 Kupfer
coche m 5/55 Auto, Wagen
cocina f 4/42 Küche
cocinero m 5/59 Koch
códice m 12/134 Kodex, Handschrift
código postal m 5/54 Postleitzahl
codo m 8/90 Ellbogen
cofa f 13/151 Mastkorb
cofre m 12/135 Truhe, Kasten, Schatulle
cofrecito m 12/135 kleiner Koffer, Köfferchen
coger 14/170 nehmen
coherente 7/77 zusammenhängend
colaboración f 9/105 Mitarbeit
colaborar 9/103 mithelfen, mitmachen; zusammenarbeiten
colección f 7/82 Sammlung, Kollektion
colegio m 2/25 Schule
colegio público (CP) 3/30 öffentliche Schule
colocar 9/105 unterbringen, platzieren, stellen
color m 11/127 Farbe
colorado,a 13/148 bunt, rot
columna f 6/71 Spalte, Säule
coma f 4/47 Komma
combatir 11/124 bekämpfen
comedor m 3/34 Mensa
comentar 7/82 besprechen, kommentieren
comentario m 8/95 Kommentar
comenzar -ie- 3/33 anfangen
comer 4/45 essen
comida f 4/45 Essen, Mahlzeit; Mittagessen
comida f **favorita** 11/122 Lieblingsessen
comienzo m 3/33 Anfang
cómo 1/10 wie?
como 2/23 wie
como 6/66 ungefähr
cómodo,a 14/163 bequem
compañero,a 2/22 Mitschüler/in
comparación f 3/37 Vergleich
comparado con 3/37 verglichen mit
comparar 3/37 vergleichen
compartir 7/78 teilen
competencia f 1/11 Kompetenz
complementario,a 5/54 zusätzlich
complemento m 3/31 Objekt
completar 3/31 vervollständigen
completo,a 2/22 vollständig
complicado,a 11/123 kompliziert, schwierig
comportamiento m 11/129 Verhalten, Benehmen
composición f 14/163 Komposition
compra f 4/46 Einkauf
comprar 7/82 kaufen
comprender 3/37 umfassen; verstehen
comprensible 11/129 verständlich
comprensión f 2/24 Verständnis
comprobar -ue- 5/55 abgleichen, überprüfen
comprometerse 11/125 sich engagieren
compromiso m **social** 11/124 soziales Engagement
comunicado m 11/125 Mitteilung
comunicar 11/127 mitteilen
comunidad f 7/76 Gemeinschaft
comunidad f **autónoma** 7/76 autonome Region
con 1/13 mit
con frecuencia f 6/67 häufig, oft
concentrarse 10/115 sich versammeln, sich ballen
conciencia f **social** 11/126 soziales Gewissen
concierto m 4/46 Konzert
conciso,a 14/169 kurzgefasst, konzis
concluir -y- **con** 11/124 abschließen mit
concordancia f 2/22 Übereinstimmung
concreto,a 8/93 konkret
concurrir 12/137 zusammenkommen, hingehen; teilnehmen
concurso m 6/65 Wettbewerb, Quiz
conducta f 14/170 Betragen, Benehmen
conectar 12/138 verbinden
conector m 6/67 Konnektor, Bindewort
confección f 9/105 Anfertigung
confeccionar 4/47 anfertigen, erstellen
conferencia f 14/169 Vortrag, Konferenz
confesar -ie- 11/123 beichten
confianza f 11/129 Vertrauen
conflictivo,a 11/129 konfliktreich
conjugar 2/25 konjugieren
conjunto m 7/82 Ensemble
conocer -zc- 3/36 wissen, kennen, kennenlernen
conocerse -zc- 8/89 sich kennenlernen
conocido,a 7/80 bekannt
conocimientos m 3/37 Kenntnisse
consciente 8/92 bewusst
conseguir -i- 8/93 erreichen, schaffen
consejo m **(dar consejo)** 8/95 Rat (geben)
considerable 10/110 beträchtlich
considerar 3/37 berücksichtigen

consistir en -i- 12/139 bestehen aus, in
consola f 4/46 Spielkonsole
constar 9/105 bestehen; feststehen, feststellen
constitucional 7/76 konstitutionell, verfassungsmäßig
construcción f 7/81 Bau, Konstruktion
construido,a 9/105 gebaut
construir(se) 6/71 (sich) bilden, bauen
consultar 6/67 nachschlagen
consumición f 14/160 Verzehr, Verbrauch
consumir 14/160 essen, konsumieren, verzehren
contado,a 8/89 erzählt
contaminación f 7/83 (Umwelt-) Verschmutzung
contaminador,a 7/83 verschmutzend, verunreinigend
contar -ue- 4/44 erzählen
contemplar 14/163 betrachten
contenido m 8/92 Inhalt
contento,a 6/70 zufrieden
contestar 2/20 antworten
contexto m 2/20 Kontext
contigo 8/91 mit dir
continente m 6/68 Kontinent, Erdteil
continuado,a 14/166 ununterbrochen
contra 9/100 gegen
contraportada f 14/166 Klappentext; letzte Seite
contraste m 8/89 Kontrast
contrato m 13/144 Vertrag
convencer 10/115 überzeugen
conveniente 8/95 angebracht, nützlich
conversación f 7/82 Gespräch, Konversation
convertir(se) en -ie- 7/82 (sich) verwandeln in
convincente 7/83 überzeugend
convivir 6/70 zusammenleben
convocar 8/94 ausschreiben, aufrufen zu
cooficial 7/80 ebenfalls offiziell
cooperativo,a 14/166 kooperativ, Gemeinschafts-
copa f 14/166 hier: alkoholisches Getränk
corazón m 6/70 Herz
cordillera f 9/100 Gebirgskette
coro m 11/122 Chor
correcto,a 2/21 richtig, korrekt, fehlerfrei
corregir -i- 2/21 verbessern, korrigieren
correo m 5/54 Post
correo m **electrónico** 5/54 elektronische Post, E-Mail
correr 14/169 rennen, laufen
correr peligro 8/92 Gefahr laufen, in Gefahr sein
corresponder 3/32 entsprechen
correspondiente 7/79 dazugehörig, entsprechend
cortado m 5/59 Espresso mit sehr wenig heißer Milch
cortar 9/103 schneiden, fällen, hacken
corte f 13/148 Hof
cortés 5/53 höflich
cortesía f 5/56 Höflichkeit
corto,a 7/78 kurz, gering
cosa f 1/14 Sache, Ding
cosmopolita 7/81 kosmopolitisch
costa f 5/52 Küste
costa f **mediterránea** 7/79 Mittelmeerküste
costar -ue- 7/82 kosten
costumbre f 9/102 Sitte, Gewohnheit
cotidiano,a 8/90 alltäglich
coyote m 1/16 Kojote
creación f 14/166 Kreation, Schöpfung, Werk
creador m 14/156 Schöpfer
crear 11/125 gründen
creencia f 9/103 Glaube
creer 2/20 glauben
crema f **solar** 7/83 Sonnencreme
creo que 9/102 ich glaube, dass
criticar 11/126 kritisieren, monieren
crónica f 14/166 Chronik
cronología f 12/136 Chronologie, Abfolge
cronológico,a 5/54 chronologisch, der Reihe nach
cruz f 13/146 Kreuz
cruzar 5/57 überqueren
cuaderno m 6/67 Heft
cuadro m 8/88 Tafel, Rahmen; Gemälde; Mannschaft
cuál 2/24 welche/r/s?, wer?
cualquier,a 10/115 irgendein/e/r, beliebig
cuándo 1/14 wann
cuando 3/37 wenn, als
cuánto,a 1/10 wie viel/e
cuarenta 6/69 40
cuarto m 1/14 Zimmer; Viertel
cuatro 1/10 vier
cuatrocientos,as 6/69 400
cubierto,a 6/64 bedeckt
cuchara f 14/170 Löffel
cuerno m 9/102 Horn
cuerpo m 13/148 Körper
cueva f 5/58 Höhle
cuidar de 9/103 aufpassen auf
cultivo m 9/101 Anbau, Bebauung, Kultur
cultura f 2/23 Kultur
cultural 6/70 kulturell
cumbre f 11/124 Gipfel, Gipfeltreffen
cumplir años 13/144 Geburtstag haben, feiern
cumplir con 8/95 erfüllen
cuna f 12/134 Wiege
curar 14/157 heilen
curiosidad f 10/110 Neugier
currículum vitae m 5/54 Lebenslauf
cursar 3/32 besuchen, haben (Unterricht)
curso m 1/11 Kurs, Klasse
curso m **básico** 2/24 Grundkurs
curso m **intensivo** 3/35 Leistungskurs
cuyo,a 7/80 dessen / deren

D

dado m 4/44 Würfel
dama f **de honor** m 14/162 Ehrendame
damasco m (Am.) 9/101 Pfirsich
danés, -esa m 7/80 dänisch, Däne/Dänin

danza f 12/139 Tanz
dar 3/30 geben
dar a luz f 12/135 zur Welt bringen
dar el turno a otra persona 13/147 an jemanden übergeben, weitergeben
dar la bienvenida f 10/112 willkommen heißen
dar la serenata 14/169 die nächtliche Ruhe stören
dar las gracias 12/135 sich bedanken
darse cuenta de 8/94 bemerken, sich klar werden über etw.
datar de 7/82 datieren von, aus ... stammen
dato m 3/34 Angabe
de 1/10 aus, von
de dónde 1/10 woher
de moda 14/160 modern
de noche 14/166 nachts
de punto 7/82 gestrickt, Strick-
¿de qué va? 11/129 worum geht es?
de repente 13/149 plötzlich
de todo tipo m 10/115 jeder Art
debajo de 4/47 unter, unterhalb von
debate m 7/83 Debatte
deber 8/94 sollen
deberes m pl 4/45 Hausaufgaben
débil 8/96 schwach
década f 7/82 Dekade, Jahrzehnt
decepcionado,a 8/94 enttäuscht
decidir 6/65 entscheiden
décimo,a 3/35 zehnte/r, Zehnte/r; Zehntel
decir 3/36 sagen
decisivo,a 13/142 entscheidend, ausschlaggebend
declarado,a 9/102 erklärt
decorado m 8/93 Bühnenbild
deducir 4/47 ableiten
defecto m 11/122 Fehler, Defekt
defender -ie- 11/126 verteidigen
defensa f 11/125 Schutz, Verteidigung
defensa m 14/165 Verteidiger (Fußball)
definir 8/94 bestimmen, definieren
dejar 7/82 lassen, überlassen
dejar raspar 14/169 sitzen bleiben, in die Nachprüfung gehen
del tiempo 5/59 nach Saison, der Saison
delante de 7/85 vor (örtlich)
delantero m 14/165 Stürmer (Fußball)
delatar 14/159 verraten
delegado m **de curso** m 14/169 Kurssprecher
deletrear 2/21 buchstabieren
delgado,a 8/95 schlank
delicado,a 11/122 zart, fein
delicioso,a 5/55 köstlich
demográfico,a 10/111 demografisch
denominado,a 7/76 genannt
dentro 5/59 drinnen, innen
dentro de 7/85 innerhalb von
departamento m 5/52 Abteilung, Bereich
depender de 10/113 abhängig sein, abhängen von; je nach
deporte m 3/32 Sport
deportivo,a 8/95 sportlich
derecho m **a la educación** f 11/125 Recht auf Bildung
derechos m **pl infantiles** 11/125 Kinderrechte
desacuerdo m 8/91 Ablehnung; Uneinigkeit
desagradable 13/146 unangenehm
desamor m 8/86 Abneigung
desaparición f 8/92 Verschwinden
desarrollar m 8/90 entwickeln, ausführen
desayunar 4/42 frühstücken
desayuno m 4/44 Frühstück
descalzo,a 11/122 barfuß
descansar 3/33 sich ausruhen
descargar 13/150 entladen, abladen
descender -ie- 7/79 hinuntersteigen; hier: fließen
desconectarse 11/123 abschalten
desconocido,a 7/79 unbekannt
describir 9/102 beschreiben
descripción f 8/88 Beschreibung
descubrimiento m 13/146 Entdeckung
descubrir 7/83 entdecken, aufdecken, finden
descuento m 10/116 Rabatt
desde 3/30 von ... aus
desde hace 11/123 seit
desde... hasta 3/33 von ... bis
desdramatizar 11/127 entdramatisieren
desear 5/56 wünschen
desembocar 7/79 münden
desempeñar un papel m 8/95 eine Rolle spielen
desesperado,a 8/94 verzweifelt
desgraciadamente 13/151 leider
desierto m 9/107 Wüste
desigualdad f 11/126 Ungleichheit
desilusionado,a 8/91 enttäuscht
desnudo,a 11/127 nackt
desnutrición f 11/125 Unterernährung
desobedecer 12/137 nicht gehorchen
desobediente 12/137 ungehorsam
despacho m 3/34 Büro
despedida f 11/122 Abschied
despedir -i- 13/144 verabschieden
despejado,a 6/64 wolkenlos
despertar -ie- 9/102 wecken
despertarse -ie- 4/44 aufwachen
despistado,a 11/122 zerstreut, unaufmerksam
desplazado,a 11/125 umgesiedelt, vertrieben
después 4/42 danach
después de 3/33 nach (zeitlich)
después que 9/103 nachdem
destacado,a 14/170 herausragend
destacar 10/110 herausragen, hervorstechen, hervorheben
destino m 14/161 Ziel
desventaja f 7/83 Nachteil
detallado,a 14/163 detailliert
detalle m 6/70 Einzelheit
determinado,a 7/80 bestimmte/r/s
detrás de 7/79 hinter, nach
día m 1/8 Tag
dialecto m 6/70 Dialekt
diálogo m 2/23 Dialog, Gespräch
diario m 11/127 Tagebuch
diario,a 4/40 täglich, alltäglich
dibujante mf 14/169 Zeichner/in
dibujo m 12/134 Zeichnung
diccionario m 3/35 Wörterbuch

diciembre m 6/64 Dezember
diecinueve 3/24 neunzehn
dieciocho 3/24 achtzehn
dieciseis 3/24 sechzehn
diecisiete 3/24 siebzehn
diente m 4/43 Zahn
diez 1/10 zehn
diferencia f 5/59 Unterschied
diferenciarse en 9/105 sich unterscheiden durch
diferente 4/46 verschieden
difícil 2/24 schwierig
dinámico,a 14/163 dynamisch
dinero m 5/55 Geld
dioses m pl 14/156 Götter
dirección f 5/54 Adresse; Richtung
directo,a 5/57 direkt
director,a 3/34 Direktor/in
director,a 8/88 Regisseur/in
dirigirse a 5/56 jemanden ansprechen, sich wenden an
dirigirse a 13/144 Richtung nehmen auf
disco m 11/123 CD; Schallplatte
discontinuo,a 5/57 unzusammenhängend, diskontinuierlich
disco(teca) f 14/160 Disko(thek)
discutir 11/129 sich auseinandersetzen, diskutieren
diseño m 5/54 Design
disfrutar de 8/89 genießen
disgustar 10/117 (ver-)ärgern, missfallen
disponer de 5/55 verfügen über
dispuesto,a a 8/92 bereit zu etwas
distancia f 5/55 Entfernung
distinguir(se) 7/83 sichtbar werden, erkennen, unterscheiden
distinto,a 3/32 unterschiedlich, verschieden
distraído,a 8/96 zerstreut, abgelenkt
distraer 11/129 unterhalten, ablenken, zerstreuen
diversidad f 7/81 Vielfalt
diversión f 12/137 Spaß
diverso,a 7/80 verschieden(artig), diverse/r/s
divertido,a 6/71 lustig, witzig
divertirse 12/137 sich gut unterhalten, sich amüsieren, Spaß haben
dividir 6/65 teilen
divinidad f 14/156 Gottheit
divino,a 14/157 göttlich
divisar 13/151 sichten
división f **política** 7/77 staatliche Gliederung
DNI = documento nacional de identidad 5/54 Personalausweis
doblar 8/93 synchronisieren; falten
doble 3/36 doppelt
doce 3/24 zwölf
doméstico,a 9/103 Haus-, häuslich
dominar 8/90 vorherrschen, beherrschen
domingo m 3/32 Sonntag
dominio m 5/54 Beherrschung; Herrschaft
doña f 1/13 Frau (+ Vorname)
dónde 2/24 wo?
donde 6/69 wo
dormir -ue- 4/45 schlafen
dos 1/10 zwei
doscientos 5/52 200
dramático,a 13/146 dramatisch
dramatismo m 11/127 Dramatik
dramaturgo,a 14/169 Dramatiker/in, Dramaturg/in
droga f 14/166 Droge
duchar(se) 4/42 (sich) duschen
dudar 8/93 zweifeln, bezweifeln
dueño,a 9/105 Eigentümer/in
duración f 8/88 Dauer
durante 4/47 während
durar 3/33 dauern

E

echar 12/137 werfen
echar a correr 8/89 losrennen
ecológico,a 7/83 ökologisch
edad f 3/37 Alter
educación f 3/30 Bildungswesen, Erziehung
educación primaria 3/37 Grundschule
educación secundaria 3/37 Sekundarstufe I
educado,a 14/170 (gut) erzogen
educativo,a 8/92 erzieherisch
EF = educación física 3/32 Sport
efectivamente 4/46 tatsächlich
efecto m 7/83 Auswirkung, Wirkung
efecto m **especial** 11/129 Spezialeffekt
ejemplo m 2/22 Beispiel
ejercicio m 4/44 Übung
elaborar 8/94 erstellen
electrónico,a 14/160 elektronisch
elegante 1/13 elegant
elegir -i- 5/52 wählen, aussuchen
elemento m 7/83 Element
eliminar 14/166 beseitigen
ella 2/20 sie
embajador,a 11/125 Botschafter/in
emblema m 10/113 Wahrzeichen
emblemático,a 10/112 emblematisch, sinnbildlich
emitir 8/92 senden, ausstrahlen
emocionado,a 13/153 ergriffen, gerührt
emocionante 11/129 aufregend, ergreifend
empezar -ie- 2/22 anfangen
emplazado,a 8/92 gelegen
empleado,a 9/103 Angestellte/r
emplear 3/36 verwenden, benutzen
empleo m 3/36 Gebrauch
empresa f 9/104 Betrieb
en 2/18 in
en absoluto 8/91 absolut nicht
en cambio 3/37 dagegen
en comparación f 3/37 im Vergleich
en conclusión 9/106 schließlich, letztendlich
en cuanto a 10/110 was ... betrifft
en definitiva 9/106 letzten Endes
en el camino 3/34 unterwegs
en el campo m 9/103 auf dem Land
en el caso de 6/67 im Falle von
en especial 3/30 insbesondere
en fin 9/106 kurz und gut
en general 7/77 im Allgemeinen
en mitad de 8/92 mitten in
en pleno corazón m **de** 10/112 im Herzen von, mitten in
en primer lugar 7/83 erstens, an erster Stelle
en progreso 11/128 gerade ablaufen, stattfinden
en público 9/105 öffentlich, vor Publikum
en punto 3/33 genau, Punkt (Uhrzeit)

en seguida 13/144 gleich, sofort
en silencio 6/69 leise
en suma 9/106 zusammenfassend
en torno a 2/20 über, bezüglich
en total 2/25 insgesamt, alles in allem
en vivo 14/160 live
en voz f **alta** 10/117 laut
enamorado,a 8/89 verliebt
enamorarse de 8/89 sich verlieben in
enana f 14/162 Zwergin
enano m 14/162 Zwerg
encadenarse 14/166 sich verketten, aneinanderreihen
encantar 6/70 begeistern, toll finden
encanto m 7/81 Zauber
enchufarse al ordenador 4/45 sich an den Rechner setzen
encima de 7/85 über, oberhalb von
encontrar -ue- 5/52 finden
encontrarse -ue- **en** 5/52 sich befinden, sich treffen
encuesta f 4/46 Umfrage
enfadado,a 8/96 verärgert
enfermar 14/157 krank werden
enfermedad f 14/157 Krankheit
enfermo,a 8/88 krank
enfrente de 7/85 gegenüber von
enlace m 12/138 Verbindung, Verknüpfung; Bindewort
enorme 6/70 riesig, enorm
enriquecer -cz- 11/129 bereichern
enriquecimiento m 6/70 Bereicherung
ensayar 14/167 üben
ensayista mf 14/169 Essayist/in
ensayo m 14/171 Probe
enseguida 8/92 gleich, sofort
enseñar 3/34 beibringen, lehren, zeigen
enseñanza f 5/54 Lehre, Unterricht, (Aus-)Bildung
ensimismado,a 8/88 in sich gekehrt
ensuciar 14/169 verschmutzen, schmutzig machen
entender -ie- 1/15 verstehen
entonación f 14/171 Intonation, Tonfall
entonces 9/106 dann
entrada f 4/45 Beitrag, Eintrag im Internet; Eintritt
entrar 3/37 eintreten, hineinkommen
entre 2/24 zwischen, unter
entre sí 9/103 untereinander
entregar 11/125 übergeben, überreichen
entremezclarse 10/112 sich vermischen
entretenimiento m 14/160 Unterhaltung
entrevista f 4/46 Interview
entrevistar 2/25 befragen
entusiasmar 6/71 begeistern
enumerar 10/116 aufzählen
época f 7/82 Zeit(raum), Epoche
equilibrado,a 11/129 ausgeglichen
equipado,a 5/55 ausgestattet
equipo m 14/165 Mannschaft
equipo m **técnico** 14/165 Trainer- / Betreuergruppe
error m 2/22 Fehler, Irrtum
error m **lingüístico** 11/126 sprachlicher Fehler
erupción f volcánica 14/156 Vulkanausbruch
es cierto que... 10/115 es stimmt, dass ...
es decir 3/36 das heißt
es una pena f 8/93 es ist schade
escalope m 5/59 Schnitzel
escapar 8/89 entfliehen
escena f 8/91 Szene
escenario m 10/111 Schauplatz, Bühne, Szenerie
escoba f 12/134 Besen
escolar 3/37 Schul-
esconder(se) 14/159 (sich) verstecken
escribir 1/11 schreiben
escritor m 6/68 Schriftsteller
escritora f 6/68 Schriftstellerin
escrúpulo m 14/166 Skrupel
escuchar 2/20 hören
escuchar música f 4/46 Musik hören
escudo m 12/135 Schild, Wappenschild
escuela f 2/22 Schule, Grundschule
esencia f 8/93 Essenz
esfera f 1/15 Sphäre
España 1/11 Spanien
español m 1/10 Spanisch, spanisch, Spanier
especial 3/30 besondere, besonders
especias f pl 9/102 Gewürze
especificar 6/68 spezifizieren
espectador,a 11/129 Zuschauer/in
especular 8/91 spekulieren, Vermutungen äußern
espejo m 14/159 Spiegel
espera f 13/144 Wartezeit
esperar 4/42 (er-)warten; hoffen
espina f 12/137 Dorn, Gräte, Stachel
espionaje m 1/15 Spionage
espiral f 1/15 Spirale
espíritu m 14/156 Geist
espontáneo,a 8/95 spontan
esposa f 9/103 Ehefrau
esquemático,a 14/163 schematisch
est. = estimado 6/66 geschätzt
estación f 1/12 Station, Bahnhof; Jahreszeit
estación f **de ferrocarril m** 5/55 Bahnhof
estadio m 10/112 Stadion
estadística f 4/47 Statistik
estado m civil m 5/54 Familienstand
estado m **de ánimo** m 8/91 Gemütszustand
Estado m federal 3/37 Bundesland
Estados Unidos (de América) 2/20 USA
estadounidense m/f 2/23 US-amerikanisch, US-Amerikaner/in
estampado,a 7/82 bunt
estar 5/52 sich befinden; sein
estar condenado,a 11/123 verurteilt sein
estar considerado,a 10/111 angesehen, betrachtet sein/werden als
estar contaminado,a 7/83 verunreinigt, verseucht sein
estar cubierto,a 6/64 bedeckt sein
estar de vacaciones 6/70 Urlaub haben, im Urlaub sein
estar decepcionado,a 8/94 enttäuscht sein
estar desesperado,a 8/94 verzweifelt sein
estar despejado,a 6/64 wolkenlos sein

estar equipado,a 5/55 ausgestattet sein
estar lejos 5/58 weit (entfernt) sein
estar lleno,a de 7/83 voll sein von
estar sentado,a 12/134 sitzen
estar situado,a en 5/52 sich befinden in, liegen
estar sucio,a 7/83 schmutzig sein
estar ubicado,a en 6/67 sich befinden in, liegen
estatal 5/52 staatlich
estatua f 6/73 Statue
este m 6/65 Osten
este, esta, estos, estas 3/34 diese/r hier
estilo m 1/15 Stil
estrategia f 1/15 Strategie
estrategia f **de comprensión** f 2/20 Verstehensstrategie
estrella f 14/157 Stern
estrés m 1/15 Stress
estrofa f 9/100 Strophe
estructura f 1/15 Struktur
estructura f **social** 9/103 soziale Struktur
estudiante mf 2/20 Student/in, Studierende/r, Schüler/in
estudiar 1/15 lernen, studieren
estudio m **de grabación** f 11/123 Aufnahmestudio
estudios m 1/15 Studien
estupendo,a 7/85 toll, super
etapa f 3/37 Etappe
etnia f 9/103 Ethnie, Volksgruppe
Europa 2/22 Europa
europeo,a 7/78 europäisch
evidente 7/83 offensichtlich, klar
evitar 9/104 vermeiden
evocar 11/122 hervorrufen
exactamente 10/111 genau, exakt
exacto,a 13/145 genau, exakt
examinar 2/21 überprüfen
excelente 10/115 ausgezeichnet
excesiva población f 7/83 Überfüllung, Überbevölkerung
excitado,a 13/151 aufgeregt
exclamación f 14/171 Ausruf
excremento m 7/83 Kot
excursión f 4/47 Ausflug
existir 7/80 existieren
éxito m 8/93 Erfolg
exótico,a 9/102 exotisch
expectativa f 10/111 Erwartung
experiencia f 13/144 Erfahrung
explicación f 3/36 Erklärung
explicar 3/30 erklären
explorador m **submarino** 14/169 Unterwasserforscher
explorar 11/123 erkunden, erforschen
exposición f 4/46 Ausstellung
expresar 4/45 ausdrücken, zum Ausdruck bringen
expresar(se) 6/71 (sich) ausdrücken
expresión f 3/36 Ausdruck
expresivo,a 14/171 ausdrucksvoll
extensión f 9/100 Ausbreitung, Gesamtfläche
exterior 10/114 außen, äußere/r
extraer la raíz 14/170 die Wurzel ziehen (Mathematik)
extranjero,a 3/32 fremd, ausländisch, Ausländer/in
extraño,a 11/127 seltsam, fremd
extraordinario,a 7/81 außerordentlich
extremeño,a 3/30 aus der Region Extremadura

F

FIL = filosofía f 3/32 Philosophie
fabuloso,a 7/81 großartig
faceta f 11/122 Facette
fácil 6/67 einfach
faena f 9/105 Arbeit
falso,a 4/47 falsch
faltar 9/100 fehlen
familia f 2/23 Familie
familiar 8/90 familiär, vertraut
familiar m 9/103 Familienangehörige, Verwandte
familiarizarse con 4/44 vertraut werden, machen mit
famoso,a 6/68 bekannt, berühmt
fascinación f 11/127 Faszination
fascinante 13/146 faszinierend
fascinar 6/71 faszinieren
fase f 6/66 Phase
fastidiar 11/130 ärgern, stören
fatal 1/12 sehr schlecht, verhängnisvoll, fatal
favorito,a 4/46 Lieblings-
fax m 5/54 Fax
fecha f 5/54 Datum
felicidad f 4/45 Glück
feliz 8/88 glücklich
femenino,a 6/67 weiblich
femenino m 2/21 Femininum
fenomenal 10/119 super
fenómeno m 3/36 Phänomen, Erscheinung
festival m 11/126 Festival; Festspiele
festivo m 5/58 Feiertag
ficción f 14/166 Fiktion
ficha f 2/25 Karteikarte, Steckbrief
ficha f **técnica** 8/88 technische Angaben
fiel 14/166 treu, getreu
fiesta f 9/103 Feierlichkeiten, Feier, Fest
figurar 10/111 sich befinden
fijarse en 2/22 das Augenmerk richten auf, sich konzentrieren auf
fijo,a 11/123 fest, bestimmt
filosofal 1/15 philosophisch
filosofía f 1/14 Philosophie
final m 3/33 Ende
finalista mf 8/95 Finalist/in
finalmente 13/145 schließlich
Finlandia 8/89 Finnland
firma f 5/54 Unterschrift
firmar 13/144 unterschreiben
firme 1/12 fest
físico m 11/122 Äußeres, Aussehen
flan m 5/59 Pudding
flecha f 12/134 Pfeil
flexible 14/160 flexibel
fogón m 9/105 Feuerstelle
folclórico,a 11/122 folkloristisch, Volks-
folio m 12/137 Blatt
forma f 2/23 Form
forma f **de gobierno** m 7/76 Regierungsform
forma f **de vida** f 9/103 Lebensform
formación f 2/21 Bildung
formación f 5/54 Ausbildung
formar 3/31 bilden
formar parte f **de** 6/68 Teil sein von
formato m 5/54 Format
formular 2/21 formulieren
foro m 4/45 Forum

fortuna f 11/126 Vermögen
foto f 2/20 Foto
fotografía f 6/70 Fotografie
fotogénico,a 11/122 fotogen
fotonovela f 4/44 Fotoroman
FQ = física f y química f 3/32 Physik und Chemie
fragmento m 7/77 Auszug, Fragment, Teil
francés, -esa 2/20 französisch, Franzose, Französin
Francia 5/52 Frankreich
frase f 2/21 Satz
frase completa 6/71 ganzer Satz
frase f **subordinada** 6/71 Nebensatz
frecuentar 14/166 häufig besuchen
frecuente 4/47 häufig
frente a 10/112 gegenüber
fresco,a 5/55 kalt, kühl; frisch
frío,a 6/64 kalt
frisio m 7/80 Friesisch
frito,a 5/59 gebraten
frontera f 7/77 Grenze
frustración f 4/45 Frustration, Enttäuschung
frustrado,a 8/91 frustriert, enttäuscht
fruta f 5/59 Obst, Frucht
fuego m 12/137 Feuer
fuel m 7/83 (Heiz-)Öl
fuente f 6/69 Quelle
fuera de 7/77 außer, außerhalb
fuerte 11/122 stark
fumar 14/169 rauchen
función f 13/150 Funktion
funcionar 3/30 klappen, funktionieren
fundación f 9/103 Stiftung
fundador,a 11/125 Gründer/in
fundamental 11/126 grundlegend
fundo m 9/103 Grundstück
furioso,a 8/96 wütend
fútbol m 10/110 Fußball
futbolista mf 2/23 Fußballspieler/in
futuro m 11/125 Zukunft

G

galardón m 11/125 Auszeichnung
galería f **de arte** m 7/81 Kunstgalerie
gallego 7/76 galizisch, Galizisch
gana f 13/151 Lust, Wunsch, Verlangen
ganado m 9/103 Vieh
ganador,a 6/68 Gewinner/in
garaje m 5/55 Garage
garantizar 11/126 gewährleisten
gas m **natural** 9/101 Erdgas
gasto m 13/150 Ausgabe, Kosten
gato m 1/15 Katze, Kater
géiser m 9/102 Geysir
generación f 11/125 Generation
general 5/55 allgemein
generosa,o 1/14 großzügig, generös
genial 7/82 super, toll, genial
gente f **sing** 5/53 Leute
gente f **sing de la tierra** f 9/103 mit ihrem Land verwurzelte Menschen
gentilicio m 6/66 Volksname
geografía 13/144 Geografie
geográfico,a 6/65 geografisch
geometría f 13/144 Geometrie
gerente mf 11/125 Geschäftsführer/in
gimnasio m 3/34 Turnhalle, Sportstudio
girar 5/57 wenden; hier: gehen
giro m **útil** 3/36 nützliche Wendung
global 6/64 global, Gesamt-
glosario m 14/165 Glossar
gobierno m 7/80 Regierung
golpear 12/137 schlagen
gótico,a 7/81 gotisch
grabar 14/171 aufnehmen
gracias f pl 1/15 danke
grado m 6/64 Grad
gráfico f 3/37 Grafik
gramática f 1/15 Grammatik
gramatical 4/44 grammatisch
grande 3/31 groß
gratis 10/115 gratis, umsonst
gratuito,a 10/117 kostenlos
grave 7/83 ernst
gris 8/88 grau
gritar 13/146 schreien
grupo m 2/24 Gruppe
grupo m **musical** 11/124 Musikgruppe
guantes m pl 1/13 Handschuhe
guapo,a 2/20 hübsch, schön, gut aussehend
guardadamas m 14/163 Wächter (für die Damen)
guardar 5/55 (auf-)bewahren, aufheben
guerrillero m 1/16 Guerrillakämpfer
guerrero m 12/137 Krieger, Soldat
guía f 5/56 Führer
guiar 14/160 führen
guión m 3/31 Gedankenstrich
guión m 8/88 Drehbuch
guitarra f 2/11 Gitarre
gustar 6/70 gefallen
gusto m 6/71 Vorliebe, Geschmack

H

habilidad f 5/54 Fähigkeit
habitación f 5/53 Zimmer
habitante mf 6/66 Einwohner/in
habla f 6/64 Sprache
hablado,a 6/69 gesprochen
hablar 2/20 sprechen
hace buen / mal tiempo 6/64 es ist schönes / schlechtes Wetter
hacer 2/25 machen, tun, durchführen
hacer compras f 4/46 einkaufen gehen
hacer falta 13/166 notwendig sein
hambre m 10/118 Hunger
hamburguesa f 11/123 Hamburger, Frikadelle
hasta 3/36 bis
hasta ahora 4/43 bis gleich, bis dann
hasta entrado el día 14/160 bis frühmorgens, bis Tagesanbruch
hasta luego 4/42 bis dann!
hay 2/24 es gibt
hay que 3/32 man muss
helado m 1/15 (Speise-)Eis
hemisferio m 6/64 Hemisphäre, Erdhalbkugel
heredar 9/103 erben
herencia f 14/159 Erbe, Erbschaft
hermana f 3/31 Schwester
hermano m 3/31 Bruder
hermanos m pl 3/31 Geschwister, Brüder
hermoso,a 7/81 schön
héroe m 13/148 Held
herramienta f 9/107 Werkzeug
hierba f 11/122 Kraut, Gras

hierro m 9/101 Eisen
hija f pl 9/103 Tochter
hijos m pl 9/103 Kinder, Söhne
himno m 1/16 Hymne
hipótesis f 8/91 Hypothese
hispanohablante mf 6/68 spanischsprachig, Spanischsprachige/r
histérico,a 14/170 hysterisch
histórico,a 13/142 historisch
historia f 3/32 Geschichte
hobby m 11/122 Hobby
hogar m 9/103 Heim
hoguera f 12/137 Feuerstelle
hoja f 8/94 Blatt (auch Papier)
hola 1/10 hallo
Holanda 2/20 Holland
holandés, -esa 2/21 holländisch, Holländer, Holländerin
hombre m 1/17 Mann
hombro m 11/123 Schulter
honor m 11/125 Ehre
hora f 3/33 Uhrzeit, Stunde
hora f **de cierre** m 14/160 Sperrstunde
hora f **libre** 3/35 Freistunde
horario m **de trenes** m 5/53 Zugfahrplan
horario m 3/32 Stundenplan
horario m 5/53 Öffnungszeiten
horizonte m 1/8 Horizont
hotel m 5/52 Hotel
hotelero,a 5/53 Hotel-
hoy 6/65 heute
hueco m 12/136 Lücke
huérfano,a 8/92 Waise
huerto m 9/103 (Gemüse-)Garten
huevo m 5/59 Ei
humedad f 11/123 Feuchtigkeit
humo m 12/137 Rauch
huso m 12/135 Spindel

I

icono m 7/83 Zeichen, Symbol
idea f 8/90 Idee, Gedanke, Einfall
I.E.S. = Instituto de Enseñanza Secundaria 3/32 Gymnasium
idéntico,a 4/47 identisch, gleich
identidad f 9/106 Identität
idioma m 5/53 Sprache
ignorante 1/12 unwissend, nicht wissend, ignorant
igual 4/42 gleich, ebenso; egal
ilusión f 8/92 Freude, Hoffnung, Illusion
ilustración f 12/134 Illustration, Zeichnung
imagen f 8/88 Bild
imagen f **congelada** 11/128 Standbild, Screenshot
imaginable 7/81 vorstellbar, möglich
imaginar 10/116 sich ausdenken, vorstellen, vermuten
imitar 13/146 nachahmen, nachmachen, imitieren
imperativo m 5/57 Imperativ
impersonal 6/70 unpersönlich
importancia f 5/54 Wichtigkeit, Bedeutung
importante 2/22 wichtig
impresión f 8/88 Eindruck
impresionante 7/81 beeindruckend
impuntual 11/122 unpünktlich
IN = inglés m 3/32 Englisch
incluir 7/78 einschließen, umfassen
indicación f 5/57 Angabe, Hinweis, Anzeige
indicar 3/33 angeben, zeigen, hinweisen
indígena mf 9/103 Eingeborene, eingeboren
indignación f 14/156 Empörung, Entrüstung, Unwillen
individual 2/22 einzeln, Einzel...
inestabilidad f 9/100 Instabilität
infancia f 11/125 Kindheit, Kinder
infanta f 14/162 Infantin, Prinzessin
infeliz 8/88 unglücklich
infinitivo m 5/57 Infinitiv
influir -y- 8/97 beeinflussen
influyente 8/92 einflussreich
información f 1/12 Information(en)
informal 11/122 nicht förmlich, ungezwungen, zwanglos
informar 5/53 informieren
informática f 5/54 Informatik
informativo,a 3/30 informativ, informierend
informe m 14/156 Bericht
ingeniero,a 14/170 Ingenieur/in
Inglaterra 5/52 England
inglés, -esa 2/21 englisch, Engländer, Engländerin
inhalar 12/137 einatmen
iniciar 8/91 einleiten, beginnen, anfangen
iniciativa f 11/124 Initiative, Anregung, Anstoß
injusticia f **social** 9/100 soziale Ungerechtigkeit
inseparable 8/89 unzertrennlich, untrennbar
insertar 2/22 einfügen
insoportable 11/126 unerträglich
instalación f 3/34 Einrichtung
instalar 9/105 einbauen, installieren
instante m 3/36 Augenblick
instituto m 2/24 staatliches Gymnasium
instrumento m 11/122 Instrument
integrante mf 8/92 Mitglied; Bestandteil
inteligente 2/20 intelligent
intención f 6/69 Absicht
intenso,a 10/111 stark, intensiv
intentar 13/144 versuchen
interacción f 3/37 Interaktion
intercambiar 4/45 austauschen
intercambio m 6/66 Austausch
intercorrección f 11/126 gegenseitige Korrektur
interés m 5/52 Interesse
interesante 2/22 interessant
interesar 8/91 interessieren
interior m 7/81 (Landes-)Innere, Inneres
intermedio,a 6/67 mittel, mittelschwer
internacional 1/12 international
internado m 8/92 Internat
Internet 3/30 Internet
interpretar 1/11 interpretieren
intriga f 8/94 Intrige
intrigar 9/102 Interesse wecken, neugierig machen
introducción f 8/92 Einführung
introducir -zc- 8/91 einführen, einleiten
introductor,a 8/93 einleitend
invertir -ie- 11/126 investieren
invierno m 6/64 Winter

invitado,a 12/139 Gast
invitar 7/82 einladen, auffordern
ir 3/31 gehen
ir a 4/46 gehen nach, zu, in
ir andando 5/58 zu Fuß gehen
ir de excursión 4/47 einen Ausflug machen
ir de vacaciones 6/70 in den Urlaub fahren
ir descubriendo 8/92 allmählich entdecken
Irlanda 7/80 Irland
irritado,a 8/96 irritiert
irse de vacaciones 10/116 in Urlaub fahren
isla f 5/52 Insel
islote m 7/78 kleine Insel
Italia 2/23 Italien
italiano,a 2/23 italienisch, Italiener/in

J

jamón m 5/59 Schinken
Japón 2/20 Japan
japonés, -esa 2/20 Japaner/in, japanisch
jardín m **de rosas** f pl 11/123 Rosengarten
jarra f 8/90 Krug
jefa f 8/94 Chefin
jefe m 7/76 Chef
jefe f **del Estado** 7/76 Staatsoberhaupt
jersey m 7/82 Pullover
joven 2/18 jung
joven mf 2/25 Jugendliche/r, junger Mann, junge Frau
jóvenes mf pl 3/37 junge Leute
joya f 4/46 Schmuckstück
jubilarse 14/169 schwänzen; sich zur Ruhe setzen
juego m **de roles** m 5/54 Rollenspiel
juego m **de tablero** m 12/139 Brettspiel
juerguista mf 11/123 vergnügungssüchtig, feierwütig
jueves m 3/32 Donnerstag
jugador m **cedido** 14/165 Ersatzspieler
jugar -ue- 4/46 spielen
jugador,a 14/165 Spieler/in
jugar al tenis 8/95 Tennis spielen
juguete m 12/139 Spielzeug
julio m 5/52 Juli
junio m 6/64 Juni
juntarse 12/135 zusammenkommen
junto,a 8/89 zusammen
juventud f 4/47 Jugend

K

kilómetro m 5/55 Kilometer
kilómetro m **cuadrado** 6/66 Quadratkilometer

L

labios m pl 4/43 Lippen
labor f 9/103 Arbeit
laboratorio m 3/34 Labor
lado m 8/90 Seite
lago m 12/140 See
lancha f 13/146 Boot
Laponia 8/90 Lappland
largo,a 4/43 lang
la misma que 10/118 dieselbe wie
latín m 3/35 Latein
lavar(se) 4/48 (sich) waschen
lavarse los dientes 4/43 sich die Zähne putzen
LE = lengua f española 3/32 Spanisch
le encanta 6/70 ihn / sie begeistert
leche f 4/44 Milch
lector,a 2/20 Lese-; Leser/in
lectura f 6/69 Lektüre
leer 2/20 lesen
legendario,a 13/160 legendär
lejano,a 13/144 fern, entfernt
lejos de 7/77 weit (entfernt) von
leña f 9/103 Brennholz
lengua f 1/8 Sprache
lengua f **eslava** 7/80 slawische Sprache
lengua f **extranjera** 3/32 Fremdsprache
lengua f **germánica** 7/80 germanische Sprache
lengua f **materna** f 3/32 Muttersprache
lengua f **oficial** f 6/69 Amtssprache
lengua f **románica** 7/80 romanische Sprache
lenguaje m **futbolístico** 14/164 Fußballsprache
lenguaje m **juvenil** 14/160 Jugendsprache
lentitud f 7/79 Langsamkeit
letra f **de la canción** f 11/122 Liedtext
levantar 12/137 aufheben, hochheben
levantarse 4/42 aufstehen
léxico m 12/138 Wortschatz
libertad f 9/100 Freiheit
libremente 2/22 frei
libro m 4/46 Buch
libro m **juvenil** 12/138 Jugendbuch
licencia f 14/160 Erlaubnis, Lizenz
lienzo m 14/163 Leinwand
liga f 14/164 (Fußball-)Liga
ligeramente 4/45 leicht
limitar con 6/65 grenzen an
límite m 14/166 Grenze
limpiar 7/83 reinigen
limpio,a 8/96 sauber
lindo,a 9/102 hübsch, niedlich
línea f **punteada** 12/134 gepunktete Linie
liso,a 8/88 glatt
lista f 1/15 Liste
literario,a 14/166 literarisch
literatura f 14/166 Literatur
litio m 9/101 Lithium
litoral m 9/102 Küstengebiet
llamada f 4/44 Anruf
llamado,a 6/68 sogenannte/r
llamar 4/44 anrufen; nennen
llamar la atención 3/36 Aufmerksamkeit erlangen, auf sich ziehen, auffallen
llamarse 1/10 heißen, sich nennen
llamativo,a 14/171 auffällig
llano,a 9/100 eben, flach
llave f 5/61 Schlüssel
llegada f 8/94 Ankunft
llegar a 4/45 ankommen
llenar 11/129 erfüllen
lleno,a de 7/81 voll von
llevar 5/55 bringen, tragen, mitnehmen
llevar consigo 11/127 dabei haben, mit sich tragen
llorar 8/94 weinen
llover -ue- 6/64 regnen

lluvia f 9/100 Regen
lluvioso,a 9/100 regnerisch
lo contrario de 6/68 das Gegenteil von
localización f 9/103 hier: Gebiet, in dem sie wohnen
localizar 6/73 suchen, lokalisieren
loco,a 14/170 verrückt
locutor,a 9/100 Ansager/in, Sprecher/in
lograr u.c. 13/144 etwas schaffen, erreichen
lucha f 11/125 Kampf
luchar 11/126 kämpfen
luego 4/42 danach, später
lugar m 5/53 Ort, Stelle; Platz, Rang
lugar m **emblemático** 10/112 Vorzeigeort
lugar m **favorito** 7/81 Lieblingsort
luna f 9/102 Mond
lunes m 3/32 Montag
luz f 14/168 Licht

M

macarrones m pl 1/11 Makkaroni
machi mf 14/157 Schamanin, Schamane
macroconcierto m 11/124 Megakonzert
madera f 9/105 Holz
maderero,a 9/103 Holz-
madre f 1/17 Mutter
madrileño,a 7/79 Madrilene, Madrilenin
madrugada f 14/161 Morgendämmerung, Tagesanbruch
madrugar 4/45 früh aufstehen
maestro,a 3/30 Grundschullehrer/in
magdalena f 8/90 eine Art Gebäck
maíz m 9/101 Mais
mañana 4/45 morgen
mañana f 4/44 Vormittag, Morgen
mandar 3/30 senden, schicken, befehlen
mandato m 14/169 Befehl
manera f 5/56 Art und Weise
maní m (chil.) 9/101 Erdnuss
manifestación f 9/100 Demonstration
mano f 11/122 Hand
manta f 9/104 Decke
mantelito m 14/167 Platzdeckchen *(Placemat)*
mantener -ie- 9/103 bewahren
mantener las costumbres 9/103 die Sitten und Gebräuche bewahren
mantequilla f 4/44 Butter
mapa m 6/67 Landkarte
mapa m **conceptual** 7/81 Concept-Map
mapa m **mental** 9/105 Mindmap
maquillarse 4/42 sich schminken
máquina f 1/14 Maschine
mar m 7/77 Meer
marca f 10/113 Marke
marcha f 14/160 Marsch, Verlauf; hier: Stimmung
marcharse 13/150 fortgehen, weggehen, abreisen
margen m 7/83 Rand
marido m 3/31 Ehemann
marinero,a 13/146 Matrose, Seemann
marisco m 11/122 Meeresfrucht
marroquí 1/17 marokkanisch, Marokkaner/in
Marruecos 2/23 Marokko
martes m 3/32 Dienstag
marzo m 6/64 März
más 2/23 mehr
más bien 14/160 eher, vielmehr
más de 6/66 mehr als
más estudiado,a 6/69 am meisten gelernt, meistgelernt
más o menos 4/45 mehr oder weniger
más tarde 4/49 später
masculino m 2/21 Maskulinum
masculino,a 6/67 männlich
mástil m 13/153 Mastkorb
MAT = **matemáticas** m 3/32 Mathematik
matar 9/105 töten
materia f 3/35 Lehrstoff, Fach
materia f **optativa** 3/35 Arbeitsgemeinschaft
materias f pl **primas** 9/101 Rohstoffe
material m 7/82 Material, Stoff
matinal 4/44 morgendlich
máximo,a 6/65 Höchst-, höchste/r/s, Höchste/r/s
mayor 5/54 alt, älter
mayoría f 5/53 Mehrheit
me (te, le) gusta 6/70 mir (dir, ihm/ihr/Ihnen) gefällt
me encanta 6/70 mich begeistert, ich finde ... toll
medio,a 5/54 Mittel-, Durchschnitts-, durchschnittlich
mediación f lingüística 3/34 Sprachmittlung, Vermittlung, Mediation
medicamento m 14/157 Medikament
médico,a 14/157 Arzt, Ärztin
medieval 7/81 mittelalterlich
medio correcto,a 9/104 halb richtig
medio m **de transporte** m 10/110 Transportmittel
meditar 14/157 meditieren
Mediterráneo m 7/81 Mittelmeer
mejor 5/52 beste/r/s; besser
melancolía f 4/45 Melancholie, Schwermut
melancólico,a 11/122 melancholisch, schwermütig
memoria f 7/78 Gedächtnis
mencionar 7/81 erwähnen
menestra f **de verduras** f 5/59 Gemüseeintopf
menina f 14/162 königliche Hofdame
menos 3/33 weniger
mensaje m 11/126 Botschaft
menú m 5/59 Speisekarte, Menü
mercadillo m 7/82 Flohmarkt
mercado m 8/93 Markt
merendar -ie- 4/45 nachmittags (eine Kleinigkeit) essen
merienda f 4/45 Kaffeetrinken, Vesper, Imbiss
mermelada f 4/44 Marmelade
mes m 5/52 Monat
mesa f 1/15 Tisch
meta f 6/70 Ziel
meterse con u. p. 14/169 jmdn. belästigen, Streit anfangen
metro m 10/110 U-Bahn
metrópoli f 10/110 Metropole
metropolitano,a 10/111 hauptstädtisch
mezcla f 14/161 Mischung
mezclar 11/127 (ver-)mischen
mi 2/22 mein, meine

microrrelato m 14/166 Kürzestgeschichte
miedo m 2/22 Angst
miembro m **fundador** 7/78 Gründungsmitglied
miembro m 4/44 Mitglied
mientras 9/103 während
mientras tanto 9/103 währenddessen
miércoles m 3/32 Mittwoch
miles de 7/81 Tausende von
millón m 6/66 Million
mina f **antipersonal** 14/168 Tretmine, Antipersonenmine
minga f 9/105 freiwillige, gemeinschaftliche Arbeit, Nachbarschaftshilfe
minibar m 5/55 Minibar
minifalda f 7/82 Minirock
mínimo,a 6/65 Mindest-
ministerio m 7/80 Ministerium
minoritario,a 7/80 Minderheits-
minuto m 3/33 Minuten
mirada f 11/122 Blick
mirar 2/23 schauen, sehen
mirarse 8/90 sich anschauen
misa f 12/135 Messe
mismo,a 3/33 gleich, selbe/r/s
misterio m 8/92 Geheimnis
mitad f 4/47 Hälfte, Mitte
moda f 7/82 Mode
moderador,a 14/167 Moderator/in
moderno,a 9/105 modern
modelo m 2/21 Modell, Muster, Beispiel
molar 14/161 gefallen
molestar 14/170 stören, belästigen
molesto,a 14/169 lästig, störend
momento m 3/36 Moment, Situation
moneda f 6/66 Währung, Münze
monoparental 11/129 alleinerziehend
monotonía f 4/45 Monotonie
montaña f 7/79 Berg, Gebirge
montañoso,a 7/79 bergig, gebirgig
montar en bici f 14/169 Rad fahren
monumento m 7/81 Monument, Denkmal
moreno,a 8/88 dunkelhäutig, dunkelhaarig
morir -ue- 11/127 sterben
mostrar -ue- 7/83 zeigen
motivación f 5/53 Motivation
motivador,a 14/167 motivierend
motivo m 6/71 Grund
moto f 14/169 Motorrad
movida f 14/160 Szene, Stimmung, Action
movido,a 14/160 bewegt, lebhaft
móvil m 4/42 Handy
movilización f 11/125 Mobilisierung
movimiento m 14/163 Bewegung
muchacha f **del servicio** m 14/169 Dienstmädchen
mucho,a 2/20 viel, viele, vieles
mueble m 9/105 Möbel
muerte f 11/127 Tod
muerto,a 8/96 tot
muestra f 14/156 Beweis
muestra f **de** 14/156 Zeichen von
mujer f 1/17 Frau
mujer f **mayor** 12/135 ältere Frau
multicultural 10/111 multikulturell
multimillonario,a 11/124 Multimillionär/in
mundial 9/102 Welt-
mundo m 2/20 Welt
mundo m **del trabajo** m 5/53 Arbeitswelt
murmurar 14/171 murmeln
museo m 4/46 Museum
música f 3/35 Musik
mutuamente 2/21 gegenseitig
mutuo,a 11/129 gegenseitig
muy 1/13 sehr
muy bien 4/42 sehr gut

N

nacer -zc- 11/122 zur Welt kommen, geboren werden
nacimiento m 5/54 Geburt
nación f 1/12 Nation
nacional 7/80 national, National-, staatlich
nacionalidad f 2/23 Nationalität
nacionalismo m 1/12 Nationalismus
nada 3/36 nichts
nadie 3/36 niemand
naranja f 9/101 Apfelsine
narrador,a 14/169 Erzähler/in
naturaleza f 9/102 Natur
naufragar 13/144 Schiffbruch erleiden
naufragio m 13/149 Schiffbruch
navegable 7/79 schiffbar
navegación f 13/144 Schifffahrt
navegante mf 13/144 Seefahrer/in
necesario,a 4/45 notwendig, nötig
necesitar 5/54 notwendig sein, brauchen
neerlandés, -esa 7/80 Niederländisch, Niederländer/in
negación f 2/21 Verneinung
negativo,a 7/83 negativ
negocio m 14/170 Geschäft
negro,a 8/88 schwarz
nevar -ie- 6/64 schneien
nieve f 9/100 Schnee
ninguno,a 3/36 niemand, keiner
niña f 3/30 Mädchen, Kind
niñez f 11/125 Kindheit; Gesamtheit der Kinder
niño m 3/30 Junge, Kind
nivel m 5/54 Niveau
no 2/21 nein, nicht
no hay de qué 10/117 bitte! Gern geschehen!
no sólo... sino también 9/105 nicht nur ... sondern auch
noble mf 12/137 Adelige/r, adelig
noche f 6/64 Nacht
noche f **en blanco** 7/82 schlaflose Nacht
Nochebuena 6/64 Heiligabend
nocturno,a 7/82 nächtlich
nómada 9/103 Nomaden-
nombrar 7/80 nennen
nombre m 1/15 Name, Vorname
nombre m **completo** 11/122 vollständiger Name
nombre propio m 2/20 Eigenname
noreste m 7/79 Nordosten
norma f 14/170 Norm
normal 2/22 normal
normal y corriente 4/42 ganz normal
normalmente 4/44 normalerweise
norte m 6/64 Norden
Norteamérica f 6/67 Nordamerika
Noruega 8/89 Norwegen
nostálgico,a 7/82 nostalgisch
nota f 5/59 Rechnung; Note, Zensur
notable 11/126 bedeutend

notar(se) 9/102 (be-)merken, wahrnehmen
notas f pl 11/128 Notizen
noticia f 11/127 Nachricht
novela f 8/89 Roman
noveno,a 3/39 neunte/r, Neunte/r
noventa 6/69 90
novio,a 2/20 (feste/r) Freund(in), Verlobte(r)
nublado,a 6/64 bewölkt
nuestro,a 5/55 unser, unsere
nueve 1/10 neun
nuevo,a 1/8 neu
número m 3/32 Zahl, Anzahl
numeroso,a 6/67 zahlreich
nunca 3/36 nie(mals)
nutritivo,a 11/125 nahrhaft

O

o 4/44 oder
o sea 2/23 das heißt
objeción f 7/83 Einwand
objeto m 8/90 Objekt
objeto m **de valor** m 5/55 Wertgegenstand
obligación f 5/54 Pflicht, Verpflichtung
obligatorio,a 3/35 verpflichtend, obligatorisch
obra f 9/100 Werk
obrero,a 11/123 Arbeiter/in
observación f 6/65 Beobachtung
observar 2/21 beobachten, betrachten
observatorio m 12/136 Observatorium, Sternwarte
obvio,a 8/91 offensichtlich, einleuchtend
océano m 7/77 Ozean
ocho 1/10 acht
ocio m 4/46 Freizeit
octavo,a 3/39 achte/r, Achte/r
octubre m 6/65 Oktober
ocultarse 8/92 sich verbergen
ocupar 4/47 besetzen; hier: einnehmen
oda f 9/100 Ode
oeste m 6/65 Westen
oferta f 5/52 Angebot
oficial 10/111 offiziell
oficina f **de turismo** m 5/58 Fremdenverkehrsbüro, Touristeninformation
ofrecer -zc- 7/81 (an-)bieten
oír 4/46 hören
ojo m 8/88 Auge
¡ojo! 8/95 Achtung!
ola f 2/11 Welle
olvidar 8/94 vergessen
once 3/24 elf
opción f 7/81 Wahl, Möglichkeit
ópera f 7/81 Oper
opinar 6/71 meinen
opinión f 7/83 Meinung
oportunidad f 6/70 Gelegenheit
optar por 10/113 auswählen
oración f 14/167 Satz
oral 14/156 mündlich
órden f 14/170 Befehl
ordenador m 3/34 Rechner, Computer
ordenar 2/21 (zu-)ordnen; befehlen
organigrama m 7/81 Organigramm
organismo m 5/52 Einrichtung; Organismus
organización f 5/52 Organisation
organización f **no gubernamental (ONG)** 11/125 Nichtregierungsorganisation
organizar 12/135 organisieren
organizador,a 11/124 Organisator/in, Veranstalter/in
orientarse 9/100 sich orientieren
origen m 7/80 Herkunft
original 7/82 Original-
ornamental 12/134 ornamental, verzierend
oro m 13/148 Gold
ortografía f 12/138 Rechtschreibung, Orthografie
ortográfico,a 12/138 orthografisch, Rechtschreibungs-
oscuro,a 12/139 dunkel
otoño m 6/64 Herbst
otra vez 2/21 noch einmal, wieder
otro,a 3/31 andere/s/r
oyente mf 6/67 Hörer/in

P

paciente 1/12 geduldig
paciente mf 1/14 Patient/in
padre m 1/17 Vater
padres m 5/53 Eltern; Väter
padrinos m 13/148 Taufpaten
pagar 10/116 bezahlen
página f **Web** 5/54 Website, Internetseite
país m 2/23 Land
paisaje m 7/81 Landschaft
paisajístico,a 7/81 landschaftlich
paja f 9/105 Stroh
palabra f 1/12 Wort
palabras f **clave** f 14/159 Schlüsselwörter
palacio m 13/148 Palast
palco m 14/164 Loge
paleta f 14/163 Palette
palta f (chil.) 9/101 Avocado
pamplonés,a 3/32 aus Pamplona
pan m 4/44 Brot
pancarta f 9/100 Transparent, Schild
pandilla f 3/31 Clique
pantalla f **grande** 8/88 große Leinwand, Bildschirm (Kino)
pantalla pequeña 8/92 kleine Leinwand, Bildschirm (Fernsehen)
pantalón m 7/82 Hose
pantalones m **vaqueros** 7/82 Jeans
papa f (Am.) 9/100 Kartoffel
papagayo m 13/148 Papagei
papaya f 9/101 Papaya
papel m 8/94 Rolle; Papier
par m 12/135 paar; Paar
para 6/71 für, um zu
parada f 4/45 Haltestelle
parada f **de metro** m 14/164 U-Bahn-Station
paraíso m 11/123 Paradies
parar 14/163 (an-)halten, stoppen
parecer una lata 11/130 lästig sein, nerven
parecido,a 6/68 ähnlich
pared f 6/67 Wand
pareja f 1/11 Paar, Partner/in
pariente mf **lejano,a** 8/94 entfernte/r Verwandte/r
parque m **de atracciones** f pl 10/116 Erlebnispark
párrafo m 9/100 Abschnitt, Absatz; Paragraph
parrilla f 14/169 Startplatz; Grill

parte f 5/54 Teil
parte m **metereológico** 6/64 Wetterbericht
partera f 12/134 Hebamme
participación f 4/47 Beteiligung
participar 7/82 teilnehmen
particular 14/160 außergewöhnlich
partido m 10/117 Spiel, Partie
partir 13/144 abreisen
parto m 12/134 Geburt, Entbindung
pasado m 9/105 Vergangenheit
pasajero,a 10/110 Fahrgast
pasaporte m 5/54 (Reise-)Pass
pasar 4/44 verbringen; geschehen
pasar el día 4/45 den Tag verbringen
paseo m 10/113 Spaziergang
pasivo,a 1/12 passiv
patata f 5/59 Kartoffel
paterno,a 9/103 väterlich
patio m 3/34 Schulhof, Hof
patria f 9/100 Heimat, Vaterland
pausa f 14/171 Pause
pedagogía f 3/35 Pädagogik
pedido m 5/59 Bestellung
pedir -i- **ayuda** f 13/144 um Hilfe bitten
pegar 6/67 kleben; schlagen, prügeln
peinarse 4/42 sich kämmen
pelear 11/129 kämpfen, streiten
pelearse 14/169 sich streiten, prügeln
película f 8/89 Film
peligro m 8/92 Gefahr
peligroso,a 8/92 gefährlich
pelirrojo,a 8/88 rothaarig
pelo m sing 4/42 Haar
pena f 1/15 Leid, Schmerz
península f 7/77 Halbinsel
pensar (en) -ie- 2/20 denken (an)
peor 9/107 schlechter
pequeño,a 2/24 klein
percibir 9/102 wahrnehmen
perder -ie- 8/93 verlieren
perdón m 1/15 Entschuldigung
perfeccionista 11/122 perfektionistisch
perfil m 8/94 Profil
perífrasis f 11/128 Periphrase, hier: Verbindung von Verben
periódico m 4/46 Zeitung
permanecer -zc- 9/103 bleiben
permiso m **de conducir** 5/54 Führerschein
pero 2/25 aber
perro m 7/83 Hund
perro m **mastín** 14/163 großer Haus- oder Hirtenhund
persona f 2/24 Person
personaje m 1/15 Person, Persönlichkeit; Figur, Rolle
personaje m **secundario** 8/94 Nebenfigur, Nebendarsteller/in
personal 2/25 persönlich
personal m 8/92 Personal
perspectiva f 4/45 Perspektive, Sichtweise
pertenecer -zc- 8/92 gehören
pescado m **frito** 11/123 gebratener Fisch
pescador 13/150 Fischer
peso m 11/123 Last
pétalo m 9/98 Blütenblatt
petróleo m 9/101 Erdöl
picante 1/13 pikant, scharf
pie m 11/122 Fuß
piedra f 1/15 Stein
piel f 11/123 Haut
pimentón m 9/101 Paprika
pimiento m 12/137 Paprika
pimiento picante 12/137 (in den Augen) brennende Paprika
pincel m 14/163 Pinsel
pinchar 12/137 stechen
pintarse 4/43 anmalen, bemalen
pintor m 14/163 Maler
pintoresco,a 7/81 malerisch, pittoresk
Pirineos m pl 5/52 Pyrenäen
piscina f 5/56 Schwimmbad
piso m 5/55 Stockwerk
pista f **de baile** m 14/160 Tanzfläche
pista f **polideportiva** 3/34 Sportplatz
pizarra f 6/67 Tafel
placa f 3/30 Schild, Plakette, Tafel
plan m 10/116 Plan, Vorhaben
planeta m 14/164 Planet
plano m 5/57 Stadtplan
plano,a 13/151 flach
planta f 14/157 Pflanze
plasmar 8/93 darstellen
plástico m 7/83 Plastik
plata f 6/68 Silber
plato m 5/59 Teller, Gericht
playa f 5/57 Strand
plaza f 5/55 Stellplatz, Platz; hier: Betten, Zimmer
plebeyo m 12/137 Plebejer, einfacher Mensch
plegaria f 13/146 Gebet
pleno m 8/95 Plenum
pluma f 13/153 Feder
plumero m 1/13 Federbusch
plural m 2/21 Plural
población f 4/47 Bevölkerung
pobreza f 11/124 Armut
pobreza f **infantil** 11/124 Kinderarmut
poco después 13/145 kurz danach
poco,a 5/53 wenig, wenige
poder -ue- 2/21 können, dürfen
poder m 14/157 Kraft, Macht, Gewalt
poderoso,a 14/156 mächtig
poema m 4/45 Gedicht
poesía f **comprometida** 14/170 sozialkritische Literatur
poesía f 4/45 Gedicht
poeta mf 6/68 Dichter, Dichterin
polaco,a 2/23 polnisch, Pole, Polin
polifacético,a 10/108 vielseitig
polilla f 1/13 Motte
político,a 7/77 politisch
pollo m 5/59 Huhn
Polonia 2/23 Polen
poner 14/170 stellen, legen, setzen
poner la mesa f 11/128 den Tisch decken
poner tapas f pl 10/115 Häppchen anbieten
ponerse 4/43 sich anziehen
ponerse en contacto con 14/157 in Kontakt treten mit
pop 7/82 Pop-
por 3/30 durch, via
por ciento 4/47 Prozent
por consiguiente 9/106 infolge dessen
p.ej. = por ejemplo 5/54 zum Beispiel
por el contrario 9/106 im Gegenteil
por eso 3/31 deshalb
por favor 2/24 bitte
por fin 13/144 endlich
por la mañana 4/44 morgens

por la noche 4/44 abends, nachts
por lo general 9/105 im Allgemeinen
por lo tanto / de ahí 9/106 deshalb
por orden m **alfabético** 7/77 alphabetisch geordnet
por otra parte 8/92 andererseits
por qué 6/71 warum?
por supuesto 5/56 selbstverständlich
por último 7/81 zuletzt, schließlich
por un lado,... por otro lado 10/119 einerseits, ... andererseits
porcentaje m 4/47 Prozentsatz
poroto m (Am.) 9/101 Bohne
porque 4/47 weil
portero m 14/165 Torwart
portugués 7/80 Portugiesisch, portugiesisch
poseer 9/104 besitzen
posguerra f 14/170 Nachkriegszeit
posibilidad f 6/67 Möglichkeit
positivo,a 7/83 positiv
postre m 5/59 Nachtisch
practicar 2/22 (aus-)üben
prácticas de recepción f 5/56 Praktikum an der Rezeption
prácticas f pl 5/52 Praktikum
prado m 11/122 Wiese
precio m 5/53 Preis
precioso,a 7/79 bildschön
preelección f 8/95 Vorauswahl
preferencia f 8/93 Vorliebe, Bevorzugung
preferido,a 11/122 bevorzugt
preferir -ie- 4/44 bevorzugen, vorziehen
pregunta f 2/25 Frage
pregunta f **clave** 11/125 Schlüsselfrage
pregunta resuelta 6/64 Frage beantwortet
preguntar(se) 2/21 (sich) fragen
premiar 11/125 auszeichnen
premio m 11/125 Preis, Auszeichnung
Premio Nobel 9/100 Nobelpreis
prenda f 7/82 Kleidungsstück
preocupar 11/130 beunruhigen
preparar 2/21 vorbereiten, zubereiten
preparativos m pl 6/66 Vorbereitungen
presentación f 2/20 Präsentation
presentar 2/22 vorstellen
presente 1/12 präsent, anwesend
Presidente m **del Gobierno** m 7/76 Regierungschef
prestar atención f **a** 3/32 Aufmerksamkeit richten auf
prestarse a equívocos m 11/127 zweideutig sein
prestigioso,a 8/92 angesehen
prevenir 11/125 vorbeugen
prever 11/124 voraussehen, erwarten; vorsehen
prima f 3/31 Cousine
primavera f 6/64 Frühling
primera división f 14/164 erste Liga
primero,a 3/30 erste/r/s; Erste/r/s
primer plano m 8/90 Vordergrund
primero 2/22 zuerst, erstens
primero m **de bachillerato** m 3/32 erstes Jahr des Bachillerato
primo m 3/31 Vetter, Cousin
principal 7/79 Haupt-
privado,a 5/52 privat
probable 8/93 wahrscheinlich
probablemente 8/90 wahrscheinlich
probador m 7/82 Umkleidekabine
probar 7/82 (an-)probieren
problema m 5/59 Problem
producción f 2/22 Produktion
(producción) escrita 3/31 schriftliche Textproduktion
(producción) oral 3/31 mündliche Textproduktion
producir -zc- 10/110 hervorrufen, produzieren
producto m 9/103 Produkt
profesión f 12/134 Beruf
profesor,a 2/24 Lehrer/in, (Gymnasial-)Lehrer/in
profesorado m 3/36 Lehrerkollegium
profundo,a 13/144 tief, tiefgehend
programa m 5/54 Programm
prohibido,a 8/94 verboten
promover 7/82 fördern, verursachen
pronombre m **demostrativo** 3/34 Demonstrativpronomen
pronombre m **posesivo** 3/30 Possessivpronomen
pronombre m **relativo** 6/68 Relativpronomen
prontito 4/45 recht früh
pronto 4/45 früh; bald
pronunciación f 2/21 Aussprache
pronunciar 13/146 (aus-)sprechen
propio,a 9/104 eigene/r/s
proponer 8/89 vorschlagen
propósito m 11/125 Vorsatz, Absicht
propuesta f 10/119 Vorschlag
prosa f 14/171 Prosa
protagonista mf 8/89 Hauptperson
protector m 14/156 Beschützer
protector,a 14/156 beschützend
protestar 13/151 protestieren
provechoso,a 10/113 vorteilhaft
proveer 11/125 bereitstellen, versorgen, (be-)liefern
provenir 13/151 (her-)kommen, stammen
provincia f 10/115 Provinz
provocar 14/166 provozieren
provocar desinterés m 10/110 Desinteresse hervorrufen
próximo,a 11/124 nächste/r/s, Nächste/r/s
proyecto m 13/144 Projekt
prueba f 3/37 Prüfung, Examen
psicosocial 11/125 psychosozial
publicado,a 10/116 veröffentlicht
público m 7/82 Publikum
pueblo m 7/81 Dorf, Volk
puerta f 6/70 Tür
puerto m 7/81 Hafen
pues 3/36 nun gut, na ja
puesta f **del sol** 14/158 Sonnenuntergang
puesto m 14/164 Platz, Stelle
puesto que 14/160 da, weil
pulmón m 10/113 Lunge
punto m 6/67 Punkt, Punktzahl
puntual 5/53 pünktlich
puzzle m **de expertos** 14/156 Expertenpuzzle

Q

que (porque) 4/45 weil
qué 1/14 was
que 2/20 dass / das
¡Qué pena! 9/101 Wie schade!
¿Qué tal? 2/23 Wie geht´s?
¿Qué te parece? 7/82 Was meinst du?

queda mucho por hacer 11/126 es ist noch viel zu tun
quedar 9/101 übrig bleiben, sein
quedarle bien a u. p. 7/82 jdm. gut stehen, passen
quedarse 13/151 bleiben
querer -ie- 2/25 wollen, mögen; lieben
quererse -ie- 8/89 sich lieben, sich mögen
queso m 1/15 Käse
quién 2/23 wer?
química f 14/169 Chemie
quince 3/24 fünfzehn

R

rabioso,a 8/88 wütend
racional 1/12 rational
radiante 11/122 strahlend
radio f 4/46 Radio
raíz f 6/68 Wurzel
rama f 9/105 Ast, Zweig
rango m 4/47 Rang
rareza f 7/82 Seltenheit, Rarität
raro,a 8/93 seltsam
rasgo m **característico** 8/94 (Charakter-)Eigenschaft
rasgo m **físico** 8/95 äußeres Merkmal
rasgo m **síquico** 8/95 (innere) Eigenschaft
rayo m 14/156 Blitz
RE = religión f 3/32 Religion
reaccionar 8/91 reagieren
real 10/111 königlich
realidad f 1/12 Realität
realismo m 1/12 Realismus
realización f 1/12 Realisation
realizar 4/44 durchführen, unternehmen
recapitulación f 2/22 Rekapitulation, Wiederholung
recapitular 3/31 zusammenfassen, rekapitulieren
recargar las baterías (col.) 11/129 hier: aufmuntern
recepción f 5/52 Empfang
recepcionista mf 5/57 Empfangschef, -dame
rechazar 13/144 ablehnen, zurückweisen
recibir 6/64 erhalten, bekommen
recitación f 14/171 Vortrag
recital m 14/159 Lesung
recitar 14/171 rezitieren, vortragen
recoger 10/112 sammeln, aufbewahren
recoger la mesa 11/128 den Tisch abräumen
recomendación f 8/95 Empfehlung
recomendar -ie- 5/59 empfehlen
reconocer -zc- 10/110 erkennen, anerkennen
reconstruir 11/129 rekonstruieren
recordar -ue- 2/25 daran denken
recordar -ue- **u. c.** 6/71 sich an etwas erinnern
recorrer 13/144 befahren
recreo m 3/32 Pause
recuerdo m 13/148 Erinnerung, Reiseandenken
recursos m pl **naturales** 9/101 natürliche Ressourcen
redacción f 12/139 Aufsatz, Bericht
redactar 7/76 schreiben, verfassen
redondeado,a 6/67 auf-, abgerundet
redondear 6/66 ab-, aufrunden
redondo,a 1/15 rund
reducción f 10/117 Ermäßigung
reducido,a 10/116 ermäßigt
referirse -ie- **a** 7/83 sich beziehen auf
reflejar 14/159 widerspiegeln, reflektieren
reflexionar 3/35 überlegen
reformular 3/36 umformulieren
refugio m 11/123 Zuflucht
regalar 12/135 schenken
regalo m 11/122 Geschenk
región f 5/54 Region
regir -i- 14/156 regieren, leiten, führen
regla f 2/21 Regel
regresar 9/103 zurückkehren, heimkehren
regularmente 14/161 regelmäßig
reina f 7/79 Königin
reinado m 14/162 Regentschaft
reino m 7/78 Königreich
relación f 8/89 Beziehung
relacionar 2/22 verbinden
relajado,a 8/96 entspannt
relajarse 9/102 entspannen
religión católica / protestante 3/35 katholische / evangelische Religion
repartir 3/31 verteilen
repaso 2/23 Wiederholung
repetir -i- 3/36 wiederholen
representar 14/171 darstellen
república f 6/66 Republik
repugnante 13/146 abstoßend
reputación f 11/131 Ansehen
requisito m 5/52 Anforderung
residencia f 10/111 Wohnsitz
residir 14/156 (be-)wohnen, leben
respectivamente 7/76 jeweils
respetar 5/54 beachten, respektieren
respeto m 9/105 Respekt, Achtung
respetuoso,a 5/53 respektvoll
respirar 14/170 atmen
responder 5/53 antworten
responsabilizarse 5/58 verantwortlich sein
responsable 5/54 verantwortlich
respuesta f 3/36 Antwort
restaurante m 1/11 Restaurant
resto m 9/107 Rest
resuelto,a 6/64 gelöst
resultado m 4/46 Ergebnis, Resultat
resumen m 11/127 Zusammenfassung
resumir 10/114 zusammenfassen
retorno m 13/151 Rückkehr
retransmitir 10/112 übertragen
reunir 8/95 sammeln
reunirse 4/46 sich treffen
revelar 8/91 enthüllen, offenbaren
revisar 12/138 überarbeiten
revista f 4/46 Zeitschrift
rey m 1/15 König
rico,a 5/59 hier: gut, lecker, schmackhaft
río m 6/68 Fluss
riqueza f 9/101 Reichtum
riquezas f pl **del subsuelo** 9/101 Bodenschätze
risa f 14/159 Lachen
rítmico,a 11/122 rhythmisch
ritmo m 1/14 Rhythmus
rito m 12/136 Ritus, Ritual
ritual 12/135 rituell
ritual m 12/136 Ritual
rizado,a 8/88 lockig

rodamiento m **de bolas** f 10/114 Kugellager
rodear 7/80 umgeben, umringen
rogar -ue- 7/82 bitten
romántico,a 8/89 romantisch
romper 4/46 brechen, durchbrechen
rondar 14/160 (um-)kreisen, umringen
rondar los 10 euros 14/160 um die 10 Euro kosten
ropa f sing 7/82 Wäsche, Kleidung
rosa f 1/11 Rose
rosetón m 12/134 Rosette
rostro m 14/159 Gesicht
rubio,a 8/88 blond
rueda f 12/141 Rad
ruego m 14/168 Bitte
ruido m 10/11 Lärm
rumano m 7/80 Rumänisch
Rusia 2/23 Russland
ruso,a 2/23 russisch, Russe, Russin
ruta f 10/113 Route
rutina f 4/40 Routine, Gewohnheit, Ablauf

S

sábado m 3/32 Samstag
saber 2/20 können, wissen
saber alemán 3/35 Deutsch können
sabroso,a 5/59 schmackhaft
sacerdote m 12/135 Priester
sacerdotisa f 12/137 Priesterin
sal f 5/59 Salz
sala de profesores 3/34 Lehrerzimmer
sala de ordenadores 3/34 Informatikraum
sala f 12/139 Saal
salida f 5/58 Abfahrt
salida f 8/89 Ausgang
salir 4/45 fort-, weggehen, ausgehen, sich treffen
salir 5/58 losfahren, aufbrechen
salir con 11/123 ausgehen mit, ein Paar sein
salitre m 9/101 Salpeter
salitrera f 9/102 Anlage für den Abbau von Salpeter
salón m **de actos** m 3/34 Aula
saludar 3/30 (be-)grüßen
saludo m 3/30 Gruß
salvaje 7/81 wild
salvarse 13/144 sich retten
sanar 14/157 heilen
sangre f 14/168 Blut
scout m 8/95 Scout; Talentsucher
secarse 4/42 sich (das Haar) fönen
sección f 11/125 Abteilung, Sektion
seco,a 9/100 trocken; herb, schroff
secretaría f 3/34 Sekretariat
secreto m 11/127 Geheimnis
secreto,a 1/15 heimlich, geheim
sede f 10/111 Sitz (von Institutionen)
sedentario,a 9/103 sesshaft
seguidamente 13/145 anschließend
seguir -i- 5/57 fortfahren; folgen
según 2/21 nach, gemäß
segundo m 3/33 Sekunde
segundo 4/46 zweitens
segundo m **de bachillerato** m 3/34 zweites Jahr des Bachillerato
seguramente 5/54 wahrscheinlich, sicherlich
seguro 4/43 bestimmt, sicherlich
seguro,a 14/171 sicher
seis 1/10 sechs
selectividad f 3/37 Eingangsprüfung zur Universität
semana f 3/32 Woche
sembrar -ie- 9/103 säen
señalar 11/127 andeuten
sencillo,a 6/70 leicht, einfach
señor,a 1/17 Herr, Dame
sensación f 13/146 Empfindung
sentido m **de humor** m 11/123 Sinn für Humor
sentimental 8/94 gefühlvoll, Gefühls-
sentimiento m 8/89 Gefühl
sentir -ie- 7/82 leid tun, bedauern
sentir -ie- 8/89 fühlen
separación f 8/89 Trennung
separarse 8/89 sich trennen
septiembre m 6/64 September
ser 1/10 sein
ser apto,a 8/95 geeignet sein
ser consciente de u. c. 8/92 sich (einer Sache) bewusst sein
ser conveniente 8/95 angebracht sein
ser de 6/67 aus ... sein
serie f 8/92 Serie, Reihe
serie f **de** 10/110 Reihe von
serie f **televisiva** 8/94 Fernsehserie
serio,a 8/88 ernst
servicios m pl 3/34 Toilette
servicios m pl 5/55 Dienstleistungen
servilleta f 14/170 Serviette
servir -i- 5/55 servieren; dienen, helfen
servir -i- **para** 12/136 dienen als
servirse -i- **de** 5/59 sich bedienen, benutzen
sevillano,a 7/81 aus, in Sevilla
sexo m 14/166 Sex
sexy 6/70 sexy
sí 3/31 ja
si 6/66 ob
si bien 7/80 obwohl
sicología f 3/35 Psychologie
sida = **síndrome de inmunodeficiencia adquirida** 11/125 AIDS
siempre 3/36 immer
sierra f 9/100 Gebirge
siete 1/10 sieben
siglo m 2/18 Jahrhundert
significado m 6/68 Bedeutung
signo m 12/134 Zeichen
signo m **de interrogación** f 7/79 Fragezeichen
siguiente 2/21 folgende/r/s
silencio m 3/36 Schweigen, Stille
simbolizar 12/134 symbolisieren, versinnbildlichen
símbolo m 12/134 Symbol
similitud f 2/20 Ähnlichkeit
simpático,a 1/12 sympathisch, nett
simular 5/59 nachahmen, simulieren
simultáneo,a 11/124 gleichzeitig
sin 2/22 ohne
sin ánimo m **de lucro** 11/125 gemeinnützig
sin embargo 3/37 trotzdem, jedoch
sin mirar 10/110 ohne anzuschauen
singular m 3/30 Singular, Einzahl
sino (que) 4/47 sondern
sinónimo m 6/68 Synonym
sinopsis f 8/89 Inhaltsangabe
sintaxis f 6/67 Syntax
sistema m 2/25 System
sistema m **escolar** 3/37 Schulsystem
sistemáticamente 2/21 systematisch

sistematizar 6/67 systematisieren
sitio m 10/116 Ort
situación f 8/90 Situation
situación f **geográfica** 7/77 geografische Lage
situado,a 7/77 gelegen
sobre 2/21 über, auf; gegen, ungefähr (Uhrzeit)
sobre todo 5/52 vor allem
sobrevivir 6/70 überleben
social 1/12 sozial
sociedad f 9/103 Gesellschaft
sol m 6/64 Sonne
soledad f 8/89 Einsamkeit
solemne 12/135 feierlich
sólo 4/45 nur
solo,a 8/88 einsam, allein
solsticio m **de invierno** m 14/158 Wintersonnenwende
solución f 7/78 Lösung
solucionar 5/59 lösen
sombrero m 1/13 Hut
someterse a 14/157 sich unterziehen; sich jdm./etw. unterwerfen
sonar -ue- 4/42 klingeln
soñar con 8/90 träumen von
sonido m 11/122 Klang, Laut
sonoridad f 14/171 Wohlklang
sonrisa f 11/122 Lächeln
sorbo m 7/80 Sorbisch
sorprendente 13/146 erstaunlich, überraschend
sorprender 9/101 überraschen
sorpresa f 11/127 Überraschung
suave 4/43 weich, mild
subrayar 5/56 unterstreichen
subsuelo m 9/101 Untergrund, Boden
subtitulado,a 8/91 untertitelt, mit Untertiteln
sucesivo,a 13/147 aufeinander folgend
suceso m 13/145 Ereignis
sucio,a 7/83 schmutzig
Sudamérica f 6/64 Südamerika
sueño m 11/122 Traum
sufrir de 11/125 leiden an, unter
Suiza 2/23 Schweiz
suizo,a 2/23 schweizerisch, Schweizer/in
sujeto m 7/79 Subjekt
superar 7/79 übertreffen
superbueno,a 8/93 spitzenmäßig
superficie f 6/66 Fläche, Oberfläche, Bodenfläche
superior 5/54 obere/r/s, höher, höchste/r/s
supermercado m 9/101 Supermarkt
suponer 8/91 annehmen, vermuten
sur m 6/64 Süden
suroeste m 7/78 Südwesten
suspense m 8/92 Spannung
sustantivo m 1/12 Substantiv

T

taberna f 10/115 Kneipe
tabla f 2/21 Tabelle
talar 9/104 fällen, schlagen
tal vez 14/159 vielleicht
talla f 7/82 Größe
tamaño m 7/78 Größe
también 2/23 auch
tambor m 12/139 Trommel
tampoco 11/131 auch nicht
tan... como 4/47 so ... wie
tango m 1/15 Tango
tanto por ciento m 9/100 Prozentsatz
tanto... como 10/115 sowohl ... als auch; so viel ... wie
tapas f pl 4/45 Häppchen, Tapas
tarde 3/33 spät
tarde f 8/89 Abend
tarea f 9/103 Aufgabe
tareas f pl **en casa** 11/129 Hausarbeiten
tarifa f 10/117 Tarif
tarjeta f **de crédito** m 5/55 Kreditkarte
tatarabuelos m pl 14/159 Ururgroßeltern
taza f 1/11 Tasse
té m 4/44 Tee
teatro m 1/14 Theater
techo m 9/105 Dach
técnica f 1/15 Technik
tecnología f 11/125 Technologie, Technik
tejer al telar m 9/103 weben
tejido m **sintético** 7/82 synthetische Faser, Kunst~
telar m 9/103 Webrahmen
teléfono m 5/54 Telefon(nummer)
telenovela f 8/93 Fernsehserie
televisión f 4/46 Fernsehen
tema m 10/111 Thema
temático,a 3/36 thematisch
temer 8/93 fürchten
temperamento m 11/122 Temperament
temperatura f **máxima** 6/65 Höchsttemperatur
temperatura f **media** 9/100 Durchschnittstemperatur
temperatura f **mínima** 6/65 Tiefsttemperatur
templado,a 9/100 mild
temprano 3/33 früh
tener -ie- 1/10 haben, besitzen
tener -ie- **20 años** 2/20 20 Jahre alt sein
tener -ie- **en cuenta** 2/20 berücksichtigen, bewusst machen
tener -ie- **ganas de** 4/42 Lust haben zu
tener -ie- **lugar** 11/128 stattfinden
tener -ie- **prisa** 13/146 es eilig haben
tener -ie- **que** 5/54 müssen
tener -ie- **razón** 7/82 recht haben
teología f 1/14 Theologie
teoría f 7/80 Theorie
tercero,a 3/39 dritte/r, Dritte/r
tercero 4/46 drittens
terciopelo m 7/82 Samt
terminar 3/33 enden
término m 6/68 Ausdruck, Terminus
terraza f 10/113 Terrasse
terremoto m 9/100 Erdbeben
territorio m 7/76 Territorium, Gebiet
tertulia f **literaria** 14/171 literarisches Treffen
testimonio m 12/138 Zeugenbericht, Bezeugung
texto m 2/20 Text
tía f 1/17 Tante
tiempo libre m 4/46 Freizeit
tiempo m 6/64 Wetter, Zeit
tienda f 5/55 Geschäft, Laden
tierra f 7/74 Land, Erde
tierra f **a la vista** f 13/146 Land in Sicht
tierra f **firme** 13/144 Festland

tierra y gente 7/74 Land und Leute
tilde m 1/17 Akzent, Tilde
timonel m 13/151 Steuermann
tío m 1/17 Onkel
típico,a 3/32 typisch
tipo m 5/54 Typ, Art
tirar 4/44 werfen
título m 7/76 Titel
tocar el piano 8/95 Klavier spielen
tocar un instrumento 11/122 ein Instrument spielen
todo,a 2/22 ganz/e/r/s
toda la familia 3/30 die ganze Familie
todo el mundo 6/68 alle, jedermann
todavía 5/59 noch (immer)
todo recto 5/57 geradeaus
tomar (algo) 2/23 etwas zu sich nehmen, etwas trinken
tomar 4/44 nehmen
tomar notas 5/58 Notizen machen
tomar posesión f 13/146 in Besitz nehmen
tomate m 1/11 Tomate
tomatillo m 9/101 Tomate
tonto,a 8/93 dumm
toque m 7/82 Hauch, Note, Touch
toquilla f 1/13 Schultertuch
tormenta f 13/151 Gewitter, Sturm
tortilla f **española** 5/59 Tortilla auf spanische Art
tortilla f **francesa** 5/59 Omelette
toser 14/170 husten
total 8/93 hier etwa: eigentlich
totalmente 8/91 völlig, vollständig
tóxico,a 7/83 giftig
trabajar 3/35 arbeiten
trabajo m 2/22 Arbeit
trabajo m **social** 11/126 soziale Arbeit
tradición f 9/105 Tradition, Überlieferung
tradicional 9/105 traditionell, überliefert
traer 5/59 bringen
traicionar 8/92 betrügen
traje m 7/82 Kleidung, Anzug
trama f 8/91 Handlung
tranquilo,a 11/122 ruhig
transcurso m 12/134 Verlauf
transformación f 14/158 Veränderung
transformar(se) 5/57 umformen, umwandeln, sich wandeln
transgredir 14/166 übertreten, überschreiten
transgresor,a 11/127 übertretend, überschreitend
transparencia f 6/67 Folie
transportar a otro mundo 11/129 in eine andere Welt versetzen
tras 8/92 nach
trasladar 7/82 versetzen, überführen
trasnochar 14/169 (die Nacht) durchmachen
tratar a 5/53 umgehen mit, behandeln
tratar de 6/64 handeln von
tratar(se) de usted 5/59 (sich) siezen
trayecto m 5/58 Strecke
trece 3/24 dreizehn
tren m 5/53 Zug
tres 1/10 drei
trigo m 9/101 Weizen
tripulación f 13/149 Mannschaft, Besatzung
triste 8/88 traurig
tristeza f 4/45 Trauer, Traurigkeit
trofeo m 14/164 Trophäe
tronco m 13/146 (Baum-)Stamm
trucha f 5/59 Forelle
trueno m 14/156 Donner
tú 1/10 du
turco,a 2/23 türkisch, Türke, Türkin
turismo m 1/12 Tourismus
turista mf 1/11 Tourist/in
turístico 5/52 touristisch, Touristen-
Turquía f 2/22 Türkei
tutor,a 3/30 Tutor/in, Klassenlehrer/in

U

ubicación f 6/67 Lage
ubicarse 7/77 sich befinden
último,a 7/83 letzte/r, Letzte/r
único,a 7/79 einzige/r/s, einmalig
uniforme m 13/150 Uniform
Unión f **Europea** 6/67 Europäische Union
universidad 1/17 Universität
uno 1/10 eins
uranio m 9/101 Uran
urbano,a 10/111 städtisch, Stadt-
usar 4/46 benutzen
uso m 13/151 Gebrauch
usuario m 4/45 (Be-)Nutzer
útil 4/45 hilfreich, nützlich
utilizar 2/21 benutzen

V

vale 10/119 gut, einverstanden, in Ordnung
valentía f 14/159 Mut
valer la pena 10/116 sich lohnen
valenciano 7/76 valenzianisch, Valenzianisch
valle m 7/81 Tal
vamos 2/23 wir gehen
¿Vamos a tomar algo? 2/23 Gehen wir was trinken?
vario,a 9/105 verschieden, unterschiedlich
variado,a 2/22 vielfältig
variar 14/160 verschieden sein
variar dependiendo de 14/160 sich verändern abhängig von
varias veces f 2/22 mehrmals
variedad f 1/12 Varietät, Vielfalt
varón m 9/103 Mann (auch adj. männlich)
vasco 7/76 baskisch, Baskisch
vaso m 5/55 Glas
vaya 4/42 Mensch! na ja!
vecindad f 12/135 Nachbarschaft
vecino,a 9/105 Nachbar/in
veinte 2/20 zwanzig
veintidós 2/20 einundzwanzig
veintiuno 2/20 einundzwanzig
velocidad f 14/171 Geschwindigkeit
vendedor,a 7/82 Verkäufer/in
vendedor m **ambulante** 10/113 fliegender Händler, Straßenhändler
vender 8/93 verkaufen
ver 2/24 sehen
ver la tele 11/128 fernsehen
veraniego,a 14/166 sommerlich
verano m 5/55 Sommer
verbo m 2/22 Verb
verdadero,a 8/92 wahr
verde 8/88 grün
verdura f 9/101 Gemüse
ver(se) 1/10 (sich) sehen

versión f 8/93 Version
verso m 4/45 Vers
vertidos m 7/83 Abfall
vestido m 7/82 Kleid, Kleidung
vestido,a 7/82 gekleidet
vestir -i- 13/150 anhaben, tragen (Kleidung)
vestirse -i- 4/42 sich anziehen
vía f 10/110 Gleis
viajar 4/47 reisen
viaje m 5/54 Reise
viajero,a 7/81 Reisende(r)
vida f 4/45 Leben
videojuego m 4/46 Videospiel
viejo,a 7/81 alt
viento m 6/64 Wind
viernes m 3/32 Freitag
vigía m 13/146 Wachposten
vino m 5/55 Wein
vino m **tinto** 5/59 Rotwein
violencia f 11/125 Gewalt
virgen 9/102 unberührt
virtud f 11/122 Tugend
visita f 7/82 Besuch
visitante mf 7/76 Besucher/in
visitar 5/58 besuchen
vivencia f 13/148 Erlebnis
vivienda f 9/103 Wohnung, Haus
vivir 2/24 leben, wohnen
vivo,a 11/122 lebhaft
vocabulario m 2/22 Wortschatz
vocabulario m **temático** 3/35 thematischer Wortschatz
vocación f 8/95 Berufung
volcán m 14/156 Vulkan
volcánico,a 7/81 vulkanisch
volumen m 14/171 Lautstärke
voluntario,a 5/54 freiwillig
volver a verse 8/92 sich wiedersehen
volver -ue- 7/83 noch einmal tun; zurückkommen, zurückkehren
voz f 6/69 Stimme
voz f **alta** 10/117 laut (Stimme)
voz f **baja** 6/69 leise (Stimme)
vuelta f 5/58 Rückfahrt, Rückkehr
vulnerable 11/125 verwundbar, verletzlich

Y

y 1/10 und
y cuarto 3/33 viertel nach (Uhrzeit)
y media 3/33 halb (Uhrzeit)
ya 4/42 schon
ya no 8/89 nicht mehr
ya que 9/102 denn
yo 2/24 ich
yo m **lírico** 14/170 lyrisches Ich

Z

zinc m 9/105 Zink
zona f **bilingüe** 7/80 zweisprachiges Gebiet
zoo m 10/116 Zoo
zorro m 1/14 Fuchs
zumo m 4/44 Saft